朱元璋传

段雪莲◎编著

陕西新华出版传媒集团
三 秦 出 版 社

图书在版编目(CIP)数据

朱元璋传 / 段雪莲编著. －－ 西安 ：三秦出版社，2012.12（2021.4 重印）

ISBN 978－7－5518－0359－5

Ⅰ.①朱… Ⅱ.①段… Ⅲ.①朱元璋（1328～1398）－传记 Ⅳ.①K827＝48

中国版本图书馆 CIP 数据核字（2012）第 319448 号

朱元璋传

段雪莲　编著

出版发行　陕西新华出版传媒集团　三秦出版社
社　　址　西安市雁塔区曲江新区登高路 1388 号
电　　话　（029）81205236
邮政编码　710061
印　　刷　香河利华文化发展有限公司
开　　本　710mm×1000mm　1/16
印　　张　22
字　　数　410 千字
版　　次　2012 年 12 月第 1 版
　　　　　2021 年 4 月第 4 次印刷
印　　数　9001－14000
标准书号　ISBN 978－7－5518－0359－5
定　　价　58. 00 元

网　　址　http://www. sqcbs. cn

前　言

在我们五千年的历史长河中，历朝历代的皇帝们占据了重要的角色，他们的存在，很大程度上影响着百姓的生活、历史的发展。皇帝作为历史的重要角色之一，是当时左右和影响国家、民族命运的关键人物，研究他们的是非功过，治乱兴替，在一定意义上事关国家盛衰、民族兴亡、个人成败，并对我们现代人有极大的借鉴意义。

这套《帝王传大系》，以帝王们的一生为主线。从他们的家族渊源入手，以历史小说的形式系统地介绍帝王们一生的沉浮。在打天下与守天下的风云战场中凸显出人物的性格特点、历史功绩，最大限度地将帝王和他的大臣们的传奇人生，不遗余力地展现在读者的眼前，让读者在趣味阅读的过程中，享受完美的历史文化盛宴。

尽管这些曾经叱咤风云、指点江山的帝王们已成过眼烟云，但又有谁能够遗忘他们站在历史之巅所承受与经历的一切？

恍然间，我们仿佛看到了“千古一帝”秦始皇“横扫六合”的雄伟身姿；大汉朝开国皇帝刘邦从“市井无赖”到“真龙天子”的大变身；汉武帝刘彻雄赳赳地将中华帝国带上顶峰的威风场景；光武帝刘秀吞血碎齿战八方，于乱世中成就霸业的冲天豪情；乱世枭雄曹操耍尽“奸计”，玩转三国的高超智慧；亡国之君隋炀帝的骄纵狂妄；唐高祖李渊率众起义、揭竿而起，建立唐王朝的惊天伟业；唐太宗李世民玄武门兵变的狠辣果断；一代女皇武则天勇于创造命运的步步惊心；宋太祖赵匡胤“杯酒释兵权”的聪明睿智；一代天骄成吉思汗开创铁血王朝的钢铁毅力；元世祖忽必烈以蒙古铁骑横扫欧亚大陆的英雄豪迈；“草根皇帝”朱元璋从“乞丐”到“皇帝”的辛酸血泪；清太祖努尔哈赤以十三副铠甲起兵，开辟锦绣前程的创业史；大清王朝第一帝皇太极夺取江山的谋略手段；少年天子顺治为爱妃做到极致的痴心情意；清军入关后的第二位皇帝康熙除权臣，平叛逆，锐意改革的天才谋略；最富争议的皇帝雍正的精彩人生；乾隆皇帝钟情于香妃的风流韵事；慈禧太后将清朝操纵于股掌之间的惊天手段……

我们无法否认，在浩瀚无边的中国历史长河之中，帝王始终是核心人物，或直接或间接地掌控着历史的舰舵，所以，了解他们的传奇人生，研究他们的功过是非，仍然可以让读者借鉴与警醒！

然而，刻板的阅读模式使得纸媒每年都在流失受众，基于此，我们决定利用小说的形式去呈现帝王的传奇，语言风格也有别于传统的叙述方式。这套书在编排体例上突破了以往同类书严肃、枯燥、干巴巴的“讲授”形式，以更加细腻、更加精练、更加活泼幽默诙谐的语言，用一种立体的方式将一个帝王的多样性与丰富性展现在广大的读者面前。

全书妙语如珠，犀利峥嵘，细述每个帝王的政治生活、历史功绩、家庭生活、情感逸事等，充满了故事性、知识性与趣味性，让读者在轻松愉悦的享受中体味人生的变化莫测；在“观看帝王大片”的过程中收取成功的法门秘诀。

为了保证书稿的质量，编辑工作者查阅了大量的相关资料与文献，并且专门请教了很多长期从事历史教学与研究的专家学者。不过，由于时间与精力有限，本套图书或许还存在着些许错误，敬请广大的读者朋友们批评指正。

目　录

第一章　出生农家　降生出异象

朱五四的祖籍原是沛县，与汉朝开国皇帝汉高祖刘邦是同乡。不知道哪一个朝代的祖先由沛县迁到了句容县。

他的曾祖名字叫做朱百六，百六生下了两个儿子，长子名为四五，次子名为四九。

四九又生了初一、初二、初五、初十这四个儿子。

长房初一，便是朱五四的父亲。五四有一个哥哥名叫五一，在至元十二年(1275 年)时出生。

宋元以来，没有执事的百姓，一般都不起名字，以父母年龄之和，或者弟兄的行辈顺序作名字。

五四出生的那一年，父母的年龄加起来就是五十四岁，于是便叫他为“五四”。

不用说，他哥哥五一出生的时候，他们的父母年龄相加之和为五十一岁。

就在那一年，忽必烈派将军率二十万大军南下。

拔襄阳，攻汉口，沿江东下，直扑建康(今江苏南京)。

第二年二月，攻破南宋都城临安(今浙江杭州)。

南宋丞相文天祥，忠臣张世杰、陆秀夫等进行了顽强的抵抗，终因寡不敌众，节节败退。

文天祥不幸战败被俘。张、陆等南宋忠臣，在广东新会崖山，作了最后的壮烈搏斗，最终没能挽救南宋政权的灭亡。

忽必烈统一中国后，中原百姓成了听凭元朝驱使的顺民。

他们被编入固定户籍：民户、军户、匠户、灶户(煮盐)、儒户、矿户等，分别承担不同的赋税和劳役。

朱初一被编为矿户中的“淘金户”，每年被逼着交纳一定数额的黄金。

初一不会淘金，句容县也不出黄金，只得全家逃亡。一路乞讨，辗转来到泗州盱眙(今安徽盱眙)。这里有大片因兵祸而抛荒的土地。

初一在这里安顿下来，垦荒种地，日子渐渐有了起色。五一、五四两个儿子先后娶上了媳妇。

朱五四的媳妇比他小五岁，姓陈，父亲曾经在南宋名将张世杰的麾下充当亲兵。

崖山之战惨败之后，侥幸留住了性命，历尽艰险逃回了老家扬州。为了躲避元军的搜捕，老家显然已经待不住了，偷偷迁到盱眙县津里镇，靠巫术和占卜为生。

他结婚之后一直膝下无子，只有两个女儿，长女嫁给季家，二女便嫁给了朱五四。

按照元朝规定，淮河两岸百姓要交纳田税、丁税和科差。

田税每亩三升，丁税每人三担。丁税是田税的一百倍！

税粮要由税户自己收纳入仓，每担再加鼠耗三升。

科差包括：丝料、包银、官吏俸钞。即每户要交纳丝一斤四两，包银四两，官吏俸钞一两。

此外，民户还要负担筑城、修河、造船、运粮、打马草、造甲杖等徭役。

富裕户还要负担里正、社长、看守仓库等职役。这些职役的费用，往往又摊派到小户头上。

如此沉重的负担，平民百姓哪家吃得消？

初一夫妇亡故之后，五四兄弟已是家徒四壁，只得再次流浪。

兄弟俩先逃到五和县，后来又到虹县停留了一阵子，最后，来到钟离县东乡暂住下来。

俗话说，破衣虮子多，穷人孩子多。

这时，老大五一已经有了四个儿子：重一、重二、重三和重五。

老二五四生了三个儿子：重四、重六、重七和两个女儿。

一家七张口，已经使五四无力应付，如今老婆又生下个“重八”，岂不是黄连树上挂猪胆——苦上加苦！

难怪老实巴交的庄稼汉，一听说添丁的“喜讯”，便像祸事临头似的，抱头恸哭，再加上这孩子一出生就引来一场大火，五四非要把孩子摔死……

“五四，你一定要摔死儿子，就先把俺打死！”陈氏搂紧儿子，放声大哭。

正吵得不可开交，围观的人群中走出一个须发皤然、仙风道骨的老人。他进了屋子，冲着气势汹汹的莽汉笑道：

“嘿嘿！朱五四！我在外面听得明明白白，你想摔死自己的儿子，是吧？好嘛！虎毒不食子，莫非你比老虎还狠毒？早知如此，当初何必造这孽？”老人近前瞥一眼仰卧在床上的婴儿，回头说道：“朱五四，你近前好好看看你儿子的相貌。”

朱五四根本没有在意儿子是啥模样，一听老者的话，近前俯身一看，立刻大嚷起来：“老天爷呀，吓死人，一个丑八怪呀！”

“嘿嘿，庄稼人懂什么！你再仔细看看。”

老者指着孩子，露出一副惊骇的样子，“你看这脸面：天庭高昂，地廓前仰，眉骨高耸，鼻翼横展，双耳外翘，脸庞修长——此乃世所罕见、大福大贵之相也。”

说到这里，老者伸出右手，掐起了手指头：“今日是天历元年——戊辰年，九月十八日。‘天历元年’，乃是新纪开元之年；这戊辰，乃是龙兴之期；九月十八，乃是难寻难觅的黄道吉日。孩子选在三祥并臻的吉年吉日吉时降生，尔后，即使不出将入相，也是富贵尊荣不可限量也！”

“算是你老人家说的在理。那……”

朱五四根本听不懂老者所说的一大套吉凶阴阳的话，只觉得人家是远近闻名的大学问人，大概不会胡乱欺骗自己。

“那，为什么这孩子一落草，就给俺带来一场大火呢？要不是乡亲们救得急，俺这个家早没了！照俺看，这是个满斤足两的丧门星！”

“嘿！这怨不得天，尤不得人，怨你自己家里有邪气！”

“就算是俺们家里有什么歪气、邪气。可俺们家从来也没起过火呀？”

“嘿嘿，贵人岂能驾临寻常地方。”

“你的话俺不懂。”

“要是没有这把天火，驱除干净这座房子里的阴寒邪祟之气，就凭你这两间破房子，能担得起大福大贵的孩子？五四，信不信由你，尔后，你们家的荣华富贵，全在你的小儿子身上！”

老人拱拱手，扬长而去。朱五四摸着稀疏的短胡茬，久久愣在那里。他根本不相信，一个有着讨浪子命的人，能生个给他带来大福大贵的儿子。

陈氏躺在床上把这一切都看在眼里，心想，白胡子老人一席话能使得耍横撒野的愣头青蔫了，蹲到地上低头扯胡须，足见他对贵人降临的话有几分信服，索性顺着话头再吓吓他，免得他以后上来牛脾气，动不动拿着老婆孩子出气。

“孩子他爹，你过来。”她抽抽噎噎地哭着，温语呼唤。

“干啥？”朱五四头触着膝盖，动也没动。

“过来呀，俺有体己话跟你说呐。”

“哼！你能有什么体己话说？”嘴上这么说，他却站起来，挪到床边，一屁股歪坐在床沿上。

陈氏语气郑重地说道:“今日傍亮天,俺做了一个梦,梦见……”

“俺没有闲工夫听你说鬼呀、梦呀的!”五四拔腿要走。

“咳!慢着。那可不是五不拉、六不拉的闲梦,是对咱们家大吉大利的上等好梦。”

“那……你说说看。”他又坐了下来。

“俺在梦中遇到了异人呢。”

“你快说,碰上了啥异人?”

陈氏望着丈夫的脸,神情变得异常严肃。

“俺在东岗上剜野菜的时候,不知道从什么地方冒出一个白须白发、手摇拂尘的老道士。他来到俺的面前,眼笑眉开地说道:‘施主,你要大喜啦!’俺说:‘俺穷的连饭都吃不上了,三尺肠子闲着二尺半,怎么会有喜事呢?’老道说:‘今日你家贵人临门。你赶快回家,收拾收拾迎接贵人吧!’俺一觉醒来,就觉得肚子里闹腾得紧,赶快叫你去请汪妈妈。这不,不到半个时辰,孩子就降生啦。”

她压低了声音补充道:“孩子的外公在世的时候,经常跟俺说,梦见和尚道士,大吉大利。说不准,这孩子真有大福分呢。”

“咦?你的梦,跟刚才那老者所说的,全都对卯对榫呀!孩子他娘,有这样的好梦,你为啥不早跟俺说呢?”

“唉!俺是不敢相信,那样的好运,能轮到咱们穷鬼头上。”

“咱们咋就不能碰上好事儿?”

“再说,你整天拉着张长脸,恶鬼判官似的,谁敢招你惹你?万一不灵验,不得让你骂死?俺就是有满肚子的梦,也只能让它烂在肚子里呀。”

“咳!都怨俺,都怨俺。俺天生就是这个熊脾性。孩子娘,你还梦到什么了?赶紧说出来,让俺也笑一下!”

“好梦,俺做的是不少。”

“你快说!”

“好吧。俺再说一个给你听。这个梦大约是十个月之前的了。”陈氏眨一眨眼睛,似乎是在回忆。

“有一天俺梦见一位从天而降的白袍仙人。他张开双手给了俺一粒仙丹,说是吃下去,一定会生贵子。那仙丹,足足有樱桃那样大小,光亮通红。俺接过来一试,沉甸甸的,闻一闻,香气一直钻到鼻子里。俺赶忙喝口水,一仰脖子就吞了下去。只觉得连嗓子眼儿里面都是香喷喷的,浑身舒坦得很。

从那个时候起，孩子就上了身。孩子爹，你说，这个梦是不是很奇怪？”

“这么说，是神仙给咱们送来的小儿子呀。好梦，好梦！”五四深情地望着闭目沉睡的儿子，咧开大嘴笑了。“嘿嘿嘿！孩子他娘，你这么一说，我也想起来啦。你还记得不？有一天，俺爬到你的肚子上，就闻到你的嘴里香喷喷的，你还说俺胡编瞎诌呢。八成，就是你吃了仙丹那一天。这么说，咱们两口子，兴许后半辈子时来运转，要跟这孩子享几天清福啦！”

“唉！刚才那老人不是也这么说吗？不过，要是光想着以后享福，不想想福是从哪儿来的，亏待这孩子，只怕福气也就没啦。”陈氏伸手指指儿子，“你知道孩子身上这块红绸子，哪儿来的？”

“咦，这从哪儿弄来的？咱们家可没有这么好的东西。”

“就是嘛，这是三天前，俺在河边洗衣裳的时候捡来的。你想呀，好端端的一块能派上用场的绸子布，谁舍得扔掉？分明是哪路神仙专程给孩子送来的。”

“哎哟哟，俺的娘呀！不得了这孩子！”五四一拍床沿站了起来，盟誓似的说道，“孩子娘，你放心，往后俺会拿着俺的小儿子当亲爷祖宗待。俺向你赌咒，俺要是掴他一指头，就不是爹生娘养的。俺就是自己冻死、饿死，也不能让咱们这宝贝儿子受半点委屈！”

第二章　因祸得福
重八进私塾

说来也觉得奇怪，自从重八出生之后，朱五四家的喜事是一件接着一件的来。

刘继祖在东乡为重六、重七分别选择了一个好人家去“入赘”，而且那个汪大娘也美滋滋地在西乡为重四说定了一个媳妇，姓齐。

又赶上今年的收成不错，在刘继祖与汪大娘的大力相助之下，重六重七非常顺利地“出嫁”了，重四也顺利地娶回了老婆齐氏。

三个儿子好歹都算是有了媳妇，朱五四和陈二娘不禁长长地松了一口气，但这口气还没有松多长，朱五四和陈二娘的眉头就又锁了起来。

他们的四儿子重八生病了，而且生的还是一种异常奇怪的病。

重八好像十分讨厌陈二娘的身体。

有时候，陈二娘好不容易将自己干巴巴的奶头塞入重八的嘴里，可重八“噗”地一声又将它吐了出来，吐得很响，也吐得干脆。

后来，重八的小肚子不知从何时开始，一点点地胀鼓了起来，越胀越明显，越鼓越厉害，像是有谁在往重八的肚子里吹气一样。

听说重八得病了，那汪大娘也很急，就从一个九十九岁的老太婆那里弄来一大包草药给重八吃。

草药吃下去了，重八的肚皮依然鼓胀着。

朱五四一咬牙一狠心，请了一个郎中来。

那郎中对重八“望、闻、问、切”一番后，不知为何，突然脸色大变，一句话也没说，一文钱也没要，就狼狈地离开了朱家。

见郎中这副模样，朱五四和陈二娘对重八的性命差不多绝望了。

眼看着，重八就瘦成皮包骨了。那汪大娘又急急地跑到朱家来，说是她听到一个九十九岁的老头子说，像重八这种怪病，必须到和尚庙里去舍生，只要舍了生，就什么事都没有了。

所谓“舍生”，简单点解释就是，孩子由父母领着，去到庙里向主持方丈许愿，许愿孩子长大之后入寺为僧，而这期间，佛祖就会保佑这个孩子平安顺利地长大。

一般人家，是不大情愿让自己的孩子长大去做和尚的，只是朱五四和陈二娘没有选择，唯一的选择，就是尽力挽救重八的生命。

于是，朱五四带上一小口袋面作为香火钱，陈二娘抱着重八，赶到距孤庄村十多里外的皇觉寺里请主持高彬法师为重八舍了生。

那时候的和尚在社会上还是有一定地位的。特别是庙里的一些大和尚，不仅可以娶妻生子，还占有相当数量的田地。

比如皇觉寺里的高彬法师，就有妻子儿女。而皇觉寺里的几十个大小和尚，也主要靠收租过活。

说来也怪，重八舍生之后，硬鼓鼓的肚皮就瘪了下去，而且一颗小脑袋还拱进陈二娘的怀里寻找着乳头。朱五四和陈二娘终于卸下了这桩沉重的心病。

当初，她多次听到会占卜相面的父亲说过，有奇命者，必有奇相。

如此看来，这孩子往后必然不同寻常。

念头这样一转，疼子之心油然而生。

邻居家给几颗红枣、黄杏，亲戚家送几个糯米蒸糕、白面饽饽，她总是藏着掖着，偷偷塞给小儿子。逢年过节，无钱给孩子买新衣，她就拆旧改新，浆洗得挺挺括括，孩子穿在身上来到人前，比别的孩子还显得精神利落。

聪明乖巧的朱重八，没有辜负慈母的疼爱，小小年纪便善解人意，在父母面前特别礼貌懂事，拿得动的帮着拿，干得起的帮着干。

陈氏越来越喜欢这个小儿子。

六岁的时候，就教他念书识字。不到一年，《三字经》《百家姓》《千字文》《千家诗》等，他已经背诵得滚瓜烂熟。

陈氏见儿子天资好，有灵性，更加上心地教导培养。

重八九岁那年，她终于说通丈夫，破例让小儿子进私塾，跟一位老秀才读书。

重八不负父母的期望，读书特别用功。老塾师经常当众表扬：

“吁唏！人不可貌相，海水不可斗量哉。小重八固然貌相欠佳，然而聪慧异常，且读书用功。如能持之以恒，而后仕进之路，宽广畅通。朱五四家门楣光耀，乃在意料之中也！”

旧时的私塾里，流传着这样一句话：先生不在家，学生爬屋笆。

私塾没有上课、下课的规矩，更没有星期、假日的习惯。

除了地里的活计大忙时放几天农忙假，再也没有自由活动的时间。

学生个个像笼中的小鸟、监狱里的囚犯。一旦先生有事外出，便是他们的盛大节日。

这一天,先生被人请去立约写契。临走时一再宣布,都要认真地背书写字,不准打闹玩耍。

可是,他的身影刚刚在门外消失,学屋里便像火炉里撒盐——顿时炸开来。

学生们一窝蜂地涌到院子里,摔跤的,踢毽的,顶拐的,打瓦的……乱哄哄闹成一团。他们玩得正高兴,忽然听到一声大喊:

“停下,都给我停下!”

喊话的学生名叫孙璜,是本乡财主孙庆福的四儿子。这后生,读了六七年书,却不能越过《孟子》的门槛。桑皮纸糊面的线装书,“读”成了椭圆形——仍然不能从头背到底。而搞起恶作剧,欺负起同学来,却是个鬼精灵。

那年月,有钱便有势,财主家的儿子,学生们个个惧着三分。虽然教书先生只喜爱勤奋上进的好学生,但对于这个害群之马,却是奈何不得,害怕得罪了东家,丢掉饭碗。

“喂,都站过来,给我排成一行。”等到学生排好队,他又命令道,“从北头开始,你们都要四蹄落地当牲口。每个人先学三声毛驴叫,然后,我骑上去,驮着我走,都要听从喝呼。我就是在上面使拳脚、唱大戏,你们也不准停下。绕着南面那棵大柏树转上三圈,就算尽了孝心。哪个小子,要是不想驮,或者驮不够三圈,当心头皮上堆醋栗!”

朱重八个子高,排在队伍的第五名。

前面四个同学顺从地驮完了三圈,很快到了他。他一声不吭,乖乖地伏到地上,孙璜一偏腿骑了上去。学罢三声驴叫,重八手挪膝移,向前爬去。

眼看着来到大柏树跟前,他突然将屁股高高撅起,猛力朝前一掀。

“妈呀”一声惊叫,孙璜从重八的背上飞了出去,一头撞到正前方的大柏树上。“咚”的一声响,小霸王四肢挺直,晕了过去。

“摔死人啦,摔死人啦!”学生们惊呼着四散逃开。

朱重八一时愣在那里。

他只想把这个欺负人的家伙狠狠教训一番,没想到,用力太猛,把人家摔得这么狠,看样子已经死了。

重八害怕了,爬起来拔腿就跑。刚跑了几步,又停了下来,心想,跑了和尚跑不了庙,自己躲开了,父母要跟着受连累。

好汉做事好汉当,逃跑不是男子汉的做法。况且,果真摔死了人,跑也跑不掉，索性去偿命好啦。

想到这里，他扭头走回原地，木桩似的站在那里，等候厄运的到来。

重八刚站定不久，孙璜便慢慢从地上爬了起来。揉揉眼，发现仇人正站在自己面前。大吼一声，饿虎扑羊似的冲过来，挥起右拳朝重八脸上猛捣过来。

重八虽然比他小四岁，可是身子灵巧，力气不小。他“嗖”地往旁边一闪，躲过了对手的重拳。趁势左脚下绊子，右手挥拳，照准对方的后脑用力击去。

孙璜脚下被绊，脑后吃了重拳，立脚不住，“扑通”一声摔了个狗吃屎。重八抬起一只脚踏上他的脊梁，怒声喝问：

“小子，你还敢欺负人吗？”

“啊啊！亲娘哟——打死人啦！”孙璜趴在地上哭嚎，“刘狗子！快去叫我爹来，打死这小子！”“不用叫，我来啦！”孙庆福拖着一根棍子，应声进了私塾院子：“我倒要看看，哪个吃了豹子胆的狗杂种，敢对我的儿子下毒手！”

“庆福公，庆福公！”老塾师急忙挡在前头，连声哀求，“你老人家消消气，听老朽直言几句好吗？学生打闹，乃是家常便饭，好在没闹出什么伤残。你老人家，应该庆幸才是。”

“谁说没有伤残？”孙庆福把儿子拉到跟前，指指头，又指指脸，“你看，头上起了个大包，额头上擦破了一大块皮。”

“哟哟，该打的！”老塾师装模作样仔细看了一阵子，回头说道，“庆福公，起个包、破点皮，总比留下伤残好。这是上苍保佑，令郎福大，也是贵府上积德行善修下的福分呀。”

老塾师连连赔笑脸，孙庆福的怒气减轻了不少，但仍不肯罢休：“哼！不是我家福大，今天非出人命不可，决不能便宜了这坏小子！”

“那怎么办呢？”老秀才一副无可奈何的样子，“古人云：顽童打顽童，打死顽童不偿命。就是告到官府，对未成年的孩子，也是从宽发落呀。”

见孙庆福一时语塞，老塾师继续劝道：“贵府公子受了委屈，庆幅公自然心里痛惜，老朽何尝不是打心眼里难过？

无奈，事情已经发生，就是把重八打死，令郎身上的伤痛也不会减少分毫呀。古人云：往者长已矣，来者犹可追。老朽保证，往后一定加意看护，绝不会再让令郎有半点闪失。况且，依庆福公的身份、德望，总不能学小孩子打架，拉过重八打一顿吧？”

老秀才的话，柔中有刚，孙庆福只得借台阶下驴：“我当然不会动手打一个孩子。"他似乎忘记了刚才抡起棍子打小重八的事,"好鞋还不踏臭狗屎呢。"

"说的是呢。庆福公尽可放心地回去,老朽一定要严厉处置那坏孩子。"

送走了孙庆福,老塾师把重八喊到自己屋里,满脸愠色地问道:"朱重八,你跟我说实话。今天这场麻烦,到底是怎么引起来的?"

重八自知惹了大乱子,不光一顿板子逃不掉,只怕还要被赶出学屋,永远不能念书。

他知道,老师最讨厌学生说谎。为了讨得老师的宽恕,索性把事情的来龙去脉如实说了一遍。

不料,老秀才听罢,不但没有摸板子,嘴角上反而绽出了笑纹。

重八正在高兴,忽见老师脸上的笑容倏然而逝,布满皱纹的老脸,挂上了层层冷霜。他吓得心口咚咚跳,咬咬牙,等待厄运降临。

不料,老师闭上双眼,捋着稀疏的花白胡须许久没有开口。过了好一阵子,方才睁开眼,愠而不怒地教训道:

"朱重八,你今天干了一件不可理喻的蠢事!往后必须牢牢记住:君子动口不动手,仁义方为君子,鲁莽乃是草寇行径。孙家少爷不是寻常后生,岂是轻易惹得的?似你这般,动辄撒野动武,何日能成为谦谦君子?老师我今日懒得打你一顿板子。往后,再敢招惹是非,这学屋不是你待的地方!记住了吗?"

"老师,学生记住了。"重八恭敬地作答。

不幸,美好的愿望,代替不了残酷的现实,两个月后,重八含泪离开了学塾。

重八失学,不是因为撒野动武,而是驱赶不掉的贫穷,把他赶出了心爱的学塾。

这几年,穷兵黩武的元朝政府,为了支付巨大的军费开支,更加肆无忌惮地聚敛。繁多的赋税,苛重的地租,家里人口又多,父亲再也无力支付重八的塾资和书笔费。

他只得流着泪离开心爱的学屋,回家帮着父亲种地。不久,父亲又要他"自己打食自己吃",于是他去给财主刘继德家做了放牛娃。

离开文质彬彬、谆谆教诲的老塾师,重八像掉了魂。

于是就破罐子破摔,渐渐学得一天比一天粗野。骑在牛背上高唱山歌,大声吟诵《千家诗》的十岁牧童,很快成了擅搞恶作剧的孩子王。

故事,是孩子们五彩缤纷、乐不知疲的神奇乐园。

朱重八继承了母亲擅长言辞的天赋，加之念过两年书，能说会道。

他把从母亲那里听来的古今奇闻轶事，说给小伙伴们听。

牧童们把牛拴在山坡上吃草，常常聚到重八的身边，央求他说故事。一张张小脸乞求地望着自己，重八感到很得意。

于是，有求必应。他总是坐到高处，让小伙伴们团团围着自己。然后，眉飞色舞，有声有色地讲起来。

但每次都不多讲，至多讲一个故事给小伙伴们“解解馋”。还有个交换条件：听故事的人要轮流帮他把大条筐割满青草，他好回去向东家交账。

按照东家刘继德的规定，牧童们除了把牛在山上放得饱饱的，还必须背回一筐鲜草，做几匹马的夜餐。

小伙伴们为了听故事，都争先恐后地为重八效劳。渐渐地，他成了伙伴们心目中的智多星、领头人。

重八当仁不让，处处以首领自居。

孩子们另一件喜欢的事，就是舞枪弄棒。

每当看到小伙伴拿着树枝做成戈矛，相互对阵厮杀时，重八便把他们集合起来，分成敌对的两帮，让徐达与汤和分别担任两队的首领，他自己则做两队的大元帅，让周德兴给他做传令官，指挥两队人如何摆队形，设埋伏，进行厮杀，哪队作战勇敢最终取胜。

有时则让一帮先占领一处高坡让另一帮冲上去争夺。谁能最后在高地上站住脚跟，谁便是这场战斗的赢家。

赢家可以得到重八的奖赏：高声赞美几句或者给胜利的一方单独讲一个故事。

俗话说：半大小子壳郎猪。

财主家供给长工的伙食，一年到头都是粗茶淡饭。牧童的待遇，比之长工又等而下之，几乎天天不变样：一小碟不见油星的咸菜，一大碗几乎照出人影的糙米稀饭。肚子填得胀鼓鼓，撒几泡尿，便饿得不行。年轻人又爱活动，等不到天黑收工，肚子里早已唱起了连台大戏。

重八饭量大，更比旁人饿得紧。看到小伙伴们一个个无精打采的样子，眉头一皱，想出了主意。

“喂，伙伴们，你们饿不饿呀？”他大声吆喝着问。

“肚皮贴上了脊梁骨，俺早饿得不行啦。”徐达抢先作答。

“一个个都是笨蛋——放着能解饥困的东西不吃，捂着肚子出熊样，没人可怜！”重八一副教训的口气。

“好吃的东西在哪儿？俺们怎么没看见？”汤和等纷纷询问。

重八手一挥，指指面前的一片豆地：“看，那是什么？”

“豆子呀，谁不认得。”徐达答道。

“弄来吃，不就得啦。”

“豆子还不成熟，怎么吃？”汤和的头摇得像拨浪鼓。

“已经半粒啦——可以充饥。”

“生豆子，豆腥味大着呐——咋吃呀？”周德兴也不住地摇头。

“笨蛋，不会点上火，烧熟了吃？”

小伙伴们一听，“轰”地一声散开，朝着近旁的一块豆地跑去。重八一看，立即大声阻止：“喂！不能摘这块地里的豆荚。这人家穷，他家还填不饱肚子呢。”

“那……到哪儿去摘呀？”徐达高声询问。

“到南边俺东家的地里去偷！”

“咳！这怎么是偷？这是帮他的忙，要不，他家谷仓里的粮食还得多烂些！”见伙伴们站着不动，重八抬步就走，一面喊道：“怕什么！想吃香豆粒的跟我来——我领着你们去！”

蛇无头不走，鸟无头不飞。

有了勇敢的领头人，谁还害怕。孩子们发一声喊，呼啦啦朝着刘家的地里奔去。

不一会儿，大兜小兜的豆荚摘回来了。

重八指挥伙伴们捡来干柴，找个背风的地方架上火，哔哔剥剥烧了起来。

不一会儿，一阵阵清香扑鼻而来。他们像一群贪吃的猴子，一哄而上狼吞虎咽地吃着喷香的鲜豆粒，齐声赞叹重八出的好主意。

听到同伴的夸奖，重八感到很得意。用衣袖揩揩嘴角上的黑灰，他说出了新主意：

“伙计们！熟豆荚比生豆荚的味道，怎么样？”

“那不差远啦！”伙伴们齐声作答，“生的咽不下。”

“嘿嘿，说得对极啦！”重八得意地笑道，“从明日起，我叫你们天天吃上喷喷香的熟豆荚。你们别不信？明日，我就把刘继德家那口小锅弄出来，咱们把它藏在山上。往后，豆子、高粱、长生果、芝麻粒，什么能吃了，咱们就吃什么。煮着吃，炒着吃，怎么好吃，就怎么吃。”

“那……叫人家知道了咋办？”

"嘿！刘继德不干活，一天三顿，撑得打饱嗝。咱们天天在山上忙活，却瘪着肚子挨饿。这太不公平！吃他点粮食算什么。你们说，是不是？"

"对，就应该吃他的，重八大哥的主意好哟！"孩子们一阵欢呼。

这些日子，指挥伙伴们打仗、夺山头，已经玩腻了。

肚子里的故事虽然尽量变着花样讲，但都讲得成了老古董。临时瞎编，重八觉得累得慌，便想出了个新花样。他让周德兴把同伴们召集到身边，高声宣布道：

"这几天，大家玩得没精神，我也没给你们说好听的故事，你们一定闷得慌啦，是不是呀？好！今天我教你们玩个新花样，怎么样？"

"好，好！你要教俺们玩什么？"

"你们猜猜看。"

"俺们猜不着呀。"

"我谅你们也猜不着！哈哈，我要教你们玩的花样，你们从来没见过。别瞎嚷嚷，都听我说！今天咱们要玩的，是让你们个个做大官，到金銮殿上参拜皇帝。"

"啊？你叫俺们做大官？"

"是呀。"

"那……皇帝在哪儿？"

"呶，在这儿。"重八拍拍自己的胸膛，"从现在起，我就是皇帝。你们要三跪九叩参拜我。我是金口玉牙，说一不二，谁敢不服从，拉出午门斩首！你们都听明白了吗？好，现在开始准备，准备好了，过来参拜我朱皇帝！"

孩子们折来柳条编成乌纱帽，拣来破木板做成朝笏。

周德兴找了一块破水车页板，给"皇帝"做了一顶"平天冠"，又用棕榈丝，给"皇帝"做成胡须。

重八又把从母亲那里听来的有关皇帝升殿的礼节，向"臣子们"教导了一番。一切准备就绪，参拜皇帝大典正式开始。

这群穿着破衣烂衫、单片灯笼裤的放牛娃，个个成了手捧笏板的文臣武将。

他们在周德兴的指挥下，排成整齐的两行，迈开方步，登"玉阶"，进"金殿"，三跪九叩，山呼万岁，恭恭敬敬参拜皇帝。

高坡上的一块大石头，做了龙墩。

朱重八高坐在上面，头戴平天冠，三绺长须拂胸，微笑着接受群臣的朝贺，俨然是个临朝问政的天子。

朱重八的主意越来越多，胆子越来越大。

除了经常要过过皇帝瘾，做一回众人匍匐在地、一呼百诺的真龙天子，还干了不少恶作剧。

这年春天，地里没有可吃的东西，藏在草丛中的铁锅，仍然能派上用场。

他常常偷出东家一些米，到山上煮了，跟同伴们一起吃，白水煮米饭，虽然可以充饥解饿，可是，东家炒肉的香味天天往鼻孔里钻，馋虫在肚子里翻腾，口水流得像泉涌。

看到东家吃罢大肉大鱼，歪着脑袋剔黄牙，重八心里就发恨。一直想找个机会，进行报复。

这天，重八一骨碌从草地上翻起来，并很快将一头小牛犊拉到徐达等人的跟前道："这里有现成的肉，我们为什么不吃？"

徐达等人许是都饿坏了，一个接着一个地跑到重八身边，七手八脚地将小牛犊捆翻在地，还不知从哪里找来一把砍柴刀。

操刀的是重八，几刀便将小牛犊砍咽了气。

剥牛皮的是汤和，汤和似乎天生就有剥皮的技能，顶多也就一顿饭的时间吧，那头小牛犊除了一张皮一根尾巴和一堆骨头外，其余的，全让重八等人用火烤着吞进了肚里。吞得汤和一边捂着鼓鼓的肚皮在山坡上打滚一边不停地大叫着"快活"。

穷人家的孩子，能吃上火烤牛肉，的确是一件很快活的事。

但没有快活多久，一个七八岁的放牛娃就啼哭开了："我们吃了二老爷的牛，二老爷还不把我们打死啊。"

这一啼哭，汤和也慌了，赶紧看重八的脸。那徐达和周德兴也不约而同地盯向了重八。重八却满不在乎地言道："二弟三弟四弟你们都不要害怕。这点子是我出的，牛也是我亲手杀的，只要我们不把这事说出去，我心甘情愿让二老爷打我一顿。我一个人挨打，大家吃肉，还是划得来的。"

听重八这么说，众人便多少有些放下了心。但怎样才能让二老爷刘继德只打自己一个人，却让重八着实费了一番脑筋。

不过脑筋也不是白费的，重八的目的达到了。

黄昏的时候，重八等人赶着牛群回到了刘继德家的牛棚。

刘继德像往常一样，站在那儿过数。重八从怀里掏出那头小牛犊的尾巴递到刘继德的面前说，有一头小牛，钻进了一条山缝，他拉着牛的尾巴拼命地往外拽，结果小牛钻进山肚子里去了，牛尾巴被他拽了下来。

刘继德当然不相信重八的鬼话，一脚将重八踹倒在地，又召来两个家丁,命令他们将重八“往死里打”。

打得徐达、周德兴、汤和等人浑身直哆嗦,可又不敢上去帮重八,只得慌里慌张地去喊朱五四和陈二娘。

等朱五四和陈二娘赶到时,重八已经躺在刘继德家牛棚的外面大气不出小气不进了。

陈二娘以为重八死了,眼泪突地就冒了出来。

朱五四得知事情的原委,忙不迭地赔礼道歉。

无奈,好话说尽,也平息不了财主的怒气。

直到双膝跪到地上,答应包赔一担谷,老财主才悻悻离去。临走扔下一句话:

“我家里不养野贼,叫你那狗儿子远远地滚开。要是再让我看到他那恶心人的丑相,我敲断他的脊梁骨!”

“唉,小小年纪,杀人家的牛吃,多大的胆量呦!”乡邻们议论纷纷。

“要是长大了,岂不是天王老子他也敢杀?”

“朱五四老爹,等着吧,往后,他那宝贝儿子不会给他少惹乱子!”

“哎呀呀,简直是黑煞星下凡——吓死人!”

朱五四气得三天没吃饭。

这件惊动三村四乡的“吃牛”事件,不但使朱五四赔了稻谷,在人前抬不起头,还给重八留下个恶名——祸害精。

第三章　天降灾祸　出家当和尚

这一年，是元朝第十四位皇帝妥懽帖睦尔继位的第十一年，称为至正三年，也就是公元 1343 年。

在这一年的夏天，孤庄村一带爆发了一场非常大的灾难。

首先是旱灾，旱得每株稻穗上只剩下可怜的几颗饱粒子。紧接着又发生了蝗灾，蝗虫将那可怜的几颗饱粒子也吃完了。蝗虫过后，不等秋天到来，整个孤庄村就已经是颗粒无收了。连二老爷刘继德，也闭口不提田租的事了。

孤庄村的灾难，不仅仅是旱灾和蝗灾。

蝗灾过后没多久，先是村中的一个老妇人，突然发烧，上吐下泻，然后就死了。接着是算命先生郭山甫的老婆，也发烧，也上吐下泻，也死了。再接着，村东村西村南村北，不断地有人发烧，不断地有人上吐下泻，不断地有人死去。

有一天，一个村子，大大小小一共死掉了十个人。连村子里的郎中也无可奈何地死去。

郎中临死前对村子里的人说了这么几个字："这是瘟疫。"

旱灾人们可以忍受，蝗灾人们也可以忍受，但瘟疫不同，人们无法忍受，不是你死就是他亡。

也不单是孤庄村，整个濠州一带，瘟疫大流行。只是孤庄村的情形显得更加严重罢了，天天都有人死，天天都有人亡，有几户人家，居然死得连开门关门的人都没有了。

朱五四一家也死得所剩无几。

一开始是重四的大儿子文直，上午发烧，下午又是吐又是泻，晚上就闭上了眼睛，还不到十岁。

重四流泪流出血来，齐氏哭晕过去好几次，陈二娘看着文直的尸体几乎是呆了。

朱五四强忍悲痛，叫上重八，连夜将文直的尸体丢在了一条早已干枯的水沟里。

朱五四丢文直尸体的时候，重八也忍不住地流下了眼泪。

文直的死只是个开始。没几天，重四也发起高烧来，高烧过后便是上吐下泻。重四咽气后，朱五四与陈二娘也未能幸免。

朱五四和陈二娘几乎是同时死了，劳累了一辈子，终于不需要再劳累了。

重八跪在朱五四和陈二娘的床前，早已哭成了一个泪人。

直到这个时候，重八才真切地感到，自己很对不起爹娘，所以重八就决定，无论如何，也要给爹娘弄一块坟地，好好地安葬一下。

恰在这个时候，重八的二哥重六回到朱家的三间茅草屋里来了，重八这才知道许多事情。

重六入赘的那户人家都死光了，只剩重六一个。

重八三哥重七入赘的那户人家更惨，死绝了，包括重七。

重八二姐家还算幸运，二姐死了，二姐夫李贞还活着，二姐和李贞的儿子保儿也活着，重六回朱家的时候，李贞已经带着保儿外出逃荒去了。

偌大的一个朱家，到这时候，只剩下重六重八，还有重四的二儿子文正和大嫂齐氏。

于是重六和重八就在家里昏天黑地的哭。

邻居汪大娘和儿子汪文，在这场瘟疫中没碰到什么意外，见重六重八哭得不成人样了，就过来劝，还把饭菜送过来。

可汪大娘怎么劝，也不顶用，送什么饭菜过来，重六重八也不吃。

汪大娘无奈，只得对重六重八道："你们再这么哭，五四和二娘的尸体就要烂了。"

重八想起同村人刘继德，他是一个田主，家道殷余，不如去向他借点钱，讨块坟地。

重八来到刘继德的庄上。刘继德得知朱五四家连遭丧事，所欠的租再也还不了，心中懊恼，见重八来求地，装出一脸愁苦的样子，说这年月连自家吃药的钱都没有，哪里还能接济别人。

重八说了许多好话，刘继德不耐烦，摆手让他回去。

重八回到家里，大嫂奈何不得无米之炊，侄儿饿得天天哭，抓着破旧的黄纸吃，差一点被噎死。

虽然重八有体力，能做些农活，可大户人家为避瘟疫，大多奔走他乡，留在乡中的大户也不敢多雇外人。

大嫂是一个一字不识的村妇，《女儿经》未读，三从四德不会，她不愿意守这个没有衣食的活寡。

难怪她悲极生怨，当着重八说了几句怨话，唠叨说："你们朱家的命为何就恁般苦，俗话说祸不单行，你们朱家如今一连就死三口。嫁到你们朱家，我没安心过一天好日子，没吃过一顿安心饭。眼下将你们朱家的房屋锅碗全卖了，也值不了几文钱。"

重八无话可说，只是哭着。大嫂在朱家看看呆不下去，哭了几天，带着四岁的侄儿回了娘家，家中只留下朱重八一人。

朱重八想起儿时一同放牛割草的好友徐达、汤和、周德兴，家境比自己好，想向他们家借点米，敷衍肚子。

重八去找他们，他们都外出打长工，重八不好意思向他们父母提借米的事。

继祖的儿子刘英从小与重八在一起玩耍，长大后也有些交情，见他没饭吃，送些米来。

重八煮些稀饭，吃几条草根，外加几片树皮。日间饿时，就多喝水。重八在屋前开了几分荒地，种些豆子和蔬菜，不久，长出一些新苗，可上天总不下雨，过了二十余日，新苗竟枯死了。

挨到这年九月，重八想不出一条生路，打算外出逃荒，或许还能活下来。

继祖一家人都劝重八不要出去逃荒，让他再等一阵。重八也是故土难别，就不走了，日间无事，总是躺在床上，一天喝一顿粥，盼着穷日子快过去。

朱重八在饥饿中过了十七岁的生日。

次日，隔壁汪氏老母见重八找不到谋生的去处，给重八提起他小时候一件事。

她说重八生下来不久，一身病恹恹的，看看没救，他爹到皇觉寺许愿：等重八长大成人后，给高彬法师当徒弟，过了两天重八的病就好转了。寺庙里有些田产，重八去当和尚，一则还了他爹的愿，二则有碗饭吃，总比流落他乡客死异地强。

重八说当和尚比逃荒好，就答应了。

汪氏下午到庙里给高彬法师说起此事，法师有些为难。

他说如今庙里不比从前，香火钱少，僧人多，连年干旱，田里没有收成，恐怕照顾不过来。

汪氏并不将此事说与重八听，怕他伤心，汪氏夫妇替重八备下香烛，带些干豆腐和几枚冬笋，让儿子汪秀送重八一同再到庙里来。

这日是观音菩萨涅槃日，往年这里早是香客云集，香火旺盛，今日十分萧索。

二人来到寺前，从一侧过去就看见山门。山门关闭着，门上藻绘剥落不堪。那一幅楹联尚在，只是金粉脱了大半。联云：

暮鼓晨钟，敲醒世间名利客；
经声佛号，喊回天下梦迷人。

二人都认不全楹联上的字，只顾敲门，敲了半天，一个约摸四五十岁的僧人开了门，问道："施主有甚事？"

汪秀道："来拜高法师。"

那僧人见二人都提着东西，放了进来。

这座山门也是一座小小的佛殿，名唤三山殿，已经十分破败。

重八往两边不住地张望，殿中有两尊满面怒容的金刚力士，手执金刚杵，守护山门。

走过三山殿，到了一间大院落，青砖地面高低不平，长出荒草来，还有几株古松怪柏。前面有一间大殿，名唤天王殿，殿前的宝鼎中，连黯淡的烟火也没有。

重八向殿内一望，日光昏昧，只看见当门是尊大佛，肚皮坦坦，笑脸眯眯。

重八认得，这是大肚子弥勒佛。这尊佛的笑容给了重八许多慰藉，他希望高长老也是弥勒佛一般的好人。

这佛背后也有一尊佛，是韦驮菩萨手持宝杵。两旁是镇殿的四大天王，个个横眉怒目。

天王殿后面的两侧是东西两间配殿，东为伽蓝殿，西为祖师殿，中间是皇觉寺的正殿大雄宝殿。殿中当门那尊金身佛极大，那是释迦牟尼佛。从后门出去，有一块平地，两旁各有一排破败瓦舍，那是僧寮与斋堂，和尚们吃住的地方。

汪秀指着禅堂说："重八啊，你倘若当了和尚，日后就住在这里，好生安心念经。"

重八点点头，心想这里的房屋虽然有些破旧，总比独自住在家里挨饿好，不知高法师是否会依允自己在这里出家。

僧寮后面有一座小小的钟楼，钟楼后面藏着一个小小的菜圃，围着竹篱，菜畦间长着几种蔬菜。

圃后面几间破败的小屋，那是空了法师和师娘住的地方，名唤方丈。

汪秀见了长老，说起朱重八一家接遭丧事，他诚心向佛，想出家当和尚。还提起先前重八爹曾许下他长大后到庙里当长老徒弟的愿，请法师行行好，收留了他。

空了法师正欲借故推脱，知客佛性师是一个读过书的忠厚人，有些怜悯重八，在一旁说："也难为他了，不妨先剃度了他，若不听管束，再让他离开山门便是。"

空了法师犹豫一下，也想不出谢绝的理由，收下重八的礼物，唤重八到前面的法堂里来，当着众和尚的面，在法堂中给重八净了发，将师兄一件破旧的灰黑色百衲衣给他披上，教诲几句佛门清规，重八一一承诺了，就算出了家，法号为如净。

皇觉寺共有二十多个和尚，除有空了法师算是住持外，都寺、监寺等职皆无，寺里多是空了长老一人说了算。

年轻的沙弥都要做水火工，一天没有片时闲暇。

重八是新来的，师兄们就欺生，将脏活累活都让给他做，他也不敢拒绝。

他在家中时，排行最小，恃着父母宠爱，恣意撒泼，兄长们都让着他。父母在时，即使家中断炊也不会饿着他。

重八知道庙里不比自己在家的时候，与师傅和师兄弟都不熟，话不敢多说。

他称空了为长老，称知客佛性师为知客师。长老有妻子，重八称她为师娘。其他人一律称师兄。

初来的半个月里，重八还颇不适应。

他最怕到晚上，同舍的师兄们都入睡了，鼾声此起彼伏，他却在僧床上很久睡不着。

与他邻床的师兄名唤惟仁，比重八长一岁，知道重八孤苦，平时处处照顾着他。

重八每天起来就去打扫山门，这是空了法师吩咐的。

自己的事做完了，再帮几位师兄打扫佛殿。众师兄忙完了事，撇了扫帚，到房间里睡懒觉。

重八多一个心眼，到空了法师的房间打扫地面。法师与师娘口头不说，心里却喜欢重八手脚勤快。知客师佛性房内有许多经书，墙上还挂着几幅水墨画。

每日早晨，佛性打完钟，便坐在客堂外研墨写字，口内喃喃有声。皇觉寺里只有他和空了法师才是会讲经的和尚。

重八每天早晨替佛性打扫客堂，扫地时，在师傅身后看他念经写字。

佛性见重八勤快，很喜欢他。

佛性喜欢他求知的精神，便从头教他四书五经。

从前朱重八家境好的时候，念过三年书，底子不厚，但悟性惊人。不知为什么，佛性总是固执地认定，这是个日后必定腾达、不同凡响的人物。

这一天，佛性带一本《韩非子》来找朱元璋。

其时朱重八正在大雄宝殿如来佛前看经卷，从窗外看，朱重八极为投入，连佛性很重的脚步声都没能惊扰他。

朱重八置身于香烟缭绕、经幡重重的释迦牟尼像前，左手执经卷，右手握着木鱼槌，想起来就敲几下。

由于看得入神，连佛性大师进来他都没发觉。

佛性见他看的是《金刚经》，就说："想不到如净如此专心致志地读经了，可喜可贺呀。"

朱重八忙合上经卷，站起来长揖。

佛性早发现经卷里夹着别的书，已露出边角来。

他伸手拿在手中，抖出里边的夹带，原来是一本《玉壶清话》。

佛性说："好啊，你敢在佛面前闹鬼！贫僧将就你，你也得将就贫僧啊。"

朱重八也觉得有愧，对不住佛性，就说："弟子再不敢了。实在是因为经书味同嚼蜡，怎样用心也看不进去！"

"又胡说，"佛性说，"看不进去，是你浅薄，没缘分。"

他抖动着那卷《玉壶清话》，说："这是专门写宋太祖轶事的帝王之书，你看这个做什么？"

朱重八不免眉飞色舞起来，他有他的独到见解，宋太祖为什么成为一代明君，这本书里藏有真谛。对人要宽容、仁爱，得人心方得天下。

"这与你当和尚何干？"佛性说。

"只是看看而已。"朱重八讲起书中的一段，宋太祖即皇帝位，有一回见了周世宗的幼子，问是谁，宫嫔答是周世宗的儿子，太祖问从人该怎么处置？

佛性替他说了下面故事，赵普主张杀掉，潘美不言可否。

"原来师父也看过，"朱重八说，"不只是徒弟一人不守佛规呀。"

"又胡说。"佛性说自己是入佛门之前看过的，没忘而已。他问朱重八，知道赵匡胤为什么不杀周世宗儿子吗？

朱重八认为一是仁爱之心，二是廉耻之心。宋太祖不是说了吗？即人之位，再杀人之子，天理难容。所以他让潘美收养了这孩子。

佛性又说了赵匡胤宽厚仁慈的另外一例。

有一次吃饭，在碗里看到一条虫子，当时侍者脸都吓白了，御膳房的人都是死罪呀。但赵匡胤对他们说：千万不要让御膳房的人知道吃出虫子的事，要不然他们会心上不安。

朱重八不禁点头三叹："只有这样，才能有天下。"说这话时，眼里闪闪发光。佛性显然注意到了，他说："你知道赵普这个人吗？"

"是宋太祖的贤相啊。"朱重八当然知道。

佛性称赞赵普施行的也是仁政，他的名言是半部论语打天下，半部论语治天下，全够用了。

朱重八称赵普是孔明、张良一流的人物，得之则得天下。

佛性不无揶揄地问："你想结交这样的贤人吗？"

"没缘分啊，"朱重八说，"一个出家人，更不需要了。"

佛性说他倒知道几位旷世奇才，号称浙西四贤。

朱重八急不可耐地问都是哪几个？

佛性告诉朱重八，四贤中尤以刘基、宋濂为优。这刘基是两榜进士，当过县丞，后来做过江浙儒学副提举，他看到朝廷腐败，耻于为伍，便回到青田老家去隐居了。

"另一个呢？"朱重八又问。

佛性说另一个是浦江的宋濂，他被朝廷委任为翰林院编修，根本不屑一顾，隐居在龙门山著书立说。

朱重八喜形于色道："这不是今世的卧龙、凤雏吗？是不是得一人可得天下？"

佛性笑道："这岂是你我槛外人所应当论及的话题。"

朱重八不言语，却拿出纸笔，记下了"青田刘基、浦江宋濂"几个字。佛性意味深长地望着朱重八笑。

其实朱重八并不知道底细。

佛性原本是世俗中人，是个有宏伟抱负的大儒，他是刘基的老师，亲自教诲三年之久，后来因文字狱犯事，他才躲到寺院里披起了袈裟，难怪他凡缘未了，有机会就想为他的学生刘基物色明主，他认为刘基就是张良、赵普一样的人物，看是不是得遇明君了。

他此时竟看出来朱重八日后必称雄天下吗？也许连他自己也处在朦胧中，但朦胧的往往会聚而成形，成为现实。

几个月的时光，在木鱼和云板声中滑过去了，朱重八的功夫不在佛经上，他跟着佛性，长了不少知识，变得深沉多了。

这是皇觉寺普普通通的寂寞难耐的长夜。

夜深人静，长明灯也显得暗了，朱重八还在看书，只是不再用经卷打掩护了。

突然听到有人叩击窗棂的声音。朱重八放下书本，走到门口，推开红漆木门，不禁又惊又喜，原来是汤和、徐达、吴良、吴桢等人。

朱重八一摆手，几个人溜进佛殿，朱重八忙掩上门，问："深更半夜，你们怎么溜到庙里来了？又是肚子饿了？上回给你们偷馒头，差点挨了二十大棍。"

徐达说："今天不要吃的，弄点钱。"朱重八心想，这回胃口更大。

吴良指着汤和说："他要领我们投军去。没听说吗？天下到处都反了！"

朱重八似乎心有所动，他不明白，去就去，要钱何用？

汤和说："总得打造几件兵器呀，不然人家瞧不起咱们。"

朱重八道："我哪有钱？这身破袈裟当了也值不了半贯钱。"

汤和岂不知道朱重八是两袖清风！他的眼睛一个劲儿在佛殿里搜索，最后定格在巨大的铜香炉上。

朱元璋立刻明白了，说："你打香炉的主意？今天是我守夜坐更，若失了铜香炉就是监守自盗，我还不得被乱棍打死呀！"

"这好办。"徐达说，"可以把你绑起来，口里塞上烂草，你就没有干系了。"

"亏你想得出。"朱重八走过去，用手拍了拍那个余烟袅袅的铜香炉，说："它少说也有八百斤，白送给你们，也扛不走啊。"

汤和说了声："你小瞧人！"大步跨过去，双手抱定香炉，一蹲身，向上一挺，香炉离地二尺，放下后，他说："徐达比我力气还大呢，我们抬上它走，轻而易举。"

朱重八默许了，要他们去找条生路也好，这大灾之年，留在濠州也得饿死。

汤和说："你和我们一起走算了，还真想成佛得道呀！"

朱重八要他们先去。看看那个起兵造反的是不是个礼贤下士的人物，能不能成大器，到时候再说。

朱重八不是胆小，也不是没主见，更不会忠于元朝，他是不见兔子不撒鹰的主儿。

“也好，你只好委屈了。”徐达把捆在腰间的绳子解下来，与吴良一起，三下五除二将朱重八绑在楠木殿柱上，又用绳子捆了香炉，徐达对如来佛像说了句：“得罪了，日后再买一个奉还。”他抽了两根粗门闩，四个人抬起香炉出殿去了。

当徐达几个人开启厚重山门时，惊动了还没睡实的空了，他急忙披上僧衣下床，顺手抓了一根长棍，跑了出来。正看见徐达几个人抬着巨大的铜香炉刚刚下了山门台阶。

空了大惊，追了几步，怕不是对手，只好折回院子，拼命敲起柏树下钟亭里的大钟来。

一时僧众纷纷起床，大多数持械而来，一时火把烧天。

空了大叫：“有贼人盗了香炉去了！快追！”

和尚们奔出山门，只见徐达、汤和四人已经放下了香炉，每人手里都有器械，汤和使鞭，徐达使棍，吴良兄弟二人仗剑，四人如猛虎迎战僧众来了。

只几个回合，和尚们就支撑不住了，有的被打趴下，有的退进山门，有的受伤吐血躺在地上直哼哼，无论空了怎样叫喊，也没人敢上前了。

徐达向和尚们抱抱拳，说：“对不起了，别那么小气，借铜香炉一用而已。日后打个金的供奉殿里也不是什么难事。”

空了借着火把的光亮仔细辨认，突然“啊”了一声。

这时佛性大师也被惊动起来了。他走到山门时，已经看不到徐达一行人的身影了。

佛性问：“什么人这样胆大包天，偷盗都偷到佛殿来了？”

空了说：“什么偷，这分明是抢。我方才认出来了，为首方面阔口的和那个一脸胡子的黑脸贼，都是如净的同党，那天他偷了馒头就送给了他们。”

佛性说：“你认得仔细吗？”

空了说：“错不了。没家贼引不来外鬼，这朱重八一条鱼腥了一锅汤，若此人留在寺中，贫僧只好另寻栖身之地了。”这回他可是得理不让人了。

这话一落，好几个和尚都说：“我也走。”“贫僧也找个宝刹去挂单。”

佛性问如净他人在哪里？他在人群里没找到朱元璋。

空了突然想起来了，今夜是他在大雄宝殿坐更啊。他决定去看看究竟，他带头一走，和尚们呼呼啦啦地跟在后面。

当和尚们推开大雄宝殿殿门涌入时，发现朱重八正在那里挣扎，不但身子绑着，口也是堵住的，只呜呜地乱叫。

云奇松了一口气：“原来和如净没关系，他叫贼人绑起来了。”

如悟也说没吃歹徒一刀是便宜了。这寺庙里只有云奇、如悟对朱重八亲近些。

空了四处打量一阵，心里思忖：我才不信。焉知这不是监守自盗的苦肉计？他走上去，一把扯出朱重八口中的乱草，冷笑着说："你给我招，你是怎么勾结你的同党来盗佛殿香炉的？"

朱重八一见佛性也走了进来，就煞有其事地大叫："冤枉啊，师父，我吃了苦头，他反说我通贼。"

佛性当众不好过于偏袒，就说："空了已经认出那几个贼了，正是你送馒头的那几个人，你还有什么话说？"

朱重八的眼珠子转了几下，随机应变地说："一点不错，我可怜他们，都是一个村的朋友，就不曾防备。他们是穷疯了，非逼我和他们一起盗卖香炉，我不答应，他们就把我绑起来了，我当初真不该可怜他们。"

空了说："谁信你的鬼话！"

佛性本来就不想深究，朱重八这样开脱自己也说得通，便对众人说："算了，贫僧想，如净断不会干出这样吃里扒外的事来。"他回头命如悟把绳子替他解开，又吩咐众僧都回去歇息，要大家上夜都小心点，天下不太平，匪盗四起，佛门也难保清净太平了。

佛性想放他一马，别人再说什么也没用了，众人只好陆续散去。

这期间，朱重八抽空回过两次家。破败的屋子只剩了空房架子，连窗户和门板也叫人卸去了，他站在衰草一尺多深的院子里，叹息着，真是"阎王爷不嫌鬼瘦"，穷人家也还有更穷的来光顾。想起带着侄儿朱文正远走他乡的大嫂，也不知他们是死是活，心里很不是滋味。

朱重八最大的心事是让父母和长兄的尸骨入土为安。幸好是佛性大师出面，找了钟离村的同乡财主刘继祖。刘继祖看在佛性的面子上总算答应在自家墓园旁边让出一小块地，作为朱家葬父母的地方。朱重八一连给刘继祖磕了十个响头，许愿说日后若有出头露日机会，当厚报。刘继祖头也受了，心里却不把他的话当回事，眼前这个几乎不能活命的小和尚还有什么出头露日之时！

坟田是在一块田地中，四周种有郁郁葱葱的松柏，旁边是一条小河，河湾里一片乱石塘，巨石裸露，荆棘丛生。

在刘家坟山旁边，新立起两个坟堆，较大坟前面一块木牌插在泥土中，上书"显考妣朱世珍、朱陈氏之墓"。

朱重八在坟前焚化纸钱毕，叩了几个头，又站起来，走到佛性大师和乡绅刘继祖面前,趴下去叩头,说:“朱氏一门没齿不忘长老和刘老爷的大德大恩,使父母入土为安。”

刘继祖叹了口气,抬眼望远处,只见大路上尘埃滚滚,逃难的人群啼饥号寒,有的人走着走着就倒下了。

刘继祖说:“连年虫旱瘟灾,民不聊生,再这样下去,我也得逃难去了。”

忽见一队元朝骑兵在难民中左冲右撞,不断地在抓人。抓到的青壮年,立刻给他们头上裹上红巾。

佛性不明白他们这是干什么。

刘继祖一阵冷笑。原来这是无能官军对付上司的把戏。北边不是闹红巾军吗?官军奉命来剿,不敢去抓捕真的红巾军,就抓难民,裹上红巾送到官府去顶数领赏。

朱重八冒了一句:“这样的朝廷不亡,有何天理?”

听了这话,刘继祖吓了一跳,元朝可怕的连坐法,会因为这一句话把全村人斩尽杀绝,朱重八从小的顽劣他是领教过的,入了佛门还这么放肆令他想不到。

刘继祖不禁担忧地看了佛性一眼,佛性说:“这岂是我们出家人所该议论的?快跟老衲回寺院去。”

朱重八回眸望了一眼亲人的两个低矮的小坟堆,一步三回头地走了。

替佛行善却招致寺院的衰败,西天取经未免遥远,浮屠也许就深藏在乱离和水深火热的人世间。

佛性大师在转年春天要远行。他是对佛经有独到领悟的大师,在南半个中国名气很大,所以连年有古刹名寺的住持来请他去讲经布道。这一次他要去九华山、普陀山和天童寺等寺院。

朱重八一听到这消息,心中生出一种无依无靠的失落感,没有佛性的关照,皇觉寺还是他安身立命的场所吗?

这是一个春光明媚的日子,久旱的大地已经被斑斑驳驳的绿草覆盖,也许是地力已尽,那草不像从前那样茂盛油绿,却是黄焦焦的。

佛性大师已是一副行脚僧打扮,百衲衣、芒鞋、锡杖、铜钵,两个小沙弥替他挑着些经卷,正准备长行。皇觉寺僧众上下都来送行。

佛性说他此次去浙东奉贤寺弘法讲学,之后还要去普陀山,多则半年,少则几个月便归,要求各位要谨守寺规,好好修行。

众僧都道师父保重。

佛性就要下山去了,有意地在人群中寻找着,始终未见朱重八的影子。

他很纳闷，照理说朱重八是他最为关照和器重的人，感情也比别人深，他怎么会不来告个别？

当佛性走到十里外的长亭时，见朱重八等在这里送行。佛性露出笑容，说："你的行事总是与众不同，又何必送到十里长亭呢？"

朱重八说："我真舍不得师父走，我愿听长老讲经说法，我更喜欢听您讲佛经以外的南朝北国。"

佛性笑了，嘱咐他，师父远游的日子，切勿惹是生非，闭门读书，选择爱读的去读就是了。佛性深知他的志向根本不在青灯黄卷，也不勉强朱重八，当初剃度他，也是想给他个安身之处，让他好好读点书。当今天下，群雄四起，有德者居之，捷足者先登，望他好自为之。

朱重八很感动，他问："长老此去浙江，必能见到刘基、宋濂了？"

"也许吧。"佛性又笑了，"我顺口说了一句，你就如此上心。"

朱重八说："大师在讲'见贤思齐焉'时不是说过了吗？近朱者才能赤呀！"

佛性觉得很欣慰，双手合十一揖，说："保重，后会有期。"

佛性走后不久，皇觉寺越来越难以支撑了。这年黄河决口，灾民潮水一样往南涌，讨饭找不到门，竟把两淮一带刚破土出芽的青草、野菜吃了个净光，比蝗虫过后还干净，蝗虫毕竟只食嫩叶，饥民连草根都挖出来吃了。

皇觉寺承受了空前的压力，这里成了灾民的避难所。

山门外台阶上下、红墙根、山坡上，到处是难民，个个奄奄一息。有一个骨瘦如柴的老头跪在那里磕头不止，口中念叨着："佛爷慈悲慈悲吧，饿死我不要紧，救救我孙子，给我家留条根吧。"

但见山门紧闭，一些手提哨棍的和尚在庙墙上来回巡逻，唯恐饥民涌入寺中。佛性走后，空了做临时住持，他唯一的指令就是不放灾民入寺，也绝不设粥棚，他对寺中和尚们说，要么我们自己先饿死，要么狠下心来，闭眼不看凡间事。

他还说："不是贫僧不可怜灾民，咱们这么个小寺，实在是杯水车薪啊！救济灾民，这本是官府的事。"

朱重八说："佛门不是讲普度众生，慈悲为怀吗？咱们仓库里不是还有些米吗？开个粥棚吧，师父。"

云奇也觉得不忍心，大人犹可，那些一天吃不到一口东西的孩子实在可怜。

"住口！"空了拉下脸来说，"佛性大师云游在外，本寺是贫僧充任住持，固然出家人应以慈悲为怀，可是咱们那点粮够什么？自己吃，也挺不了十天半月了，什么叫僧多粥少？大家现在明白了吧！谁也别再多言，再有惑乱人心者，当重罚严惩。”说罢走了。

朱重八说：“这个空了，真是空了，没心没肺没人味，可不是空了吗？”

众僧渐渐散去。朱重八把云奇、如悟叫到石经幢下，说：“你们俩有没有胆量？”

云奇一向知道他诡计多端，就说：“你别把我们往死路上领啊！”

如悟却说：“我不怕，你说一，我不说二。”

朱重八说：“佛门有话，叫做救人一命胜造七级浮屠。浮屠是什么，是佛，是佛塔。现在山门外，多少快饿死的人，得到一粥一饭，就能活命，我们救了他们，你们说，佛祖会怪罪我们吗？”

云奇说：“那倒不会。”

如悟说：“你又要偷馒头？”

朱重八笑道：“哪有那么多馒头。”他一手按着一颗光头，让他俩凑到自己跟前，小声说了几句，把自个的想法和盘托出。

云奇吓得连连后退摇手：“饶了我吧，还不得叫住持乱棍打死呀！”

如悟说：“干了，能不能成正果我都不在乎。我爹说我不好养，才把我送到皇觉寺来的，跟你干了，只求别再当烧火僧就行了。”

朱重八忍不住笑，说：“那咱们俩干。云奇，你不干行，你可不能不够朋友，你若是出卖我，我可饶不了你。”

云奇忙表态说：“那我成什么人了？你们放心，我是一问三不知，行了吧？”

朱重八点点头，吩咐如悟，半夜时下手，自己管打开山门放人进来，如悟趁机打开粮仓。

如悟答应着却又问：“我怎么知道什么时候开仓啊？”

“笨！”朱重八说，“饥民一进来，还不大喊大叫，你听见喊叫就开仓门。”

“知道了。”如悟说。

夜已深，风猛烈地刮着，寺外饥民的呼号啼哭声清晰可闻。寺里更是如临大敌的样子，空了亲自手执一柄月牙铲带棍僧们在红墙上来回巡逻，墙上火把闪亮。

粮仓门口，如悟哆哆嗦嗦地藏在几个破箩筐后头，侧耳听着墙外动静。

朱重八手执火把扛一把大板斧来到山门前。守门和尚忙将火把递给朱重八说：“你怎么才来换我？困死我了。”朱重八也不言语，站到了门口。

等换班的和尚走远了，朱重八抡起大板斧向山门猛砸，巨锁粉碎，门闩渐渐脱落了。他拼全力用肩膀顶开大门，向山门外的饥民大吼了一声：“进来吧，皇觉寺放粮赈灾了！”

饥民们纷纷站起来，愣了一下，不知谁带头，喊着“阿弥陀佛”、“佛祖开眼”和“抢粮去呀”之类的话，潮水般涌入寺院。

墙上的巡逻和尚闻变大惊，吆喝着跳下来，试图阻挡汹涌的人潮，但无济于事，有的被挤到一边去，有的挨了打。

朱重八又吼了一声：“从东夹道往最后面走，粮仓在那里！”

人群便又向东夹道奔涌。

听见山门那面喊声嘈杂，空了带几个和尚急忙向后院赶来。

此时如悟正笨手笨脚地用大石块砸粮仓大门的铁锁，好歹砸开了，空了也到了，一见大怒，说，好你个佛门败类，抡起月牙铲扫在了如悟的腿上，他倒在地上哇哇直叫。

空了没工夫管他，正要重新关上大门，已经迟了，饥民早已涌进了粮仓，麦子淌了一地，男女老少饥民们不顾一切地趴下去，跪下去，捧起粮食用衣襟兜，用方巾包，用竹笠盛，有的人实在饿急了，干脆抓起生麦子一把把塞到口中大嚼大咽。

皇觉寺被掏空了，饥民不单吃光了寺里的存粮，也顺手牵羊把和尚们偷存的私房钱、个人衣物席卷一空。用空了的话说，好比是遭了一场蝗灾，蝗虫过后，茫茫大地真干净。

第四章 突遭灾祸 街头去要饭

皇觉寺已经是一片劫后景象,门窗全部都摧毁了。

大雄宝殿、韦陀殿以及观音殿前面的香炉、巨鼎已经变得东倒西歪,寺院已经完全变了模样。

作为皇觉寺的叛逆,朱重八当然没有办法逃脱罪责。

但是他一向干事狡狯,一直不显山不露水,傻乎乎的如悟却叫空了逮了个正着。

在大柏树下,如悟被五花大绑绑在树干上,寺院僧众都木然地站在院子里。

朱重八杂在人群中,以目光鼓励着瑟瑟发抖的如悟。

云奇可怜地望着如悟。

空了踢了如悟一脚,说:“你说吧,谁是主谋?”他早猜到朱重八是指使者了。

如悟看了人群里的朱重八一眼,很没底气地说:“是我自己——”

“借你个胆子你也不敢。”空了说,“你不供出指使者、主谋,就把你吊死,把你送官府也是死罪,你说出他来,马上放了你。”

如悟吓哭了:“千万别杀我,是他,是如净让我干的。”

空了冷笑一声,说:“我早猜到了。”

朱重八不等别人上来抓他,自动走出人群,说:“好汉做事好汉当,不关别人的事,你们放了如悟。”

空了叫人绑了朱重八,恨恨地说:“你是皇觉寺的灾星!从前有佛性长老护着你,我们敢怒而不敢言,今天你有何话说?”

“我一点不悔。”朱重八说,“庙里的粮食救了不知多少条人命,佛祖不会加罪于我的,我问心无愧。”

空了说:“可我们寺里粒米无存了,今天就断炊了,你让我们都活活饿死去周济别人吗?”

朱重八此举本来就是犯众怒的,空了这一鼓动,立刻群情汹汹。

一些愤怒的和尚大呼小叫:“打死他!”“别跟他废话!”

空了却不想担开杀戒的罪名。

他下令把朱重八押到伽蓝殿后面的停灵配殿里去，等着佛性长老回来发落。

朱重八和如悟被押走后，空了又对众僧宣布散伙：本寺再也开不出僧饭了，庙宇也残破了，他要求僧众有亲的投亲，有友的靠友，或还俗，或去游方，各听其便。

众人一时没了主意，议论纷纷。

朱重八和如悟分别被绑在两根柱子上，背后的停灵台上就是棺材。

这几天一直是这样，白天绑着，只有吃饭和睡觉时松绑，外面有人看着。

如悟情绪一天比一天低落，整天闭着眼耷拉着头，说："我渴，我饿，我快要死了。"

朱重八说："你是个废物，胆小鬼。你若不咬出我来，起码有我能来救你。"

如悟说："他们会来杀我们吗？"

朱重八说："他们都不敢开杀戒。没事，死不了，咱们一定有贵人救助。"

话音刚落，听见有脚步声在殿外响起。

朱重八向门外看，如悟也睁开了眼睛，恐惧地张望着门口。

来人是云奇，朱重八马上说："贵人来了！"

云奇迅速为他们松了绑。

如悟一屁股坐到地下，他让朱重八快跑，他的腿伤了，跑不快。

云奇叫他不用着急，庙里的师兄弟全都跑光了，没人来加害他们了。

云奇问他们两个打算到哪里去。

如悟执意要跟着如净师弟。

如悟是个很没主见又很窝囊的人。

"我不带你这个出卖朋友的人。"朱重八对他有气。

"下回不再卖了还不行吗？"如悟可怜巴巴地说。

朱重八父母、大哥死了，嫂子带了侄儿逃难去了，二哥入赘别人家，他已无处可去。好在有一身和尚的百衲衣，有一个饭钵，足够了，他说百衲衣是百家衣，吃百家饭也是佛门的根本。

"好啊，"如悟道，"你能要到饭，我分半钵吃。"

朱重八又心软了，说："好吧，先弄点吃的，好上路。"

云奇是守成持重的人。

空了吩咐他看守寺庙、寺产，让他在房前屋后种几亩菜地过活，云奇答应了，他本来也不想出去漂泊流浪。

告别云奇，朱重八和如悟走府过县。

先向西游食，吃尽了辛苦，受尽了白眼。

在进入庐州地面时，两个人都因贫病交加面黄肌瘦。

如悟盼着到了庐州大地方，找家大财主化化缘，能吃一顿饱饭。

庐州过去虽是繁华所在，现在也是一片民生凋敝景象，店铺关门的多，路上行人稀少，讨饭的倒是随处可见。

朱重八和拄着一根棍子一瘸一拐的如悟一路行来。

如悟说："怎么庐州城里也这么多要饭的？"

朱重八很无奈，如今是讨饭的比施舍饭的多。

他们又何尝不是个讨饭的？

和乞丐不同的只是他们手上有个和尚的钵，讨饭就美其名为化缘、化斋而已。

如悟忽然指着前面不远处一个有九层台阶的富豪朱漆大门让他看，他们决定到那个高门楼去化斋，泔水也比穷人家油水大。

朱重八二人没走到门口，听见几声清脆的净鞭响。

随后有几顶大轿向大院抬过去，跟班的一大溜。

只见一个穿戴奢华发福地腆着大肚子的中年人在大门口迎接客人。

朱重八说："这是往来无白丁啊，一定是官宦人家。"

一个看热闹的老者说："官倒不是，可是官都得来拜他，财神啊。"

朱重八说："哦，原来是个富甲一方的人。"

那老者说："你们外乡人有所不知，你们看见那个富态的胖子了吗？庐州、姑苏到处有他的田产。他叫什么名没人知道，外号却谁都知道，叫钱万三。"

如悟猜，一定是说他有一万三千两银子，由此而得名。

老者说不是那意思，他有一万顷良田，一万两金子，一万间房子，合起来不是万三了吗？

朱元璋说："那该叫钱三万。"

他对如悟说："走，今天运气好，钱三万说不定给咱一顿好斋饭吃。"

他们边说边往前凑，这时那些达官贵人已经在大门外落轿，被钱万三迎进大门。

朱重八毫不客气地上去说："钱员外，我们是游方僧人，久闻施主仗义疏财，今日想来贵府化点斋……"

钱万三甚觉煞风景,像赶狗一样挥挥手。

见他们不动,又恶狠狠地说:“去去去!没看见我忙着接贵客吗?这年头,要饭的都能挤破门了。”

朱重八道:“我们是僧人,并不是讨饭的。”

钱万三不屑地看了他一眼,说:“我看不出你哪点比要饭花子强。”他侧转身簇拥着下了轿的官吏一路谈笑风生地进去了。

朱重八的自尊受到了极大的打击,不觉怒火填胸。

如悟还想上前,家仆一边关大门,一边放出几条恶犬。

这群恶狗一路狂咬,吓得乞丐们跌跌撞撞四散逃走。

尽管朱重八手里有一根锡杖,防着身,腿上还是被恶犬咬了一口,鲜血淋淋,他掩护着如悟退下来。

朱重八和如悟颓丧而疲惫地坐在一户人家的篱笆墙外,望着钱家高门楼,如悟说:“有钱人这么狠!只会巴结官府。”

朱重八心里暗暗地较劲,心想,我记住了,记你八辈子,好你个钱万三!

有朝一日老子出人头地,我会叫天下的富人管穷人叫爷爷。

如悟却以为发狠抱怨都没用。

你一个和尚能怎么样?

由烧火僧熬到住持,也还是当和尚撞钟,哪个富户怕你!

朱重八说:“你是胸无大志,你以为我一辈子穿这身袈裟呀?”

“你还想黄袍加身不成?”如悟讥讽地笑了起来。

朱重八说:“皇帝也是人做的。”

如悟用手掌在他脖子上砍了一下,口中“嚓”地一声,说:“说这话要杀头的。我说如净,咱们俩三天没吃一口东西了,得想想办法呀。”

朱重八拾起一根木棍,在地上画了个圆圈,问他:“这是什么?”

如悟说:“一个圈。”

“这是一个烧饼。”朱重八又飞快地勾勒出一只鸡的图案。如悟认出他画的这是只鸡,不禁咽了一下口水。

朱重八接二连三画了一串圆圈,扔下树枝说:“这就叫画饼充饥,不饿了吧?”

如悟说:“我更饿了。”

肚子里没食,如悟躺在篱笆墙下不想动弹。

朱重八只得挣扎起来厚着脸皮去化缘。

直到后半夜才回到如悟身边。

如悟昏昏沉沉地睡着，朱重八从远处走回来，用棍子捅捅他，把半块锅巴扔给他。

如悟三口两口塞到口中，很响地嚼着，说："就这么点呀！"

朱重八说："咱别一路走了，要点吃的两个人分，不够塞牙缝的，各寻生路吧。"

如悟说："那就分开吧。我可等你混出个模样来，若你日后真的当了皇帝，可别不认识我呀。"说着又懒懒地躺了下去。

朱重八说："哪能呢。我走了，你在这儿做你的好梦吧。"

与如悟别后，朱重八独自一人凄凄惶惶地走上了行乞路。

他并不把讨饭当成目的，他要借此机会体察民情，计划用三年左右的时间走遍颍州、庐州、光州、固州。

他像云水一样飘忽不定。

日出上路与饥民为伴，暮投古刹安身，尝遍了人间冷暖艰辛，体味了世态炎凉，知道了各色人等的生存方式。

这是他蜗居小小的钟离村所不可能体验到的一切。

朱重八随身带了一个自己装订成册的记事簿，把一路所见所闻全记到了本子上。

他不知道日后会有什么用，但觉得会有用。

他脑子里什么都装，尊贵的、卑贱的、壮美的、委琐的、昌盛的、沉沦的、富裕的、贫困的……

朱重八在游食生涯里，肚子饿瘪了，眼界却极大地开阔了。

他觉得很充实，称自己是个贫困潦倒的富翁，富在何处？

别人岂能尽解其中滋味！

看来自己不能这样过下去了。一定要想想办法，让自己摆脱现在的日子。

经过了这番思考，朱重八终于要开始行动了。

第五章 英雄救美 投军入帅府

公元1352(元至正十二)年的三月初一,淮北的大地上,春意正浓,微风和煦,和风吹拂。

在濠州城的城中心有一个娘娘庙,娘娘庙前的空场,俨然成了最繁华的地区。

这里人来人往,聚集着各种卖艺的,打短工的人,道路两旁还有卖小吃的,热闹的不得了。

一个年轻的和尚走在人群中,十分显眼,惹得众人频频回头。

他身材高大,颧骨凸出,有一双炯炯有神的眼睛,相貌十分奇特。

正巧这时候有一对父女正在娘娘庙前的石狮子旁卖唱。

花鼓打得脆生生,姑娘的歌声十分动听,这个和尚就不自觉地被歌声吸引了过去,驻足观看细听。

卖唱的女孩唱道:

堂堂大元,奸佞当权。
开河变钞祸根源,惹红巾万千。
官法滥,刑法重,黎民怨。
人吃人,钞买钞,何曾见。
官做贼,贼做官,混愚贤。
挖得石人一只眼,挑动黄河天下反。
可叹哀哉,哀哉可怜。

这个少女唱得十分动听。

和尚听后十分激动,就摸了摸自己的腰中,把仅剩下的十几个铜钱都掏了出来,全都给了这对父女,并称赞道:“姑娘唱得实在是太好了!”

被这位女子的歌声吸引过来的人都纷纷鼓掌为这位女子叫好。

人群中有位姑娘称赞:“这妹妹唱得字正腔圆,不仅嗓子好,这个词也写得十分妙,将来一定能成角。”

这位姑娘不过二十岁上下。但是穿着十分华丽，出手也是格外大方，随手就给这对父女丢去了一锭五两的白银。

卖唱的父女赶紧向这位姑娘鞠躬，连声拜谢道："多谢小姐夸赞，谢谢小姐重赏。"

接着又向和尚施礼说："多谢长老赏赐。"

和尚不自觉看了那位姑娘一眼，见她柳眉凤眼，唇红齿白，腰部不似普通女子那般纤细，反而显得有些粗壮，裙子底下的是一双大脚，看上去是一位习武的女侠。

那姑娘被和尚盯着不自觉地回看了和尚一眼，双目相撞，顿时火花四溅，姑娘脸上不觉得泛起一丝红晕，赶紧移开了眼神。

突然，一阵马蹄声传来，一匹高头战马停在了附近。

马上坐着一个人，这人正是濠州城红巾军的元帅之一孙德崖。

孙元帅用鞭子指着那卖唱的父女俩说："你们是不是元军的探子？"

卖唱女急加分辩说："这位军爷，我们只是流浪的艺人，只为了能够混口饭吃，根本就不是什么元军的奸细啊。"

"孙大帅，这两个父女是好人，他们唱的都是反元的调子，怎么能是探子？"那位姑娘显然认得孙德崖，于是赶紧为这对父女求情。

"这两个脸上又没有写着字，你怎么知道他们不是探子呢？"孙德崖见这位姑娘有几分姿色，于是就把马鞭指向了她，"看样子，你才是元军的探子。"

姑娘笑着说："孙大帅，在你眼中是不是所有人都是探子呢！你怎么能陷害好人呢！"

"你好大的胆子，竟然敢公开指责本帅。"孙德崖马上吩咐随行的亲兵，"把她给我押走，待我慢慢审讯。"

亲兵们赶忙上前，去拽那位姑娘。

年轻的和尚看到这般情景，把姑娘拽到身后说："你们住手。"

孙德崖一看是个和尚，于是就严肃地说："你要做什么？你到底是什么人？"

"在下是皇觉寺的僧人。"

"哼！"孙德崖不禁冷笑一声，拿着手中的鞭子就狠狠地抽了过去，"你一定是元军的探子，居然敢冒充和尚来这里刺探军情。"

和尚一把把挥来的鞭子抓住了，说："大帅，你有什么证据说我是元军探子呢？"

"本帅就是最好的证据，我说你是探子你就是探子。"

孙德崖想要用力把鞭子抽回来，但是没想到和尚的力气很大，自己根本就抽不出那鞭子，不禁说道："哟，力气不小。你敢和本帅比力气是不是不想活了？"

两人各自抓住马鞭的两端，一起用力。

后来，孙德崖把双手都用上了，但是还是不能夺回马鞭，最后居然被和尚带下马来。

姑娘禁不住叫好说："真是神力！"

孙德崖恼羞成怒，把随行的士兵都召唤过来说："快把他们都给我绑回府。"

士兵们一起动手，但是那个和尚可不会在原地等着他们来绑。

和尚拳脚齐出，把那些士兵打得不敢上前。孙德崖怎么也没想到自己居然落到了下风，还是在自己的地盘上，于是大喊一声说："抄家伙。"说着就把宝剑亮了出来。

众士兵也纷纷把刀举了起来，把和尚与那位姑娘围了起来。

那位姑娘一看这架势，于是就急忙说："孙大帅，你不得对我无礼。"

"就凭你，一个小毛丫头，现在本帅就把你抓回去，让你给本帅当个使唤丫头。如果你把本帅伺候舒服了，就让你陪本帅睡觉，看今天这情景你也逃不出我的手心了。"

"孙大帅，你不可胡说八道。"姑娘亮明了身份，"我可是郭元帅的女儿马秀英。"

孙德崖听后怔了一下。

他虽然知道郭子兴有一个养女，这个女子自称是郭帅的女儿应该是真的。

但是他转念一想，自己平时与郭子兴并不和睦，而且积怨颇深，于是就想让郭子兴丢丢颜面："哟，这位姑娘把主意都打到我们大帅的身上了，想攀高枝呀？你也太不认真了。我们大帅的女儿怎么可能姓马呢？"于是就吩咐那些士兵继续。

四名士兵把和尚围住厮打，九夫长早就瞄准了旁边那个小美人，于是就趁机扑上前，把马秀英劈胸抓住。

这时候，和尚因为寡不敌众已经被士兵们绑了起来。

马秀英也被九夫长抓了起来，上衣也被那恶徒扒了下去，上身只剩下红色的束胸。

马秀英奋力挣扎着，对着孙德崖痛斥道："孙大帅，你这是对我的当众羞辱！你这么做，把家父郭元帅放在哪里？”

“孙大帅，你要怎么样冲着我来，何必欺负一个姑娘家，你家也有姐妹，怎么能做这样羞辱姑娘的事呢？”和尚挺身说道。

“你个秃驴，还想来场英雄救美？你也不撒泡尿照照，你一个元军的探子在这里算个什么东西！”

九夫长回头讨好地问说：“大帅，这丫头怎么处理？”

“给我绑了！”孙德崖立刻回答道。

马秀英挣扎着警告道：“孙元帅，你现在对我这般无礼，看你事后怎么对家父交代。”

“别说是你，就是他郭子兴来了，我也不理会他。”

“孙大帅，这话有点过分了吧？”一匹战马停了下来，原来是郭子兴带着一队骑兵到了。

马秀英一看原来是自己的侍女快步跑回府中报信，郭子兴听到消息之后就慌忙带着兵赶来救援了。

孙德崖见郭子兴来了不由得怔了一下，随即换上了一副笑脸说：“哎呦，这不是郭大哥吗？小弟哪敢这么说你呢！我说的是那女探子的爹，她竟敢冒认郭大哥为父。”

“此话怎讲？她本就是我郭子兴的女儿。”

马秀英在一旁说：“父帅，我已经再三申明，我是父帅之女。”

“孙大帅，你为何把我的女儿给绑了？”

“郭大哥，这是一场误会。她说她姓马，小弟一想大哥的女儿当然应该姓郭才对。”

“这是我的养女，我想孙大帅应该知道我有一个养女吧。”

“小弟一着急给忘了，”孙德崖马上吩咐士兵，“赶紧把马小姐给放了。”

马秀英把衣装整理好，郭子兴说道：“女儿，跟父亲回家吧。”

“父亲，我现在还不能走。”

“这是为何？”

马秀英指着那个和尚说：“女儿不想丢下恩人的生死于不顾。如果不是这位小长老奋不顾身相救，想必女儿定会丢更大的丑。”

郭子兴看那和尚气度不凡，心中更多了几分惜才的感觉说：“如此这样，请孙大帅也把这位小兄弟给放了吧。”

孙德崖摇着头拒绝说：“这和尚坚决不能放，他是元军的探子。”

“郭元帅，贫僧说过自己是城外皇觉寺的僧人，俗名为朱重八，什么时候成奸细了?"

"不对,你就是化装成和尚,想要刺探我们军情来的。"孙德崖坚决地说,"郭大哥,这个狡猾的和尚是无论如何都不能放的。"

"郭大帅,我本是为了投军而来的,现在身上还带着您部下的统领汤和的荐书。"

"荐书在哪里,快快呈上来。"

"就在贫僧的胸前。"

郭子兴看了一眼那个已经被五花大绑的和尚,吩咐手下的士兵:"快去把他胸前的荐书取来。"

士兵走到和尚跟前,果真掏出一封书信,呈给郭子兴观看。

郭子兴打开一看,果然是汤和的荐书。

郭子兴看罢说:"孙大帅,现在已经能够证明这个和尚是来投靠我军的,并不是什么奸细,赶紧放人吧。"

孙德崖眼睛眨巴几下说:"既然郭大哥都开口了,哪有不放的道理,就算是元军的探子,咱也给他放了。"

郭子兴看看被解开绑绳的朱重八,身材十分魁梧,不由说道:"既然已经投军,就应该有一个大名官号,本帅来给你取一个名字,叫朱元璋,你看如何?"

和尚一听,慌忙道谢说:"多谢大帅赐名。"

"看你身材矫健,就留在本帅身边给本帅做贴身侍卫吧。"

朱元璋一听,大喜,赶紧磕头拜谢:"谢大帅重用。"

马秀英看着朱元璋英武的神态,再加上刚才对自己的维护,心里不免多了几分喜欢。

便在一旁施礼道:"刚才多谢朱壮士拼死搭救。"

朱元璋急忙还礼说:"小姐有礼了,这本就是小人应该做的。"

孙德崖目睹郭子兴带领朱元璋等人离开,心里非常不是滋味。

这濠州城一共有五万多红巾军义军,郭子兴就统率了三万多人,而他的部下还不到两万人。

士兵没有人家多,因此只好事事都让着人家。

孙德崖每天起来第一件事就是想着要怎样把兵权全都抓到自己手中,能够成为这濠州红巾军的真正首领。

因此,他一直在等待机会。

第六章 过分贪财 惹孙赵算计

一天中午，郭子兴正在进餐。

突然听到朱元璋进来禀报说："大帅，北门的守将报告说，有数万从徐州突围而来的红巾军想要进城入伙，特地来请求您的命令。"

听到这个消息，郭子兴赶紧把饭碗放下，说："走，一起去看看。"

郭子兴一行人很快就来到了北门城头，站在上面一看，城外果然人山人海，红色的头巾在北门外仿佛是一片红色的海洋。

郭子兴禁不住脱口道："好家伙，这应该有十万人了吧。"

闻讯赶来的孙德崖，在身后接话说："让这些人都进了城，会不会喧宾夺主啊。"

郭子兴和孙德崖的思想可不相同，脱口回了一句："壮大我们的队伍总是一件好事"。

有两员大将坐在马上，来到了楼下吊桥前。一人是这支红巾军的大元帅彭大，另一位是副帅赵均用。

彭大看到城楼上有人就高声喊道："城上的守将听好了，已经过去这么长时间了，你们的郭元帅为什么还不过来相见啊！"

"本帅在此。"郭子兴反问，"请问将军系何人？"

"郭元帅请了，在下便是彭大。"

赵均用在一旁告知说："这是我们的大元帅。"

郭子兴在城头抱拳施礼说："彭大帅，失敬失敬。"

赵均用已是不耐烦了说："郭元帅，既然你已来了，就打开城门放下吊桥让我们弟兄进城吧。"

"这个，"郭子兴问，"但不知二位带来多少人马？"

彭大回答说："我们眼下还有马军五千，步军八万。"

孙德崖回应道："我们濠州城小，怕是容不下你们这条大鱼啊。"

"怎么，不欢迎咋的？"赵均用显出反感，"要是嫌弃我们，不肯收留，那我们就另寻出路去了。"

郭子兴急忙安抚说："二位元帅莫急，同是红巾军，岂有不留之理。只是贵军人马众多，唯恐粮草不周，住处不足，多有怠慢之处。”

“郭元帅多虑了。”彭大说的倒是实话，“我们从徐州突围来到这里，得蒙元帅收留落脚便是万千之幸。”

“既是二位元帅并无挑剔，那么就请入城。”郭子兴一声令下，濠州城门大开，八万多义军呼啦啦涌入城内。彭大的队伍安排住在了东城，赵均用的队伍住在了西城。而孙德崖的队伍仍在南城，郭子兴的队伍依旧在北城。

原本就不太大的濠州城，这下子显得越发拥挤了，十多万大军在一个城中，再加上几万百姓，市面上人流如织，几乎是挨挤不开。赵均用想，来到这濠州，得和郭子兴处好关系，便从自己的私房里挑选了一件上好的礼品，藏在身上前往郭府拜访。

郭子兴的帅府门前，他的长子郭天叙正在高台阶上。这会他已有八分醉意，剔着牙还不住地打饱嗝。赵均用来到台阶下，见郭天叙当头而立，便抱拳施礼说：“门上请了。”

郭天叙用白眼珠翻看一眼说：“尊驾何人？”

“在下赵均用。”

“赵均用是什么东西。”郭天叙满是元帅公子的派头，根本没把来人当回事。赵均用心中着实有气，脸色也沉下来说：“请问，你是何人？”守门的亲兵抢着回答说：“你这人真是没长眼睛，这是我们郭元帅的大公子，郭大将军的便是。”

赵均用赶紧换上笑脸说：“原来是郭公子，失敬了。在下是徐州新来的红巾军的副元帅。”

“啊，原来是赵元帅，适才多有怠慢，还请见谅。”郭天叙脸上也变成了笑模样，“副帅驾临，不知有何贵干？”

“特来拜见郭元帅。”

“怎么，就这么空着手来的？”

“哪能呢？”赵均用拍拍胸前，“在下备有一份薄礼，虽说不成敬意，但自认为还是颇为珍贵。”

“那好，请赵元帅到客厅。”

郭天叙将赵均用延至客厅，落座后吩咐下人上茶。一盏茶下去还不见去通报，赵均用不免问道：“郭公子，还请禀报郭元帅与在下相见。”

“这个不难，不过我可要看看这礼物价值几何。”

赵均用也就不能再夹着了，从胸前取出一个锦制的小匣，打开取出一尊黄澄澄金灿灿的罗汉来说：“郭公子，这是一百两黄金铸成的金罗汉，堪称无价之宝啊。怎么样，还拿得出手吧？”

郭天叙拿在手中，便有爱不释手之意，眼中闪出光芒说：“的确是件珍品，它不仅有黄金的价值，还是一件艺术品哪！”

赵均用伸手便要收回说：“待少时在下当面呈献于郭元帅。”

郭天叙却不松手说：“何必还要少时，由我这就转交便了。”

“这，还是在下亲自奉上为宜。”

“不必了。”郭天叙起身，“我就去禀报，连同这金罗汉一同交与父帅。赵元帅少安毋躁，我去去就来。”

郭天叙走出客厅，手里拿着金罗汉，他没有去往郭子兴的住处，而是径直走向马秀英的房间，他准备将这份厚礼送给妹妹。长期以来，他一直垂涎这个没有血缘关系的妹妹。虽说他已成家，但他的婚姻并不如意，他要在马秀英身上寻求寄托，他想让马秀英成为他的第二夫人。

郭天叙兴冲冲走进马秀英的闺房，他连招呼也没打，偏赶上马秀英正在更换内衣，光着的上身被他看个正着。

马秀英惊惧之际，用衣服遮住身子说：“大哥，你擅闯人家的闺房，成何体统！”

郭天叙已是八分酒醉，此刻看到了马秀英莹洁的乳峰，再也控制不住，猛地扑过去抱住她就往她脸上乱吻说：“妹妹，你都想死我了。”

马秀英真的恼了，抡圆巴掌一个耳光扇过去说：“你是人还是禽兽？”

郭天叙手捂着火辣辣的脸，一时间蒙了。

马秀英趁机穿好衣服，用手指着他的鼻尖说：“你走，给我滚出去。”

“妹妹，你不要这样，我是打心眼里喜欢你。”郭天叙取出金罗汉，“看，我给你带来了无价之宝。”

“我不看，你的东西便是金山我也不稀罕。”

“你就看一眼嘛，只要你看了，就一定喜欢。”郭天叙将金罗汉举到马秀英的眼前。

“我说不看就不看，你给我走。”

郭天叙死皮赖脸说：“我就和你待一会儿又能如何，我也不会吃了你。秀英妹妹，不要这样无情啊！”

马秀英一见郭天叙要起无赖，就发出了警告说：“你要是再不滚出去，我就要喊父帅了。”

正在二人僵持不下之际，朱元璋敲了一下房门走进屋来说：“郭公子，马小姐，我有礼了。”

“你来做甚。”郭天叙满肚子不高兴。

“公子,赵元帅等你不回,已是发火了。”

“他火不火又能如何?”

“还是回到客厅,安抚一下吧。”

郭天叙料到今日是不会如意了,气哼哼转身便走。朱元璋对马秀英用目光致意后,也随后走出。

客厅内,赵均用就像磨道上的毛驴一样,在房里转磨磨。一见郭天叙回来,忙过来询问说:“郭公子,大帅他何时见我?”

郭天叙一肚子气说:“见个屁,不见了。”

赵均用怔了一下说:“我那礼物大帅他看不上眼。”

“你觉着挺大回事,家父理都没理。”

“这么说,给我退回来了。”

“退,”郭天叙打个沉,“都拿去了,我还怎能拿回来,让我顺手放在家父的房间了。”

赵均用不甘心礼物出手还一事无成,便赔着笑脸说:“郭公子,您看,既是大元帅不中意,给我取回来,我再换一件更好的。”

郭天叙端起桌上的茶杯,里面还有半杯残茶,他一甩手就泼到了屋地上说:“你把这茶水给我收起来。”

“郭公子取笑了,这怎能收得起来。”

“对,泼出的水,你还想收回去,天底下哪有这样的事!”郭天叙把脸一沉,“走吧。”

“我就这么回去?”

“还想住这儿咋的。”郭天叙眼珠瞪起来,想起被马秀英打的一耳光,把气全撒在了赵均用身上,“滚!给我痛快滚!”

赵均用万分尴尬,无限难堪,但又无话可说。没想到满心来与郭子兴套套感情,却遭到如此羞辱。他把脚狠狠一跺,丢下一句“咱走着瞧”,便急步离去。

濠州城的十字街,也是繁华的商业中心,店铺林立,商贾云集。东北角是全城最为阔绰的酒家百味楼。朱门亮户,窗明几净。常是达官贵人饮宴之所,也是文人骚客聚会之地。红巾军副帅孙德崖和赵均用,就在这百味楼下不期而遇。

孙德崖看出对方是不快的神色,便试探着上前招呼说:“哟,赵元帅,这是在何处不顺心了?怎么气哼哼的。”

“哼，还问，你们这濠州的红巾军简直就是强盗！”

“赵元帅，此言从何而起，”孙德崖有些委屈似的，“我是濠州的不假，可我并没惹着你呀。”

“郭子兴不把我当人看，你也好不了多少！”

孙德崖一听，觉得有机可乘，越发要弄个明白说：“赵元帅这是在郭大帅那里受气了？这样吧，我在这百味楼给你摆酒，代他赔罪。”

“我才不喝你的酒，早知如此，当初就不该投奔你们。”赵均用说着就要越门而过。孙德崖拉住他不放，说：“赵元帅，我姓孙的没得罪你呀。怎么，我这点薄面总得给吧？”

赵均用想想也是，郭子兴的事也赖不上孙副帅，再说这事也应该让他知道知道，便收回话说：“好，今儿个便与你对酌几杯，也让你了解一下郭子兴的为人，他是什么货色！”

孙德崖头前引路，赵均用气呼呼相随，二人登上百味楼，进了雅间。

彭大进城安顿好之后，觉得应该去拜访郭子兴致谢，毕竟自己前来投奔，人家接收你入城，这个情总得谢谢才是。彭大到了郭府，此时郭天叙正在房中生闷气，门上便去郭子兴居室通报说：“大帅，彭元帅前来拜望。”

郭子兴立即回答说：“好，请他来见。”

彼时恰好朱元璋在一旁侍候，他不免提醒道：“元帅，彭元帅是贵客，手下兵力强盛，初次来访，还当出迎才是。”

郭子兴觉得有理说：“对，待本帅出迎。”

到了府门，郭子兴将彭大接进客厅。落座之后，彭大献上见面礼说：“大帅，这是一颗夜明珠，不成敬意，万望笑纳。”

郭子兴乐得眉开眼笑说：“如此厚礼，郭某怎敢承受呀！”

“大帅哪里话来，想我八万大军进入这濠州城，若非大帅允纳，哪有落脚之地。况且这许多人马，每日靡费多少钱粮，真是不知如何感激才好。”

“应当的，你我同为红巾军，一家人不说两家话。”郭子兴想起朱元璋的叮嘱，“彭帅初次光临，待我设宴款待。”

“大帅军务繁忙，怎好讨扰。”

“今日这酒是喝定了，彭帅要赏光啊！”

“那就愧受了。”

郭子兴兴致颇高：“既是彭帅留下，还当将赵副帅一起请来。”

“如此，我代赵副帅多谢元帅美意。”

郭子兴回头对朱元璋吩咐说：“叫天叙前来见我。”

少时，郭天叙奉命来到，见礼之后说："父帅，呼唤孩儿有何驱使？"

"你个不争气的东西，待到客人走后，为父再同你算账。"郭子兴分派，"你去将赵均用副帅代我请来，与彭元帅一同在府中饮宴。"

郭天叙打个沉说："儿遵命。"

"还有，把孙副帅一并请来作陪。就说这是为父之意，两军会师，我们两军的元帅也该在一起聚聚。"

郭天叙出了帅府，心里就犯起了嘀咕。这赵均用被他给赶走了，而且扣下了那尊金罗汉，根本就不能再请。怎么办？他在街上转起了圈子。

百味楼上的雅间内，孙德崖和赵均用早已喝得酒酣耳热。两个人大有相见恨晚之意，俱已有了七分醉意。孙德崖为赵均用再满上一杯说："赵副帅，那郭子兴一向嫉贤妒能，要不是我坚持，你们根本就进不了这濠州。"

"所以说改日我要专程宴请孙帅，而且还要为你送上厚礼。"

"喝酒没说的，礼物是万万不收。"孙德崖眨眨眼睛，"我不像郭子兴财迷，他是见钱没命的人，据说家中的财物堆了整整一间库房。"

"难怪他不见面，还贪心收下我的金罗汉。"赵均用也给孙德崖斟上一杯，"孙副帅，你为人仗义，够哥们讲义气，今后你我就是亲兄弟一样，有用得我的地方，只要你一句话。"

"话说到这个分上，我也就不避讳你了。"孙德崖压低声音，"赵副帅，咱们堂堂男子汉，不能白受郭子兴的窝囊气，有道是无毒不丈夫，找个机会干掉他，咱这支红巾军的大元帅你来做。"

"不，客不压主，收拾掉郭子兴，这濠州城是你说了算。"

"好！"孙德崖和赵均用碰杯，"兄弟动手，我做你的坚强后盾。"

两人一饮而尽，相互亮亮杯底，用以表示决心。

郭府内，酒宴业已齐备。郭子兴正等得心焦，郭天叙满头是汗跑进来说："父帅，客人没请到。"

郭子兴登时就翻脸了说："废物，这点事都办不好，还要你何用？"

"他们不在，下人又不知去往何处，我有什么办法。"郭天叙故意嘟囔着，悄悄退下去了。

郭子兴也就只能同彭大一人开宴了，二人倒是喝得贴心，说了许多肺腑之言，也算是建立了友谊。

清晨的阳光，在万里无云的天际显得格外明亮。小鸟在枝头叽叽啾啾地低唱，院中的大黄狗也早早地起来拱门。郭子兴的爱犬也养成了习惯，今日太阳已是升起了，主人还没起来，这狗就来叫门了。

郭子兴昨日贪杯，今晨不觉睡过了，急忙翻身起来，草草梳洗过，就匆匆出门跨马向校场而去。

这已经是他的习惯了，不论严寒酷暑，他都要起早习武。

校场距帅府大约两条街区，早晨他也从不带亲兵，只有大黄狗忠心地跟在马后。

街上还很少行人，郭子兴很快到了校场附近，这里比较偏僻。校场内突然冲出一队马军，奇怪的是，在这大白天，他们全都脸上蒙着黑纱。这些人也不说话，就将郭子兴团团包围起来。

郭子兴见状，拔出腰间佩剑，厉声问道："你们是何人？意欲何为？"

蒙面人没有一个答话，为首两人突然将手中的一张大网抛过去，登时将郭子兴罩住，用力一拉便拉下马来。

之后，先堵上郭子兴的嘴，就用绳索捆绑起来，随后又蒙上他的双眼。

大约一刻钟后，郭子兴被带到一处房中，被重重地摔在了地上。

待到解开绑绳，撤去蒙眼和堵口，郭子兴睁眼细看，面前坐着的竟然是赵均用。

他怒气冲冲发问："赵副帅，你派人绑架本帅，是何用意？"

赵均用冷笑几声说："郭子兴，而今你落在了我的手上，还有何话说？"

"赵均用，本帅与你无冤无仇，为何将我绑架？"

"郭子兴，我作为副帅前去你处拜访，此乃主动示好。而你收下重礼，却将我赶出府门，你是又贪财又黑心，难道我还不该出口恶气吗？"

"你是一派胡言！你何曾到我府上？本帅又何曾见过你的礼物？又何曾将你赶出府门？"

"就不要装疯卖傻了，男子汉大丈夫就应敢作敢当。"赵均用反问，"难道你的儿子不曾与你金罗汉？"

这番话倒叫郭子兴猛醒说："怎么，到我府上是我儿天叙与你见面？"

"不是他还有谁。"赵均用提起便怒气不息，"你的儿子将金罗汉送往你处，你留下厚礼却不见我。郭子兴，你太过分了！"

郭子兴明白了，这是他那不争气的儿子暗中做了手脚，定是留下金罗汉，谎称自己不见客人。

可是，又不好当面向赵均用明言说："赵副帅，这里一定是存有误会，听你之言，非你无理，待我回府一定查清此事，然后摆酒为你赔罪。"

郭子兴和赵均用本来也没有过节，听到这句话也大概明白了其中的原因，于是说："怎么，元帅不知道我去了你的府上？"

“今天如果不是副帅亲自提起这件事，我还被蒙在鼓里呢。”郭子兴诚恳地，“赵副帅，现在放我回帅府，我将严惩蒙蔽本帅之人。”

赵均用听到这句话开始犹豫不决起来。

他原本想要按照孙德崖的主意，把郭子兴在暗中处死，但他听完这件事的原委之后，觉得郭子兴并不是在有意侮辱自己。

自己毕竟是红巾军的首领，杀了郭子兴也是让孙德崖得利，自己杀了郭子兴的事早晚会透露出去。

如果孙德崖透露出是自己杀了郭元帅，这条人命债就需要自己来背，这种傻事还是不要干为好。

他想了想，说：“郭元帅，这件事其实我也做不了主，还需要找人商量一下。”

郭子兴一听，这件事另有蹊跷。“敢问，您要同何人商量？”

“这，你就别问了。”赵均用赶紧走了出去，他明白如果自己的主意不能让对方接受，那么郭子兴的性命难保了。

第七章 显露才华 救主娶秀英

花园里月季花开得正盛,散发着一阵阵的幽香,几只贪恋蜂蜜的黄蜂正在花蕊间徜徉,一只知了站在树上慵懒的叫着,树叶上不见一丝风吹过的痕迹,厅里被燥热笼罩了起来。

孙德崖站在房中坐立难安,汗湿浃背。

除了天气闷热之外,他的心情也因为急切而燥热起来。

他把头上的汗珠抹去,兴奋地想象着赵均用将郭子兴杀死的情景。

也许现在郭子兴已经身首分离了,那么自己不就成了全军的统帅了吗!

他暗想着,如果自己成了濠州城红巾军的主宰,第一件要做的事就是先把赵均用这个人除掉,这样就没人知道郭子兴的死是自己的阴谋了,然后他就可以轻而易举利用为郭子兴报仇的名义,把郭子兴的旧部都收为己用。

然后,郭子兴的那个养女马秀英自己也就手到擒来了,让她给自己做个二房夫人。

这样不仅能够与郭子兴旧部拉近关系,还顺理成章地得到那个大脚美人,真是一箭双雕的好事!

赵均用步履匆匆走进房,手中并未提着人头,孙德崖迎上去说:“赵副帅,郭子兴结果了?”

“咳!”赵均用颓然坐下,端起桌上的残茶一饮而尽,“结果个屁！郭子兴对收礼和赶我出府并不知情,那是他的儿子所为。”

“哎呀,赵副帅,你怎能轻信郭子兴的谎言?”孙德崖竭力想要挽回局面,“试想,若无郭子兴首肯,郭天叙他敢对你那样无理?”

“我看郭元帅说得十分中肯,不像是说假话。”赵均用表明自己的态度,“这么点误会,就叫我杀人,我下不了手。”

“那你打算如何?”

“放他回去。”

“糊涂。”孙德崖疾声而言,“常言道擒虎容易纵虎难,你将郭子兴绑架,已然将他开罪,再若放了他,郭子兴焉能轻饶了你?”

赵均用沉默少许说:“既是如此,他人还在,你也与他素有仇隙,孙副帅可去亲手干掉他。”

“我?”孙德崖摇摇头,“我们平日里兄弟相称,当面将他刺杀,这叫我如何下手?”

“是啊,”赵均用抓住了理,“你都当面无法下手,我和他并无深仇大恨,就更难对他亮出屠刀了。”

“反正是不能放虎归山。”

“孙副帅既不想杀,又不想放,那你就将他带走,由你决定该杀还是该放。”赵均用卖个人情,“这,也算是我对你的尊重了。”

孙德崖转转眼珠说:“你得答应我两个条件。”

“说。”

“第一,你还要将郭子兴的眼睛蒙上,不能说明去向,由我秘密带走。”

“二呢?”

“你要守口如瓶,不能对任何人提起郭子兴被我秘密带走。”

“这两个条件可以答应。”

“那么,我便将郭子兴带走。”

两个人达成了协议,郭子兴让孙德崖给押走了。

赵均用也不知他的生死存亡,就是还活着也不知身在何处。

郭元帅的府邸,已是乱成了一团。

一天快要过去了,也不见郭子兴的踪影,大家猜测郭元帅十有八九是遭遇不测了。

去城外公干的朱元璋回到府中,一见这凝重的气氛,便知情况有异。

“这是发生了什么意外?”朱元璋上前询问郭天叙,“大公子,大元帅他现在何处?”

“放屁!”郭天叙瞪起血红的眼珠子,“你明知元帅失踪,还故意相问,分明是捡笑。”

“小人不敢。”朱元璋又问,“但不知元帅他是何时失踪?”

“你问这干吗,告诉你管屁用,你还能给找回咋的?”郭天叙白他一眼,“滚一边眯着得了。”

马秀英自从被朱元璋相救,就觉得他是个可靠的男人,便将过程向其简述一番说:“朱壮士,你看元帅他会发生意外吗?”

大黄狗可能是看见了朱元璋,又闯入房中,用嘴衔住他的裤脚,口中“嗷嗷”叫个不住。

郭天叙抬起脚狠狠踢去说:“该死的狗!不知人心里有多烦,两次进来号丧，踢走了也不长记性，这又来嚎。”

大黄狗哀叫几声，还是叼住朱元璋的裤子不松口。

朱元璋猛然想起说：“这大黄狗每天早晨都跟着大元帅去练武，元帅发生意外之时，它肯定在场。”

马秀英表示赞同说：“有理。”

郭天叙一见马秀英同朱元璋唱和，便心中有气说：“哼，全是废话，狗在不在场又能如何，狗还会说话呀。”

朱元璋还真的和狗搭话了说：“黄狗，你是看见元帅被人加害了，你要带我去寻找元帅的下落。”

狗是真通人性，它松开朱元璋的裤脚，掉头向外就走。

朱元璋叫上一队亲兵，跟在黄狗后面。

黄狗在前，亲兵在后，在濠州城内曲里拐弯，很快来到一处大宅院的门前。

朱元璋认出这是赵均用的住处，便上前敲门。

因为心中有鬼，还未到晚饭时间，赵均用便关上了院门。

他听到亲兵来报，打定主意不见朱元璋。

亲兵在门内答话说：“朱队长，我家元帅不在，就不能给你开门了，有事改日再来。”

大黄狗冲门叫个不停，而且用爪子狠狠挠门。朱元璋料定元帅失踪与赵均用有关，便高声动问说：“门爷，但不知你家元帅去往何处？”

“他……”亲兵一时不知该如何回答，“他大概去了彭元帅府上。”

这一言正中朱元璋的下怀说：“既如此，我们且去彭元帅府上寻他便了。”

彭大在府中正要进晚餐，朱元璋拜见后说：“彭帅，我家主人郭大帅生死下落不明。”

“啊，”彭大吃了一惊，“竟有此事？”

“还望彭帅伸出援手。”

“本帅如能尽力，理当相助。”

“彭帅，据小人所知，此事与赵副帅有关。”

“你何以这样认为？”

朱元璋说过程，然后指出：“大黄狗径直引路到他的府门，狗是通人性的，这就足以说明赵副帅有重大干系。”

“那你何不登门查问？”

“是小人前去叫门许久，而赵府大门紧闭，而且声称赵副帅就在彭帅府内，故而小人前来打扰。”

“这是怎么说！赵副帅也真是，有关无关见一面又有何妨。这不见，莫不是心中有鬼？”

“小人恳请彭帅辛苦一趟，前往赵副帅府走一遭。”

“好吧，郭元帅收留我们进城恩情未报，此事非同小可，我这饭也不吃了，找他赵均用问个明白。”

朱元璋一行，重又返回赵府，彭大命人打门。亲兵在门内答道：“别敲了，主人不在。”

彭大一听，亲身向前说：“别再废话，给我开门。”

“你是何人？这样大的口气。”

“我是彭大元帅。”

“啊，大帅到了！待小人禀报副帅出迎。”亲兵一急便说走了嘴。

“你刚刚不还声称他不在吗？”

“啊，这个……副帅他是刚刚返回。”

“无须禀报，快些开门吧。”

亲兵把门打开，朱元璋等人随彭大一拥而入。

彭大为首，直奔后院。

赵均用正在中堂踱步，听见乱哄哄的声音急忙出来查看，一见是彭大来到，不禁上前施礼说：“拜见大哥。”

“看来你是在家啊，”彭大是真不客气，兜头便问，“为何将郭元帅的亲兵朱队长拒之门外。”

“大哥有所不知，此事我不好答复。”

“朱队长有黄狗为证，难道这事真是你干的？”

“大哥错怪小弟了，”赵均用决心择清自己，“并非小弟所为，但小弟却也知悉内情。”

“怎么，还是与你有关？”

“大哥，郭元帅失踪，乃他们的副帅孙德崖绑架。”

“那黄狗为何认准了你的府门。”

“是那孙副帅欲嫁祸于你我，故意将郭元帅蒙面带至我府，是我再三反对，他才将郭元帅带走。”赵均用说，“他十有八九是将郭元帅带回了孙府。”

彭大一听说：“朱队长，如果这样，本帅同你去孙府要人。”

“多谢彭帅相助。”

朱元璋一行来到孙德崖府门，同样吃了闭门羹。

任你如何用力，哪怕是擂鼓般地敲门，门内竟是毫无动静。

彭大双手一摊说："叫门不开，如之奈何。"

朱元璋对孙家还算熟悉说："彭帅，你堵住前门，我去孙府后门，设法进去。"

"也好，你要快些。"

朱元璋到了后面，后角门也是紧闭。

他让两个亲兵架起自己，上了一人多高的院墙。从墙头他又攀上后房的屋顶，踩着房瓦，直到中脊。

他向下一望，但见有两名兵士守在房下的门前。觉得这房内或许是有人被看押，莫不是元帅关在此处。

他稍一思索，便下手揭去房顶的罩瓦。

待到揭出一人宽的大洞，又取出刀来，割断房屋的木架，室内的情景便了然于他的视野里。

地下的干草堆上，蜷缩着一个人，而且项上带着大大的木枷。

虽说是头发蓬乱，但细一辨认，正是大帅郭子兴！

朱元璋回头对亲兵们吩咐说："元帅已找到，你们速速进院，我这就下去救人。"言毕，朱元璋凌空跃下。

郭子兴正在闭目思索，冷不丁跳下一个人，把他也着实惊吓得够呛，及至定睛观看，认出是朱元璋，真是喜出望外说："元璋救我。"

"元帅莫急，小人就是前来相救。"他便用手中刀撬那木枷。

值守的两名兵士听见屋内"咕咚"一声，便俯在窗边查看。

他们发现了朱元璋，随即大声喊道："不好，进人了！快去前边喊人来。"

此时，朱元璋的同伴已进得院中，哪容值守的兵士再去喊人，三下五除二将两个兵士砍倒在地。

朱元璋也已打开牢门，背起遍体鳞伤的郭子兴出了牢房。

同伴打开后门，朱元璋背着郭子兴飞跑，回到了府中。

小张夫人和马秀英手忙脚乱地把郭子兴接到床上，立时请来医生给他诊治。

医生看过后安慰说："元帅并无碍，都是表皮伤，休养几日就会好的。"

张夫人这才放心了，也才想起问候说："元帅，你这一日是怎么了，又是谁下的黑手？"

"咳，真是一言难尽。"郭子兴告诉清晨去校场习武的经过，"赵均用真不是个东西，本帅好心好意收留他们入城，竟然恩将仇报。”

马秀英不免问道：“父帅与他并无仇恨，他为何要下毒手呢？”

一句话提醒了郭子兴，他左右看看说：“逆子天叙何在？”

张夫人回答说：“天叙跑出去，满城在寻找元帅。”

“哼！”郭子兴怒气不息，“这件事都是他惹的祸。”

“是这样吗？”张夫人问。

“不信，让朱元璋说。”

“元帅，这事起因是同大公子有关，但……”朱元璋话才说了半句，就顿住不再言语了。

郭天叙走进来，刚好听到这半截话说：“好你个朱和尚，竟然背地里说我的坏话，挑拨我们父子的关系！”

“逆子，还要嘴硬。”郭子兴怒斥道，“说，金罗汉现在何处，难道不是你私自留下了吗？”

“父帅，您误会孩儿了，”郭天叙从身上取出金罗汉，“儿就是为父帅收的，只是还没来得及给您。”

郭子兴接过金罗汉，捧在手中仔细观看，脸上渐渐现出笑容说：“不错，确是难得的珍品。”

“父亲高兴就好。”郭天叙近前关切地说，“您这又平安归来，大难无虞，必有后福。”

“都是你开罪了赵均用，才致为父蒙此祸端。”郭子兴收起笑容，“你为何将赵均用赶出府门？”

“父帅怎能听信他的一面之词，孩儿就是再糊涂，也还懂得待客之道。他说的是假话。”“他来送礼，就是示好，何苦来说假话？”郭子兴一脸不信的神色，“分明是你在说假话！”

“父帅，赵均用与孙德崖二人已勾结一处，他二人合伙将您绑架，意图夺得您的兵权还不足以说明问题？”

郭子兴一下子怔住了，儿子之言有理啊。他的气又全都转向了孙、赵二人说：“哼！此番孙德崖和赵均用对我暗下黑手，我决不会善罢甘休。”

“父帅所言极是，理当攻其不备，立即出兵，将赵均用、孙德崖生擒，审明真相，典正法刑。”

“这样做岂不是翻脸了？”

“父帅，是他们不仁，我们才不义。孩儿愿领兵包围孙、赵二人的住处，将他们生擒活捉，让父帅出了胸中的恶气。”

郭子兴仍在犹豫说："是否同彭帅商议一下。"

"父帅，无毒不丈夫，有仇焉能不报。如果隐忍下去，他们会认为你软弱可欺，说不定人家就先下手了。"

"好，就依我儿。"

"大帅，不可。"朱元璋忍不住还是开口说。

"姓朱的和尚，你不过是名亲兵小队长，元帅的军令你也敢违抗，分明是活够了，找死。"

郭子兴一向认为朱元璋较有见识，便拦住郭天叙的话说："不要听他胡说，讲讲你的道理。"

"元帅，这件事已经过去，常言道冤家宜解不宜结，就不要过分计较了。凡事当以大局为重，元帅命小人出去刺探军情，小人还未及禀报。那元朝廷丞相已任命中书左丞贾鲁为大将军，统率二十万大军前来进剿，距濠州仅有百里远近，大敌当前，怎能内部自相残杀？"

郭子兴听得频频点头说："是啊，我就担心一抓赵均用，那彭大也要搅和进来，看光景，真的不能内斗呀！"

"父帅，越是大敌当前，越要整肃内部，无人掣肘了，也好一心一意对敌，方能克敌制胜。"

"把内部打得稀里哗啦，人都打没了，还如何对付元军。"郭子兴毕竟是一军统帅，还是有军事见解的，"就按朱元璋说的办。"

"父帅，他一个和尚出身，也不懂兵书战策，您怎就处处偏向他，为儿我实在是不服。"

"他的话有理就听他的，你呀，学着点吧。"

张夫人在一旁低声对郭子兴说："老爷，贱妾有话要同您商议。"

"夫人有话尽管讲来，何需这般客气。"

张夫人看看在场的郭天叙和朱元璋："老爷，请借一步说话。"

郭子兴一时摸不着头脑说："夫人，你这是唱的什么戏呀？"

二人来到后堂，张夫人问说："老爷，元军二十万就要大举进犯，我们这濠州守得住吗。"

"这个，"郭子兴沉吟一下，"我和夫人实说，大半是守不住的。"

"既是这样，我们应该给秀英找个婆家，也让她终身有靠。"

"急切之间，哪有合适的人？"

"老爷，这人嘛倒是有一个，贱妾觉得此人前途无限，是个绝佳人选。""是何人？""远在天边，近在眼前。"张夫人点明，"朱元璋。""他……"郭子兴迟疑一下,“夫人倒是见解独到。”“此人虽说出身低微,但见识过人,绝不会久居人下。而且对老爷忠心不二,此番若非他冒险相救,老爷只怕还在囹圄之中,说不定还会有性命之忧。”

“这话不假,朱元璋此番于我确有救命之恩。”

“他对秀英也曾挺身相救,若不是舍生忘死,秀英便落在了孙德崖手里,结果就不好说了。”“这倒也是。”“秀英对他也怀有好意,若是许他,秀英定会中意。”“只是……”“老爷还有何顾虑?”“天叙儿明摆着也对秀英有意,如果秀英嫁给朱元璋,天叙说不定就要同你我生分。”

“老爷,妾身问你,秀英可是个好姑娘?”

“那是没得说,百里挑一,有心计,好容貌,又是一双大脚,在我们打打杀杀的人家,正是用得着的。”

“那我们就该对得起孩子。”张夫人诚恳相劝,“老爷当年起兵之时,多亏马三以全部家产相助,方有今日之规模。他临终之际,将爱女秀英托付,老爷也曾答应,要像亲生女儿一样相待。而天叙为人较为刻薄,且已有妻室,我们怎能让秀英给他做妾,这也对不起马三的在天之灵。”

“夫人一番宏论,句句在理,若秀英不反对,就依夫人。”

“妾身早已同秀英提过此事。她已心仪朱元璋。”

“眼看大战在即,我们便择日为他二人完婚。”

“择日不如撞日,今日便是良辰,给他们及早完婚成亲,也好全心投入迎敌的准备。”

“夫人说得好,”二人回到前厅,郭子兴和颜悦色看着朱元璋说:“今日你救本帅有功,要给你一个最好的奖励。”

朱元璋赶紧推辞说:“元帅,小人出力乃分内之事,断然不敢承受奖励,还是免了吧。”

“要免,你会后悔的。”郭子兴告知,“夫人已经决定,把她最心爱的女儿秀英许配给你。”

“这……”朱元璋甚觉意外,一时间不知该如何回答。

“父帅,”郭天叙可是急了,“凤凰怎能配乌鸦,您不能将秀英往火坑里推啊,这可关系到妹妹的一生呀。”

“天叙,不得对元璋无礼,今后你们便是兄弟了。”郭子兴回过头来笑问朱元璋,“怎么,还有所保留不成?”

朱元璋何等精明,自与马秀英相见,他便暗中喜欢上了这位巾帼女郎,只是没敢奢望,此时此刻得以喜结连理,自是喜出望外,他稳稳当当跪倒,行了三叩之礼说:“岳父岳母在上,小婿定会与小姐相敬如宾。”

“好,好,贤婿请起。”郭子兴脸上笑开了花。

当晚,朱元璋同马秀英拜了花堂,在喝得半醉之后,朱元璋帽插宫花身着红袍,满面红光地来到洞房。

丫鬟在门前拦住说:“新姑爷止步。”

“这是为何?”

“我家小姐说了,见识过你的武艺和力气,但尚未领略你的文采。小姐命你即刻做诗一首,如果不能,就休进洞房。”

“怎么,这是要难倒我这个讨饭出身的汉子不成?”

“小姐之命不可违。”

“好,请小姐出题。”

“小姐说,盆中的菊花盛开,就以此为题。”

朱元璋望望盆里的金菊,胸中立刻有了主意,命丫鬟取来纸笔,挥挥洒洒写下:百花发时我不发,我若发时都吓煞。要与西风战一场,遍身穿就黄金甲。

丫鬟将诗送进去,马秀英看罢,真是打心眼里高兴。朱元璋不仅身体好武艺强,而且还有文才,他的诗透出远大的抱负。不由得暗自欣喜没有找错人,将终身托付此人是选对了。

次日天色刚刚放亮,朱元璋就早早地起床了。马秀英被他惊醒说:“夫君,你这是去往何处?”

“父帅每日早起习武已成惯例,眼下城内比较混乱,不能让父帅再出意外,我要随行保护。”

“夫君,你做得对。”马秀英由衷地赞佩,“不枉父帅选你为婿。”

“夫人,拙夫还有一事要同你商议。”

“夫妻之间,有话只管讲来。”

“元军二十万不日就将到来,而濠州被围已成定局。我方的兵力显然少于敌军,我欲向父帅请求,趁元军尚未围城,先出去招兵,以强我军实力。”朱元璋想了想又说,“而且我日后要为父帅效力,总得有自己的一班人马。”

“夫君所言甚是。”马秀英极表赞同,“好男儿志在四方,守着家恋妻儿的没有出息。为了红巾军的事业,你就放开手脚去闯荡吧,为妻决不会拖你的后腿。”

“夫人真是深明大义,这我就放心了。”朱元璋在马秀英的额头上重重吻了一下,离开了新婚的热被窝。

郭子兴刚要出大门，回头见是朱元璋手握短刀跟上来，很是诧异地问说：“你是新婚，理当贪睡，却起这大早做甚？”

“父帅与孙德崖、赵均用等人已有过节，小婿不放心，故而起早同父帅一同习武，也好保您平安。”

“倒是一番孝心。”

“父帅，小婿还有一事请示。”

“有话只管说来。”

“现在您指挥的军队人数有限，马上就会有二十万元军前来围城，小婿想要赶往家乡钟离去招募新兵，来补充我军兵力不足的现象。”

郭子兴听后，认同地点点头，说：“这个想法不错，但是你刚刚成婚，舍得离开新婚的妻子吗？”

“父帅，好男儿志在四方，怎么能被儿女情长所困，人生在世，事业第一，我的好妻子秀英也一定能够明白的。”

“好吧，你有这样的大志向，为父也就不多加阻拦了。”

“父帅，小婿还有一个请求。”

“说。”

“汤统领与小婿本是同乡，这次到家乡去招募士兵，请求父帅允许他率领部队和我同行，以壮大军队的威严，也能鼓动乡人。”

“汤和是一军统领，那么作为我的女婿，你怎能在他之下。”郭子兴稍加思索，“这样吧，我把镇抚之职授予你，希望你能好自为之。”

朱元璋听后，顿时觉得豪情万丈，赶紧拜谢道：“多谢父帅提携。”

第八章 山寨之行 挥别马秀英

第二天一早,朱元璋就与新婚妻子马秀英依依惜别,与汤和一起,带着数百名部下踏上了去往钟离的旅途。

因为元朝残暴的政治统治,以及连年的旱灾瘟疫,人们早就苦不堪言,仿佛是一堆等待点燃的干柴一般。

朱元璋这次回来招募士兵,就仿佛在这堆干柴上扔了一个火把,人们内心的火焰迅速地燃烧了起来。

与朱元璋一起长大的玩伴以及乡邻四舍,看到朱元璋做了镇抚,汤和成了统领,都赶来报名投靠。

比朱元璋小三岁的徐达是第一个来投军的。接着周德兴、邵荣等人也来了,随后有大批的人都来投军。

这里面比较有名的包括郭兴、郭英,张龙、张温、顾时等人,仅仅十天,朱元璋等人就招募了七百多人。

朱元璋知道,兵马未动,粮草先行,现在兵马已经有了,要做的就是准备好充足的粮草。

想来,元军对濠州的围困也一定不会轻易善罢甘休,城内的粮草有限,多备粮草,在必要之时还能接济一下濠州的守军。

徐达对朱元璋献计说:"朱将军,定远张家堡有一个驴牌寨,寨主缪大亨手下有三千人马,且寨有积粮,如果取下此寨,即可解决缺粮的困扰。"

"此议甚好,全军向驴牌寨进发。"朱元璋带领一干人马,次日便来到驴牌寨山脚下。

"何人敢上寨中通报?"朱元璋环问众将。

"末将愿往。"徐达浑身都是不怕死的英雄气概。

"好,徐将军要随机应变。不使缪大亨明了我方的虚实,这样可保你性命无忧。"朱元璋嘱咐。

徐达上山后,到了山寨的聚义厅,只见缪大亨在居中的虎皮椅上端坐,两旁侍立着十几员将领,瘦小枯干的军师站立在身边。他拱手抱拳施礼说:"代我家朱将军给缪寨主请安。"缪大亨阴沉着脸说:"缪某与朱将军素昧平生向无来往，不知徐将军突然拜山所为何来？”

“朱将军奉郭元帅之命，前来招缪寨主率部加入我军。”徐达回答得干脆利落，“寨主意下如何？”

“是商量呢，还是强迫呢？”

“自然是商量。”徐达紧接着加以规劝，“缪寨主，眼下元朝已是腐朽透顶，天下凡有血性的汉人，无不群起造反。寨主兵微将寡，独撑这驴牌寨，终究难成气候，且易为元军剿灭。莫如加入我红巾军行列，以浩大声势，击元军痛处，日后也得成正果。是耶，非耶？请寨主自专。”

“徐将军所论，诚为金玉良言，容缪某同弟兄们商议一下，再答复贵方如何？”缪大亨语气极为谦和。

徐达紧紧咬住说：“战事紧急，朱将军不能在此久留，你我双方便以一日为限，明日此时，静候佳音。”

“无论可否，明日此时定有消息奉告。”缪大亨吩咐一声，“送客。”

那个干瘦的军师将徐达送出了寨门。

次日上午，驴牌寨的军师来到朱元璋大营，他一双鼠眼四外张望，见连绵的营帐足有上百，军容整肃，兵士们着装齐整，枪明刀亮。进得大帐，向朱元璋深深一躬说：“小人参见朱将军。”

“军师免礼请坐。”

小卒上茶后，徐达问道：“请问军师，缪寨主作何打算？”

“我家寨主当然要走朱将军指出的光明大道，只是还有些细节，还请朱将军移驾山寨，同我家寨主再作详细面谈。”

“怎么，缪寨主就不能屈尊下山吗？”徐达当然不愿朱元璋涉险。

“朱将军远道而来，上山后我家寨主也好设宴款待，以尽地主之谊。”军师欠了欠身，“还望朱将军赏光。”

“这要容我们商议。”徐达担心朱元璋受到对方算计。

“不必了，”朱元璋当即答复，“本将军稍事准备，下午即可上山，军师可以回复寨主。”

“我方求之不得。”军师起身，“小人告辞，回山也好准备招待将军的酒宴和一应事务。”

送走了军师，徐达就埋怨起朱元璋说：“朱大哥，你怎能贸然应承。上山不能多带人马，万一对方设计加害，您便有性命之忧。”

“俗话说，不入虎穴焉得虎子，对方的那个狗头军师现在还不了解我军的实力，因此也不敢轻举妄动。”

周德兴也反对说:“朱大哥还是不要随便冒这个险的好,一切要以小心为上,如果真的要去,还是让小弟代大哥前往。”

徐达抢着说:“我上次去过那里,对于那里的地形还是我比较熟,要去也是我来去啊。”

“你们两个都不要再争了,大家的情意我心领了,但是我已经当面答应了对方的请求,哪还有反悔之理。身为全军的主将,怎么能让一个小小的山寨头领看轻呢!”朱元璋表明决心,“现在我去意已决,只带徐达一人上山,难道一个小小的驴牌寨,还是龙潭虎穴不成?”

第九章 心生妙计 智取横涧山

在明亮的阳光之下，驴牌寨的山门翘着高高的檐角。

那个写着“驴牌寨”三个字的大旗在寒风的吹动之下轻轻抖动。

守寨的喽啰们拿着银枪来回巡逻。为了表示诚意，缪大亨带着军师亲自来到山门前迎接朱元璋的到来。

突然间，从门外射来了一支箭。

缪大亨赶紧躲了过去，那支箭已经无力地落在了前面的地上。军师赶紧上前把那支箭捡了起来，说：“寨主，这是一封箭书。”

“拆开观看。”

军师解下箭书，打开细看，然后递过来说：“看，这是有人通风报信。”缪大亨接过，从头而阅：

寨主阁下：朱元璋只有八百人马，不过是和尚出身，不要受他蒙骗。三千人马，怎能受制于他。依阁下实力，完全可以将他所部吃掉。

“寨主，这信来得太及时了，我们险些上当。”军师表明看法。

“你不是说他有上万人吗？”

“看来，我是给他的假象欺骗了。”军师急问，“朱元璋眼看就到了，寨主得拿个主意呀。”

“依你之见，就不打算归顺他了？”

“他才区区八百人马，我们何不趁机吃了他们。”

“可他背后有郭子兴啊！”

“郭子兴远在濠州，也是鞭长莫及。”军师献计，“再说，我们也不是没有靠山，令兄的横涧山也有几万人马，到时我们可以去那里投奔。”

“那就吃掉朱远璋的八百人。”

“送到嘴的肥肉，不能不吃。”军师脸上现出奸笑，“等下他来得人少，就可以趁机擒下。”

“有了朱元璋在手，就可逼他勒令全军归降。”缪大亨说出他的打算。

“正是英雄所见略同。”

二人会心地开怀大笑。

山门外,有脚步声和说话声传来,朱元璋在前,徐达在后,步行来到了山门。

缪大亨与军师对望一眼,满面带笑迎出山门说:“哎呀,朱将军,果然是英雄气概,不带护卫便来进山,令人钦佩。”

朱元璋抱拳施礼说:“缪寨主亲自出迎,足见诚意。你我就当以诚相待,日后也能如兄弟般和睦。”

“朱将军,请。”缪大亨侧身相让。

朱元璋揖让一下,挺身而进。

徐达跟在身后,他注意地观察着四周。

只见军师向喽兵们频使眼色,两个喽兵会意地关上了寨门。

朱元璋也发觉缪大亨表情异样,他当机立断,拔出腰刀便抵住了缪大亨的后颈。

徐达更不怠慢,也用剑顶在了军师的咽喉。

“这……这是为何?”缪大亨说话声音发颤。

军师更是吓得脸色煞白说:“徐将军,有话好说,千万别下手。”

与此同时,寨门里的山石后站起数十喽兵,手中的弓拉满箭上弦,已是随时准备射击。

“告诉你的喽兵,如敢妄动,就叫你脑袋搬家。”徐达向军师发出了警告。

朱元璋也对缪大亨提出说:“命令喽兵打开寨门。”

“这……”缪大亨对眼前的形势拿不定。

朱元璋的手动了动,缪大亨的后颈流下了鲜血说:“缪寨主,想要活命,就照我的话去做!”

缪大亨情知此刻命在对方手心里,只得冲着喽兵发脾气说:“还愣着干吗?傻呀,开门!”

喽兵磨蹭着打开了寨门,寨里的弓箭手已经逼近。

朱元璋用刀按着缪大亨的脖子说:“走,出寨门。”

缪大亨不情愿,也不敢不动。

相比较,徐达就容易多了,他一声断喝说:“跟着走!”军师乖乖跟在后边,山寨弓箭手也都紧跟过来,而且渐渐逼近。

朱元璋吩咐缪大亨说:“寨主,你下令叫他们放下武器。”

缪大亨还心存侥幸说:“他们,怕是不听啊。”徐达的刀用了点力,军师的脖子见血了说:“发话,让这些弓箭手退后,都放下武器。”

军师可是怕死,他服服帖帖说:“众喽兵,都给我靠后,放下手中的弓箭,要是寨主有失，要你们的狗命！”

喽兵们便止步了，但仍不肯放下武器。

喊杀声突然从对面传来，汤和、周德兴率领着几百红巾军杀了过来。

在朱元璋走后，他们很不放心，早就集结好队伍，等待一旦山寨生变便率队接应。

如今获悉朱元璋、徐达二人与敌人交手了，就带着部队猛冲过来。

缪大亨的头垂下来，他明白已是彻底输了。

在朱元璋的刀锋下，他无奈地上山集合喽兵。周德兴押着他，把山寨的存粮和金银全都接收过来。

缪大亨看看周德兴说：“周将军，我还有一事相求。”

“你想要捣什么鬼？”

“我的压寨夫人还在密室中，她手头有一个百宝箱，内存许多金银珠宝，我得把她找出来。”缪大亨眼睛一眨，“求你给我留下一半，另一半就孝敬您。”

“你少和我套近乎，本将军才不要你的赃物，也不会给你留下一件，全都交给朱将军，以便队伍征集粮草之用。”

“是，是，”缪大亨点头哈腰，“我是以小人之心度将军君子之腹，罪过，罪过。”

“别废话了，你快进屋里将百宝箱取来。”

“是，是。”缪大亨毕恭毕敬应答着，进了山窝里的卧房。

周德兴在门外等了许久，还不见缪大亨出来，便高声喊道：“缪大亨，别磨蹭了，快点滚出来！”

里面无人应声，又等待片刻，周德兴耐不住性子了，赌气进了房中。

这一看他傻眼了，屋里哪有一个人影。细一观察，靠墙的箱子挪开了，墙上有一个大洞。

周德兴不顾一切钻进去，摸黑往前走，也不知走了多远，前面有了亮光，等他钻出来，已是到了后山。

丛林茂密，山野寂寂……

周德兴垂头丧气地返回，见了朱元璋，嗫嚅着说：“朱大哥，小弟有罪，让缪大亨那厮从地道里给溜走了。”

朱元璋问了经过，反倒安慰他说：“不要上火了，他跑了无所谓，整库的粮食都留下了。”

“大哥，他一定是逃到横涧山去了。”周德兴请战，“给小弟一支人马，我去把他抓回来。”

“横涧山是他哥哥缪大财盘踞，手下有三万喽兵，凭我们这两三千人，要打十倍的敌人，可不是闹着玩的。”

“怎么，大哥怕了？”

“倒不是怕不怕，要打也得好好谋划谋划。”朱元璋给他一个任务，“你现在就将俘获的喽兵重新编入我们的队伍，并对他们进行必要的操练，为我们攻打横涧山做准备。”

周德兴领了军令去改编部队，朱元璋带人将驴牌寨的粮草全都运下山来，然后放火烧了驴牌寨。

部队正在山下整编，有一支队伍向大营开来。巡哨的将领花云上前拦住这支队伍，手中刀一横说：“来者何方队伍？报上名来。”

“我等是洪山寨的反元义军。请问将军尊姓大名？”

“在下乃朱将军帐下将领花云是也。”

“花将军，幸会。”为首的人在马上一揖，“我叫冯国用，是洪山寨主，这是胞弟冯胜。我二人带所部五千人马前来投奔朱将军，请给引见。”

“二位寨主稍候，待我禀报朱将军。”

朱元璋闻报，喜得他亲自出迎。冯国用兄弟下马，他携着二人之手，一路说笑着走进大帐。落座之后，朱元璋自谦地言道：“朱某有何德能，蒙二位寨主不弃，实实惭愧。”

“朱将军勇取驴牌寨，且军纪严明，将士一心，前程无量。我兄弟在洪山寨也非长久之计，故而前来投奔，还望将军收留。”

“朱某事业初创就得二位寨主合兵，诚如虎添翼也。”朱元璋吩咐下去，“杀猪宰羊，为冯将军弟兄接风。”

“朱将军，我兄弟前来相投，非为一餐口福，而是知您有远大志向，因此，暂不需杀牲款待。”冯国用言道，“我弟兄当先立下战功，再饮将军的庆功酒不迟。”

冯胜也是个智勇双全之人说：“朱将军要取横涧山，我弟兄愿为先锋。”

朱元璋喜得眉开眼笑说：“二位寨主便知我要取横涧山，真乃知心也。但不知此山当如何攻取。”

“论兵力敌强我弱，只可智取，不可强攻。”冯国用已是成竹在胸。

朱元璋暗加赞赏，但他并不明说，反而扯远了话题说：“冯寨主，你看欲成大事，我将如何行动呢？”

“朱将军，要取天下必取金陵，此地龙蟠虎踞，本帝王之都，据有金陵，便可进取天下。”

“此为地理形胜，我当运用何种策略，方能取得天下呢？”

“在下以为，须做到五点。”冯国用正色而言，“一要不急不躁，稳扎稳打，步步为营，积小胜为大胜。二要轻财仗义，战后凡有所获，要奖励将士，使下属肯于用命。三要体恤民生，攻城略地之后，要让百姓过上安生日子，得到你的实惠。四要信任部将，用人不疑，放手让部将用兵。才能不失战机，免却内耗。五要赏罚分明，有功者不吝金银职务的奖赏。对于违犯军纪者，定要严惩不贷。特别是将军的亲属故旧，更要不讲情面。军令如山，方能每战必胜。”

“好！”朱元璋禁不住击案叫好，“冯寨主不仅有短期的用兵方略，更有长远的战略目标。上天赐我冯将军，何愁天下不为我所有。”

冯胜忍不住插嘴说：“朱将军，阁下与家兄所论，乃日后长远之事，眼下当先议论如何夺取横涧山。”

“将军之意呢？”

“横涧山正面寨门建在悬崖峭壁之上，一夫当关，万夫莫开。但它有个致命的弱点，便是后山有条猎人可以攀爬的险径。我愿带一百名勇士偷袭，暗中潜伏在他的大厅之后，配合正面的进攻，出奇制胜。”

“正面也不能强攻，那样做会造成重大伤亡。”冯国用补充说。

朱元璋微微一笑说：“我已有了办法，是智取加强攻。”

冯国用问说：“但不知朱将军计将安出？”

“来呀，”朱元璋吩咐一声，“将驴牌寨的军师押进帐来。”

那军师本就瘦小枯干，此刻是哆哆嗦嗦战战兢兢，缩成了一个团说：“给朱将军叩头。”

朱元璋脸绷着说：“你是要死还是要活？”

“当然要活。”

“要活便好办，我放你走，让你上横涧山去找缪大亨。”

“小人不敢。”

“本将军和你说的是实话，放你便走。”

“是，小人听命。”军师问道，“我的高堂老母，还有妻子儿女，是否容我一起带走？”

“暂时不可，”朱元璋冷笑一声，“待到破了横涧山寨之后，自然放他们同你一起离开。”

“朱将军的意思是……”

“我派两员将领，扮作驴牌寨的喽兵，与你一同上山。他二人安全无虞，便是你的造化。”

“那，这二位将军上山做甚?”

“这就不需你多问了。”朱元璋唤道，“花云、丁德兴。”

二人应声入帐说：“听朱将军将令。”

“按照我的吩咐，作为喽兵随军师上山。”

“遵令。”

朱元璋嘱咐说：“一定要随机应变，听到三声号炮响过之后，你们就在缪大亨的大厅里动手。”

“我等记下了。”

军师领着花、丁二将，直往横涧山上走去。到了寨门前，守寨喽兵在寨门顶上喝问说：“何人敢闯山寨?”

军师答道：“我是驴牌寨缪寨主属下的军师，所幸逃过朱元璋的搜捕，前来投奔旧主，速去通报。”

缪大亨兄弟闻讯来到寨门上，仔细瞭望一番，不见后面有伏兵，方始放下心来说：“同行者何人?”

“寨主，这是我们山寨的两个喽兵。”

“我怎么觉着他们眼生?”

“驴牌寨有几千人，寨主哪能认得清。难道我还会骗你不成?”军师为了家室的安全，自然要为花云二人遮掩，“这一路上也全亏他二人的照顾了，要不然我都到不了横涧山。”

“好吧，放他们进寨。”

寨门轰隆隆打开，军师和花云、丁德兴一齐进入了山寨。

就在这时，咚咚咚，传来三声炮响，花云和丁德兴不失时机，一齐执刀在手，将缪大亨兄弟控制起来说：“都不许动，谁动就叫谁的人头落地。”

缪大亨急叫军师说：“你为何出卖我们?”

“寨主呀，我的家小在朱将军手中，这也是没法子的事。”军师劝道，“不如投降，还能给个一官半职。”

“不行，我几万大军就这样缴械，也太窝囊了。”缪大财不甘心，“等下我的弟兄们便会过来营救。”

“你就别做梦了!”花云用手一指，“你看——”

朱元璋带领数千人马已向寨门冲来。山后，也响起了号炮。丁德兴喜气扬扬说：“冯胜已占领了议事厅，现在前后夹击的局面已经形成，再不投降你们就只能等死了。”

说话间，朱元璋的人马已经冲入了寨门，缪大亨弟兄无可奈何，只能见风使舵，甘愿投降。这一次朱元璋的收获可是够大了，横涧山共有两万五千人马，库里的粮草也不计其数。朱元璋对喽兵进行了淘汰，剔除了老弱病残人员，实得精兵两万人。他将全军重新进行编队，任命了各级将佐，把粮草全部装上车。

冯国用问说：“朱将军，下一步打算如何行动？”

“我离开濠州已有两月，探马说二十万元军围城，还不时发起进攻。城内粮草一定告急，兵力也定然不济，我计划回援濠州。”

“我意不可。”冯国用分析道，“将军日后要成大事，就此脱离红巾军，自己独树一帜。费尽周折得到的人马和粮草，怎能还回去送与他人？”

朱元璋摇头说：“冯将军见解，我不能苟同。眼下元朝势力尚大，红巾军的名望很有号召力，我们眼下便自立山头不合时宜，怕是难以立足。”

“自立山头是迟早的事。”

“时机还不成熟。”朱元璋又说，“郭子兴元帅被困濠州，我不能袖手旁观。而今我有能力，如不救援，一旦城破兵败，我们也将唇亡齿寒。即日发兵，日夜兼程，前往濠州。”朱元璋大军全速前进，途经定远城外，看见前面有一处村庄，他勒住战马，问冯国用说：“我们眼前可是大贤庄。”

“正是，”冯国用立刻明白了朱元璋的心思，“朱将军，莫非是要见定远大贤李善长。”

“此人名声在外，不知可符传言。”

“若论此人，可有一比，他堪与汉之萧何比肩。”

“冯将军对他过誉了吧。”

“朱将军得此人，不愁得天下。”

“好，大军暂且休息，我与将军同去拜访。”朱元璋偕同冯国用，并马向村中而行。

对面，一个年轻人健步而来，见到朱元璋拱手一揖说：“敢问，尊驾可是朱元璋将军？”

“正是朱某，阁下是？”

“在下李善长。”

“哎呀，”朱元璋下马，“正要进庄拜访，不期在村头巧遇。莫非前生有缘乎？”

“朱将军，生逢乱世，李某不愿埋没荒村，知大军过境，特地出村投奔，愿为将军效力，不知可否？”

“先生大名，远播域内，能得贤才，元璋幸甚，红巾军幸甚。”朱元璋上前挽住他的手，“请到路边一叙。”

村头的土冈上，朱元璋同李善长席地而坐，二人相见甚欢。朱元璋诚恳地动问说：“先生，昔年孔明未出茅庐便知三分天下，依您之高见，这元朝的江山还能维持多久？”

“朱将军，元朝已是朽木，其国之大厦轰然倒塌，已属必然。愚以为，至多两三年而已。”

“不知何人可取元朝而代之？”

“当年汉高祖刘邦不过小小亭长，而在沛地斩白蛇起事。将军所居之地与沛地紧邻，亦龙兴之地，何不立下鸿鹄大志，得天下可期也。”

“灭元朱某当义无反顾，争天下言之尚早。”朱元璋诚恳地，“如蒙先生不弃，可留在军中共图富贵。”

“我李善长即为此而来。”

“好，李先生可在军中任掌书记。”

“多谢将军信任。”

朱元璋收得李善长，队伍重新开拔，全速向濠州进发。

夕阳在地平线上露出半张红脸，归鸟乱叫着在濠州城上空盘旋。

郭子兴伫立在寒风中，望着城外元军的重重营寨出神。

濠州被围已是两月有余，每天元军都会有多次进攻。双方的死伤人数已超过两万，尽管城没有破，但红巾军和元军俱已精疲力竭，攻守双方都已没了余力，都在盼望着援军。

敌军贾鲁已向元朝丞相派去快马信使，丞相也已答应增援，而援军却是迟迟不到。

濠州城内的红巾军没有别的指望，只能期待朱元璋能够招募得一支兵马回来助战。

彭大走上城头说：“郭大帅，又在对朱元璋望眼欲穿？”

“元璋不是等闲之辈，他至少能募来几千人马。”

“郭帅，这濠州被二十万元军所围，他便有几千人，回来也无济于事。”彭大不抱希望，“明知回来是送死，谁还会飞蛾扑火？”

“不，我了解元璋，他不是忘恩负义之人，我被困城中，他决不会弃之于不顾。对此，我深信不疑。”

彭大笑了笑说：“郭帅，过于自信就是痴情，我们还是商量一下如何突围,这才是正理。”

“你看!”郭子兴用手向北方的天边一指。

远处,烟尘滚滚,直上云霄,似有大队人马向濠州拥来。

彭大心头一紧说:“糟糕,敌人的援兵到了。这下我们突围的希望破灭了,濠州城破只在旦夕之间,赶快商量一下吧。”

郭子兴没有回答,烟尘渐渐散去,夜幕尚未降临的天空,一杆朱字大旗迎风飘扬。后面便是整齐的马步军,气势雄壮,步伐齐整,军威赫赫。

“是朱元璋回来了,濠州有救了!”

彭大也定睛望去,确信无误了,而且他看出这支队伍看不到尾,说:“郭帅,这绝非几千人马,至少也有上万。”

“生力军,生力军哪!”郭子兴叫过亲兵队长,“速去通报孙德崖、赵均用二位副元帅,来城楼瞭望城外,我们的援兵到了,准备接应。”

元军的统帅贾鲁正在帐中蒙着棉被发汗,近日他受风寒,病倒已有数日。

闻报有红巾军救援部队到达,硬撑着爬起来,上马领兵迎头去察看。

朱元璋的大军已临近濠州城下,见元军人马对面而来,急忙停住注目望去。

只见帅字旗下,众将簇拥着一位官员,朱元璋心中有数,猜想是元军统帅无疑。他悄悄对徐达说道:“擒贼先擒王,看那帅旗下为首者,赏他一箭。”

“放心吧,看我百步穿杨的本事。”徐达摘下弓,搭上箭,拉满弦,看准贾鲁一箭射去。

贾鲁恰好一动,那支箭没有射中咽喉,却是贯穿了脖子。

贾鲁哎呀一声,登时血流如注,身子晃了几晃,被左右扶住才未落马,副将赶紧搀着他回营帐去了。

这里,朱元璋指挥大军杀到北门城墙下,城内的郭子兴急急打开城门,接应朱元璋。

“父帅,先把粮草接入城中,儿的兵马还要驻扎城外。”

“这样也好,我们城内城外就可相互支援。”郭子兴调出一万人马,用以阻挡元军。

贾鲁中箭,元军已无心恋战,朱元璋的一百车粮草很轻易地送进了濠州,困扰许久的城中缺粮难题,得到了缓解。

朱元璋告知郭子兴说:“父帅,请转告秀英,为了濠州安全,儿还不能进城看望她,望她保重。”

“元璋，你做得对，现下还不是团圆时刻。待到打败元军，濠州解围，你们自可夫妻团聚。”郭子兴说，“我们可以内外夹击，打破元军的包围。”

“父帅，还不到时机。”朱元璋自有他的见解，“敌军势大，城内军马饥疲已久，需恢复元气，再待敌军生变，方可一鼓破敌。”

“好，就依我儿。”郭子兴关上城门回转城内。

元军大帐里，一片忙乱的景象。随军郎中在给贾鲁处理包扎伤口。贾鲁面无血色，疼得他龇牙咧嘴。

副将近前来报说：“启禀左丞，相爷有军书送达，请您阅看。”

贾鲁哪有看信的气力说：“你念吧。”

副将念道：“现在反贼四起，兵力不足，已经没有兵马可以调用。你现在有二十万人马，足够用来攻克濠州。”

贾鲁听完这封信的内容，生气地说：“这意思，就是不给咱们派援兵了？”

“军书说得很清楚。”

“已经与濠州城的反贼对峙了数月之久，依然不能把这濠州拿下，我还有什么脸面回去大都。天哪，难道命中注定我要死在这里吗？”贾鲁大叫一声，突然吐出一大口鲜血，眼睛睁得圆圆的，用手指着濠州，气绝而亡。

主帅一死，军中无主，本就已经饥饿外加疲倦的元军现在更加没有了斗志。

留下的几个将领仔细地商量了一下，觉得与其被红巾军打得溃不成军，还不如早日退军。

于是就在当天晚上，围困濠州城半年之久的元军全部撤走，濠州的危机解除了。

第十章 庆功宴下 巧言调矛盾

元军退逃，朱元璋功不可没，当然要好好地庆祝一下。

于是郭子兴就在他的府邸摆下了丰盛的宴席，把彭大、赵均用、孙德崖这三名统兵元帅都邀请过来赴宴。

时间定的是午时，但是已经过了半个时辰，一个人影也没看到。

郭子兴焦急地到府门前等待客人的到来，但是大街上根本就看不到这三个人的身影，他自言自语说："他们不是已经答应了吗？怎么现在还没来呢！"

其实，朱元璋早就想到了这种情况，于是说道："父帅，彭大帅应该不会爽约，但是孙德崖和赵均用与您有过节，所以不来也应该在情理之中的。"

一匹快马疾驰而来，在郭子兴面前停下，马上是彭大的亲兵队长，他对郭子兴施礼说："郭大帅，我家元帅不能赴宴了，特令小人前来报信。"

"却是为何？"

"你的副帅孙德崖带了一支军马，前来我们大营抢夺粮草，彭大帅正与之激战，请大帅前去主持公道。"

"有这种事，"郭子兴眉头皱起，"孙德崖未免太过分了，元璋，你带一队人马跟我走。"

朱元璋想了想说："父帅，那里已经交手，我们再带兵前往多有不妥，不能再添乱，还是劝解为上。"

"他，"郭子兴是有判断力的，"孙德崖一向骄狂，只怕他不会听从我的良言相劝。"

"父帅，那也不能动武，不管怎样说，也都是红巾军，还是尽量劝解，尽我们的能力吧。"朱元璋倒是不退缩，"父帅，儿我随你前去。"

郭子兴觉得朱元璋的话也有一定道理说："好吧，且去现场看看再说。"

彭大军队驻守的南城，两支红巾军正在厮杀，地上已有十几具尸体，还有数十名伤员，不时发出痛苦的呻吟。

彭大与孙德崖两人刀剑不时碰撞，一时难分上下。

郭子兴乘马来到，见此情景大声喝道："都给我住手，都是自家弟兄，为何就动起武来?”

彭大抢先诉说:“大帅来了,你们的副帅竟然带着人马来我的驻地强抢粮草,我百般劝说他们不听,只得用武力自卫。”

郭子兴怒对孙德崖说:“副帅,这就是你的不对了。”

“大帅,你的胳膊肘不能往外拐,咱们好好的濠州,本不缺粮,自打他们来后,弄得饥一顿饱一顿的,弟兄们吃不饱,就应该找他们要。”

“副帅此言不妥,彭帅他们队伍到来,壮大了濠州的力量,我们理当欢迎,不应反感。”

“大帅,说漂亮话容易。他们来后,占用了多少粮草了? 此番朱公子接济的粮草,也被他们分去大半,这情况不能再继续下去了,他们必须把粮草交出来。否则,我决不答应。”

彭大很是不满说:“孙德崖,你的话好没道理,此次元军围城,要不是我们共同防守,你这濠州早就陷落了。”

“哼!”孙德崖发出冷笑,“是你们把元军引来,若不然濠州还不会受到元军的攻打。”

“你这是强词夺理。”彭大更加抬高了声调。

郭子兴对孙德崖下达命令说:“副帅,彭帅所部在防守濠州城中也做出了牺牲,分得粮草理所当然,听我将令,立即撤兵。”

“你说撤就撤呀,没那么容易。彭大不交出粮草,只能是死路一条。”孙德崖手舞带血的钢刀,又往前移动。

“孙德崖,你竟敢违犯军令,难道就不怕死吗?”郭子兴恼了。

孙德崖还以颜色说:“郭子兴,看在多年共事的份儿上,我称你一声大帅。同为红巾军的统帅,你有何资格给我下达命令?”

“你? 真是反了。”郭子兴也拔出了佩剑。

“想怎样? 要动武吗? 我奉陪!”孙德崖毫不示弱。

朱元璋见状,横在了他二人中间说:“二位元帅,可否容我一言?”

孙德崖和彭大几乎是同声答道:“朱公子有话但讲无妨。”

“请问孙副帅,尊驾从彭帅处想要的粮草是多少?”

“精粮十石,谷草两车。”

“这些粮草,由我交付孙副帅,你二人息战罢兵。”

“你……”孙德崖问,“你还有未分的粮草?”

“粮草已按人头分配,我要交给您的,乃我大军的那份。”

“那,你们何以为继?”

“十数八天，我军尚可维持，这期间，我再引兵外出，设法筹措，想来还不至于挨饿。”

“朱公子舍己为人，可钦可敬。既已有了粮草，自然也不会再与彭帅争斗，本帅多谢了。”

“彭帅，都是红巾军，都是自家弟兄，元军刚刚撤走，说不定何时会卷土重来，对孙副帅的举动，还请不要介意。”

“朱公子果然是高瞻远瞩，心怀大志，以后一定能够成就大事业，彭某一定会铭记所劝，不会记恨孙副帅。”

“如此最好。”朱元璋转过头对孙德崖笑着说，“我答应给您的粮草，一会儿就派人给您送到副帅军营，请您尽管放心。”

看到朱元璋的做法，在一旁的郭子兴不禁暗暗在心中多加赞赏，这是朱元璋在给他解围，不然自己就难以下台了。

与孙德崖交战也不是，不交战也不是。红巾军内部互相残杀，毕竟是亲者痛仇者快的事。

但朱元璋的这次行为，也提醒他，此人胸怀大志，日后必定是自己的威胁，要多加提防才是。

第十一章 功高惹妒 被毒计缠身

矛盾调解之后，郭子兴就高兴地在自家摆起了丰盛的家宴。

在案头上摆放着成坛的美酒，餐桌上还有各种山珍野味。

那中间香喷喷的烤乳猪吊起了所有人的胃口。

天色刚刚有些暗，几十盏灯就都亮了起来。参加宴会的不仅有郭子兴的夫人，还有他的养女马秀英以及小女儿郭惠儿。郭子兴把面前拳头大的酒杯举了起来，高兴地说："今晚是为了给元璋接风洗尘，同时也为了给他庆功，我来带头，大家今晚不醉不归。"

惠儿问道："父帅，姐夫外出征战数月，今得归来，接风洗尘理当如此，可这庆功，女儿却不明白？"

"儿你有所不知，此番元璋立有四件大功。"

"不知是哪四件？"

"这一，他七百人离濠州，领回三万人马，可算得大功否？"

惠儿点头说："真不简单。"

"这二，他部下徐达箭射元军统帅贾鲁，使其伤重身亡，元军无帅，自己溃逃，解了濠州之围，这功劳……"

"这是大功。"惠儿接话。

"这三，濠州被围数月，粮草也已断绝，是元璋运回救急的粮草，使得军士和百姓免遭饿死。这还不是大功吗？"

"这是救命大功啊。"

"这四，孙德崖和彭大发生了内讧，濠州义军就要自相残杀，为父难以制止，而元璋献出粮草，使局势转危为安，避免了红巾军血流成河的内斗，这功劳可说是比山还高比天还高。"

"父帅的庆功宴摆得有理。"惠儿兴奋地站起来，"姐夫，你真是太厉害了，小妹我先敬你一杯。"

这父女二人一唱一和，对朱元璋褒奖有加，郭天叙早已听得不耐烦了，他不敢对着父亲发泄怨气，就将怒火全都烧到惠儿的头上说："小丫头片子，你懂个啥，也跟着瞎起哄！不吱声还把你当哑巴卖了。"

“大哥，你干啥冲我发火？我也没惹着你。”

郭子兴瞪了儿子一眼说：“你别不高兴，有志气向元璋学学，干出点样子来，拿惠儿撒气算什么本事！”

“父帅，儿说她不懂事，你老人家还没敬酒，她倒抢先了。”郭天叙把话头转向惠儿，“真是没有规矩！”

“你有规矩有能耐，你也没啥出息。父帅被人绑架，你咋不去营救？还不是姐夫给救回来的？”惠儿当众抢白他。

朱元璋觉得郭天叙太没面子了，就拦住话头说：“父帅和小妹的褒誉实不敢当，我所做的都是分内之事，若大公子有机会，也会做好的。”

“元璋你就不要为他开脱了，我看他这一生是难有出息了。”郭子兴举杯，“来，干了这杯，为元璋庆功。”

郭天叙心里分外不痛快，勉勉强强举起杯来。这个家庭晚宴有点别扭，最后是不欢而散。

炭火发出阵阵的热气，室内是一派融融的暖意，大红的帐幔挂在铜勾上，灯光扑扑闪烁，将朱元璋的身影投在墙壁上，已有一袋烟的时间了，他还是一动不动地坐在桌前。马秀英早已宽衣解带，她袒露出半个雪白的酥胸，伸出了美玉似的双腿，可是久别的丈夫，不知为何竟然无动于衷，只是呆呆地盯着她的双脚不错眼珠。

马秀英猛然大悟，她腾地坐起，把双脚再向前伸说：“官人，夜已深了，你为何还不歇息？”

“啊，”朱元璋还在走神，“我，我在思考一个问题。”

“你是嫌我脚大吧。”马秀英索性开门见山，“我这也不是掖着藏着的，你也见过了。三寸金莲好是好，走起路来袅袅婷婷，但是打起仗来不能冲锋陷阵，论起来还是脚大好。”

“看你想到哪去了。”朱元璋这才明白被误会了，“夫人，你实在是冤枉为夫了，我何曾嫌你脚大。”

“那你为何二更天都过了还不上床，按说你我夫妻花烛夜后即别离，好不容易你回到濠州，正该夫妻鱼水和谐，你却冷若冰霜，毫无情分，这不是嫌弃我，又是为何？”

“哎呀夫人，我是在想该如何向你启齿。”

“什么事不能直言？”

“夫人，我意欲明日离开濠州。”朱元璋也只得摊牌了。

马秀英此时倒懵懂了说：“离开数月之久，刚刚返回，何故又要分手？”

“夫人，濠州眼下的局面和形势，不容我再蜗居。”朱元璋说出他的担心，“父帅同孙德崖、赵均用已形同水火，彭大同孙德崖等人也已火拼，这濠州内争流血只是迟早的事，我必须另寻一个立足之地，一旦他们同父帅翻脸，也好让父帅有处落脚。”

“你倒也说得是。”

“为了红巾军内部免于自相残杀，我已将粮草给了孙德崖，我的三万大军也必须再找粮草，这也是要离开濠州的原因。”

“是的，你那三万人马如再进入濠州，城内的粮草就更加无以为继，为争夺粮草，还会再起战衅。”马秀英态度很明确，“所以你离开濠州，另谋落脚之处的决定，是正确的。”

“我担心的是，父帅不放你与我同行。”

“官人说过，好男儿志在四方，大丈夫事业为重，不要儿女情长，妾身支持你。虽说我们是燕尔新婚，我也决不拖你的后腿。”

“夫人可是又要受冷落了。”

“等到官人打下新的州府，我和父帅不就可以前去了。”

“好，我就期待着早有落脚之地。”朱元璋脱光了衣服，钻进了马秀英的热被窝，二人自是一番恩爱。

郭天叙在住宅内，倒背着双手往来踱步，他在等一个人。按约定天黑就该过来，可是眼下已是二更天了，还不见这人的踪影。他有些心烦意乱了，莫非此人背叛了他。而今的人有奶便是娘，说不准这人早就投靠新主了。

窗棂被轻轻敲响，郭天叙精神一振说：“进来。”

房门推开，一个人像幽灵般闪入说：“大少爷，我来了。”

“好你个郭安，你是想耍我，这都什么时辰了，你害我等的好苦。”郭天叙鼻子不是鼻子脸不是脸当头便训。

“大少爷息怒，小人实在难以分身。”郭安解释，“一两个弟兄非得拉着喝酒，为了不暴露，我只得虚与应付。”

“我看你分明是变心卖身投靠了，不然为何至今还完不成我交办的差事。”

“大少爷，你这是冤枉小人了。”郭安答道，“朱元璋去驴牌寨，是我暗中射去箭书，给寨主通风报信，实指望寨主会将他杀掉，谁料想那寨主是个窝囊废，反倒是朱元璋手快，不单没死，而且拿住了寨主。”

“这许久时间，你就没有一次下手的机会？还是你贪生怕死不敢行动了？”郭天叙冷冷地哼了一声，“再不除去朱元璋，我就叫你留在城里的一家三口，全都走进鬼门关！”

郭安的一妻二子还在城中，他最担心的便是这三人的安危说：“大少爷千万手下留情。”

“郭安，你不是看不见，这朱元璋的风头越来越强劲，手下已有了三万人马，眼下已对我父帅的地位形成了威胁，若不及早除去，必为心腹大患。”郭天叙将话语转为柔和些，“我知道朱元璋极其奸诈，但你也不是没有机会，这次我再助你一臂之力。”

“大少爷的意思是……”

“给。”郭天叙递过去一个纸包。

“这是……”

“砒霜。”

“啊！”

“眼下只得如此了，”郭天叙说得很轻巧，“瞅个机会，将它下在水里饭里，就打发姓朱的上路了。”

郭安有些犹豫说：“朱元璋人很精，我又轻易近不得他的身，这投毒之举只恐难度太大。”

“老虎还有打盹的时候，机会总会有的。”郭天叙给他施加压力，“就看你想不想要他的命。”

郭安想想自己的三口人，将砒霜揣在兜里：“小人照办就是。”

“不能拖得太久，我可是等不及了。”郭天叙下了死命令，“一月之内，我听你的好消息。”

“遵命，小人记下了。”郭安领下了毒杀朱元璋的命令。

滁州，是一座山城，东距濠州约百十里，为元将也先守卫。朱元璋将攻取的目标选中了此处，三万大军很快将滁州包围。元将也先的守城兵马也有三万多人，双方势均力敌。但元军是凭城据守，而且这座城地势险要，明显是元军占有优势。朱元璋命徐达攻打南城，花云攻北城，汤和攻东城，冯国用攻西城。他自带两千人马居中策应。

第一次进攻从早饭后打到午时，部队折损了上千人，但仍未能攻进城去。朱元璋下令收兵，在进午餐时，他将主要将佐和李善长召集起来，边吃饭边议论如何攻取滁州。

李善长作为谋士，讲出他的意见说：“敌军众，我军在数量上不占优势，因此不宜再强攻，应设法智取。”

花云反问说：“李先生，这智取之道，计将安出。”

“最好是派一小队人马潜入城中，作为奇兵，待大部队攻城时，在城内为策应，使敌人陷于混乱之中，我军自可乘机取胜。”

冯国用将李善长的计谋否定说：“若能小股部队入城，滁州便已在掌握中，元军防守何等严密，只怕是一个人也难进城。”

朱元璋见状谈了他的想法说：“众位，李先生所言不无道理，今日上午攻城失利，我看主要是兵力不足。但眼下我们只有这三万人马，不可能增兵也无援军，这说明我的指挥有误。我们的兵力使用过于分散了，我是平均分兵，每面七千人，所以招致失利。”

“对，”冯国用赞同说，“应将兵力集中使用。”

“上午我对四面都做了观察，滁州城三面全是山势险峻，易守难攻，唯有北城地势平缓，利于排兵布阵。我想这次东、西、南三面，只安排六千人马，作为佯攻，吸引元军兵力。而北面则集中两万四千人，予以猛攻，全力突击，不间断不停歇，直到打开缺口为止。”

“此议甚妥。”李善长首先肯定。

大家也都觉得这是个可行的战术，于是，红巾军积极地进行着准备。

滁州北门大街上，有一处四进深的院落，这是富户胡大海的住处。自从也先部元军进驻滁州，胡家可以说是不胜其扰。在此之前，胡大海同官府都保持着良好的关系。尽管要时不时的破费，但都是在可承受的范围内。也先可就不像原来的州官好说话了，他们借口城防需要，将胡家的积蓄几乎榨干。朱元璋攻城之后，他们更是派兵将胡家的粮仓打开，存粮给搜刮殆尽。

胡大海早已是忍无可忍，上午红巾军攻城时，他就想在内响应。只是未及行动，朱元璋已是收兵。但胡大海料定，红巾军下午还会进攻，他令下人探听消息。

果然，午时一过，红巾军便又发起了大规模的进攻。

朱元璋的两万多大军，集中在城北，十几员大将同时带队身先士卒架起云梯猛攻。徐达、花云等人，争先恐后，手举盾牌爬上云梯。冯胜更是勇冠三军，率先登上城头。

这时，也先才发觉北城是红巾军的主攻点，赶紧将兵力向北城转移。元军勉强堵住了红巾军的攻势，双方在北城城头胶着在一处。元军不能将红巾军赶下城头，红巾军也不能彻底攻进城内。

就在双方势均力敌之际，胡大海的一百多名家兵攻上城头。这城内突然发生的攻击，令元军措手不及惊慌失措。也先执刀过来截击胡大海，怎敌胡大海的勇猛，一剑刺来，也先中剑倒地。徐达、花云趁机猛冲，元军溃散奔逃。

正是兵败如山倒，滁州遂被红巾军占领。

朱元璋欣喜地同胡大海见面说："英雄举家出动，在关键时刻杀死敌酋，为我军制胜立下大功，自当重赏壮士。"

"朱将军，我有一个请求，而不要一星半点奖赏。"

"壮士请讲。"

"我要带领全家加入贵军。"

"这，你的家产全都放弃了。"

"将军，我从虹县来到滁州，实指望躲避战乱，谁料元朝已是腐朽没落，无处逃脱它的残暴统治，我愿带家人加入红巾军，早日推翻元朝廷。"

"好啊，胡壮士，你做战勇猛，我军当然欢迎。"朱元璋收下了胡大海。

滁州的府库打开，李善长盘点了钱粮。令众人分外惊讶的是，滁州库中竟有一千两黄金。这可真是一笔很大的财富，李善长讨好地对朱元璋说："将军，这黄金您留下再做打算吧。"

"不，我要它何用？"朱元璋不假思索，"把它全数分给有功将士。"

"这个，"李善长想得比较周到，"将军就是不留，也要分给夫人一些，以备急需。"

"不，我身为全军统帅，自当率先垂范，好处全给将士，方为正理。"

"我看还当给郭元帅大头才是，"李善长讲明他的道理，"以往各部打了胜仗，全都向郭元帅奉献缴获。若郭帅得悉将军有两千两黄金，必定眼热。"

"郭大帅也不缺金银，还是应当奖赏有功将士，大帅就不用考虑了。"朱元璋拍板。

李善长只得按照朱元璋的决定，去分配那两千两黄金。但他还是背着朱元璋，给马秀英留了一份。

当晚，红巾军在滁州举行庆功宴。滁州州衙里，真像过年一样热闹非常。郭安心中有事，他在宴席上跑前跑后，显得分外殷勤。菜肴全都上毕，最后是一道羊杂货汤。下人小厮逐一为将领们端上羊汤，厨子亲手给朱元璋送上。

在门口处，郭安截住了厨子："来，给我。你满身油渍麻花，净是油烟子味，别去烦朱将军了，由我端上去。"

厨子满心想趁机表现表现自己，有些不情愿说："郭队长，汤是我做的，好赖得让将军知道。"

"得了吧，你就是不去，谁还不知是你做的汤。"郭安不由分说，从厨子手中夺过汤碗来。

“你看你,咋能这样。”厨子的声音很高。

郭安的拇指和食指拈着一捏砒霜,他将毒药洒入了汤碗中后,疾步登堂入室,送到朱元璋面前的食几上。一言不发,转身便走。

朱元璋喊了一声说:“郭安。”

“哎。”郭安不得不止步,但他没有转身。

朱元璋问道:“适才何人与你在门外争执?”

“是……是做饭的厨子。”

“你为何不敢转过身来面对我?”

“不是不敢,转就转过来。”郭安转身,他的目光游移别望,不敢对视朱元璋的眼睛。

“厨子送汤,你为何要抢过来?”朱元璋发问。

“没什么,是我嫌他脏。”

“我都没嫌,你嫌者何来?”

“这个……”郭安有些口吃,“我……比他干净。”

“强词夺理。”朱元璋冷笑几声,“分明是大有文章。”

郭安头上冒汗了说:“将军错怪了小人。您要是不吃,我就把这碗汤端下去。”他走近食几。

“且慢。”朱元璋的目光像鹰隼一样注视着郭安,“本将军就把这碗羊汤赏给你了!”

“将军的饮食,小人岂敢受用。”

“你喝下去!”朱元璋厉声说道。

“不,不……”郭安直往后退。

“心中有鬼啊。”朱元璋吩咐一声,“找一条狗来。”

少时,亲兵将一条白犬找到。在朱元璋的指示下,把半碗羊汤给狗喂下,转眼之间,那条狗口鼻流血倒地而亡。

“好一个郭安,你还有何话说?”

郭安扑通一下跪倒说:“将军饶命,这不是小人本意,是背后有人指使,我不得不做呀!”

“说,是何人指使你,要加害本将军?”

“是,是……”郭安欲言又止。

“痛痛快快地老实交代。”

“朱将军,是你的妻兄,郭天叙大公子给小人的毒药。”

朱元璋愣了一下，随口说道：“这滔天的祸事明明是你闯下的，居然还不思悔改，胡乱栽赃嫁祸，让郭公子做你的挡箭牌，这简直是痴心妄想。”

“将军，我说的是实情啊！”郭安像小鸡啄米一般不断地给朱元璋叩头，“这件事的幕后主使确实是郭天叙，是他逼小人来投毒的，他还威胁小的说，如果不答应就害死小人全家。”

“事到如今，你竟敢还血口喷人，真是不可救药。”朱元璋已经下定决心，要把这个祸害杀掉，于是就把两名亲兵叫来，让他们把那碗有着毒药的羊汤给郭安灌了下去。

郭安挣扎了一下，就一命呜呼了。

第十二章 双方争医 赛华佗风波

事后，李善长向朱元璋询问道："将军，既然那个郭安已经清楚地交代说郭天叙就是自己的幕后主使者，你为什么还要杀掉他呢？难道是想要保护郭大公子。"

朱元璋诚恳地回答说，"李先生，我朱元璋从皇觉寺投军开始就备受郭元帅照顾，因此才能取得今天的成就。我实在不忍心在这件事情上太过较真，让大帅为难。既然已经知道是郭天叙所为，以后多加提防就是了。"

李善长频频点头说："将军所言极是。有如此心胸，方可成就大事，看来不枉我跟您一场。"

"李先生，我已离开濠州多日，打算派人往家中送封信报个平安。同时，给濠州几支军马送些粮食，烦先生辛苦一趟如何？"

李善长正想把暗中给朱元璋留下的二百两黄金送给马秀英，就慨然应允说："将军吩咐，是最大的信任，善长敢不竭尽全力。"

这里便抓紧做好出发的准备。

濠州城内的济世堂，是全城最大的药铺。

它的坐堂郎中"赛华佗"，也确为杏林高手，为人治病疗伤，可说是手到病除。

一个老板带两名伙计，在柜台上还显得忙不过来。"赛华佗"的桌前，也有几个人在排队等候看病。

"赛华佗"在给一个病人把脉，他微眯着双眼，切脉极为认真。

有三个兵勇呼啦啦闯进堂来说："哪位是'赛华佗'？"

老板从柜台走出说："列位军爷，有何吩咐？"

"你是'赛华佗'吗？"

"在下不是。"

"那你搭什么茬？叫他出来。"

"赛华佗"站起身说："军爷，小人便是。"

"跟我们走一趟。"

"请问军爷，小人身犯何罪？"

“没事你心虚做甚。”队长说道,“接你去看病。”

“各位是何处军营?”

“怎么着,你还要查户口啊。”队长吹胡子瞪眼,“告诉你,我们是彭大元帅的亲兵,接你给彭大帅治病。”

“这个,小人是坐堂医,不出诊的。”

“废什么话,还等着用铁链子锁着你去吗?”

“小人不敢。”“赛华佗”看看面前的病人,“待我给这几个病人看过抓药之后,就随军爷前往。”

“你纯粹是混蛋了,彭大帅有病急需治疗,还能等你给这些百姓看完病,痛快跟我们走。”

老板在一旁提醒说:“去吧,彭大帅的病重要,可耽误不得。”

“好,诸位军爷,待小人收拾一下药箱,立刻便走。”

“快些。”

“赛华佗”装好药箱,未及出门,从外面又闯进两个兵士,进来便大声呼喊说:“谁是‘赛华佗’?”

“我是。”“赛华佗”有些摸不着头脑,“军爷找我为何?”

“别废话,跟我走。”

“赛华佗”甚为迷茫说:“做什么?”

“找你能干啥,看病。”

“这,不行啊,”“赛华佗”为难地说,“已经有人先约下了。”

“让他们靠后。”

彭大的亲兵队长接茬了:“凭什么? 总还得有个先来后到吧。”

“我们是孙副帅的亲兵,接‘赛华佗’给孙副帅的高堂老母医病,别人无论是谁都得靠后。”

“你说话也不怕风大折了舌头,我们是彭大帅的亲兵,早你一步先来接‘赛华佗’,你呀晚三春了。”亲兵队长回过头吩咐“赛华佗”,“别理他们,跟我们走。”

“赛华佗”背起着药箱就要动身,孙德崖的亲兵可就发横了说:“你敢,看老子打断你的狗腿!”

“这,”“赛华佗”左右为难地看看队长,“你们都是军爷,我谁也惹不起,这……该如何是好?”

“当然是跟我们走了。”彭大帅亲兵队长摆出当仁不让的架势。

孙德崖的亲兵便将矛头指向了队长说:“你们彭大算个老几,要不是我们收留他，连个窝他都没有！”

队长被激怒了，对手下的亲兵发号施令说：“别理他们，带着‘赛华佗’走，大帅还在病中。”他们人多，硬是把医生领走了。

孙德崖的亲兵气得不行，飞马离去，边驱马边回头发狠说：“你等着，有你难受的时候！”

队长领着“赛华佗”到了府门前，未及进院，一队人马如飞追来。

孙德崖手下的副将带着五百人马冲过来，不由分说抓住“赛华佗”说：“你个该死的郎中，还势利眼呢。给我走！”

队长过来阻挡说：“干啥，还追到我们大门口来动粗，把人给留下。”

副将将大刀一横：“怎么着，不服？那就试试我的刀快不快。”

队长明白人少不是对手，吩咐亲兵说：“快，进去喊人！”

副将不等对方人马出院，带着“赛华佗”急速撤离。

等彭大人马出来，副将已是去远了。

队长来到彭大面前说：“大帅，怎么办？他们也欺人太甚了，干脆把队伍拉出去，将‘赛华佗’抢回来。”

病榻上的彭大喘息着说：“这样一来，岂不是要自相残杀，毕竟我们是后来投奔的。”

“那怎么办，难道这口气就不出了？”

“这事还得让郭大帅出面，请他公断。”彭大嘱咐，“你就去向郭大帅说明原委，我等你回话。”

郭子兴听到情况，沉吟片刻，还是同队长去了孙德崖的驻地。

元帅到来，孙德崖不得不出迎说：“参见大帅。”

“孙副帅，你的副将带兵从彭帅府门生生抢走名医‘赛华佗’，这未免过分了，有伤情谊，请将‘赛华佗’交与彭帅。”

“大帅，你这是听了一面之词。”孙德崖辩白说，“家母病重，我派亲兵前去请医，谁料彭大的亲兵队长依仗人多，硬是把‘赛华佗’从我们手中夺走。是他无理在先，反而恶人先告状。”

“孙副帅，我们都是红巾军，彭帅是从徐州来此，团结为上，如果令堂看过病，就将‘赛华佗’交队长领走，也好为彭帅医治。”

“家母病重，一时半会儿难以让医生离开。”孙德崖回绝，“彭大帅若急，就另请高明吧。”

“难道没有商量的余地了？”

“作为子女尽孝，孙某实难通融，还望大帅见谅。”孙德崖装得很虔诚，

“濠州城内医生也非‘赛华佗’一人，彭帅可以找别人医治，何必非钻这个牛角尖呢。”

“这，此事。”郭子兴感到无话可说，他转向队长，“你看，可否为彭帅另请名医。”

队长的火不打一处来说：“大帅，明明是孙副帅的副将从我们手中抢走人，他反而倒打一耙。不信，将‘赛华佗’叫出来当面对质。”

孙德崖冷笑一声说：“大帅，若无他事，我就告辞了，家母病重，我作为儿子不能离开左右。”

郭子兴无可奈何地向队长双手一摊说：“你也看见了，我也尽力了，请彭帅忍一忍吧。”

队长也已无话可说，回到府中向彭大讲述了经过说：“大帅，郭子兴和孙德崖毕竟是一伙，不会真心实意帮我们的。”

彭大也是无计可施说：“这事该怎么办？我实在是咽不下这口气！”

“大帅，依小人之见，此事不能善罢甘休。这不等于骑在我们头上拉屎吗，若不采取行动，您会让部下笑话。”

“难道我们还出兵把那‘赛华佗’抢来不成？”

队长是个挑事的说：“小人看正当如此，让那孙德崖也明白明白，我们并不是好欺负的。”

彭大的火气被点燃说：“好，你去点齐两千马军，向孙德崖的驻地进发。”

他本来就在病中，这一激动，身子晃了几晃，险些跌倒。

队长将他扶住说：“大帅，到了孙德崖的驻地，您不要出战。小人想，那孙德崖一看这阵势，就该老老实实交出‘赛华佗’。”

“但愿如此。”孙德崖获悉彭大率军前来，不由冷笑几声，他对副将附耳叮嘱几句，副将匆匆离去。

孙德崖披挂整齐，手提金刀出了府门。

他用刀尖一指说：“彭大，你也欺人太甚，竟然打上门来，我孙某也不是软柿子，岂能任你随意捏弄！”

彭大此时就觉眼前直冒金星，他已无心交战说：“孙副帅，你不该在我府门前强行抢走医生，听我良言相劝，快将‘赛华佗’交出。”

“你是痴心妄想，”孙德崖驱马向前，“既然打上门来，我孙德崖也只有奉陪你彭大了。”

彭大后退一步说：“孙副帅，你我最好不要伤了和气。”

“终不然我还怕了你不成！”孙德崖跟进一步挥刀劈下。

彭大只得举枪迎战,前后也不过八九个回合,病中的彭大就已经没了还手之力。

孙德崖看得明白,横刀狠狠扫过去。

彭大躲闪稍稍慢了一些,腹部便被刀锋划出一道血口子。

他身子一晃,栽下马来。

孙德崖发狠跟进,又一刀砍下,就想让彭大身首异处。

那队长见状上前,用手中兵器架住孙德崖的金刀说:“孙副帅,你还真要斩尽杀绝呀。”

孙德崖不好再下手了,收住手中刀说:“看他彭大已伤,且饶他的狗命,此后不可再来我处挑衅。”

队长把士兵叫了过来,把彭大抬了起来,匆匆赶回自己的营房中,受伤的彭大不断地呻吟着,鲜血洒了一路。

刚到自己的府门前,彭大立刻被眼前的景象吓呆了,身上更是痛上加痛。

只见整条街都躺着自己部下的尸首。

他不禁大声呼叫说:“天哪,这是怎么回事。”

孙德崖的副将这时候正好领着士兵从大门口走了出来,说:“彭大,你怎么还没死啊,老实告诉你,这些都是我做的,你的老巢已经被我占领了,赶紧滚回你的徐州吧。”

彭大气急败坏地,大声怒斥道:“你,你,竟然敢趁机偷袭我的驻地。孙德崖,你实在是太阴险了!”

“彭大,本来这濠州城就是我们的地盘,你非要插进一只脚来,这下你该滚了,快点滚。孙副帅说了,现在饶你一条狗命。”

彭大气得血往上涌,刚要说话,就喷出了一口鲜血,随即歪倒在担架上,哀叫几声说:“苍天,苍天!”随后,就含恨死去了。

第十三章 天叙败家 赌钱用军饷

在濠州城内最有名的赌场就是七姐妹赌场了,这里是富家公子前来烧钱的地方,奢华到了极点,是公子哥们最喜欢来的地方。

这家赌场的老板就是七个姐妹。她们都美若天仙,各自有着各自的特点。

老大年约四十,但是依然风韵犹存;二姐颇有些异域风情;三姐娇小玲珑,好像赵飞燕再世;四姐生性风骚,随时在卖弄着自己的性感,引诱着赌场里的赌徒;五姐开朗热情,穿得十分暴露;六姐是个冷美人,全身透露出一种可远观而不可亵玩焉的气质;最小的七姐,则是一个乖乖女,像个大家闺秀,言谈举止都十分端庄稳重。

因为七个姐妹的独特气质,把附近的公子哥们迷得团团转,生意自然好得不得了。

郭天叙是这里的常客,赌与色本是人生难以离弃的两件本性使然。

大凡稍稍失于检点的人,都会陷入这个泥沼而不能自拔。

如此美色当案的赌场,郭天叙自是要时常光顾。今日他闲来无事,便又来到这家赌场。

花五姐热情地迎上来说:“哟,郭大公子,你可是好久没来了,一定是把奴家给忘了。”

“哪能呢!”郭天叙在她胸前捏了一把,“你有个填不满的窟窿,我没有金条可有肉条给你填呢。”

“狗嘴里吐不出象牙来。”五姐上前在他脸上重重吻了一口,“今儿个可是不许赊账啊。”

“大公子今天别的没有,就是有钱,”郭天叙是格外精神,“这钱多得都能把你们姐七个全都买下来。”

“好啊,今个小七开盘,你可以大饱眼福了。”五姐故意用胸部碰他一下,“别走神把钱全输了。”

原来,这花家从大姐到六姐,郭天叙都曾染指,唯独这七姐,他是光看着眼馋,却从未亲近过皮肉。

他对这个七姐，早已是垂涎三尺，听到这个信息，自是兴高采烈，几步就奔到了赌台前。

赌案前大约有五六个赌客在押宝，七姐一见郭天叙来到，有意停下来等候说:“郭公子，带着钱来的?”

“小七，今天你是赢不败的。”

“那好，下注吧。”

“有没有限额，封顶不。”

“你有钱可以下注一百万两。”

“好，我下一百两。”

这里的赌局紧张地运作起来，郭天叙是输多赢少。

在另一间密室里，三姐和四姐两个人陪着孙德崖歌舞助兴。

娇小的三姐在屋内的地毯上轻飘飘地起舞，那优美的舞姿，仿佛是天女飞旋，令人眼花缭乱。

三姐边舞边唱:美酒琥珀光，佳人舞霓裳。相拥入锦帐，且赴温柔乡。

袒胸露背的四姐，手举夜光杯与孙德崖紧紧靠在一起，丰满的双乳，几乎要从绷紧的裙衣中蹦出来。不时地往孙德崖脸上蹭来蹭去，撩拨得孙德崖的心痒痒的。

花四姐喝了一口红色的酒，然后度入孙德崖嘴里，之后，又狠狠嘬住他的舌头，热吻个没完。

孙德崖将四姐推开说:“你还让人喘气不?”

“呸，老娘的香唾给你，偷着乐去吧。”

“说正经的，你们的小七真能把郭天叙的钱赢干净。”

“别说是他，便是天下第一的赌徒，在我们这儿也得甘拜下风。”

“你们真的有绝招。”

“放心吧，”四姐咯咯笑着，“我们那色子是灌铅的，而且是两副，叫他输他就得输。”“那好，郭天叙手头有一万人的兵饷，足足五千两白银，一定要想法给赢过来。”

“笃定没问题。”

孙德崖舒心了，和四姐抱在一起，滚到了一处。

赌场上，郭天叙冒汗了，自己的一千两银子已是输光了，他的双眼都红了，呼哧呼哧喘着粗气。

小七娇嗔地对他说:“大公子，没钱来就请退离赌台，让有钱的人上来，姑奶奶还等着赢钱呢。”

"我,我先欠着你的。"

"开宗明义,就已明白无误地告诉你,概不赊欠。"

"就凭我郭大公子,还能欠你的钱不还。"

"大公子,少废话,没钱不好使。"七姐是有意刺激他,"还是郭大元帅的公子呢,才一千两银子就落套了。"

"咋的,真就把人给瞧扁了,"郭天叙急了,"谁说公子我没钱,我的公事房里还有整整五千两呢。"

"公事房的？那怕是公款吧。"

"管它公款私款,在我手中就是我说了算。"

"那你就把它取来,五千两,够你翻盘了,没准还能大赢一笔。"

"信着我,先押上,输赢记账。"

七姐犹豫一下说:"你要是输了,到时要赖咋办?"

"真让你把人看得一文不值,我堂堂郭大公子,是那样的无赖吗?"郭天叙一心想翻盘,"放心,果真输了,你跟我去拿。"

"好吧,那你就下注。"

"五百两。"

"这太大了。"

"怎么,怕了,我连输三把了,这次也该转运了。"

"也好,就接你的赌注了。"

"你要大点还是小点。"

郭天叙想连下三把小点全输,这回就还下小点说:"下小。"

"那就开盘了。"七姐晃晃宝盒,把点开出。

郭天叙一看就傻眼了,竟然是六。

七姐告知说:"大公子,五百输了,还下吗?"

"当然要下,我要翻盘。"郭天叙咬咬牙,"一千两!"

"还是少下为宜,这太多了。"

"本公子就是要翻本捞回来。"郭天叙执著地说:"我还押小点。"

"按牌理说,连出四把大点该出小点了,祝愿大公子能翻把。"七姐摇动宝盒,说声"开。"

郭天叙口中连喊说:"小！小!"宝盒打开,竟然是五,郭天叙又输了。

七姐提醒道:"大公子,一千五百两了,别再下了。"

郭天叙心中也在想:这饷银本来已扣了三天,剩下三千五百两,也就是每人少发一些,总还能交代过去,再输可就要引起兵勇闹事。

可是,不下注又实在不甘心,难道就白白输给他们。

不行,还得捞本,哪怕是把这一千五百两赢回来再不玩也好。

他狠狠心说:“小七,我下一千五百两。”

“干啥,咋是小孩子的辣椒又长了。”

“我要把那输的一千五百两全都赢回来。”

“大公子,再输咋办。”

“我就不信牌运总是你家的,风水轮流转,也该我赢一把了。”

“你可别后悔呀。”

“男子汉大丈夫,一言九鼎,话出口如白染皂。”郭天叙声音洪亮,以示他的决心,也是给自己壮胆,“下了,一千五百两。”

宝盒又开了,结果几乎让郭天叙精神崩溃,居然仍是六点,他一时间默默无言,呆呆而立。

七姐用手在他面前晃动几下说:“大公子,你没傻吧?”

“放屁!”郭天叙已是情绪糟透,“你也太小看人了,不就是一千五百两吗,大公子给得起。”

“全加上,可是三千两了。”七姐小心地低声说。

“错不了,我全记着呢。”郭天叙是真急了“再来,我下两千两。”

“你疯了,这是动真格的,不是闹着玩呢!别下了,全都输光了,兵饷你就没辙了。”

“这也用不着你管,我自己想法。”郭天叙催促,“开盘,我就不信太阳总照你一家。”

满怀希望的郭天叙,本打算赢这一把就洗手了,可是他怎知赌场的猫腻,依旧押的小点,出的还是大点。

输了以后,他可是傻了,低着头一声不吭。

七姐可是不给他喘息之机说:“大公子,你的话得兑现了,把五千两银子取来吧。”

郭天叙无话可说,猛地起身说:“跟我走。”

赌场两个伙计跟着七姐,一直来到郭天叙的军部。值守的兵士看见他都几乎欢叫起来说:“大公子来了,该给我们发饷了。”

郭天叙也不言语,径直走进房中,打开箱子的铁锁,对七姐说:“你点验一下吧,不多不少正好五千两。”

七姐扣上箱子盖说:“不用点了,大公子的为人声名赫赫,错不了,就是差个百八十两也无妨。”

“银钱过手，最好还是点点。”

七姐看到兵士们全都堵在窗外门前，议论纷纷于是赶紧说：“伙计，抬起来装车。”

两个伙计抬着银箱走出房门，偏将上前问说：“哎，你们是哪儿的？怎么把我们的饷银抬走了？”

伙计理直气壮地回答说：“你们靠后，少管闲事，这是郭大公子还的赌债，啥钱我们不管。”

“哎，别抬走，饷银抬走了，我们一家大小吃什么？”偏将上前挡住去路。

郭天叙过来使出大将军的威风说：“让开，本公子的事，你们不得干预。”

偏将转问说：“大将军，我们的兵饷怎么办？”

“本公子再另想法子。”

“那，何时才能发放？”

“多嘴，等我筹到银子自然就会发饷。”

七姐指挥着伙计，将银箱抬到车上，挥鞭催马急匆匆一溜烟地离去。

偏将望着马车留下的尘影，使劲跺脚长叹一声。

郭天叙进房将门插上，躺倒在床上，双眼望着房顶，琢磨着军饷怎么办，但他是苦思无策。

五千两银子很快就运回了赌场，孙德崖看到后高兴地手舞足蹈，他早就准备好了，于是就赶紧吩咐亲兵队长马上出动，来到郭天叙的营房前，把郭子兴的偏将找过来附耳嘀咕了一番。

这个偏将就把自己的亲信都带了过来，跟随亲兵队长赶往孙德崖的营房。

孙德崖笑着给每个人发了五钱银子。

原来，这些天郭天叙带领的部下都留在了孙营。

孙德崖发银子的消息一传出，郭天叙的兵士就都到孙营去领取饷银，还不到一个时辰，郭天叙原来所带领的一万士兵，就都全部投靠到了孙德崖的部下。

等到郭天叙发觉的时候，他已经成了无兵之将了。

第十四章 谗言污蔑 受害陷冤狱

郭天叙拿着饷银去赌钱的事情，以及天叙部下全部投靠孙德崖的事情，很快就被郭子兴知道了。

他看了看眼前这个低头不语的儿子，声泪俱下地训斥说："天叙呀，你怎么这么不给为父争气啊！居然拿军饷去耍钱，你这不是把为父往死里逼吗？本来孙德崖碍于部队没有我们多，即使再有不和，也不敢轻易与为父作对，这下好了，一万的人马投靠到人家那边去了，我们就剩两万人了，现在孙德崖与我们的士兵数相同，随时可能会向我们寻衅。"

"父帅，你给儿一万人马，咱们先发制人，向孙德崖发起进攻，那一万旧部定会阵前倒戈。"

"算了吧，你个不成器的东西，为父我一兵一卒都不能交你了。"

"父帅，打仗亲兄弟，上阵父子兵，将人马交儿统领，总比外人放心。"郭天叙发誓，"儿再也不会令您失望了。"

"你要不是我的儿子，我非把你碎尸万段。从现在起，我免去你的大将军一职，把你养起来。"

"父帅，不用儿子，那您用谁呀，这兵权可是不能轻易交给别人的。"

"我叫你的小舅舅张天佑接任大将军。"

"那他的总兵呢？"

"暂时没有合适人选，我先空着。"郭子兴叫来张天佑，交代了任命，拨他麾下一万人马。然后又说："你即刻整顿兵马，准备出征。"

张天佑请示说："大帅，我军的对手是哪路敌人？"

"孙德崖。"

"这不又是红巾军自相残杀吗？"

"休得多管，只去打点人马便是。"郭子兴决心要把改换门庭的一万部下再都讨要回来。

亲兵队长匆匆走进来禀报说："大帅，朱公子派人回来下书。"

郭子兴心中正在思念朱元璋，听到有了消息，真是喜不自胜说："快传下书人进来相见。"

李善长步入深施一礼："属下管掌书记李善长，参见大元帅。"

"李先生，快说元璋他在何处，可有了落脚之地。"

"大帅，朱将军已据有滁州，手下兵马已众达三万。"李善长躬身递上书信，"这有将军的书信，请大帅过目。"

郭子兴看过，对朱元璋赞不绝口说："元璋真乃本帅爱婿，不但占有滁州，而且广有精兵良将，日后前程不可限量。"

"大帅这里一切可好？"

"好什么，好闹心。"郭子兴将与孙德崖的过节述说一番，"本帅准备带兵与孙德崖叫板，让他交回我的一万兵马。"

"大帅，若是话不投机，岂不要兵戎相见。"

"打就打，孙德崖这个脓包迟早是要出头的。"

"大帅，若依愚见，同为红巾军，还是不打为上。"李善长劝阻，"自残手足之事，只能使元军坐收渔利。"

"那又当如何，我看孙德崖狼子野心已是昭然若揭，他总有一天是要吞并我余下的人马，夺去我的帅位。"

"退一步海阔天空，大帅躲还躲得起，"李善长建议，"何不带队移师滁州，与朱将军会合。"

"这倒不失为好主意。"郭子兴尚在沉吟。

郭天叙急加阻拦说："父帅，万万不可。"

"为何？"

"父帅，这不是明摆着的事？"郭天叙诚恳地，"朱元璋已统兵三万，父帅去滁州只有两万人马，实力不济，还不得仰人鼻息。"

"此言差矣。"郭子兴对朱元璋还是信任的，"元璋不是这样的人，他是会尊重父帅的。"

"大帅移师滁州乃明智之举，元军也已逼近，濠州即将成为战场，大帅去往滁州实为正确抉择。"

"好，传令下去，即刻拔营。"郭子兴下达命令。

李善长又忙着会见马秀英，将二百两黄金交与她说："夫人，这是打下滁州的战利品。"

"这，元璋可知？将士们可有？"

"夫人放心，将士们每人有份，这是你应得的。"李善长赶紧掉转话题，"还有一事，必须让你得知。大公子郭天叙派郭安投毒欲害朱将军性命，幸被识破未能得逞。"

“此事当真?”

“郭安已是当众招认。”李善长又相告,“朱将军因大帅有收留之恩,不忍祸及大公子,已将郭安灭口。但我想,大公子不会死心,此番滁州团聚,夫人还当规劝将军,不可掉以轻心。”

马秀英点头说:“天叙怎能这样,我知道了。”

郭子兴的两万人马,还有相应家眷,一日之后到了滁州。朱元璋闻信,早已出城十里前往迎接。翁婿二人并马一路说笑着进了滁州,到了大堂上坐定,未及叙话,朱元璋便将统兵的旗符令箭呈上。

郭子兴问说:“这是何意?”

“父帅来到滁州,这三万人马自当交与父帅指挥。”

“这合适吗?”郭子兴心中窃喜,“你以七百人发展到三万人马,谈何容易。你拥戴我为大帅尚可,人马还应由你统领。”

李善长急忙接话说:“大帅所言极是,朱将军不能交出三万人马的指挥权,如此做部下将领也能诚服。”

“大帅是全军的大帅,自当指挥全军。我部下的将士谁敢不从,自有军法处治。”朱元璋看来是决心已定。

郭子兴赶紧就坡下驴说:“元璋如此情真意切,我也不能拂了他的好意,本帅便将这符箭收下了。”

李善长要阻止已是来不及了,不由得长叹一声。

郭子兴为了安抚朱元璋及其部下说:“元璋治军有方,本帅自即日起,提升他为总兵之职。”

“谢父帅重用。”朱元璋躬身。

晚饭后,李善长找到朱元璋说:“总兵,我想辞去掌书记。”

“这是为何?”

“我要另寻出路。”

“李先生,我不曾慢待阁下,而且还指望靠先生的谋略打江山呢。”

“将军把兵权都交与大帅了,我们感到前途无望,只好告辞。”

“你说是我们,难道还有别人?”

言犹未尽,花云、胡大海、徐达、汤和等一干将领,纷纷来到,大家七嘴八舌,同声说道:“朱大哥,我们跟您打天下,是为有个出头之日,而今你让出兵权,连张天佑的位置都在你之上,我等还有何指望。”

“列位兄弟,不要看一时一事,这路还长着呢。郭大帅他不会亏待我的,我也不会亏待大家的。”

“远水解不了近渴，我们要求大哥领三万人马，另寻落脚之地，把这滁州留给郭大帅，总算可以了。”

“各位兄弟，当年郭大帅收留我，总不能不讲情义呀。”

“朱大哥，你可以讲情义，但我们不会听从别人的调遣，郭大帅和张天佑，休想对我们发号施令。”

李善长见机又说：“将军，我们跟着你，是要打天下，欲得天下者，就不能有妇人之仁。我将郭大帅带到滁州，实指望把他的两万人马也变成我们的，谁料你竟然让出指挥权。这太令我们寒心了。”

“李先生，我的兄弟们不懂还有情可原，你文韬武略在胸，应该懂得若欲取之必先与之的道理。有众位兄弟在，这三万人马表面上是大帅统领，实质上不还是我说了算。”朱元璋拱手转圈一揖，“各位，朱元璋我话已出口不能收回，且先听命于郭大帅，拜托了。”

众人也难再反对，想想朱元璋的话也有道理，只要心中时刻记着旧主人，这形式上的军权又有何妨。朱元璋他们没想到，隔墙有耳，众人的议论，全被郭天叙听了去。他正愁无法对朱元璋实行报复，这下子有了可以使坏的借口。找到自己在朱元璋军中的另一亲信任义，二人策划了一番，他就去求见郭子兴。

“你又有何事？”郭子兴的言语中透着不耐烦。

“父帅，儿有重大事情禀报。”

“哼，又在故弄玄虚。”

“父帅，朱元璋和部下计议，明里交权，暗中抵制您的军令，还要伺机吞并咱们的两万人马。”

“纯粹是一派胡言，”郭子兴训斥道，“你少要编这套假话骗我，为父不会上你的当。”

“父帅，千真万确呀，是儿亲耳听到的。”郭天叙发誓，“如若不信，可以试着调动一下他的部下。”

听了这话，郭子兴有些动心了说：“元璋他对我忠心耿耿，他不是阳奉阴违投机取巧之人哪。”

“还说呢，”郭天叙显出激动的样子，“他打下滁州，府库里有一万两黄金，他可曾给父帅一厘一毫。”

这句话触到了郭子兴的痛处，人人尽知他这个大帅最为爱财说：“什么？一万两？不会吧？”

“父帅，儿怎敢蒙骗您。不信，可找朱元璋部下的镇抚任义询问。”

少时,任义到来。郭子兴问道:“你们打下滁州,府库里可有黄金?你必须如实回答,若有虚妄,本帅打断你的双腿。”

“大帅,有黄金属实,只是数量属下说不准,有人说是万两。”任义言之凿凿,“朱将军称黄金全分给有功将士了,小人还分得了十两。”

“父帅,那朱元璋断不能全数分给部下,他自己至少得留下几千两。”

郭子兴已是气得脸色煞白说:“看起来这黄金一事属实,所有部将凡有获取,无不将其大部送我,而朱元璋竟然对我一毛不拔,实实可恶。”

“还有一事,不知属下可否向大帅禀报。”

“有话就说,少来这套虚情假意。”

“大帅,朱将军在给部将奖赏黄金时,巡哨郭安曾劝他,这黄金要给大帅一份。朱将军大怒,命人给他灌下毒药,活活给毒死了。”

“竟有这等事?”

“属下不敢谎报。”

郭子兴已是忍无可忍说:“天叙,传朱元璋立刻来见。”

“儿遵令。”郭天叙心中暗喜,很快将朱元璋传来。

郭子兴劈头便问说:“朱元璋,你可知罪?”

朱元璋有些发蒙说:“父帅此话何意?”

“自己做下的事,还想抵赖吗?”

“儿我确实不知有何过失,还请父帅明示。”

“我来问你,打下滁州府库可有黄金?”

“有哇。”

“多少?”

“一千两。”

“哼,明明是一万两,你却谎称一千两!”郭子兴已认定朱元璋私吞黄金,“如此说,那九千两是入了你的私囊?”

“父帅,属实是一千两啊。若不信,可找李善长对证,他是掌书记,一切财物他那里均有账可查。”

郭天叙插话说:“得了吧,姓朱的,那李善长是你的亲信,他自然要和你口径一致,父帅才不会上你的当呢。”

郭子兴真就如郭天叙所说,认定朱元璋与李善长通同作弊,又突然问道:“朱元璋,你可将郭安给灌下毒药致死。”

“这个,”朱元璋看一眼郭天叙,觉得不便直言,“父帅,此事不假,但其中另有隐情。”

“哼！”郭子兴心说，任义所说件件属实，“你就不要狡辩了，郭安不过是提醒你应将黄金送给本帅一些，你就狠心下此毒手。”

“父帅，你是错怪小婿了。内中隐情，待小婿择机详告。”

“你就算了吧。”郭天叙又来插话，“姓朱的，你说老实话，滁州的黄金你可曾打算送给父帅？”

“这，倒是不曾有这打算。”

“朱元璋，你真是个忘恩负义之徒。想当初你不过是皇觉寺的一个和尚，若不是本帅收留，你只能是流浪街头沿街乞讨，说不定早就饿死路旁。本帅给了你出路，又招你为婿，你竟然还这样不思报恩，真是狼心狗肺。”

“父帅，小婿是为大局着想，些许黄金对您无关紧要，重要的是将士们肯于用命，为日后打下江山奠定根基。故而，小婿将黄金都奖赏给部将，望您谅情。”朱元璋没想到郭子兴这样看重财物和金钱，又补充了一句，“小婿考虑不周，今后再有缴获，一定先给父帅。”

“你算了吧，哪里还有今后！本帅原以为，你将兵符令箭交我是真心的，岂料你心怀叵测，竟和部将议论不服我的调遣，真是个阴谋家。”

“父帅，部将们是曾有此议论，但小婿狠狠地训斥了他们，相信他们会听从您的军令。”

“就不要再骗我了，本帅是信不着你了。”郭子兴吩咐一声，“天叙，把他押入大牢。”

“谨遵父帅军令。”郭天叙扬扬得意，“朱将军，请吧。”

朱元璋无话可说，默默地跟随在后，走进了黑漆阴暗的牢房。

郭天叙并不离去，他支开狱卒，冷笑着说：“姓朱的，这回你是落到了我的手里，是想受皮肉之苦呢，还是聪明些痛快招认呢？”

“天叙兄长，不知你要我招认何事？”

“你和部将蓄谋加害大帅，然后取而代之。”

“这是从哪里说起？父帅对我恩重如山，我绝无此意。”

“看起来，不动大刑，你是不会开口了。”郭天叙又叫来两个狱卒，“将他吊起来。”

不由分说，朱元璋被吊上了房梁。郭天叙亲自抄起了鞭子说：“姓朱的，认了吧，要不然就得皮开肉绽。”

“兄长，你怎能这样待我，没有的事，我又怎能承认。”朱元璋表示决心，“就是扒了我的皮，也不会屈打成招。”

“好，那我就看看你的肉皮子有多厚。”郭天叙抡起皮鞭狠狠抽下，他要发泄这许久以来积淤在心中的愤懑。

任凭怎样打,朱元璋始终不开口。郭天叙渐渐打累了,朱元璋的衣服也成了布条子凌乱不堪。郭天叙一看急切间难以如愿,便扔下鞭子走了。

天色转眼间黑下来,已经掌灯了,马秀英还不见丈夫归来,便四处寻找。后来听说被郭子兴叫走,就没见归来。她便风风火火地去见郭子兴说:"父帅,儿的夫君被你派往何处,为何不见还家?"

"哼,还说他,狼心狗肺的东西。"郭子兴满是怒气,"他私自侵吞万两黄金,竟然毫厘也不与为父。他还鼓动部将不听我的调遣,这样的女婿还不如一条狗,为父将他下狱了。"

"父帅,您怎能这样?"马秀英落泪了,"您说的未必属实,待女儿找他问个明白。"

"你想见他办不到。"郭子兴透露想法,"待为父将他这些罪过查实,定要重重惩治!"

"父帅,如此说,我的夫君他连午饭还不曾吃过。"

"他不用想吃了,干脆饿死,也省得我不好下手。"

"父帅,你好狠的心,终不成让女儿做寡妇。"

"他一个穷和尚,死便死了,为父再给你选个如意的郎君。部下大将还不由着我们挑选。"

马秀英听完郭子兴这话,知道自己求情也没有用了,就哭着离开了,她边哭边想着牢里的朱元璋一定还在饿着肚子,于是就赶紧跑到厨房。家里的厨师正在烙油饼,她就把刚烙好的油饼拣了两张,放进盘子里端走了。刚一出门,她见四周无人,就赶紧把饼揣进了前胸的衣服里,贴胸仅仅隔一层布。她赶紧向牢房快步走去,转过墙角,正好与小张夫人相遇。

夫人问道:"秀英,怎么急急忙忙的,你要去哪啊?"

马秀英恐怕败露了自己的目的,于是赶紧遮掩说:"女儿身体不适,想要回房休息。"

"儿呀,我怎么半天都没看到元璋呢,难道他又有行动出去了?"

马秀英听后,再也忍不住,于是就哭着把朱元璋的遭遇跟小张夫人讲了起来。

第十五章　姐妹关心 出狱又领命

牢房中因为一直没有阳光，变得十分潮湿，还散发着一阵阵霉气，地上铺着能够拧出水的稻草堆，被打得遍体鳞伤的朱元璋虚弱地躺在上面。

这是他平生第一次受到这样的毒打，但是他还是咬牙坚持着。

躺在稻草上的朱元璋不得不重新思考自己的前途。

看来这郭子兴是难成大事之人，自己应该独立门户，在一帮忠心义气的兄弟们的帮助下，向着更高的目标迈进。不论能走多远，都要坚持向前。

牢门被猛地推开，一个人跑进来。

大概是不适应里面的黑暗，看不见朱元璋身在何处，便连声呼唤起来说："姐夫，姐夫。"

朱元璋此时也看清了，是他的妻妹郭惠儿说："惠妹妹，是你呀！我在这里。"郭惠儿看见朱元璋倒卧在草堆上，大为意外说："怎么会这样，父帅也太狠心了，这也太过分了。"

朱元璋挤出一丝苦笑说："没啥，父帅是误会我了。"

郭惠儿到了近前，俯下身来，这才发现朱元璋满身都是血道子，心疼得她哭出声来说："姐夫，怎把你打成这样啊？"

"不怕，过几天就会好的。"

郭惠儿用纤纤嫩手轻轻抚摩着朱元璋的伤口说："姐夫，你告诉我，这是哪个狠心的犊子给打的？"

"打都打过了，还要问谁做什么。"

"我要找人教训他一顿，叫他也尝尝挨打的滋味。"

"不要这样，没伤到筋骨，并无大碍。"

"姐夫，你有多疼啊！"郭惠儿忍不住抱着朱元璋泣不成声。

朱元璋觉得惠儿已经十五六岁了，也算是大姑娘了，便推她起身说："惠儿，不要这样伤感，我没事的。"

可是，郭惠儿俯在朱元璋的身上，就是不肯离开。在她的心目中，朱元璋是个大英雄。从钦佩而生爱慕，过去一直没有这样的机会，如今她要把对朱元璋的爱全都倾泻出来。

朱元璋推得用力些说："惠儿妹妹，别这样，万一被人看见不好，该有闲话了。听话，站起来。"

郭惠儿反倒抱得更紧了说："我不怕闲话，人家就是心疼你，日后你做了大元帅，我还要嫁给你呢。"

"惠儿，这种笑话可是说不得。"

"人家不是笑话，是真心实意的。"

"这种想法千万要不得，我都和你姐姐成为夫妻，怎能再与你结合？"朱元璋规劝，"你还是早早死了这份心吧。"

"不，我就是要嫁给你。"郭惠儿在朱元璋脸颊上狂吻起来。

一时间，倒令朱元璋不知所措。

马秀英的卧室，简朴而又洁净得体。只有墙上挂的一柄龙泉宝剑，算是额外的装饰品。马秀英打开炕柜，从里面取出红色的布包，把它送到张夫人面前说："母亲您看，这就是元璋给父帅留的二百两黄金。总共才有一千两，元璋将那八百两全奖给了有功将士，给父帅二百两不算少了。"

"他为何不直接给你父帅？"

"元璋言道，让女儿暗中交与父帅，以免影响父帅名声。"马秀英说着话，眉头不由得皱了皱，脸上现出痛苦的表情。

"秀英，你是怎么了，莫非哪儿不舒服？"

"女儿倒是忘记了。"马秀英从怀中取出那两张油饼，带出一小块红色抹胸的布片来。

"这是从哪里说起？油饼为何要揣到胸前？"

"女儿获悉元璋已是两餐未得进食，就想偷着给他送去吃食。"说着话，她又痛得一咧嘴。

"让为娘看看，别再烫坏了。"张夫人解开她的外衣，不由得倒抽了一口凉气，"这，这，连乳房的嫩皮都给烫掉了。孩子，你这是何苦啊？"

"母亲，你想，元璋都两顿没吃饭了，我能不急吗。"马秀英掩上衣服，"元璋对父帅没有二心，还望母亲搭救。"

张夫人是郭子兴的小夫人，郭天叙不是她的亲生，她平素对郭天叙的作为很是看不上眼。而郭天叙对她也极少尊重，甚至叫声母亲都极为勉强。因此她对郭天叙绝无好感。而马秀英虽是养女，但她为人孝顺乖巧，张夫人视如己出，其倾向自然显而易见说："秀英，为娘自会与你做主。当务之急，是先去看望元璋，已快到二更天了，先让他吃饭要紧。"。

马秀英和张夫人进入牢房，看见惠儿在场大为诧异。张夫人问说："惠儿，你怎么来到牢房？”

“你为啥来？”

“为娘获悉元璋被屈，所以同你姐秀英前来看望。”

“什么被冤，”惠儿声泪俱下，“姐夫他被郭天叙打得体无完肤，父帅他也太狠心了。”

马秀英一听，扑上前去说：“元璋，快让为妻看看。”

“不妨事。”

马秀英一看便傻眼了说：“夫君，你如何受得了哇？”

张夫人也看到了朱元璋的惨状：“元璋，这真是郭天叙所为。”

“岳母大人，其实无关紧要，没有伤筋动骨，休息十天半月就会好的。”朱元璋尽量轻描淡写。

马秀英递上热乎乎的面汤说：“夫君，你快趁热喝了，一定是饿坏了。”

“元璋，你父帅他是一时糊涂，对你产生误会。待为娘就去找他论理，相信你就会脱离囹圄。”

“多谢岳母大人，小婿不怪父帅。”

朱元璋在草堆上欠了欠身，以示尊敬。

郭子兴看到二百两黄澄澄光闪闪的金子，满脸都笑开了花说：“夫人，这是元璋他给我的？”

“不是给你，又是给谁。”张夫人一看他那贪财的样子，就打心眼里反感，“瞅你，像个馋猫。”

“既是给我，为何不早言语？”

“谁都像你那么没心，元璋是为了避人耳目，才特意送到我处。在我手里，不和在你那儿一样吗？”

“那是，那是。”郭子兴有三大特点，一是贪财，二是耳根子软，三是出奇的惧内。

“大帅，元璋还不放吗？”张夫人说到了主题上。

“但凭夫人。”

“元璋几次救你性命，你竟然将他下狱？真是混了！”

“夫人，我就是想磨磨他的性子，并无恶意，谁料天叙他擅自做主，还敢对元璋动刑，我实实不知。”

“得了，这次事情就算过去了，以后少听你那不孝之子的挑唆，凡事自己要有个主意。”

“夫人所言极是，极是。”

朱元璋出狱了，经过半月的休养，身体已是完好如初。

这一日，郭子兴召集众将和谋士在大堂上议事。他四外看看，有些怯生生地说："诸位，眼下群雄并起，天下大乱，我在小明王手下也已近十年，不想还打着他的旗号了。为了各位的前途，我想改称滁州王。"

这个提议确实太突然了，一时间众人面面相觑，谁也不知如何开口。朱元璋见状，他率先应答说："父帅的主张，小婿以为不妥。"

"何以见得？"郭子兴显出不悦。

"父帅，而今元朝势力强大，全部红巾军尚难与之抗衡，我方兵微将寡，只这一座滁州，怕立足尚难，何况同红巾军决裂后，便形同四面受敌。委实不是时机，还望父帅缓行。"

李善长也表示反对说："大帅，您称王我等自然高兴，都可以晋升官职，只是区区五六万人马，如何能与整个红巾军对垒，更不要说强大的元朝军队。切不可自找苦吃，还当暗中发展，等待时机。"

众将与谋士们几乎是无一赞成，郭子兴一看过于孤立，也就不好十分坚持。正在场面有些尴尬之际，小校进来禀报说："大帅，孙德崖副帅差人前来下书。"

"他来做甚。"郭子兴一听他的名字就从内心里反感，"夜猫子进宅，不会有好事。"

朱元璋劝道："大帅，还是叫下书者进见，是好是坏，总要知道他的来意。"

"好吧。"

下书人是孙德崖的亲兵队长，他显得极其谦恭，将书信呈上说："万望大帅能施以援手。"

郭子兴看罢信函，吩咐队长："你且下堂等候，容我们商议。"

队长退下后，郭子兴环问在场文武部下说："众位，元丞相统领二十万大军进犯濠州，已抵达六合城下，孙德崖派来信使，请求发兵救援，不知大家有何见解。"

李善长反问郭子兴说："大帅的意思呢？"

"孙德崖为人奸猾，几次欲置我于死地，本帅此番来滁州前，他还撬走我的部众一万。依本帅之见，我军且作壁上观。"

"这，只怕不妥。"朱元璋发表看法。

"何以见得？"

"孙德崖为人如何且不论，他和他的部众毕竟是红巾军，而元军是我们的共同敌人。岂有目睹手足为外敌所困，而袖手旁观之理。”

“元璋，别人反对还有可原，你是知道的，他将本帅囚于牢中，险些要了我的命，要不是你带人营救，哪里还有我的今天。这次元军大举进攻，让他尝尝失败的滋味也好。”

“大帅，还当以大局为重。”李善长也来劝说。

“何为大局？”

“元军是我们的敌人，团结起来，共同对付元军，这就是当前的大局。”李善长再加解释，“大帅，敌强我弱呀。”

“红巾军少一个孙德崖非但不弱，而是少了一个脓包，我们再打元军，反倒气更顺了。”

“父帅，濠州乃滁州的屏障，濠州若失，滁州便不保，这就是唇亡齿寒的道理。所以，濠州不能有失。”朱元璋深入进行了分析。

“元璋，元军势大，我们不能拿鸡蛋去碰石头。”郭子兴也有他的道理，“我们要保存自己的实力呀。”

“大帅，”李善长还是赞同朱元璋的观点，“一旦濠州失守，孙德崖兵败，靠我们自己的力量就只能任凭元军宰割了。”

“所以，现在出兵实际上是救我们自己。”

“那二十万元军来势凶猛，我们出多少兵，谁又敢领兵。”郭子兴遍问诸将，“哪位将军领一万人马救援？”

听说是一万对二十万，众将无不噤若寒蝉，缄口不语。

朱元璋见状挺身而出说：“父帅，小婿愿往。”

“你，”郭子兴重复一遍，“我只能出一万人马。”

“小婿明白。”

“好吧，你就出征吧。”郭子兴有点无可奈何的味道。

元丞相率领着二十万元军，大张旗鼓地往濠州进发。

依他看来，攻取濠州简直如同探囊取物一般简单，因此元军就不紧不慢行进着。

朱元璋的兵马没去濠州城，径直来到了六合前线。

他没料到元军还没有到达，于是就和六合守将耿再成商量说：“耿将军，六合是座小城，不容易防守，前方十里处有一个名叫瓦梁峪的小镇，才是一个至关重要的去处，我们为什么不全力对那里进行防守，来阻止元军的脚步呢！”

耿再成一听，赞同道：“朱将军果真是大将之才，瓦梁峪小镇确实像将军说的一般是个易守难攻的好地方，你我两万大军，在那里也许真能抵挡住元军的二十万虎狼之师。”

于是朱元璋和耿再成就率领两万人马，赶到瓦梁峪进行严防部署。

第十六章 大军一到 火烧瓦梁峪

元朝大军刚刚到达这里,就觉得这里真是一个难以逾越的天堑。

瓦梁峪这个小镇三面环山,只有东面一个关门。

而且这个关门还在两座山的夹峙之中,颇有些一夫当关万夫莫开的架势。

在这里马军根本无法施展,只能用步军来进攻。

元朝丞相迫不及待地想要拿下濠州,于是就不停歇地向瓦梁峪进行猛攻。

从日出到日落,十多次猛烈的进攻都没有奏效,损失了上千名士兵。

双方激战了三日,元军终是以失败而告终。

耿再成站在关楼上,凭栏远眺西方的落日,心中荡起无限豪情说:"朱将军,我们这小小的瓦梁峪,足可挡住元朝的百万大军。"

朱元璋却是长叹了一声说:"哎!"

"朱将军这是为何,我们以两万之微,对抗二十万大军,三天战过,仅仅折损一千兵士。这样小的代价,取得这样大的胜利,可说是旷古未有,高兴还来不及呢,为何叹息?"

"拒元军于城下这是不假,我们以一千人的代价,元军死亡三千余众,自然算是胜利。可是,这样下去何时才能消灭大批元军,何时才能解除敌人对濠州、滁州的威胁。这样打下去,也非长久之计。"

"朱将军此言差矣,我们区区两万兵,能挡住元军二十万已属不易,更何况我们还取得了胜利,应该知足了。"

"我在想,如何才能将元军打败。"

"你就别白日做梦了,俗话说知己知彼,你总不能将两万人拉出去,和元军二十万对阵吧。"

"我们不能力敌,却可智取。"

"你有何妙计?"

"我们何不诈败。"朱元璋讲出了他的诱敌之计。

耿再成听罢,不能不承认这是一条绝妙的好计。但他还不愿冒险说:

“朱将军，敌人数量太大了，二十万呐。他就是中了你的计，损失了几万人马，元军照样可收拢败军全力攻打六合，我们就无险可守了。”

“耿将军，此计只能在瓦梁峪使用，在此处败，元朝丞相方会信是真败，不能错过这个歼敌的良机。”

耿再成也不愿放过这个机会说：“那就冒一回险。”

元军对瓦梁峪的进攻，几乎没有停歇。双方的激战、搏杀，真是惊心动魄。从早至晚，眼看着太阳落下西山，朱元璋让部队做好一切准备，卖个破绽，让元军杀上城来。

红巾军全线溃退，元军蜂拥入城。

元军见城内做好的白米饭，还有香喷喷的炖菜，显然是红巾军做熟没来得及吃，便仓皇退走。

也不用统帅下令，元军的将士便呼啦啦扑向饭菜，狼吞虎咽大吃大嚼起来。

恰值饭时，又经过一天的战斗，他们也都饥肠辘辘，不顾一切地抢饭抢菜。由于元军人多，饭菜量少，大部分元军还得自己埋锅造饭。

元军丞相坐在房中，等待专灶为他做饭，还没等吃到口，就听外面连声的哼哟咳哟喊叫起来。他出来查看，但见许多兵将都抱着肚子在地上打滚，无不痛得大汗淋漓。

丞相立刻明白过来，这是红巾军在饭菜里投毒了。

就这一餐晚饭，元军即被毒死两万多人。

丞相心说不好，这显然不是红巾军战败，敌人是有意撤退，说不定还有阴谋。

他下令立即搜查所有地点，看红巾军有否埋伏。

不等元军将死者的尸体清理完毕，三面的山坡上像流星般射下来数不清的火箭，居高临下，火箭射中屋顶的茅草，院中的易燃物，再加上朱元璋事先准备的大量油麻，火势腾地猛燃起来。

转眼间，瓦梁峪就成了一片火海。就连丞相脱脱的胡子眉毛也已着火。

卫士保着他突烟冒火逃出城，再看城内，已是乱成一片。

元军人多，只有一个城门，将士们争相逃命，互不相让，一个时辰里，烧死和踩踏而死的元军即达七八万人。这一来，二十万元军仅剩十万之数，而且无不烟熏火燎得一副狼狈相，简直是溃不成军。

脱脱这个气呀！

他统兵多年，从未吃过这样大的亏。

想着想着，一个凶狠的想法跳上了心头。全军集合，连夜出发攻打六合，要打朱元璋一个措手不及。

红巾军投毒火攻得胜，绝对想不到元军会连夜进攻，这就叫军事上的出其不意攻其不备，元军定能大获全胜。

十万元军在夜色中全速进发，从瓦梁峪到六合不过十几里路，三更天时正值夜半，道路依稀可辨。

大队元军途经一处林地这，这片林地有二里路长短，全是密匝匝的灌木丛。脱脱督促队伍迅速向前，元军也顾不得查看。

十万大军的队头出了林地，面前是开阔地，再走二里路，便是六合城了。元军的马队发声喊就向六合城扑去。万万没想到，轰隆隆震天声响，上千匹马落入了陷坑中。脱脱赶紧收缰，才算没有掉下。冲起的灰尘，就像狂风卷起，迷漫了夜空，遮掩了星月，一切都陷入混沌中。

元军还没醒过腔来，林地四面又嗖嗖嗖飞来数不清的火箭，立刻将林内的易燃物点燃。

冲天大火腾空而起，火借风势，风助火威，直烧得元军哭爹叫娘，狼奔豕突。

脱脱想要控制部队根本办不到，元军自相践踏，又死伤累累。

侥幸活命的元军，全都往回逃跑，裹携着脱脱直向瓦梁峪奔去。待回到住地，天明之后点验部队，仅剩下三万人马，而且也全都精疲力竭，无力再战。

就这样，脱脱的二十万大军，被朱元璋的两万之众彻底打败。元朝皇帝一怒之下，将脱脱撤职。

朱元璋得胜回到滁州，郭子兴亲自出迎。路上，他便对朱元璋说："贤婿真乃诸葛再世一般，两次火攻，打得脱脱大败，可喜可贺。"

"侥幸得胜，不值一提。"朱元璋谦逊地，"全托父帅洪福。"

"只是，"郭子兴顿了一下，"滁州城内眼下缺粮，看光景也支撑不了半个月了。"

朱元璋立刻明白了郭子兴的用意说："父帅不必焦虑，小婿请令去他处打粮，以缓滁州的困境。"

"如此最好不过。"郭子兴又故作姿态，"贤婿刚刚经过大战，还未及休整，有些说不过去。"

"不妨，小婿理当为父帅分忧。"朱元璋已是心中有数，"离此八十里路的和州，是个富庶之地，且为元军粮草基地，小婿就把它打下来。我军的粮草之困，自然缓解。”

“好，本帅就着你带本部兵马攻占和州。”

脱脱兵败之后，和州的元军守将惶惶不可终日。但一时间消息全无，只是闻听脱脱丞相解职，却不知皇上如何部署。

日夜盼望能有报信人来，真是望穿双眼。在去往和州的路上，李善长对朱元璋建言说：“将军，和州可以智取。”

“说说。”这与朱元璋的想法不谋而合。

“扮作元军，骗开城门。”

“善，正当如此。”朱元璋道，“前不久，我们俘获了元军一批军装，足有数千套，如今正好派上用场。”

朱元璋挑选三千精兵，换上元军服装，扮作元军模样。

又要十头骆驼，载上金银绸缎和青年女子，意为缴获，打起元军旗帜向和州进发。那一万骑兵则紧随其后。

徐达率领“元军”到了和州城下。他大声呼唤说：“快打开城门。”

守将俯身垛口向下观望说：“你们是从何处来的人马？”

“我们从徽州而来，奉命给你们送来犒赏。”徐达用手一指十头骆驼，“看，金银粮秣，还有女人。”

守将盼消息眼睛都红了，也看不出破绽，便下令打开城门。徐达率军一拥而入，当先一枪把守将刺死。守城元军顿时大乱，无不抱头鼠窜四处逃命。用不着后续一万人马增援，徐达的三千部队便已占领了和州。

捷报传回滁州，郭子兴命令将一半存粮运到滁州，而留下朱元璋镇守和州。次日早饭后，运粮车队刚刚出了城门，便被孙德崖的人马堵住了去路。

大将花云用手中枪一点说：“孙副帅，为何阻路？”

“花将军，濠州缺粮，获悉朱将军打下和州，而这里粮草丰裕，故而前来就食，我这儿有三万人马呢，你这粮不能再外运了。”

“你好无道理，”花云指责说，“这是运往滁州的军粮，是为郭大帅救急的。至于你来要粮，那得看朱将军如何安排。快些让路，不要误了我的行程。”

“我这几万人也要大批军粮，眼下就有大量需要，你无论如何也不能运走。”孙德崖提出，“这些粮食正可给我的队伍食用。”

花云未免焦躁说：“再不让路，我手中的枪可是不答应了。”

孙德崖毫不相让说：“我们都是红巾军，你们有吃的，也不能叫我们饿肚子，有动武的道理吗？”

“孙副帅,不要耍无赖。你要粮去找朱将军商议,给我让路!”

“你不留下粮车,就休想离开!”

“那我就对不起了。”花云催马挺枪便刺。

孙德崖举刀迎战说:“终不然我还怕你不成。”

二人在城门前厮杀起来,早有人报告了朱元璋。他赶到之后,纵马插到二人中间,用宝剑格开他们的兵器说:“全都退后,给我住手。”

花云气愤得先行告状说:“将军,他要劫我的粮车。”

孙德崖也不示弱说:“朱将军,同是红巾军,你们有干的吃,总得让我们喝稀的吧,要粮食吃也不为过。”

“不知孙副帅带兵来到,未及迎接,还请见谅。”朱元璋讲出道理,“要粮吃,也得容我安排,怎能截住花将军去路?”

“我是想这粮若都运走,我这几万人马就得喝西北风了。”

“副帅放心,城中有粮,尽可让弟兄们吃饱饭。”朱元璋劝道,“且放花将军去送粮,贵部军粮待副帅进城后,我二人再从长计议。”

“好吧。”孙德崖也说不出别的,只得让开道路。

花云押带粮车奔向滁州,回身看看孙德崖的人马,心中有些不安,但也不得不离去。朱元璋又同孙德崖商议说:“副帅,将大军暂留城外,您且随我进城,容我设宴款待。”

“我的部下呢,就在这儿饿肚子?”

“怎会呢?”朱元璋笑容可掬,“我自会安排杀猪宰羊,让弟兄们饱餐。”

“我们同为红巾军,你怎能将我大军拒之城外,这是说不过去的。”孙德崖招呼一声,“弟兄们,进城。”

他的弟弟孙德生率先带队拥入城中,孙部大军源源而进,孙德崖则是怡然自得的神态。

徐达在朱元璋身边低语说:“将军,待我收拾了这个姓孙的。”

“不可,”朱元璋反对,“终归都是红巾军,两军若是开打,必定是两败俱伤,还是不要手足相残。”

“那,他这几万大军入城,这和州怎能承受得了?”徐达提醒道,“万一他有异心,我们的安全堪忧。”

“只能是小心防范了。”朱元璋也是无可奈何的口气。

孙德崖所部进入和州后,白米饭是吃个饱,可他们野性不改,动不动就在城里闹事。有的强抢民女,有的酗酒打架,使得朱元璋也很头疼,觉得这不是长久之计,还是要设法让孙部人马出城。

这日夜晚朱元璋同李善长正在房中商议，该如何妥善处理孙德崖的人马，花云匆匆而进说："将军，末将回来交令。"

"你这样快便归来，可曾见到郭元帅？"

郭子兴应声而入说："怎么，你想见我吗？"

朱元璋赶紧跪迎说："父帅，小婿不知大驾到和州，还请惩治失迎之罪。"

"你的罪不在此，"郭子兴入座，"可你犯下了大罪，你可知罪？"

"小婿实实不知。"

"孙德崖是我的夙敌，在濠州曾拘押羞辱于我，而你竟然放他的数万大军入城就食，这岂非同我作对。"

"父帅有所不知，孙德崖是硬行闯入城来。"

"你的手下尽有能征惯战的兵马，为何不将他阻于城外？"

"父帅，若以武力拒之，双方便是兵戎相见，难免有较大的死伤，这岂不是手足相残？"

"哼，你和他还抹不开情面，难道就不怕我动怒？"郭子兴声色俱厉，"他的几万人马在和州，就长此下去不成？"

"父帅息怒，小婿就去同他商量，要他的队伍尽快离开和州。"朱元璋明白必须同孙德崖决裂了。

"不把孙德崖赶走，你就不要回来见我。"郭子兴对临出门的朱元璋扔下了一句狠话。

朱元璋由徐达、汤和相伴，到了孙德崖的住处。孙德崖哥俩正在房中密谈，见到朱元璋，孙德崖显然已有精神准备说："听说郭子兴到了，你该不会是赶我的。"

"这倒说不上。"朱元璋也只能明说了，"副帅，你与郭元帅向来不睦，几万人马在这和州就食，我倒好说，但是郭元帅毕竟有些不快，而且人多粮少，这样坐吃山空，也不是长久之计。"

"好了，我也不难为你。"孙德崖已然打定主意，"我们今晚连夜出城离开，去别处再想办法。"

朱元璋没想到事情如此顺利："副帅体谅我的难处，令人感激。"

"但是我还有个条件。"孙德崖紧接着说。

"不知是何条件。"朱元璋疑惑地问。

"郭元帅带来一万精兵，已在城外严阵以待。我的队伍出城，担心与他的部队交手，烦劳朱将军领路送我军出城。"

"这事我可以做到。"

“那便请你同舍弟德生先行出城，我殿后押队，立即离开和州。”

“好吧，那就行动吧。”朱元璋回头吩咐徐达，“你且留下，保证孙副帅这里的安全，避免我军任何队伍与之摩擦。”

徐达有些不放心说：“让末将随你同行，以防发生意外。”

朱元璋一笑说：“在这和州地面，还不是任我往来，再说，郭元帅的部下我无不熟识，谅来不会有碍。”

孙德生集合起队伍，这先头部队约有五千人，朱元璋同他并马出发了。临行，孙德崖向孙德生使个眼色说：“二弟，一切按我们商量的办。”

“大哥，放心好了。”

孙德生打马离开。

这里，孙德崖召集余下的两万多人马，部下的四员大将只有两人奉命前来，还有两员将领及其一万人马，迟迟不来报到。孙德崖未免焦躁，正在发火之际，郭子兴带着儿子郭天叙和大队精锐骑兵来到。

孙德崖见状，心中有些发毛说：“哟呵，大帅到了。我这里乱糟糟的，也没个坐处，对大帅失礼了。”

郭子兴的脸绷着说：“孙副帅，你对我失礼之处还少吗？”

孙德崖明白，现下是在郭子兴的房檐下，不得不低头，以免吃眼前亏说：“大帅，以往多有得罪，您大人不见小人怪，还请多多担待。”

“你得了吧。”郭天叙接过话来，“你在濠州将我的父帅擒拿关押起来，这笔账今天是该清算了。”

“大公子，怎可如此火上浇油，理应劝和才是。”孙德崖此刻是想委曲求全，全身离去。

郭天叙可不这么想，其实今天这场戏就是他挑起来的，他要以此树立自己在父帅心中的地位。他一个箭步逼近孙德崖，宝剑便横在了对方脖子上说：“你敢动一动，就叫你人头落地。”

“别，千万别。”

孙德崖说话时声音有些发抖，“大公子，剑下留情。”

事已至此，郭子兴也就横下心来说：“绑了。”

孙德崖被郭子兴的亲兵绑了起来。郭天叙动了动手中的剑，孙德崖的脖子上很快就出现了一道血口子说：“父帅，儿子给你解解气。”

郭子兴看到被儿子摆弄的孙德崖，冷笑一声说：“孙德崖，你也有今天？”

“大帅，以前都是小弟糊涂，您不看僧面看佛面。不管怎样，咱们都是红巾军啊，还要一起对抗元军呢。”

"你少给我套近乎,如果不是朱元璋舍命相救,我还能活到今天。"郭子兴牙关一咬,"对不住了,我今天要大开杀戒了。"

"父帅,您就下令吧。"郭天叙在一旁说道。

"杀!"

第十七章 子兴身亡 帅权遗败儿

朱元璋和孙德生骑马同行，在大门处遇到了张天佑。张天佑赶紧上前把孙德生截住问道："寅夜之间，为什么要带领兵马出城?"

孙德生不屑地回答道"你问朱将军吧。"

朱元璋对张天佑说道："张将军，我是奉大帅的命令，要送孙副帅所部连夜离开和州，请您让开道路。"

"原来是这样。"张天佑赶紧命令部下把道路让开，并随口说道："朱将军，送到这里就行了吧。"

孙德生抢着说："我军还没有走出你们的攻击圈，为了以防万一，还请朱将军再送我们一程。"

"理当如此。"朱元璋没有多想。

孙德生的队伍加速行进，很快离开了张天佑的部队。汤和见状提醒朱元璋说："大哥，我们该回城去接孙副帅了。"

朱元璋觉得也该返回城中了说："正是，孙将军，就此别过。"

"怎么，还想走?"孙德生冷笑几声。

朱元璋大为诧异说："孙将军此言何意?"

"你要等到我的兄长平安从城中归来，方可回城。"

汤和急忙拔刀，可是孙德生早有准备，他的部下将士已将朱元璋团团围住。孙德生警告说："汤和，不要盲动，否则我便杀了朱元璋。"

朱元璋示意汤和不要动手说："孙将军，你这是何意，不是已经说好，令兄随后便离城吗?"

"话是那么说，谁知郭子兴会不会变卦。"孙德生语气决绝，"家兄没有安全出城之前，你是不能走的。"朱元璋也无可奈何说："好吧，我们且耐心等待。"汤和想了想说："孙将军，且容末将回城去督促一下，也好使孙副帅早些出城离开。"孙德生表示赞同说："如此最好不过。"

城内，郭子兴下令对孙德崖下手。一旁的李善长和徐达都疾呼说："元帅且慢动手。"

郭子兴问说："为何?"

李善长言说："元帅，朱将军陪同孙德生出城，彼处只有他与汤和二人，一旦孙德崖凶讯传出，怕是朱将军会有危险。"

徐达也表明态度说："元帅，反正孙德崖已在我们手中，待朱将军返回再杀他也不迟。"

一旁，孙德崖发出连声的冷笑。

郭天叙很是反感，也不想朱元璋安全说："父帅，有仇不报非丈夫，看他那个得意样儿，还不杀了他。"

"朱元璋已在我弟弟之手，若要坏我性命，朱元璋也休想活命。"孙德崖亮出底牌。

"我们一定要保朱将军平安。"李善长再次强调。

汤和风风火火闯进来说："大帅，孙德生把朱将军扣下了。"

"啊！"郭子兴大吃一惊，"这，这该如何是好？"

"父帅，好不容易抓到孙德崖，决不能放虎归山。"郭天叙一心想要趁机一箭双雕也除掉朱元璋。

郭子兴可是犯难了，他从心里恨透了孙德崖，可想起朱元璋的救命之功，又不忍心让女婿死于非命，一时间难以作出决断。

徐达此时主动请缨说："大帅，让末将前去城外，先行换回朱将军，再放孙德崖与末将交换。"

"何必如此费周折，"郭子兴决定，"将孙德崖拷上刑枷，押他出城，本帅要亲自在阵前走马换将。"

和州城外，孙德生在焦躁地等待，他心中没底，不知兄长是否安全。正在望眼欲穿，看见大队人马出城来，便催马上前喝问说："何人兵马，难道要交战吗？"

郭子兴在马上回答说："孙德生，你的兄长在此，快将元璋交出。"

"先放我兄长过来。"

"先放朱元璋。"

二人争执不下，孙德崖可是着急了说："二弟，我们约好同时放人，这便是阵前走马换将。"

"好。"孙德生将反绑双手骑在马上的朱元璋推到前面，"郭子兴，你也照此办理。"

"谁也不许耍滑！"郭子兴也将被五花大绑的孙德崖推到了前面，"我说一二三，就同时放人。"

"不许暗做手脚。"孙德生喊道，"你数吧。"

"一二三。"

郭子兴和孙德生同时松开马的缰绳,二马分别向本方行去。

待到孙德崖就要回到队伍中时,早已隐身在郭子兴身后的郭天叙,向孙德崖后心射去一支煨过毒药的雕翎箭。孙德崖"哎哟"一声,晃了几下栽下马来。

孙德生其实也早有暗算的准备。

他的手一松,箭离弦,郭子兴不及防范,要躲时已是迟了,箭从他的脖颈穿过,撕开一道拳头大的血口子,肉都翻了出来,鲜血淋漓。

郭子兴强忍剧痛,发出命令说:"全军出击,消灭孙德生。"

朱元璋急加拦阻说:"不要,千万不可自相残杀。"

可是,郭天叙早已率军冲杀过去。

张天佑看到姐夫重伤,也是怒火满腔,也带领所部杀向前方。

两支红巾军,终于不免一场内战。

孙德崖部下有一万人已生变心,没有随其出城。

双方实力悬殊,刚一交手便是一边倒的局面。更兼徐达一马当先,直冲入敌阵,一杆枪直取孙德生。

哪里容得对方招架,便已将孙德生挑落马下,立刻被乱军踏为肉酱。

朱元璋见状疾呼说:"降者免死!"

孙部人马已是群龙无首,两位主帅阵亡,下余将士无不举手交出武器归降。

这一仗解除了多年郭子兴部同孙德崖部的积怨,也使郭子兴的人马得以壮大。

但是,郭子兴的伤势严重,血已流满胸襟,已是不能乘马,众人急着将他抬进城中。

朱元璋同郭天叙、张天佑,并张夫人同在病榻前守候,端汤煎药尽心服侍。由于敌人用的是毒箭,郭子兴的伤势虽说见好,但毒素进入体内,他的性命已快到尽头了。

这一日,郭子兴觉得神清气爽,精气神格外好。他明白大限将至,这是回光返照的征象。便想抓紧安排后事,屏退众人,只将郭天叙留在床前。

"儿啊,看来为父已不久于人世。我走之后,最不放心的便是你。"

郭天叙泪流满腮说:"父帅,儿我平素是曾惹您生气,但儿我毕竟是男子汉,是能够撑起这个家的。"

"咳!"郭子兴长叹一声,"为父从小把你骄纵惯了,舍不得让你上战场断杀磨炼，你的文韬武略都远不及朱元璋。再说，他手下有一班能征惯战的将领，我到九泉之后，你肯定不是他的对手。”

“儿看未必，这支队伍是父帅带起来的。只要父帅把兵权交与儿，您的旧部儿我还不是一呼百应。”

“为父辛辛苦苦创下这份家当，实在不愿落入朱元璋之手。为确保我郭家对这支队伍的统领，你要依我两件事。”

“请父帅教诲。”

“第一，你要立即去往小明王处，给丞相杜遵道他二人送上厚礼，一旦在为父归天之后，让他们委你为兵马大元帅。有了圣命，便名正言顺，朱元璋他也无可奈何，这支队伍还是我们郭家天下。”

“孩儿遵命，即日便可启程。”

“第二，你一定要同朱元璋处好关系，事事处处要让着他，对他谦恭有礼，不与他争辩，更不要算计他，使他没有反你的口实，只能老老实实在你手下做一个将军。”郭子兴加重语气，“这才是至关重要的。”

“父帅，儿做了大元帅后，兵权在握，还怕他何来？”郭天叙看来对这点不太认可，“他若不服，寻个理由，便可将他处死。”

“万万不可，”郭子兴劝道，“儿啊，对朱元璋只能利用，不可除掉，他确有过人的智谋和武艺，若是可以除掉他，为父也就不会留他到今天。要明白，眼下还得指望他冲锋陷阵。和元军或其他敌人交战，还得靠他打胜仗呢。”

郭天叙明白此刻不应承父亲是难以瞑目的，便含糊答应下来说：“儿谨遵父帅的教诲。”

郭子兴不放心说：“儿啊，千万不可阳奉阴违，若不听为父之言，只恐你的性命难保。”

“孩儿怎么会那样做。”郭天叙赶紧掉转话题，“儿这就去准备礼物，父帅看应送何物为好？”

“我平生爱财，积攒下大量金银。要想实现目的，就要不惜血本，给他们每人一千两黄金吧。”

“儿我照办。”郭天叙临出门再三叮嘱，“父帅，您要多多保重，一定要等孩儿归来。”

“放心，为父不会走得那样匆忙。”

郭天叙一走，张夫人便来到病榻前。

郭子兴见了夫人，急忙拉住她的手说：“夫人，我病了多日，你我未曾交谈，今日应当把话说透。”

张夫人也明白丈夫是回光返照，就想先将重要事情安排好说：“元帅，女儿的终身大事，趁你还在应该办妥。”

“那，夫人的意思是……”

“惠儿已向我表明心迹，她要嫁给元璋。”

“这，”郭子兴有所顾虑，“我们两个女儿嫁他一人，是否过于抬爱他了。再说万一朱元璋命中无福，岂不误了女儿一生？”

“依妾身看，元璋虽说出身寒微，但智勇兼备，是个志向远大洪福齐天之人。日后定能发达，前程不可限量。”

“我有一个担心，”郭子兴叹息一声，“天叙与元璋二人水火难容，只怕二人在我身后会刀兵相见，那时鹿死谁手实难预料。万一元璋不存，我的女儿岂不是误了终身。”

郭惠儿一直在门外偷听，此刻忍不住冲进房来说：“父帅，儿我非元璋不嫁，万望父帅成全。”

“惠儿，你就认准了朱元璋？”

“儿意已决！”

张夫人劝道：“元帅，惠儿与元璋联姻，我们的亲情更近一层，天叙投鼠忌器，说不定他与元璋会冰释前嫌。”

“此言也有道理。”郭子兴疼爱这唯一的女儿，“既是夫人与惠儿俱已属意元璋，那就把喜事办了，也借女儿的喜事，冲冲我的病情。”

惠儿高高兴兴地拜倒在地说：“谢父帅。”

于是，郭府张灯结彩，鼓乐喧天，为朱元璋和郭惠儿成亲。

冲喜的愿望是好的，然而，就在一对新人拜堂之际，郭子兴终于没能熬过去，溘然长逝了。

郭家赶紧换去喜庆装饰，布置丧事灵堂。

朱元璋与郭惠儿未及入洞房，便双双至灵堂守灵。

郭天叙从亳州返回，一见父帅业已亡故，在灵前放声大哭说：“父亲，你怎么不等儿我归来，行前儿是如何叮嘱于你。”

一旁守灵的朱元璋规劝说：“大公子节哀，元帅离去，此后军中无主，还得靠你砥柱中流。”

“哼！”郭天叙恶狠狠逼近朱元璋，“都是你，趁我不在，急着和惠妹成亲，害得父帅升天。你，你该当何罪！”

“天叙此言差矣，”张夫人解释，“元璋与惠儿成亲，本是元帅主张，意在为他冲喜。”

“哼！”郭天叙原本对这个后娘就看不上，以往碍于父亲情面，不得不虚与委蛇，如今父亲不在了，他把多年的不满全都发泄出来，“秀英嫁给朱元璋也就罢了，你又将惠儿与他，也不怕以后朱元璋死在战场上，郭惠儿成了寡妇。”

“你不用咒念元璋，这是我愿意。”郭惠儿怒气冲冲，“郭天叙，你要把心放正，须知神目如电。”

“好好，不要再说了，是好是坏咱们走着瞧。”郭天叙心中已是发狠。

两千两黄金果真起了作用，郭子兴死后的第三天，小明王就派钦差来到了和州。

并当众宣读了圣旨，将郭天叙任命为兵马都元帅，将张天佑任命为右副帅，朱元璋为左副帅。随后，当上都元帅的郭天叙就对人马进行了重新分配。

现在一共有五万大军，郭天叙独自统领三万人，分配给张天佑一万五千人马，朱元璋手上只有五千人马。

他手下的大将听说如此分配，都十分气愤，纷纷表示要去和郭天叙论理。

朱元璋把大家劝住，劝告他们不要轻举妄动，只要大家都在，那么就有制胜的本钱。兵马不足，我们可以自己通过战争扩充。兄弟齐心，还怕人马不足？

第十八章　天叙刁难　奇袭采石矶

第二天，郭天叙就给朱元璋下命令说："朱将军，和州本就是座小城，五万兵马都聚集到此地，岂不是坐吃山空，绝不是长久之计。你要率领你的部队去攻取米粮之仓集庆，为五万大军解决粮草供给问题。"

李善长听后，当即反驳道："都元帅，元朝的行台御史蛮子海牙有三万大军正在集庆驻守，用五千兵力去攻打敌人三万重兵防守的坚城，那不是以卵击石，送死去了吗？"

郭天叙"嘿嘿"一笑说："本帅知朱将军善能奇兵制胜，在别人认为不可能的事，在朱将军即成为可能。"

"请问，都元帅的三万大军做何使用？"

"本帅要坚守和州，我们这老家不能有失。"郭天叙依旧是"嘿嘿"笑着，"这可是顶要紧的。"

"那，何不让右副帅的人马同我军一道攻打集庆？这样，兵力便于调度，方有取胜的希望。"

"张副帅的人马本帅也有调遣，让他带兵攻打方山寨。那里有陈林先的三万人马，与蛮子海牙互为犄角。张副帅牵制住陈部，也免得朱副帅腹背受敌。"

李善长不依不饶说："请都元帅再拨一万人马，守和州有两万足矣。不然，这仗没法打。"

郭天叙沉下脸来说："李善长，这都元帅是你当还是我当，本帅用兵自有通盘考虑，还能把底牌全都亮出来吗？"

李善长叨叨咕咕说："这样用兵是何用意，可说是其意不言自明。"

郭天叙绷着脸厉声喝问说："朱副帅，你到底是领兵与否？难道还要违抗本帅的军令不成！"

"末将不敢，谨遵元帅军令。"朱元璋躬身施礼。

朱元璋与张天佑领军出发，在岔路口，张天佑叮嘱朱元璋说："朱副帅，郭天叙的用意已是司马昭之心，朱副帅务必要先想到自保。"

李善长叹气说："谈何自保呵。五千人攻城必败无疑，打了败仗损兵折将,朱副帅还不得受军法处治。”

“不说这些了,也请张副帅多多保重。”朱元璋和张天佑拜别。

李善长规劝朱元璋说:“副帅,我们就此脱离郭天叙,自立门户,独打天下,不能受他的气了。”

“脱离却是未必,这支队伍不能轻易地交给他。但我们不见得完全听他的摆布,有道是:将在外,君命有所不受。何况他仅仅是个元帅。”

“那,副帅的意思是……”

“我们不能去强打集庆,而是要打采石矶。”

李善长不解说:“没有水军,何以攻打采石矶。”

朱元璋一笑说:“我打算去巢湖水寨。”

“副帅,巢湖水军头领李普胜三次派二寨主桑世杰来搬救兵,副帅都未应允,此时前去,对方会否反感?”

朱元璋答道:“彼时我并未拒绝出兵,只说在方便时会发援军,现下蛮子海牙已在采石矶备战,他们感到压力甚大。我军此时救援,李普胜自会欢迎。”

“我明白了。”李善长毕竟是个谋士,“我军日后若想在群雄中立足,没有水军如同人少一腿车少一轮。”

“还是李先生知我。”朱元璋的用意已是不言自明。

当下,李善长征集了数十艘商船,载上全军,直向巢湖水寨进发。到了水寨门前,常遇春乘小船上前通报说:“门上听着,我军乃左副帅朱元璋的队伍,应桑寨主之请,前来助战。”

桑世杰闻报,急忙来到寨门,趴到木栅上问说:“朱副帅在哪里?”

朱元璋乘坐的大船驶向前面,他站在船头,对桑世杰一揖说:“二寨主,别来一向可好。”

“啊,果真是朱副帅亲身前来,待我驾船出迎。”桑世杰认得朱元璋,他吩咐打开寨门,将朱元璋等人接至聚义厅。

李普胜万万没想到朱元璋亲自带兵助战,真的是喜出望外。命令大摆宴席,将巢湖的新鲜鱼虾尽数摆上餐桌。

席间,朱元璋鼓动说:“李寨主,元璋既来助战,就不能在水寨等元军来攻,我们要主动出击。”

“对啊,”李普胜也是这样想的,“朱副帅不可能在此常驻,我军要靠副帅的人马取胜自当主动寻找战机。”

桑世杰问说:“但不知我们应如何进攻?”

“发兵攻占采石矶。”

“啊，”李普胜疑虑重重，“采石矶向来易守难攻，乃集庆的前哨屏障，我们没有必胜的把握呀。”朱元璋笑着分析说：“元军自以为采石矶地势险要，故而屯兵不多，防守懈怠，进攻采石矶正是出其不意，攻其不备。”李善长补充道：“此战有九成胜算。”桑世杰表示赞同说：“副元帅所言甚是有理，请寨主定夺。”“既然如此，那就明日奇袭采石矶。”李普胜也同意了。

次日一早，巢湖水面上大雾弥漫，一箭地外看不见任何景物。那雾大得浓得几乎同牛毛细雨一般，人站在雾中，不消一刻钟头发便给打湿了。

李普胜对身边的朱元璋说：“副帅，如此大雾，看来这采石矶之战要等明日了。”

“不，我军正当乘雾偷袭。”

“湖面上这么雾大，江面上雾更大。”李普胜觉得有困难，“对面不见人，如何交战。”

“越是这样天气，敌人就越疏忽，我们的胜利就多几分把握。”朱元璋提议，“找几个熟识水路的人，在大雾中不要迷失方向。”

“这事不难，我的弟兄自小在水面上长大，就是闭着眼睛也能辨出方位。”李普胜信心十足。

朱元璋五千精兵、百艘战船，李普胜一万五千人马、几百只战船，浩浩荡荡扬帆起航，出巢湖奔长江，直往采石矶扑去。

朱元璋命大将常遇春为先锋，在第一只船上。第一队船共有十只，另几位统兵将领还有水寨的二寨主桑世杰，朱元璋麾下的大将汤和、花云、徐达、胡大海等人。

常遇春同桑世杰在头一条船上，二人心情较为紧张。因为偷袭采石矶这一仗，要由他二人首先打响。向导告知，前面就是采石矶了，但见巨大的岩石突出在江水中，涌浪不时拍起一人高的浪花。两名放哨的元军看见有船驶过来，不太经意地问道：“这大雾天气你们还行船，也不怕撞沉了。”

另一哨兵问说：“做的什么生意，是粮食还是布匹？”

常遇春明白，元军是将他们当成生意人了，就含糊应承说：“我们是做生漆买卖的，一定会孝敬两位军爷。”

此时哨兵发现并非只有一艘船只，后面还有大队船只跟进，立刻警觉起来说：“不对，你们停船，不得向前进，再向前行，就要开炮了。”

“生意船嘛，何必大惊小怪。”常遇春吩咐船上的舵手，“快，迅速靠近，要不顾一切。”

岸上感到情况有异，守军乱箭齐发，常遇春等人手执盾牌，也不理睬继续飞船向前。

很快，便已看得见岸上的人模样了，常遇春手中长矛挺起便刺，一个哨兵应声倒地。另一哨兵用枪扎来，被常遇春躲开，复一矛将其刺死。

战斗间，已有上百元军冲过来，有一个元军更是勇猛，竟不顾一切抓住了常遇春的长矛，意图夺过去。岂料常遇春顺势发力，一跃跳上了江岸。拔出腰间利剑，左劈右砍，就像砍瓜切菜一样，元军兵士成排地倒下。

桑世杰等也都趁机跟上，徐达、胡大海一班虎将，无不恣意砍杀。

元军守将万万没料到这大雾天竟然有敌偷袭，而进攻者战斗力又如此强悍。三千守军很快死伤大半，几员守将也都成为刀下之鬼。

侥幸未死的元军，无不作鸟兽散。采石矶旋即被占领。

李普胜的部下一见采石矶有数不清白花花的大米，还有骡马牛羊，更有酒肉布匹女人，全都发疯般开抢。有的甚至为争财物而自相打斗起来。朱元璋见状皱起眉头，对李普胜说："李寨主，快些下达命令禁止兵士抢掠，这样会失去民心，军令不严，何以再打胜仗。"

李普胜却不以为然说："这事实属正常，不让兵士放纵，此后再打仗时，谁还会卖命?"

有个水军小头目正在撕扯一个青年女子的衣服，女子哭喊哀嚎不止。

朱元璋近前怒喝道："快快放手，岂有光天化日之下当众对女人如此非礼!"

小头目看一眼朱元璋说："你算什么东西，也来管老子的闲事，打了胜仗，我爱咋地就咋地。"

李善长训斥道："大胆，这是朱副元帅，你也敢无理?"

小头目不以为然说："我不是你们的部下，我就听我们李寨主的，其他人老子我一概不认。"

一旁的常遇春可是忍不住了，举起宝剑冲上前说："你个小小喽啰，竟然口出狂言，藐视副元帅，我看你是活够了。"

剑如一道闪电，对准小头目当胸便刺。

朱元璋疾呼一声说："常将军住手。"常遇春的手中剑停在了小头目的胸前，但已刺破了皮肉说："副元帅，像这种不知好歹的东西，干脆送回老家。"

李普胜却是大为不满说："朱副帅，这是我的手下人，要杀要剐总得我来做主吧，常将军也太不把我放在眼里了。"

"李寨主，我们是红巾军，不是元军，不能做欺压百姓的事，像你的部下这样与元军何异，百姓也会抛弃我们的，哪里还能再打胜仗。”

“好吧，以后我严加管束部下就是。”李普胜给小头目一个眼色，“还不给我滚得远远的。”

小头目屁滚尿流地抱头鼠窜。

朱元璋又对李普胜言道：“李寨主，你要下个令，不能在采石矶抢掠了，我们要有远大目光。”

“朱副帅的意思是……”

“前面就是太平府，那里才是富庶之地，金银绸缎粮肉美女多的是，”朱元璋话锋深入，“我们一鼓作气，拿下太平，让弟兄们尽情尽兴。”

“你是说随便抢？”

“是这个意思。”

李普胜想了想还是摇头说：“我的队伍不能连续作战，偷袭采石矶成功，已是少有的胜利，得见好就收，我们要回水寨了。”

“李寨主，目光要远大一些，打下太平，就有了立足之地，也有了物资的补给，更可扩充兵员，力量强大了，便可攻打集庆，战胜蛮子海牙。”

“我不想再惹事了，要把这采石矶的物资全都装船运回水寨，”李普胜胸无大志，看到的只是眼前利益，“这里的战利品，够我们用一年的了。”

“还当一鼓作气，乘胜攻打太平才是。”朱元璋叫过常遇春，在他的耳边悄声叮嘱了一番。

常遇春眼中闪出光芒：“末将谨遵将令。”言罢，他飞马离开。

李普胜心下生疑说：“朱副帅，好话不背人，背人没好话。你这是何意？”

“李寨主不必多想，本帅是布置下一步行动。”朱元璋仍在规劝，“太平府可是个大去处，打下它李寨主十年都不缺钱粮了，这到嘴的肥肉怎能不吃呢？”

“打下之后，你真的任我随意搬取？”

“这样吧，我和你订个君子协定，你我三七分成。”

“我七你三？”

“就是这个意思。”

李普胜又有些动心说：“到时你不会反悔？”

“男子汉大丈夫，一言九鼎言而有信，吐口唾沫就是钉，本帅从未自食其言。”朱元璋再次鼓动，“乘胜取太平，这可是千载难逢的良机。不能错过啊，机不可失，时不再来。”

李普胜转头问他的副手说：“二寨主，你看呢？”

桑世杰的态度很明确说："寨主，我们既为红巾军，就当听从副帅的指挥。"

言未毕，小头目慌慌张张跑上说："寨主，大事不好了。"

"你又回来做甚，"李普胜颇为不满地训斥道，"难说天还塌了不成？"

"船，我们的船全都没了！"

"胡说，战船好好的泊在江边，还会长翅膀飞了？"

"是，是，"小头目看看朱元璋还是说出来，"是常遇春砍断缆绳，把所有船只全都放漂，船都顺流而下，都不见了踪影。"李普胜直瞪瞪看着朱元璋说："副帅，你的部下这样做是何道理？我那战船可是来之不易啊。"

"寨主不要动怒，常遇春所为，乃是我的授意。"朱元璋轻松地回答。

"怎么，是你指使的。"李普胜气呼呼质问，"你这样做，我军如何返回巢湖水寨？"

"寨主有所不知，我这样做，是效法当年项羽破釜沉舟的故事，使大军断了载运采石矶物资回巢湖的念头，全心合力去攻打太平。"

"你这样做为何不先行说明？"

"若是先挑明，寨主是不会同意的。"

桑世杰说道："朱副帅用心良苦，这一切其实是为了我们，攻下太平，我们的缴获将是采石矶的十倍。"

"朱副帅，咱可把话说在前头，"李普胜再次追问，"攻下太平以后，所有物资任我军搬取。"

"这是自然。"

"百姓家中的金银，还有年轻女子，任由我的部下抢掠。"李普胜又找理由，"不向部下交代明白，他们是不肯卖命的。"

"我不是已经答应过了。"

事已至此，船也都放漂了，李普胜只能同意攻打太平府了说："好吧，就按朱副帅所说，你来部署攻取太平之战。"

朱元璋命花云为先锋，带领一千精兵，换上采石矶守军的元军服装。

而后，命常遇春、徐达、胡大海领兵随后跟进。

桑世杰与李普胜统率他们的一万五千人马，从东南西三面，将太平包围。朱元璋带领汤和的五百精兵，与李善长压阵，在后徐徐跟进。

花云引兵到了太平府城下，他们是一副狼狈的逃窜景象，他对着城楼高声叫喊说："快，快打开城门。"

"什么人？"城楼上发问。

“我们是采石矶的守军，今被红巾反贼击败，得以突围逃出，后面追兵将至，快放我们入城。”

守城将领哪辨真伪，见追兵尚远，急忙下令打开城门。花云飞骑抢入，部下一股脑儿拥进城中。守将还要规劝说：“追兵还远，不需这般惊慌。”

“去你的吧！”花云手中刀猛地劈下，元军守将立刻身首异处，糊里糊涂做了冤死鬼。

北门一破，守军士气全无，其他三面也随即失守。

水寨的一万多人也都抢入城来，他们满心想要大捞一把。可是没想到，城内早已由常遇春的部队实行了戒严。在明显处张贴了十数幅大字告示，严禁入城军人抢掠，胆敢将一丝一线一钱收入私囊，即行斩首示众，决不宽殆。

水寨的兵将一下子傻眼了，他们想动武动粗，但谁也不是常遇春的对手。无奈之下，来找李普胜告状。

李普胜听罢部下的诉苦，心中不住地翻腾，他打量桑世杰一眼说：“二寨主，你说该如何是好？”

“要说起来，这朱元璋要求严禁抢掠的做法是对的。我们并不是山大王，如果想要推翻元朝的统治，就必须要把民心争取过来，如果对士兵烧杀抢夺过分纵容，老百姓怎么会认同呢！失去了民心，还怎么去争夺天下啊！”李普胜沉吟一下说：“说得确实有理。看来还是朱副帅高瞻远瞩，我们就按照约定把府库所存分了吧。”

“朱副帅一定能够做到公平合理地分配，寨主不要太过强求才是。”

“贤弟此话有理，”李普胜微笑着说道，“朱副帅运筹破敌，连着拿下了两座城池，功劳当属最高，烦请贤弟跑一趟，让他赶来赴宴，我们一定要好好犒劳一下朱副帅。”

桑世杰对朱元璋早有崇敬之情，听说大哥要宴请朱元璋，自然高兴，就痛痛快快地答应，前去请朱元璋了。

李普胜见桑世杰离去，脸上现出了奸笑，牙齿被他咬得咯咯直响。

第十九章 毒计暗生 勇破鸿门宴

李普胜早早地在大帐里设好了埋伏，就等着朱元璋到来了。

只要李普胜一摔杯子，早就埋伏好的一百名刀斧手就会一起冲出来，把朱元璋碎尸万段。

李普胜为了不被朱元璋提早发现，又叫来了十名美女，让她们在宴席上表演歌舞助兴，迷惑朱元璋，同时一定要陪好与朱元璋一起来的将领，以免在对付朱元璋的时候多费周折。

桑世杰来到朱元璋的大帐，对其见礼后，客气地说道："副元帅，我们家寨主为了给副帅庆功特地设下了酒宴，希望副帅前来，同时也可以商量一下如果分配太平府缴获的物资。"

朱元璋推辞道："打下太平是大家的功劳，我朱元璋也未上阵冲杀，庆功酒宴大可不必。"

"全仗副元帅运筹，理当摆酒庆贺。"桑世杰态度诚恳，"再说物资之事总要议上一议。"

"也好，有道是盛情难却。"朱元璋却不过情面，便应承下来，"二寨主先请返回，我随后即到。"

李善长在桑世杰走后，立即提醒说："副元帅，常言说宴无好宴，还应提防他们做手脚。"

"不要把人想得太坏，我们在一个城里，虽说他们的兵力大过我们，但我手下的大将随便挑出一个，他们也不是对手。不信他们就敢贸然行事。"

李善长还是不放心说："副元帅，你命常遇春带队在城中巡逻，禁止抢掠，已使李普胜他们非常不满，我看得出李普胜是强忍怒火。害人之心不可有，防人之心不可无啊。"

"先生既是如此小心，本帅也不好一意孤行。"朱元璋作了妥协，"这样吧，让徐达、常遇春二将陪我赴宴，他二人好比当年的秦琼、敬德，足以震慑李普胜的部下。"

"副帅，还是不去为上，"李善长建议，"由在下代劳如何？"

"本帅已当面应允，岂有反悔之理，也叫李普胜的全军小看我。"朱元璋主意拿定，“徐达、常遇春二将随同本帅前往。”

二人响亮地回答说：“领元帅军令！李军师和众将放心，我二人管保元帅不会少一根毫毛。”

朱元璋在前，徐达、常遇春在后，从容不迫向李普胜大帐走去。桑世杰回到大帐，感到气氛有些异样。李普胜冲他奸笑着问说：“怎么样，朱元璋可来赴宴？”

“大哥，他已当面应允。”

“好，这一回管叫他朱元璋有来无回。”

“大哥，你此话何意？”

“二弟，朱元璋他欺人太甚。当面羞辱我们的部下不说，还三番两次戏要我们。口头说打下太平任我们随意行动，可他竟派常遇春在街头张贴告示，限制我军弟兄的行动。为兄我已是忍无可忍，请他赴宴是计，已在帐后埋伏下刀斧手，他进了这营帐，就休想活着出去。”

“啊！”桑世杰惊呆了，他实在不敢想象，这一歹毒的暗杀计划，竟是他最尊敬的大哥李普胜精心策划。桑世杰由于惊惧，言语已是有些结巴说：“大哥，这样做是万万不可以的，朱副帅是来帮我们的，我们不能恩将仇报。”

“这就怪不得为兄了，是他自作自受。”李普胜是万分得意，“贤弟，除去朱元璋，这太平府的缴获便全归我军所有了。”

“你这样做会遭报应的。”桑世杰转身就走。

“站住，你到哪里去？”

“我要给朱副帅报信，”桑世杰倒是明说了，“我去请他赴宴，你却暗害于他，这岂非陷我于不义？”

“哼！我的二寨主，胳膊肘往外扭。”李普胜呼唤一声，“来人！”

亲兵队长应声走上说：“寨主有何吩咐？”

“把二寨主送到上房暂时关押起来，待到朱元璋死后，再放他出来。”李普胜关照道，“要好生对待，不可无礼。”

队长答道：“小人遵命。”

桑世杰被押出了大帐，路上队长对他说道：“二寨主，你是对的。那朱副帅手下勇将如云，寨主真要坏了他的性命，他手下的将领岂能罢休，只怕我们都难得活命，您快去报个信，叫朱副帅别来赴宴，这样也就彼此相安无事了。”

“好，难得你有这样的见识。”桑世杰双脚如飞，去迎朱元璋。

途中，恰与朱元璋迎头相遇。朱元璋先打招呼说：“二寨主，这样慌慌张张意欲何往?”

“副元帅,快快返回,不要赴宴。”

朱元璋一怔说:“这是为何?”

“咳,一言难尽,副元帅不要参加宴会就是。”

“莫非有何意外?”

“怎么说呢,”桑世杰不好明言,“总之,请副元帅返回驻地,派个人来声称突然身体不适即可。”

“我身为副元帅自当言而有信,怎可失信于李寨主,本帅还是要赴宴。”朱元璋心说,看来李善长所虑有理。

桑世杰见朱元璋一再坚持,逼得他只得吐露真情说:“副元帅,李普胜他没安好心。”

“噢,”朱元璋心说,果然如此,但他表面上还是否认,“李寨主怎会这样,怕是二寨主误会了。”

“副元帅,我是认真的,所言绝非虚妄。”桑世杰有些着急了,“万万不可涉险啊!”

“多谢二寨主提醒报信,本帅日后定当厚报。”朱元璋依然十分自信,“不过,我还真不相信李普胜能奈我何。”

“副元帅,李普胜埋伏了一百名刀斧手呀!”

“便是有一千伏兵,又何惧哉?”朱元璋一身凛然正气,“桑寨主,我有一事相求。”

“副元帅但请吩咐无妨。”

“烦你去到我的军营,将这一情况告知军师李善长,他得到消息,自会安排好一切。”

“小人遵命。”桑世杰还不放心,“只是副元帅切不可掉以轻心。”

“放心,有徐达、常遇春二将在身边,本帅定会安然无恙。”朱元璋是一副自信的表情。

桑世杰如飞离开,去向李善长报信,而朱元璋则是轻松自如地步入了李普胜的大帐。李普胜一见喜出望外,忙不迭地迎上前去:“副元帅大驾光临,令在下的营帐蓬荜生辉,快请上坐。”

“李寨主盛情相邀,却之岂非不恭。”朱元璋大大方方在正面入座,徐达与常遇春便在他身后侍立左右。

“二位将军本是有名上将,岂有侍立之理,也已备好坐席,”李普胜伸手相让,“请入座。”

“不劳寨主费心了，他二人不会入席的，”朱元璋催促，“如若准备好，即请开席吧。”

“也好，”李普胜拍拍手，“歌舞上来。”

十名美女翩翩舞上，每人手中一柄团扇，身着袒胸露背的薄纱，婀娜多姿，边舞边唱：

香艳美娇娘，款款舞霓裳。
玉腕明翠袖，金莲映红装。
引吭歌一曲，余音更绕梁。
相拥入锦帐，共入温柔乡。

李普胜对舞女们使个眼色说：“不要唱了跳了，且到席间给副元帅和二位将军把盏陪酒。”

众舞女像一群花蝴蝶飞到朱元璋身边，又是拉手，又是搂腰，又是扳脖子，极尽献媚之能事说：“来呀，副元帅，这陈年美酒，又有美人相伴，您是英雄海量，可要开怀畅饮哪！”

朱元璋只是微笑，他却不端酒杯。

四名舞女还去拉扯徐达、常遇春说：“二位将军，也请入座，这站客可是难答对的，也没法饮酒啊。”

徐达怒斥一声说：“靠后。”

常遇春更不客气，腰间宝剑半出鞘说：“滚开，再若纠缠，小心你们的脸蛋上多出几个血口子。”

舞女们吓得战战兢兢，不敢上前。

李普胜已是有些不耐烦，举起酒杯说：“副元帅，请满饮此杯。”

朱元璋笑着把酒转送身边的舞女说：“美人儿，难得你适才歌舞助兴，这杯酒就赏予你了。”

舞女不肯接下说：“副元帅的酒，奴家怎敢领受。”

“副元帅，既来赴宴，岂有不饮酒的道理。”李普胜已经不客气了，“快些喝了吧。”

“这酒莫非有蹊跷，李寨主恨不得我立刻干杯。”朱元璋反问。

“姓朱的，本想让你留个全尸，可你不识好歹，死活不肯饮酒。这就怪不得我了，活该你成为刀下之鬼。”李普胜将手中杯狠狠一摔，“刀斧手，给我杀出来，把他们剁成肉酱！”

帐幔后的一百名刀斧手应声齐出，同时向朱元璋三人扑过来。徐达、常遇春和朱元璋三人立刻三面向外，成三角形防御态势，手中刀剑飞舞，转眼间便有十数个刀斧手躺倒在地。

“上，上。”李普胜恨不能立时将朱元璋三人碎尸万段。

他的话音刚落，汤和、胡大海等大将领着数百精兵已冲进大帐，这些刀斧手怎禁得他们追杀。只不过呼吸之间，一个个即已身首异处。李普胜见状便要溜走，徐达早已领受朱元璋的命令，跟上去一剑刺过，将李普胜刺个透心凉。

大帐外，桑世杰高声宣告说：“弟兄们，愿意归顺朱元帅者，一律免死，发白银五两。”

大寨主已死，二寨主归降，几万喽兵自然是统统归顺。这样，朱元璋又凭空得到了三万多人马，而这次得到的还是他缺少的水军，使得他的实力更加壮大了，郭天叙想要不给他兵力，置他于死地的阴谋彻底落空。

太平府里的喜庆气氛还没有消退，新的危机就已经出现。

集庆的元军统帅蛮子海牙，带领五万大军气势汹汹向太平杀来。而且，方山寨的地主武装陈林先，也奉他的命令亲领五万大军向太平府合围。

朱元璋不足四万兵力，要抵御十万敌军的进攻，显然是形势危急。

战前的军事会议上，朱元璋召集谋士和武将，共同商讨御敌之策。众人七嘴八舌，议论纷纷，莫衷一是。

朱元璋还是比较看重李善长，便请他发表看法说：“李先生，愿直陈高见。”

李善长思考良久说：“副元帅，太平府城池不够坚固，三万对十万，实属困难较大。依在下愚见，应作战略退却，不与敌人在此作一城一地的争夺，退到巢湖水寨，保存实力为上。”

朱元璋未置可否，又问徐达说：“将军之意如何？”

“退守水寨，若敌人再跟进合围，我军再退又退向何处？”徐达态度明确，“退总不是个上策，还当进取才是。”

“敌强我弱，会吃亏的。”李善长不改初衷，“兵法云避实就虚，不能与强敌硬拼。”

朱元璋笑了说：“避实就虚甚是有理，我们不作退却，而要固守太平，还要出击消灭敌人。”

“出击？”李善长实在费解，“就凭我们的兵力，固守已属万分不易，还谈出击？”

“众将和李先生，”朱元璋展开说了他的想法，“敌强我弱，但我们有我们的打法，我军三万人，只留五千守城，而两万五千人则出城去迎击陈林先的地主武装。老太太吃柿子，专拣软的捏。相对来说，陈林先的部队战斗力较弱，我们集中兵力，先把他这伙敌人吃掉。”

“副元帅，以两万五千兵力去打对方五万人马，还要把人家吃掉，这不是一厢情愿吗？”

“不然，”朱元璋自有他的看法，“我军实力不如敌军，陈林先绝对想不到我军会主动出击，他也就更加想不到我军会设伏兵，我们再大造声势，打他个措手不及，还是有胜利把握的。”

“副元帅意欲在何处设伏？”

“姑孰口。”

李善长精神为之一振，看起来朱元璋早有算计说：“这里确为绝佳的地形，适于伏击歼敌。可是，太平城不高池不深，五千人守城实在是过于冒险，一旦失守，岂不是前功尽弃？”

“因而，我决定亲自带兵守城。”朱元璋决心已下，“用太平府牵制五万元军，确保姑孰口全歼五万敌人。”

“副元帅，你这太冒险了。”

朱元璋淡然一笑说：“其实，打仗就和赌博一样，总是要冒风险的，只要我两天内守住太平，先生那里尽快结束战斗，然后带兵回援，也许我们就能内外夹击，打败蛮子海牙的元军。”

“副元帅的意思是，要我领兵去同陈林先的部队作战？”

朱元璋点了点头，应声说：“正是，我现在把常遇春、徐达、胡大海等能征善战的将领都指派给你使用。”

“副元帅，这怎么行得。”李善长赶紧拒绝说，“我要留在城中，和副员帅一起守护太平，共担风险。”

“先生此言差矣，”朱元璋切中要害，“只有你和陈林先开战，我才能放心，因为我知道你会尽快解决战斗，赶回来增援我。如果派别人去晚了一步，我可能就会落入敌人手中。”

李善长听了朱元璋的话，觉得也非常有道理，就遵从朱元璋的安排，带着部队，向姑孰口飞快进发。

第二十章 以少胜多 血战太平府

陈林先率领着已经不成形的五万大军像个丧家犬一般慢悠悠地前进着。

到达姑孰口之后，陈林先部的副元帅康茂才观察了一下周围的地形，对着陈林先提醒道："陈大帅，这个地方地势十分险要，如果敌人在此埋伏，我们可就要吃大亏了。"

"伏兵？"一向自大的陈林先，绝不相信敌人会在这进行埋伏，开始笑个不停，"你真是个榆木脑袋，就凭朱元璋那丁点兵马自己还顾不过来呢！还有精力设下伏兵，恐怕看我来了，他早就溜了。"

"大帅，朱元璋不比常人，惯会出奇制胜，我看还是向两侧搜索一下，没有伏兵岂不更好。"

陈林先有些不情愿地说："那就派一个小队试试。"

言犹未尽，突然间号炮连天，紧接着火炮齐发，落在密集的队形中，兵士成片地倒下，无不哭爹叫娘。

炮火还未停歇，箭雨又同飞蝗一样袭来，江边沙滩上的士兵无处躲藏，纷纷中箭。

他们一个个抱头鼠窜，真像是热汤浇进了蚂蚁窝，大火烧着了黄蜂巢。

山坡上，草丛中，上百面朱字大旗高高举起，呐喊声如同沉雷从空中滚过说："投降不杀！陈林先，快快缴械。"

陈林先与康茂才对视一眼说："副帅，听这喊杀声惊天动地，朱元璋的人马得有十万，我们已被包围，为了活命，还是投降吧。"

康茂才心中犹疑说："朱元璋本没有这许多人马啊，他还要守城，哪里会有十万大军？"

徐达、常遇春等勇将已率军冲杀下来，陈林先的地主兵毫无抵抗能力，只是任凭红巾军砍杀。

胡大海一马当先，已冲到陈林先身边，金刀一道寒光，猛地劈杀过来。

陈林先已是发傻，怔在了那里。

康茂才见状，用手中的开山斧架开了金刀，陈林先才没有被腰斩两段。

胡大海又复一刀砍向陈林先的马头说:“拿命来!”一股马血喷溅,那马头应声落地,陈林先也被掀落尘埃。

胡大海跟进一刀说:“回家去吧。”

陈林先手中还有长枪,坐在地上拼力架起说:“将军手下留情,我投降便是。”

胡大海怒喝一声说:“放下武器。”

陈林先将枪丢掉,举起了双手说:“将军,可不要下手啊。”

“命令你的部下全都投降。”胡大海发出指令。

“弟兄们,都缴枪投降吧。”陈林先声嘶力竭地叫喊,“我是大帅,命令你们不要再抵抗。”

几万队伍,顷刻间齐刷刷举起了双手,前后不过一刻钟,陈林先这支五万人的地主武装,除去死伤数百人外,其余全都成了俘虏。

李善长吩咐胡大海说:“胡将军,给你一万人马,看押投降的敌人。谁敢乱说乱动,格杀勿论。”

“军师放心,我有五千人足矣。”

“陈林先,你是要死还是要活?”

“要活,当然要活,”陈林先是从内心里怕死,“我率部投降,就是为了能够活命。”

“想要活命容易,必须听从我的指挥调遣,把你的人马带上两千,跟我火速去往太平府。”

“到那里做什么?”

“不要问,只管走就是,到时我会告诉你如何做。”李善长并不预先说明,而是振臂一挥,几万人马跑步前进。

太平府的战斗,已经到了白热化。

蛮子海牙指挥元军正在全力攻城,朱元璋和少得可怜的战士在竭尽全力守卫城池。

元军的云梯几度架上城头,都被守城的战士掀翻。

朱元璋亲自在城头上指挥,他的身上脸上已是一片狼藉,可以看出战斗的残酷和激烈程度。

守城的战士也已死伤过半,城墙脚下也堆满了元军的尸体。

元军副帅福寿对主帅蛮子海牙发出劝告说:“大帅,这样打下去死伤过大,是否暂停攻击,等陈林先的五万大军一到,何愁太平府攻不下。”

“不,朱元璋已是强弩之末,我们不能前功尽弃。陈林先迟迟不到,说不定遇到了麻烦。”蛮子海牙坚持一鼓作气,“胜利已是在望,不能给守敌喘息之机,还要加大攻势。”

元军的进攻更加猛烈了,投入的兵力也更大了。

城头处处都出现了危机,朱元璋已是穷于招架。马秀英和郭惠儿在关键时刻来到了战火纷飞的城头。

她们共有几百名青壮妇女,抬着一百多个箩筐,里面装满了数不清的金银财宝,那珍珠、翡翠耀人眼目,金条元宝也是光闪闪。

“你们这是做甚,”朱元璋顾不得多说,“快快离开,看乱箭流矢横飞伤到你们。”

马秀英且不与朱元璋分辩,而是大声呼喊:“守城的弟兄们,看,这些金银财宝全都是给你们的。”

将士们回头一看,无不大为惊讶说:“夫人,这些当真给我们了。”

“这还有假。但你们一定要守住城池,若是太平失守,这些连同整座太平城,不全都成为元军囊中物了。”

“夫人放心,我们一定守住太平城。”将士们的斗志被激励起来,都更加勇猛地投入了战斗。

“好了,感谢夫人上城助战,你们可以下去了,这城头上随时都有生命危险,不可久留。”朱元璋担心夫人有失。

马秀英却是出人意料地说:“不,我们也要参加战斗。虽说是女流之辈,多个人总还多份力量嘛。”

“这万万不可,快些离开。”

马秀英却是振臂一呼说:“姐妹们,上前杀敌啊!”

郭惠儿抢先冲向女墙,她拿起筐中的火把,将其点燃,然后又逐一将蘸满火油的火把点着,居高临下,将火把投向了攻城的元军。这熊熊的火把,将元军烧得遍身起火,有的眉毛胡子也被烧着,起到了比箭矢还要强大的作用。元军的云梯也被烧毁了,攻城的元军哭喊着摔到了地上。

朱元璋兴奋了:“夫人,你真了不起,这关键时刻,多亏你了。”

“别这么说,要是城丢了,我不也跟着受辱吗?”马秀英鼓励丈夫,“元璋,战争往往就是胜负决定于呼吸之间。哪一方咬咬牙坚持住了,哪一方就得到了胜利。你一定要咬紧牙关,说不定李先生他们就要回援了。”

“好,夫人言之有理,我们一定咬牙挺住。”朱元璋回头激励手下的将士,“弟兄们,一定要坚持下去,我们的援兵就要到了。”

蛮子海牙眼看得手,不料被守军一阵火攻败下阵来,心下大为懊恼。正要重新组织兵力，福寿万分惊喜地喊道：“大帅，我们的援兵来了。”

攻城部队后方，一片黑压压的大军以急行军的速度赶来。蛮子海牙手搭凉棚向前望去，他要辨别真伪。

福寿指点说：“大帅，绝对是我们的援兵，那前面的人不就是陈林先吗，不会有错。”

蛮子海牙也认出了陈林先说：“不错，果然是他，这一来我们攻城又添五万援军，他朱元璋只能束手就擒。”

眼看着陈林先的队伍来到近前，突然间发一声喊，几万红巾军冲杀过来，陈林先的人马也向他们举起了刀枪。

福寿大惊失色说：“大帅，这……陈林先难道投降变节了？”

“我们失算了。肯定是陈林先和红巾军联手了，我们不能吃这眼前亏，立即撤走方为上策。”蛮子海牙下令元军停止攻城，全军撤退。

在李善长指挥部队的攻击下，元军以死伤数千人的代价，紧急退离太平城下，回到集庆城去了。太平府化险为夷，朱元璋大获全胜。当晚他在府衙设宴，为陈林先的投城摆酒庆功。陈林先在席间表示，他在方山寨还有一万人马，要全部招来归朱元璋调遣。

不几日后，攻打方山寨的张天佑大军和方山寨的人马全都来到了太平府。一时间，太平城内大军云集，已有十万之众。

随之，郭天叙也将都元帅的行辕迁到了太平府。待到在府衙坐定，部下众将参见，他对这几大胜仗并无片言只语奖励，而是对朱元璋劈头就训说：“左副帅，你知罪吗？”

“末将愚钝，请元帅训教。”

“你不遵将令，该当何罪？”

“元帅是说末将未曾带兵攻打集庆。”

“不遵将令，就当问斩。”

“末将有下情回禀。”

“讲。”

“集庆为敌军重兵屯聚之地，兵力不足强攻，只能是飞蛾扑火，末将是想取下太平，扩大兵力之后再去进攻集庆。”朱元璋说得有板有眼，“如今我军已有足够兵力，末将这就准备攻占集庆。请大帅稳坐太平府，一个月后听末将的捷报。若不能攻取集庆，愿提头来见。”

“哼！本帅还信不过你了。”郭天叙脸上没有好模样，“念你打下太平有功，这次且不追究你违抗军令之罪。至于攻打集庆，本帅要亲自领兵，由郭副帅和新归顺的陈将军辅佐，你留下守卫太平。"

朱元璋沉吟一下说："末将遵令。"

"陈林先听封。"

"末将在。"陈林先出列跪倒。

"将军归顺有功，本帅封你为兵马都统之职，仍领原有本部人马。康茂才将军为兵马副都统，仍在陈都统麾下听用。"

"谢大帅恩典。"

朱元璋看看郭天叙，欲言又止。李善长拉了拉他的袖子，朱元璋佯作不知，不予理睬。待到走出府衙，李善长叫住朱元璋说："副帅，适才你为何对我的动作故作不知。"

"先生，我明白你的意思，郭天叙不该将原有队伍仍然交由他和康茂才统领，这样做万一有意外，那就不得了。"

"副帅看得出就好，"李善长表示出他的担忧，"陈林先的归顺，我觉得并不可信，在向元军进攻时，他有意靠后不肯上前，此人当时我就感到不可信，日后怕他会有二心。"

"是啊，理当对他加以警惕。"

"副元帅，有件大事，你应当作出决策了。"

"先生尽请赐教。"

"郭天叙对副帅不怀好意，说不定何时寻你一个过错，治你的罪还不容易，不能不防啊！"

"对此我心中有数。"

"副帅不可再这样延宕下去，"李善长直言，"要成大事，这样人不足以为帅，副帅理当取而代之。凭我们现在的实力，凭副帅的威望，为长久计，为弟兄们的前程，都应该除掉他。"

朱元璋先是叹息一声说："谁让他是郭大帅之子，郭子兴有恩于我，无论如何也不能做这种恩将仇报之事。宁可他郭天叙负我，我也不能负他，我也对得起郭大帅的在天之灵。"

"男子汉大丈夫，如此优柔寡断，何以成大事，"李善长颇为不满，"我所担心的是，说不定什么时候，他寻个过错，将你军法从事，那就悔之晚矣。"

"先生所虑极是，"朱元璋心中底气十足，"但我也不是任人宰割的羔羊，手下的这班弟兄，也不会任由他为所欲为。"

"依副帅之见，就这样得过且过？"

"顺其自然吧。"朱元璋似乎信命了，"命中有的，赶都赶不走，命中无的莫强求。”

这个话题，李善长也不好再说下去，他又建议说：“副帅，应当将陈林先的情况告诫郭天叙，免得日后吃亏，我们跟着受连累。”

“这倒是有必要提醒他。”朱元璋掉转身，“我这就去向他谏言。”

郭天叙的亲兵队长将朱元璋拦在了门外说：“副元帅留步。”

“我见都元帅，有军情大事。”

“郭帅和陈都统还在议事，还请稍候。”

朱元璋无奈，只得在门外驻足。但他心中盘算，陈林先与郭天叙在议论何事，看起来还真得明确提醒郭天叙，不可被陈林先迷惑。

室内，陈林先正在向郭天叙表忠心说：“大帅待我天高地厚，恩同再造，此番攻打集庆，我定将不惜肝脑涂地，报效大帅。”

“本帅此番定要拿下集庆城，也免得被朱元璋和他的部下小瞧，树起我郭天叙的威望。”

“大帅放心，末将包你一战成功。”陈林先又说，“若是大帅信得过我，也许兵不血刃，就能活捉蛮子海牙。”

“有这种可能。”

“当然有，只要大帅相信我。”

“俗话说用人不疑，疑人不用，本帅封你为兵马都统，原班人马不动交你指挥，这还不是最大的信任？”

“那，这个纳降之计末将就采纳了。”陈林先煞有介事，“大帅，末将与元军的副帅福寿是八拜之交，现在如果我劝说他归顺大帅，很有把握的，这样一来，让他献出城池，他手下的几万大军也全都归大帅所有，那蛮子海牙不就成了大帅的俘虏了吗！还有大帅也能把集庆城和全城的财物都归于您的名下。”

郭天叙一听，心里早就乐开了花，“若能如此，本帅就封你为副元帅。”

看来集庆城已经是他的囊中之物了，也没有什么好担心的了。

但是事实上恰恰相反，郭天叙永远也想不到，危险正在向他招手。

第二十一章 将帅皆死 血战应天府

在元帅府的府衙中，郭天叙正在假装认真地阅读着一本厚厚的书，其实，陈林先前脚刚走，他也不用在朱元璋面前装这个样子。

朱元璋来到客厅，按照规矩对着郭天叙行了躬身见面礼，说："参见都元帅。"

郭天叙看到朱元璋就一脸不爽地故意端起架子说："何事？"

"末将以为，不要对陈林先这个人过于信任，应当多加提防。更不能让他依旧指挥自己的原班人马。"朱元璋按照自己的想法，提出了忠告。

郭天叙打断他的话说："你不要说了，鼠肚鸡肠，早在本帅的预料之中。怎么，怕他与我合作，顺利打下集庆路。"

"末将绝无此意，只是担心都元帅的安全。"朱元璋依然坚持劝谏，"须防他有二心。"

"哼，有二心的怕是你吧。"郭天叙话语更冷了，"你就老老实实地在太平府给我守摊吧，看本帅怎样兵不血刃拿下集庆。"

"都元帅。"朱元璋越发感到事情离谱，很想问个仔细。

"好了，不要再废话了。本帅还要研读兵书，你可以离开了。"郭天叙埋头于书本之中。

朱元璋怔了一下，只得说："末将告退。"他步出花厅时，脚步很是沉重，而且止不住叹息出声。

集庆是元朝的军事重镇，青砖砌就的城墙城头也有一丈二尺宽，护城河水深没人，且有三丈多宽。城头上架有几百尊铁炮，五万守军兵精粮足，难怪蛮子海牙夸口说，集庆城是坚不可摧的钢铁城，任何敌人都休想踏进城池一步。郭天叙的八万红巾军将集庆城团团围住，扎下营寨后他并不攻城，而是将陈林先叫到元帅大帐说："陈都统，该你露一手了。"

"没问题，末将已用箭书同福寿联络，对方也有了答复，元帅请看。"陈林先呈上书信。

"怎么，这么快你就进行了？"郭天叙接过箭书打开来，却是福寿约陈林先夜间进城商谈。

“陈都统的意思如何？”郭天叙问。

“既然福寿有意，末将便依约入城走一遭。”

“这，万一福寿翻脸，你的性命岂不……”

“我想福寿不是这样的小人，他和我情同手足胜过同胞。再说，为了大帅不流血拿下集庆，末将冒些风险也是值得的。”陈林先一副慷慨激昂的样子。

郭天叙大为感动说：“陈将军，策反成功，本帅会重重封赏。”

当夜二更天，陈林先进入了集庆城，三更时分，他带着五个人出城返回了大帐说：“元帅，事情成功了！”

“福寿他应允了？”

“元帅，这位是福寿副帅的胞弟福康，是福副帅为表诚意，特地派来作为联络官的，另四人是他的随从。”

“好，好，但不知如何里应外合。”

福康接过话说：“大帅，家兄说为献城顺利，还请您派一地位高的人，也作为联络官进城。”

“这个……”郭天叙有些犹豫。

“元帅，派人是理所应当的。”陈林先一旁鼓动，“这是对等的行动，也可显示我方的诚意。”

“那么，派谁合适呢？”

陈林先提议说：“看来只有张副帅进城为妥。”

“这，”郭天叙并不十分认可，“他统领部下一万人马，离开之后何人指挥，还是换个人吧。”

“元帅，别人的地位恐难同福康将军比肩。再说，地位低的人在福寿副帅那里，也不好做决策。”

“也好，那就叫张副帅进城。”

张天佑将郭天叙叫到后帐说：“元帅，让我进城似乎不妥。”

“那是为何？”

“万一福寿是诈降，属下的性命休矣。”

“怎么会呢？”郭天叙不以为然，“他的弟弟福康在我手中，还怕他何来。我想，陈林先的家小皆在太平，他是不敢捣鬼的。”

张天佑也不好十分反对，只得连夜进入了集庆城。福寿的人把他领进了副帅府，福寿正在客厅等候。张天佑上前见礼说：“福副帅安好。”

“张天佑，你失算了。”

张天佑一听登时就懵了说："福副帅何出此言？"

"明白告诉你，本帅是诈降。"

"你……想怎样？"

"自然是要你的命！"福寿吩咐一声，"来人，把他绑了。"

张天佑一边挣扎，一边警告说："福寿，你不能坏我性命，要知道，你弟弟的性命掌握在郭大帅手里。"

蛮子海牙走进来说："想不到这堂堂郭子兴的大舅哥张副元帅，就这样落入了我们手中。"

"得来全不费工夫嘛。"福寿一阵阵的冷笑，"他死到临头还蒙在鼓里，以为郭天叙会救你的命呢。"

"那就让他做个糊涂鬼吧。"蛮子海牙下令，"推出去，砍了。"

可怜张天佑，还是朱元璋的长辈，日后朱元璋发达，他说不定也是开国元勋，现在竟糊里糊涂地丢了性命。

蛮子海牙对福寿调侃地说："我的副帅，你也该去郭天叙处归降了。"

大帅放心，想来不会有失。"福寿起身与蛮子海牙告别。

正是五月十五，夜空中一轮皎洁的明月，泼洒下遍地水银。月亮的清辉涂抹在郭天叙的帅帐上，恰如披上了一层薄如蝉翼的轻纱。这真是个充满诗意的夜晚，郭天叙充满期待，他为即将到来的胜利而兴奋，以至于有些坐立不安。

巡夜的军士，敲响了四更的梆声，郭天叙看看陈林先说："陈都统，福寿应该到了，不会有什么变化吧？"

"大帅放心，他决不会失信。"陈林先走出帐门。

郭天叙也随之走出，二人一直走出了营寨大门。远远看见，集庆城的大门，已是无声地打开，数不清的人马正陆续出城。

陈林先用手一指说："看，大帅，这准是福寿的队伍，是接我们进城的。"

"真乃天助我也。"郭天叙以手加额，望空祈祷，"但愿上苍保佑我直捣大都，登上龙位。"

说话间，大队元军已到面前。当先一马，高坐着福寿，他提狼牙棒问道："陈林先将军可在？"

"副帅，末将在此恭候。"陈林先指指身边，"这位便是红巾军兵马都元帅郭天叙。"

郭天叙见状开言说："福副帅弃暗投明献城有功，本帅当重加封赏，保你享不尽的荣华富贵。"

"怎么,还想要集庆城吗?"福寿冷笑着反问。

郭天叙一惊说:"福副帅此言何意?"

"我要你的命!"福寿的狼牙棒恶狠狠砸下。

郭天叙毫无提防,被砸个正着,立刻脑浆崩裂,鲜血四溅。可怜他刚刚还在做着皇帝梦,转瞬间即已死于非命。

福寿高高举起带血的狼牙棒,大吼了一声说:"给我杀!"

元军如群狼奔突,闯入红巾军营中。

主帅阵亡,陈林先内应,他的部下早已做好准备,同元军一起对红巾军进行屠杀。

张天佑也已被诱进城中死难,他的部队无人指挥,更是一片混乱。在死伤上千人后,其余将士只得投降。

这一战,福寿大获全胜,俘获将近四万,军械辎重更是不计其数。只有三万多人溃逃回了太平,朱元璋多年奋斗经营积聚的人马,被郭天叙一下子给损失殆尽。

蛮子海牙甚是得意,他对福寿扬扬自得地说:"这一仗,朱元璋的本钱都赔光了,他本人虽说侥幸活命,但他此后再也掀不起大浪。待我军稍作休整.组织起重兵,打下太平府,擒杀朱元璋。"

"大帅所言极是,谅他朱元璋也活不了几天了。"福寿和陈林先同声恭维他们的上司。

噩耗传到太平府,朱元璋难过地流下泪来,他哽咽着面对李善长说:"果然被你我不幸言中,郭元帅和张副帅本不该死的。"

"张副帅确实没有料到,郭天叙却是罪有应得。"李善长自有他的见解,"依在下看来,这倒是难得的一件好事。"

"不可如此看待。"

"多年来,郭天叙一直掣肘于你,使得大帅难以施展,去了这块绊脚石,您就可以大展宏图了。"

"咳,郭元帅这也是命中注定,难逃此劫。"朱元璋内心其实还是宽悦的,"郭大帅留下的事业,我们当然不能半途而废,是要越过重重难关,让红巾军继续发展壮大。"

"大帅理当如此。"李善长问,"我们何时攻打集庆?"

"事不宜迟,按我们事前的约定,明日就起兵向集庆进发。""军事上这就叫出其不意,"李善长显然赞同这一决策,"蛮子海牙绝对想不到我们还会进攻集庆,而且还是这样快,几乎不给他们喘息之机。"

“时间拖长，我担心城中的卧底万一暴露，我们岂不前功尽弃。”朱元璋已经有了主张，“明晚三更，全力攻城。”

蛮子海牙与福寿在集庆城的帅府中，正在大摆庆功宴席，福寿功劳最大，当场奖给千两黄金和美女十名。

陈林先一见没他的份，可就坐不住了，在有了八分酒意后，他忍不住就放炮了说：“大帅，这一碗水总要端平，福帅功劳再大，这次诈降之计，要没有我居中策划，怕也难以成功。就是没有一千两，哪怕给我五百两，也让我心理平衡啊。”

“哼！”蛮子海牙冷笑一声，“你还有脸邀功？”

“末将原本有功。”

“难道你忘记了姑孰口跪地求饶全军投降的耻辱，不是你贪生怕死，那太平府早就为我军占领，哪还有今日的集庆之战？”蛮子海牙越说越气，“你不提醒，本帅还忘记了治你的降敌之罪。”

陈林先一听，酒也吓醒了说：“大帅，万望饶恕我的失言之罪。末将投降当时就是为了保存实力，是人在曹营心在汉哪。”

蛮子海牙仍是怒气不息说：“知道害怕？晚了。”

一名小校急匆匆跑进来说：“大帅，大事不好。”

“慌什么，慢慢说。”

“红巾军来了。”

“当真？”

“小人不敢说谎。”

“有多少人马？”

“小人也说不清，看光景怕是要有十万人。”

蛮子海牙狠狠瞪一眼陈林先说：“且先记下你的人头，留着你戴罪立功。副元帅，与我去观察敌情。”

集庆城外，三万红巾军人马，将该城的东、西、南三面围困起来，唯独留着北门。

朱元璋分别指定徐达、胡大海、常遇春三员大将，对集庆城的三面实施围困，而五百骑兵还在部队身后的土路上，马尾拖着扫把，往来不停的奔跑，使得尘埃冲天，遮没了落山的红日。

来到城头上瞭望的蛮子海牙，可就犯起了猜疑。他难以做出判断，便问左右的福寿和陈林先说：“二位，你们说这朱元璋到底有多少兵马？”

陈林先当然最了解情况说：“郭天叙日前失利，损兵折将，已是大伤元气，朱元璋守太平的兵马只有五千，加上从这里溃逃回去的败残人马，他满打满算也就三万人马。”

“那这朱元璋队伍后面，还在源源不断的有兵马行进，这许多人马又是从何而来呢？”

“也许，”福寿猜测，“会不会是其他红巾军出兵协助，他们共同来攻打我集庆城。”

“不太可能啊。”蛮子海牙以他的经验分析，“红巾军虽说多达十几股，但他们历来基本上是各自为战，从未有过联合作战之举。”

“也许这次是个例外。”福寿只能这样解释。

“你们看，”蛮子海牙在城头上走了一圈，“这个现象好奇怪，朱元璋只围我三门，而留下北门不围，这又是何意？”

陈林先首先想到说：“他这是在北门外设伏。”

“你是说，强攻之后，逼我军从北门突围而走，而在路上设下伏兵，再将我军聚歼。”福寿顺着他的话茬。

“这还不是明摆着的事。”陈林先自作聪明，“这样就免得攻打坚固的城池，付出太大的代价。”

蛮子海牙晃晃头说：“可这北门外，也没有适于埋伏的险要地形，陈将军之说令人难以苟同。”

福寿倒是说出了一句真话说：“反正这个朱元璋不好斗，说不定他就是我们大元朝日后的强敌。”

蛮子海牙也想不出正确的结论说：“啥也别说了，兵来将挡，水来土屯，且等着他们进攻吧。”

然而，整整一个白天，红巾军硬是没有攻城。

这倒叫蛮子海牙更加丈二金刚摸不着头脑。他不敢稍有疏忽，和福寿、陈林先一起，在城头上往来巡查。

三更时分到了，蛮子海牙已是疲困难支，他躲进城楼中打盹，福寿和陈林先也已是支撑不住，分别偷懒找个房间休息去了。突然，号炮连声响起，红巾军从三面发起了猛烈的攻击。

一时间，硝烟滚滚，炮火熊熊，箭雨横飞，呐喊声如同雷震。蛮子海牙等急急奔上城头，分别在东南西三面，对攻城的红巾军全力反击。

而徐达、常遇春、胡大海等勇将，几乎已是攻上城头。蛮子海牙等率兵勉强据守，城头已是死伤累累血流成河。

集庆城中号炮连天响起，蛮子海牙一怔，这城内为何响炮？紧接着呐喊声像万里雷霆滚动,陈林先的上万兵将,高举起刀枪向城头杀来。

蛮子海牙大怒说:“陈林先,你这个反复无常的败类,为何从背后对我大军进行攻击?”

陈林先也是备觉糊涂和委屈说:“大帅,我何曾让他们反叛,我也说不清他们为何叛乱。”

这些人马已杀上城头,为首的一员大将横刀立马说:“你们全都引颈受死吧,我是红巾军大将汤和。”

“你是混在张天佑队伍中的奸细。”

“算你聪明,但你们还是中了朱元帅的诡计。”汤和高声怒喝,“投降者免尔一死。”

原本在守城上已经捉襟见肘的元军,此刻受到内外夹击,登时乱了阵脚,徐达趁乱攀上城头,挺枪向福寿便刺,陈林先抵住汤和厮杀。

而蛮子海牙情知大事不妙,带百余亲信下了城墙。他打马飞奔北门,在城门洞稍加思索,和他的亲兵队长互换了服装,这才出北门沿官道逃跑。

向北行约一里路,蛮子海牙勒住坐下马,把队伍分为两队,他让亲兵队长继续向北,而他则折向西方。

队长那伙人马前进大约二里路远近,一哨人马迎面拦住去路。

为首的大将冯国用断喝一声说:“哪里走?我家元帅早已料到尔从此路逃走,已在此等候多时。”

队长见对方有上千人马,情知不是对手,拨马便逃。冯国用策马追上:“蛮子海牙,你已是笼中鸟网里鱼,快快下马投降。”

没一会儿功夫,冯国用就把这伙元军打散了,有五十几个非死即伤,俘虏了十几个人。

直到这时冯国用才知道这个蛮子海牙是假冒的,但是现在改道西追已经晚了。

这时候,集庆城内的战争已经结束了。

徐达与汤和分别把福寿和陈林先杀死,剩下的敌军大部分都缴械投降了。

朱元璋在这场战役中大获全胜,手下的士兵,再次被朱元璋的军事指挥能力所折服。

第二十二章 终掌帅权 英雄救美女

朱元璋用了四年的时间，掌握了这支名曰红巾军的队伍，有了属于自己的军队。

鉴于朱元璋的英勇表现，小明王韩林儿颁旨将朱元璋加封为江南等处行中书省平章政事，把李善长任命为左右司郎中，在朱元璋部队中表现出色的徐达、常遇春、胡大海、冯国用、花云分别被授予了前、后、左、右、中翼元帅，汤和则为掌枢密院事。把集庆城改名为应天府，寓意上应天命。太平、溧阳、句容、芜湖、溧水等地由朱元璋派兵驻守，也就是说这些地方都划分为朱元璋的势力范围。

应天府是他的根据地，由此，他开启了自己战争的新篇章。

应天府内的青龙寺，是全城最热闹的去处。

庙前的广场，五行八作俱全，原本就人流涌动。今天又赶上庙会，士农工商各色人等更是络绎不绝。

明丽的阳光，照射在大雄宝殿上，使得高耸的庙宇显得越发庄严。

人流里走着两个与众不同的香客。

明眼人一看便知，她们是主仆二人。年轻的女子是丫鬟，年纪稍长的肯定是主人。

本来寺里就人潮拥挤，她二人身边更是挨挤不开，围着她二人，成了一个人团，随着她们的移动而滚动。

也难怪人们随着她们的脚步紧跟不放，原来这女主人长得太美了。

都说是闭月羞花沉鱼落雁，人世间何曾有过这样如花似玉的标致女人？说是仙女下凡是绝不为过。就连逛庙会的妇女，也忍不住跟随她要多看几眼，简直就是貌可充饥。

人群后面，又来了两位身份特殊的香客。这二人全是普通百姓打扮，其实一位是这应天府的最高行政长官朱元璋，一位是他手下大将徐达。

激战刚过，适逢青龙寺庙会，朱元璋说是出来放松放松，其实是他的恋旧心理作怪。

想当年曾在皇觉寺出家，使得朱元璋对寺庙有一种割舍不断的感情。

二人径直到了如来佛祖像前，朱元璋顶礼参拜，默默祷告说："愿佛祖保佑，他日若得一统天下，定当重修庙宇，再塑金身。"

一旁的住持，看出朱元璋相貌不俗，上前礼让说："施主尊容清奇，乃大富贵之貌，如不嫌弃，请到禅房拜茶。"

朱元璋心情正佳，又被他几句话说得心中舒坦："既是长老热诚相邀，在下也就讨扰了。"

一行几人，正要离开，殿门外乱纷纷吵嚷起来，而且夹杂着女人的骂声和哭泣声，还有众人跟着起哄。

朱元璋等人不由得站上大殿的门槛向内张望，这一看不打紧，直叫朱元璋两眼发直——里面那个女人也太艳丽了，真是亘古少有的佳人。

原来是一个无赖薅着那丽人的衣袖纠缠不休。

这个女子她叫胡玉婵，和贴身丫鬟春柳一同来这庙中上香，不想被众人围观，且又遭歹徒调戏。

春柳厉声指责歹徒说："臭无赖，光天化日，朗朗乾坤，你竟然当众调戏良家妇女，难道就没有王法了不成！"

歹徒嬉皮笑脸说："这就怪不得大爷我了，谁让小妞长得比天仙还好看，我就是要亲亲她！"

朱元璋看在眼里恼在心中说："闭住你的臭嘴，再敢胡说八道，叫你的脑袋搬家。"

"哟呵，出来个挡横的。"歹徒依旧是大大咧咧，"也不买上四两棉花纺一纺，这应天府里大爷我怕过谁？"

朱元璋挤进来，对歹徒当胸便是一拳说："今天就让你认识认识让你怕的人。"

歹徒四脚朝天倒在地上，惹得众人哄堂大笑。朱元璋对胡玉婵躬身一礼说："小姐，受惊了。"

"啊！"胡玉婵惊魂方定，"多谢英雄出手相救。"

"请问小姐芳名。"

胡玉婵脸一红说："萍水相逢，又何必要知名姓。奴家会为你焚香祷告祈福，告辞了。"言毕，在春柳的引导下，出了人圈，往外便走。

朱元璋望着胡玉婵的背影，若有所思地出神。

徐达看出了朱元璋的心思，将手中的银两包向他手中一塞说："主公，我去去就来。"

青龙寺的住持见人已散尽，朱元璋还在发呆，便上前提醒说："施主，请到方丈小坐品茶。”

朱元璋心绪全无说:“长老,我就不去了,容改日再来拜访。”

“施主,如此怅然若失,莫非是……”住持没好意思把话说下去。

朱元璋的脸有些暗红,他将银包递过去说:“长老,这是一百两纹银,权作布施,还请笑纳。”

“施主如此厚赠,请问尊姓大名?”

“小小心意,何需留下名姓。”

“不然,施主礼佛之心高尚,布施巨额银两,寺中弟子们做法事时,理当为施主祈求福禄。”长老递过布施名册。

朱元璋难以拒绝,接过纸笔,铺展开来,在布施册上刷刷刷一挥而就。长老将布施册拿在手中,注目一看,却是一首七言诗:杀尽江南百万兵,腰间宝剑血犹腥。山僧不识英雄汉,只管喋喋问姓名。

“啊!”长老大吃一惊,此人来头不小,莫非是红巾军的大将。他抬头要问端的,可朱元璋已不见了踪影。

一束明亮的阳光,透过打开的窗户照射到一丈见方的书案上。

羊皮制成的大幅地形图,就摊放在朱元璋的面前。

他对着地形图凝视沉思,心中不时泛起对前途的忧思。

自己虽然管辖江南行中书省,可也只有以应天府为中心,西起滁州、芜湖,东到句容、溧阳,这么一小块狭长的地盘。而且四面俱是强敌,最近的东面是元将定定据守的镇江,西面是徐寿辉占有的池州,南面为元将八思尔不花扼守着徽州,东南有张士诚占有平江和浙西以外大片地区,东北则是“青衣军”张明鉴据有扬州。

此外,周边还有元将石抹宜占有处州,宋伯颜不花占据衢州。形势是万分严峻的,这些敌人的实力都比他强大,不论是哪一股敌人向他发起进攻,他都难以招架。

更不要说,这些敌人万一联手来攻,那他就只有挨打的份儿了。

朱元璋对着地形图正在苦思良策。

徐达快步走进说:“主公,我回来了,已全部明了。”

朱元璋明白这位爱将所指何事,他索性放下沉重的思考,把心思转到轻松愉快上来说:“说说看。”

“那女子姓胡名玉婵,年方二十岁,只是,”徐达打个沉,“她已不是待字闺中的处子。”

“难道说已许配人家?”

“非但已婚，还是个小寡妇。”

“好!”朱元璋竟然叫出声。

“主公何以叫好。”

“孀居没有牵挂，岂不是更为方便。”朱元璋问，“她的家境怎样?”

“家中殷实，是个富户。”徐达介绍，“其父名胡泉，她的家在淮安，来应天是到其舅父家串亲。”

“其舅父又是何人?”

“名叫赵均，是个盐商。”

“好，”朱元璋在男女亲事上也是打仗的大将风度，“徐将军得便通报赵均，我要纳胡玉婵为妾。”

“就这么简单，没有别的话了?”

“这还不够吗?”朱元璋又补充几句，“对了，给他们送去一千两黄金，一万两白银，一千匹绢，算是聘礼。”

“人家要是不收呢?”

“我看中她，是她和她亲人的福气。”朱元璋就是这么果断，“还有，你不要耽搁，明日一早便去办理，后天我还要派你打个大仗呢。”

“主公的目标是……”

朱元璋已是思考成熟说:“镇江。”

“为何选它?”

“近来张士诚活动频繁，已先后派兵攻占无锡、常州，镇江就在他的眼皮底下。镇江倘若被他据有，那我们的门户等于洞开，应天就没有了屏障。所以必须抢在他的前面占领镇江，这叫以攻为守。”

“主公言之有理。”徐达表态，“末将愿领兵马攻占镇江。”

“要挂这个帅印，可要先受皮肉之苦啊!”

徐达可就糊涂了说:“主公莫不是……”

“我要仿照当年东吴都督周瑜，行使苦肉计。”

徐达越发不解说:“主公这是何意?”

“两层用意，”朱元璋告知，“镇江要用水军，而我们的水军系归降的土匪旧部，他们恶习不改，攻下城池后，免不了要抢掠烧杀，所以我要立下军令状，用你的人头担保，使他们不敢也不能放肆。”

“那第二层意思呢?”

“镇江是元军重兵防守之处，统帅元朝平章定定，还有水军统领段武，皆久经沙场的骁将，确实不可轻视。你当众立下军令状，如不能攻取镇江，愿领军法，你的部下必然死战，这样，镇江才有把握占领。”

“主公真是运筹帷幄，决胜千里。”

“只是，徐将军你可要受苦了。”

“能得主公信任，当此大任，是我徐达的福分，莫说受皮肉之苦，便赴汤蹈火亦何惧哉。”

“徐将军忠心可嘉，为了胜利甘愿作出牺牲，我是不会亏待你的。”朱元璋叮嘱道，“不要忘记下聘之事。”

“末将放在心上了。”徐达为朱元璋对他的信任而自豪。

军事会议在应天城平章府的大厅进行，出席的俱是举足轻重的文武大员。

朱元璋的讲话已接近尾声说：“各位，攻打镇江已势在必行。但水军不可信不能用，倒叫本官左右为难。”

徐达抢先接话：“主公纯属多虑，水军亦归属我红巾军多时，断然不会有违军令之举。”

“徐将军，常言说人心隔肚皮，做事两不知，陈林先部反复无常就是教训，水军实不可用。”

“攻打镇江必用水军，主公怎能疑心过重，作为一方诸侯，如此气量狭窄，何以成大事！”

“徐达，你怎能藐视本平章。”

“主公不该对水军偏见，这样做会令全军将士寒心。”

“徐达，你的言语要收敛些，难到要鼓动全军将士与我分心吗？”

“主公如此而为，只能令将士离心离德。”

“大胆徐达，你竟敢当众羞辱于我，不要以为你战功显赫，须知军法无情。”朱元璋已是怒气冲冲。

李善长不明就里，对徐达急加劝阻说：“徐将军，言语已是失当，理当谨言，不要再冲撞主公。”

“他这样统兵，如何能令全军用命。”徐达愤愤地，“若不能统领全军，我来指挥，定能早日消灭元军，一统中华。”

“徐达，你太放肆了，还想夺我的兵权，本平章岂能容你！”朱元璋呼唤一声，“来人，将徐达推出去斩首。”

二武士上前，不由分说，便把徐达架了出去。

“刀下留人，”李善长喊了一句后，对朱元璋求情，“主公，徐将军杀不得，他是我军大将，立下无数汗马功劳，还当念其有功，饶他不死。”

常遇春、胡大海、花云等众将无不纷纷出面求情。

朱元璋也就见风转舵了说："看在众位将军金面，且饶他一死，死罪饶过，活罪难免，当众责打四十军棍，以儆效尤。"

徐达被打得双腿流血，但他口中依然不服说："主公，便杀我也不服，你将水军交我，看我不打下镇江，我就不是徐达。"

"你还嘴硬？万一水军阵前哗变，你岂不误了我的大事？"

"末将敢担保水军的忠诚。"

"看来你是不见棺材不落泪了，"朱元璋反问，"你可敢立军令状？"

"有何不敢？"

"这可是以人头担保。"

"末将愿以性命打赌！"

"好，如果不去试一试，我恐怕也难以服众。"于是，朱元璋吩咐道，"笔墨侍候。但是还有一样，一定要注意，那就是要保证在规定的时间内把镇江拿下。"

徐达一身豪气，马上问道："主公要我在多少日拿下镇江？"

朱元璋脱口说出了两个月的时限，徐达豪气地答应在一个月之内，把镇江拿下，并当场立下了军令状。

第二十三章 突发妙计 火烧张士信

徐达自从立下军令状之后,彻底地分析了一下现在的形势。

随后,他把水军都统陈保二叫了过来命令他去攻打江边的北固山,而他要亲自带领部队再次对镇江城发起攻击。

红巾军的进攻,从午时到入夜一直都没有停歇过。

将士们士气高昂,颇有些拿不下镇江城不归的气概,因为统帅徐达立下军令状的事情早就传到了他们的耳边,不就是这座城嘛! 他们一定要帮统帅把它拿下。

镇江城已是岌岌可危,但定定拼死抵抗,双方在城头形成了拉锯战。

如果不能一鼓作气攻上城去,今日的攻势就可能前功尽弃。

徐达感到双方谁能咬紧牙关,谁就能取得最后的胜利。面对如此形势,他不顾自己安危,毅然换上士兵的短军服,口衔一柄钢刀,顺云梯向城头上爬去。

亲兵队长再三呼喊说:"徐元帅,你不能上,万一有失,部队何人指挥呀!"

徐达也不理睬,嗖嗖嗖爬上了城头,定定正和一员偏将恶斗,双方杀得难解难分。

徐达插入阵中,手中刀直取定定。刀法犹如闪电,只看见一团银光,在定定身前身后飘忽不定。偏将的钢鞭直取定定心窝,他一闪躲过。

可徐达的刀锋已到了定定面门,要招架已是不及,"刷"的一声,削飞了定定的天灵盖。

主帅一死,红巾军乘势蜂拥而上,镇江城很快易手。

长江边上的北固山,战斗也已结束。

水军都统陈保二已将元军水军统领段武斩杀,而在搜查段武元帅府时,发现一个人身份十分可疑,陈保二将宝剑逼近这人的前胸说:"你是什么人,为何在段武的帅府滞留?"

这个人面对陈保二毫无惧色说:"想知道我是谁吗,说出来会让你大惊失色。"

"别卖关子了,本都统是见过大世面的。"陈保二手中剑又往前探探,已是刺破了对方衣服,"说,你到底是何人?"

"实话告诉你,我并不是元军,而是江浙军元帅张士诚的弟弟张士信。"言罢他又说了一句,"家兄拥有精兵百万,上将千员,你那主子朱元璋不过初出茅庐,谅他也不敢和家兄作对。"

岂料陈保二根本不在乎说:"啊,张士诚的胞弟,这和我有何干系,本都统就声称你是死于乱军之中,张士诚也好,朱元璋也好,谁也怪不得我。"

他的手中剑动了动,张士信已是皮破流出血来。

张士信可是胆怯了,他要活命啊,就得说好听的了说:"陈将军,你我无冤无仇,何苦与我结恨。留条后路,家兄也许是有用的。"

"现在我若放了你,于我有何好处?"

"陈将军,实不相瞒,我是奉家兄秘密使命来这北固山水寨招降段武的,没料到他已被你所杀。但我带来的厚礼段武还未及消受,如不嫌弃,可转交给将军你。"

"厚礼?"陈保二有些动心,"是何破烂,也称厚礼?"

"请看,这是整整十只樟木箱子。"张士信逐一打开。

十只箱子内逐一装满了黄金、白银、珍珠、玛瑙、翡翠、珊瑚、美玉等贵重稀奇之物,陈保二的眼睛都看直了。

但他可不傻说:"这些东西,也用不着你做空头人情,我已打下北固山,这战利品自然是我的。"

张士信抛出钓饵说:"将军如果愿为家兄部下,我保证依此为样,再给一份。"

"两万水军,大小千艘战船,就值这二十箱珠宝?"

"将军如果易帜,我可保你做水军都督。"张士信又加大了筹码,"给你建都督府,还有二十名美女供你享用。"

"你能做得了主?"

张士信拍胸膛说:"我的话完全可以兑现,家兄就得听我的。"

陈保二这才收起宝剑说:"二大王,适才多有得罪。"

"无妨,"张士信没想到招降段武未果,竟意外收获了陈保二,"就请将军驾船带领全军,顺流而下直达常州。"

"不急。"陈保二可不是省油的灯,"徐达为人精明,请大王派支水军前来接应,再将水军都督的旨意带来,我方好行动。"

张士信明白他这是还有疑虑说:"将军放心在此等候,我回报家兄,很快便会派水军接应，同时十箱珠宝、二十名美女，连同任水军都督的指令，会一并送到。”

“好，我在这北固山恭候佳音。”陈保二已是脚踏两只船。

徐达攻下镇江，朱元璋甚是欢喜，亲自带人来视察。

部下众将皆来迎接，唯独陈保二不到。朱元璋心下生疑，徐达脸上也挂不住。

派了使者送信与陈保二，要他来镇江参加军事会议。

这可就令陈保二犯难了。去镇江吧，他担心与张士信的密谋走漏风声，那他就没命了；不去吧，这也就昭示他与红巾军的决裂。

正在他左右犯难之际，张士信带五千水军前来接应。

张士信将十箱珠宝，二十名美女交付陈保二，然后取出诏书，宣读王旨说：“陈保二将军听旨。”

陈保二跪倒说：“王爷千岁千千岁。”

“陈将军弃暗投明，有功于寡人，特加封其为水军都督，并率所部会同水军元帅张士信，克日进占镇江。”

陈保二站起身颇为不悦说：“怎么，我这都督还要归你这元帅管辖？看来给我这个官也是虚的。”

“陈都督之言差矣，这支水军还是由你指挥嘛。我不过是挂名而已。”张士信安慰他。

陈保二依然不满说：“刚刚投诚，不容我喘口气，便命我攻打镇江，这也未免过于急切了。”

“镇江地理位置重要，关系到家兄和朱元璋的最终胜负，大军就在镇江门口，何必再劳往返。”张世信仍在好言相劝，“说不定将军打下镇江时，都督府也已建好。庆功入住，那时双喜临门，岂不光宗耀祖。”

“哼，朱元璋已经到了镇江，徐达就不好对付，朱和尚又来，攻打镇江，还不知道我这条命能不能剩下。”

“陈都督不必悲观，你归顺我王，朱元璋便没了水军。我们不与他陆战，只从水上进攻，看他如何胜我。”

“就依二大王。”此时也由不得陈保二了。

江面上数百条战船黑压压一片，直向镇江城驶来。

特别是陈保二降了张士诚，令朱元璋甚为恼火。可是自己眼下又无水军迎战，作为全军统帅的他，可真是一筹莫展了。

徐达提议说：“主公，用城头的大炮轰击敌人的战船。”

“这是唯一的办法了。”朱元璋下令开炮。

敌船迂回前进,尽量躲避着炮火。一刻钟过去,只有两艘船被打中,眼看着敌船就要接近。

朱元璋双眉紧皱,盯着敌人的战船苦思良策。他一抬头,看见了迎风飘扬的“朱”字大旗,猛然间有了主意。

“徐将军,此刻刮的是东风,敌船是顶风前进。”

“正是。”徐达反问,“主公何意。”

“有了,”朱元璋脸上现出笑容,“徐将军,你立刻带一百只舴艋小船,每船一名船工,一名弓箭手,如此这般即可。”

“主公,真是好办法。”

朱元璋笑微微说:“只是我这儿有老天相助,不像当年诸葛孔明还要借东风,咱这是现成的。”

徐达领命而行,很快百条小船下了长江,对着敌人船队急驶过去。陈保二一见,觉得好笑说:“朱元璋逼急了,没有战船,把这些打鱼小舟全都强征下水了,开炮,把他们全给我击沉。”

可是,炮弹根本打不到小船,如同岸上的炮对敌船不起作用一样,小船更加灵活,迂回前进,很快接近了战船。

小船上的弓箭手,立刻向战船射出火箭。火借风势,腾地燃烧起来,战船转瞬间成为一片火海。

张士信急忙传令水军说:“快,快救火,把火扑灭。”

水军们七手八脚地忙乱着,从江中取水。可是像杯水车薪一样,根本无济于事。战船相继烧得体无完肤,接二连三下沉。

张士信一见已无挽回可能,弃船跳入水中。他仰仗着高超的泅水本领,从江水下面得以逃生。

而陈保二则不然,那二十箱金银珠宝还在船上,他舍不得抛弃,自己不弃船也不许部下弃船,结果活活被烧死在船上。

这一战,朱元璋大获全胜。未被烧毁的船只,未被烧死的水军,又被他俘获,又成了他的部下。

获胜的朱元璋回到镇江城,李善长也带援军赶到。徐达提议说:“主公,我们何不趁热打铁,向常州发起进攻。”

朱元璋问李善长说:“先生以为如何?”

“似有不妥。”

“愿闻其详。”朱元璋一副求教的诚恳态度。

“主公，”李善长显然是经过了深思熟虑，“我方兵力只及张士诚的五分之一，实力悬殊，还当积聚力量，待时机成熟，再与其开战。”

“先生所言极是，眼下我们要同张士诚交好，以争取时间。”

徐达自有他的见解说：“交好，只怕是你一厢情愿，张士诚不会容我们坐大，你不打他，他也会来打你。”

“尽量争取吧，”朱元璋的主意已定，“而且，我们要给他一些甜头。”李善长见朱元璋目光瞄向他，已经明白他的意图说：“主公，若欲同张士诚修好，属下愿为使者。”

“虽说两国交兵不斩来使，先生又是通好使者，但张士诚为人奸诈，难保他不做出有悖常理之事，出使还是有风险的。”

“徐将军等上马冲杀，都是头掖在裤腰带上，随时可能阵亡。属下未曾给主公建有寸功，为使者担些风险又何惧哉。”

“好吧，先生为使最好不过，一定要善自珍重。”朱元璋写下了亲笔信。

李善长到了苏州张士诚的王府，递上朱元璋的信函说：“请大王过目，我家主公愿与大王永结盟好。”

张士诚根本不接书信说：“就凭朱元璋？他不过是个穷和尚，还想同本王结盟，他不配。”

李善长心说不好，这趟差事看来有大风险说：“大王，有道是将相本无种，而今休问出身，只论实力。眼下群雄并起，多个朋友总比多个仇人要强。”

“论实力，”张士诚冷笑几声，“请问，朱元璋他有多少人马，有多大地盘，本王对他真是不屑一顾。”

“今日兵少，来日就可能兵多。我家主公能征善战，元将蛮子海牙据有集庆，兵多粮足，不还是被我家主公打得大败亏输，侥幸逃得性命。”李善长能言善辩，“大王，英雄与否，不能以兵将多寡领地大小而论。”

“李善长，本王知道你是朱元璋的军师。你应该想想，我的水军刚刚被你们打败，你们却下书通好，天底下哪有这样的道理？”

李善长不觉一笑说：“大王不该强词夺理，陈保二是我方水军都督，而二大王竟然策反，向我镇江进攻，我家主公以火攻将其战败。这不愉快的一页本已翻过不想提起，大王要提，在下倒要说清楚，二大王之不妥做法在先。”

一旁的张士信早就气满胸膛说：“李善长，休再巧言舌辩，今日你是来得走不得了。武士们，推出去砍了。”

李善长毫不惊慌说：“二大王，两国交兵尚且不斩来使，况且我是主动前来修好，我想大王他是不会失礼的。”

张士诚笑了说：“你不怕我杀你。”

“怎么可能呢？”李善长说来动听，“大王如果这样不分青红皂白草菅人命，又如何能创下这偌大的基业！”

“说得好。”张士诚笑问，“朱元璋与我修好，都有哪些表示呀？”

“这亲笔信上写得清楚明白。”

“还是你说说看。”

“愿给大王献上白米十万石，黄金一百斤，白金五百斤……”

张士诚已是连声笑个不停说：“好了，李先生你不要再说下去了，这些许财物，还不够我逢年过节赏给娃娃们的。”

“大王地大物博财大气粗，当今天下群雄，有谁能与大王比肩。”李善长显得十分诚恳，“就这些，我们已是勉为其难，但我们是真诚的。”

“你们的礼物本王不收，与朱元璋结盟更是办不到，他要想生存，就得拿出打败我的实力来。”

“大王之意在下明白了，待我回复我家主人。”李善长躬身一礼，“与大王告辞，后会有期。”

“怎么，还想走？”

“这是自然的。”

“李先生，你走不了啦！”

李善长内心好紧张，难道张士诚要下毒手，但他表面上从容不迫说：“大王此言何意？”

“我要你留下做本王的军师。”

李善长暗中松口气说：“大王，在下岂能做背主求荣之事。我家主公论兵力和领地，远远不及大王，在大王麾下，日后我也许能够位及宰辅。但人不能见异思迁，朝秦暮楚，请大王放在下回到镇江。”

“我料你也不会三言两语便能另事新主，不过本王有耐心，你且住下，我以军师之礼相待。”

李善长被扣下了，一时间难以回转镇江。他心中烦闷，常到江边散步。这一天，他正向镇江方向眺望，忽听身后有人大喝一声说：“什么人，在这江边不停地逡巡，莫非是在刺探军情？”

李善长回头，见是一位军官打扮的中年人，相貌堂堂，身材伟岸，他一转脑筋，心中便有数了说：“阁下莫非是水军江通海元帅？”

那人一怔说：“你如何便知晓？”

"果然是江元帅,今日得见,实三生有幸。"李善长进一步套交情,"久闻元帅大名,掌握十万水军,每战必胜,张士诚能在江浙为王,若无江元帅支撑,哪有今天的阵势。"

"咳! 别说了。"江通海被触到了痛处,"现下今非昔比,时过境迁,我是吃不开了。"

"元帅此言倒叫李某不解,整个水军还有何人能与江元帅比肩?"

"张士诚兄弟不以才干用人,而以亲疏画线。他的小舅子史文炳本是纨绔子弟,毫无军事才干,而今已被任为水军副元帅,明摆着是要取我而代之。"江通海忧心忡忡,"我的前景不妙啊。"

"这倒也是,"李善长借机煽动,"江元帅当未雨绸缪,要预作打算才是,以免受小人之气。"

"江某今日主动与李先生接触,就是想要另择良木栖身。"江通海也不绕圈子,"烦请李先生引见,带江某投奔朱元帅。"

李善长心中暗喜,想不到被扣敌营反倒因祸得福,若能引水军归降,对红巾军可是如虎添翼,但他还得多个心眼,对方是否试探呢说:"江元帅笑谈了,我身为阶下囚,如何能帮得了您?"

"李先生,不要心存疑虑,我早已是忍无可忍。"江通海再次表明心态,"朱元帅当世英雄,待部下如手足,更兼智勇双全,日后可成大业。大丈夫谁不想光宗耀祖,江某是一片真心。"

"既如此,在下愿为元帅牵线。""史文炳来的时间尚短,水军头目至少有半数系我亲信,现在投靠朱元帅,至少我能拉走一半水军和船只。"

李善长一想,即便是一半的兵力,也有五万,这样的规模已经可以了,但是他还想要发挥更大的作用,于是就问道,"江元帅如果能给一个更大的见面礼那是再好不过了,不知最近是否有水军能够参加的军事活动呢?"

江通海一听,十分高兴地回答说,"有啊,张士诚刚刚召开了军事会议,准备在三天之后,动用全部水军对嘉兴进行攻打。"

"好,这是上天赏赐给我立功的良机啊。"李善长马上作出决策,"就在这次战事中阵前起事。"

之后,二人又对作战的细节进行了详细的商量。

第二十四章　三日再战 大败张士信

三天之后，张士诚将张士信立为领军的大元帅，对嘉兴这个属于朱元璋管辖的地区进攻。

嘉兴城是个非常重要的战略要地，因为一直被朱元璋占据，让张士诚非常不便。

镇守嘉兴的守将胡大海，很快就听闻了敌人来犯的消息，早就安排好士兵在岸边列阵，准备迎击敌人。

而李善长也早就派两名兵士，分别向朱元璋和胡大海通报了他与江通海的作战计划。

张士信在镇江兵败，早就憋着一口气，这次以十万大军攻打只有一万人驻守的嘉兴，他是势在必得。

船至岸边，张士信命令江通海派五万精兵登岸攻城。可是，江通海却突然下令向张士信所乘的虎头船开炮。

因为距离近，又早有准备，头一炮便击中桅杆，帅旗也应声落水。

张士信还未反应过来说："江通海，你疯了！"

第二炮、第三炮已相继轰过来，准确无误地落在帅船上。张士信这才明白是江通海叛变了，他大声疾呼说："史文炳，向江通海开炮。"

然而，史文炳早已钻到了船舱里，哪里还顾得上指挥。

况且，江通海炮火猛烈，也不容史文炳反扑。

眼见战船被炸得七零八落，张士信情知大势已去，先顾自己逃命，仗着他娴熟的水性，得以潜水逃生。

江面上，战船烧得浓烟熊熊火光冲天，绵延四十余里，却也蔚为壮观。

两次兵败，使得张士诚对朱元璋再也不敢轻视，为了重组水军，他决定使用缓兵计。

这次是他主动与朱元璋求和，派去信使，提出了优厚的休战条件说："前蒙你遣使通好，而我却愚昧不明事理，以致贻误时机。现你发兵围我昆陵，我实不愿军卒死伤，愿与贵军讲和，以解困危。情愿年给粮二十万石，黄金五百两，白金二百斤，作为犒赏三军之资。从此各守封疆，则我不胜感恩。"

朱元璋明白张士诚的用意，但他并不说破，而是大开狮子口，每年要求贡粮五百万石使得张士诚难以承受，而停战和议未成。

朱元璋派兵趁势进击，半年之内，耿炳文攻占长兴，徐达占领常州，常遇春打下江阴，廖永安攻取泰兴。

公元1357年七月，徐达率军攻打常熟。

这里的守将是张士诚另一个弟弟张士德，经过激战，徐达用伏兵生擒张士德。

至此，张士诚在与朱元璋的较量中大败而一蹶不振，无奈之下，率部归降。

击败了张士诚，朱元璋把下一个进攻目标指向了宁国。

这可是块硬骨头，宁国不只地势险要，而且守敌数量庞大，有二十万之众。

统帅是元将别不花，还有汉将杨仲英、朱亮祖，他们声称如红巾军来犯，定叫朱元璋死无葬身之地。

朱元璋未敢轻视此战，点派大将徐达、常遇春共同进攻宁国。

他二人各领五万大军，由东西两路同时向宁国发起了攻击。

战斗异常激烈，守敌凭借坚固的城防，给进攻方的红巾军较大的杀伤。

连续三天，红巾军发动了十数次进攻，都不能奏效，而且付出了死伤数千人的代价。

第四天，勇将常遇春身先士卒，口衔钢刀亲自爬上云梯，他要强行登上城头。

敌将杨仲英看准常遇春，一箭射去，正在攀爬的常遇春难以躲闪，箭中肩窝，把握不住云梯，当空折下。

部下军将急将他救回本营，好在伤势不重，没有生命危险。

这使得徐达的攻击也只好停止，宁国城屹立不动。

朱元璋获悉进攻受挫，亲自带两万人马，和胡大海、廖永安两员大将前往宁国战场增援。

到达之后，朱元璋亲自指挥四员大将，从四面向宁国城发起猛攻，自辰时到午时，红巾军损失了两千多人，依然不能越雷池一步。

朱元璋紧锁双眉，这是他攻城以来最难打的一座城池。

李善长提议说："主公，不给敌人以喘息之机，连续强攻不止，让敌人缓不过气来，定能克敌制胜。"

朱元璋却有他的见解："先生之言不无道理，可是这样进攻，军士的死伤未免过大。”

“如不连续进攻，那么就要付出更大的代价。”

“设法以较小的牺牲，换得更大的胜利。”

“宁国之战，看来不作较大付出是不可能了。”

朱元璋经过思考，下了决心说：“全军停止攻击，退守营寨。”

李善长问说：“主公，有何破城良策？”

朱元璋吩咐说：“我要制作八辆盾车。”

“何为盾车？”李善长不解。

“也就是车大的盾牌。”朱元璋传令下去，按他的说法进行制作。

很快，八辆盾车在大营前现身。

双轮的木车上，立起一扇磨盘大的木板，又蒙上了两层棉被，再浇透了凉水。每车后面安排十名军士，携有满满两木桶火药。

攻击开始，朱元璋亲自拿起鼓槌擂鼓助威，八辆盾车由兵士推着飞速向前。元军的炮、箭、灰瓶对盾车都无可奈何，很快接近了城门，点燃炸药，巨响之后，城门支离破碎。

红巾军齐声呐喊，潮水般涌入城内。

元将别不花急急率兵前来堵截，可是怎禁得红巾军破城的势头，徐达一马当先，将别不花挑落马下，立时被乱兵踏为肉酱。

朱亮祖被胡大海生擒，杨仲英见状，只得率众投降。这一战，朱元璋不仅占有了宁国，而且还收降了二十万降卒，使他的实力大增。

又是一个万里无云的艳阳天，宁国城又恢复了商贾重镇的喧嚣。

朱元璋严格的军令，使兵士们都循规蹈矩，使得宁国城呈现出生意兴隆的繁荣景象。白昼无人欺市，路不拾遗，夜晚不闭门户，鲜见盗贼。

朱元璋一身便装，也走在人流熙攘的大街上，他对宁国被治理得如此兴盛感到欣慰。

徐达急匆匆跑来，拉住他的衣袖说：“主公，双喜临门了。”

朱元璋觉得糊涂说：“何来双喜？”

“打下宁国收得二十万人马，这难道不是一喜？”“二喜何来？”“主公，青龙寺内那个美人给送来了。”“啊！”这些日子，朱元璋忙于战事，把这场艳遇淡忘了，闻听此言，还未敢相信，“当真？”

“怎敢欺骗主公。”徐达拉着他就走，“新人已在府中等候，她父母亦来，今夜良宵，便可成亲也。”

朱元璋自是如飞赶回府内，马秀英、郭惠儿与新人的父亲胡泉与夫人，正嘮得亲近。

他们彼此见礼后,朱元璋的目光并未紧盯艳若天仙的胡玉婵,而是对下首端坐的一位青年格外注目。

这个人相貌清奇,飘飘然一派仙风道骨,仿佛是吕洞宾降临人间。他止不住询问说:“这位尊客他是何人?却为何无人与我引见?”

胡泉一听恍然大悟说:“看我们,只顾自家高兴了,却忘了这位刘先生。他是我们路上结识,结伴同来。”

“请问先生大名?”朱元璋甚是客气。

“鄙人刘基刘伯温,素闻平章大名,特来投奔,以期共图伟业,剪灭元酋,重整河山。”

朱元璋对刘基肃然起敬说:“先生远道来投,怕是朱某无德无能令你失望。”

“在下也非无有见识,不敢以汉之子房相比,天下大势也尽在胸中。对朱平章亦观察已久,庸碌之辈岂能投靠?”

朱元璋便将刘基延入密室,与其促膝交谈。相晤甚欢,相见恨晚。朱元璋虚心求教说:“刘先生,我军下一步当如何行动?”

“其实对此主公早有定算,何需我再赘言。”

“不然,我的一孔之见,怎及先生高瞻远瞩,务请赐教。”

“如此,在下就斗胆直言了。”刘基一语惊人,“主公下一个强硬的对手是陈友谅。”

这倒出乎朱元璋意料之外说:“怎么会是他?按理说当是徐寿辉呀。”

“徐寿辉自命为天完国的皇帝,其实他是个平庸无能之人,倒是他手下的兵马大元帅陈友谅,为人豪侠勇武,又善于结交笼络人才,日后徐寿辉的领地和人马,必为陈友谅所有。”

“可眼下看不出啊。”

“这只是迟早的事。”刘基指出,“因而主公须及早设想对付陈友谅的方略,这就叫未雨绸缪。”

“先生果然远见卓识,非常人可比。”朱元璋再问,“下一步我军的行动方向,还望先生指点。”

“池州为应天的屏障,此城势在必得。占有池州,方保应天无虞。”

“那么,池州之后呢?”

“当取安庆。”刘基言道:“此城有敌重兵把守,是徐寿辉的生死线,打下安庆,日后陈友谅取徐寿辉而代之,我军也可从容应对陈友谅了。”

李善长未经允许走进房来说:“主公。”

朱元璋有些不悦说:“没有将令,擅自入内,此行不当。”

“在下唐突,”其实,李善长见他二人长谈不散,心中妒忌,“主公,快到二更天了,您忘记了新人在洞房望穿秋水。”

“啊,我没有忘记。”朱元璋挥挥手,“你回去吧,胡玉婵是我的女人,也飞不了,明日再睡她又有何妨。而听先生一席话,胜读十年书,这才是等不了的,今夜我要同刘先生作彻夜长谈。”

李善长不好再说,同为谋士,见主人对刘基如此器重,李善长心里酸溜溜的,他无言地退出。

汉阳城而今是徐寿辉天完国的都城,自有一番繁华景象。

华丽的宫殿,深宅大院密布于城中,尤以宰相倪文俊的相府最为气势磅礴,几乎可以同皇宫比肩。

在相府的小客厅内,倪文俊正在接待一名重要的客人。他是陈友谅的弟弟陈友仁,倪文俊以盛宴款待。

陈友仁掏出礼单递过说:“请相爷过目。”

倪文俊打开从头看下,计有:珍珠一百斗,黄金一万两,白金五万两,美女一百名……他手捻短须露出微笑说:“副帅,我与令兄同朝为官,同殿为臣,我主文,他主武,何须如此客气。”

“相爷一人之下,万人之上,家兄岂能与您相提并论。且万岁懦弱,国事全赖相爷,家兄领兵在外,诸事还要仰仗相爷关照。”陈友仁反客为主,给对方斟上酒,“相爷请。”

“陈元帅派副元帅您来,下如此厚礼,怕不只为所谓不疼不痒的关照吧。”倪文俊打算把话题引向深入,“副帅有话尽管直言。”

陈友仁与倪文俊打交道频繁,彼此了解,也就把话说下去说:“相爷,当今万岁无雄才大略,其实是个扶不起的阿斗。”

“这倒也是,陈元帅保他确实有些屈才。”

“相爷,我们辛辛苦苦打下这天完国的江山实非容易,就徐寿辉的才能,我们真担心日后没有进取,甚至被别人吃掉。”

“这个情况是可能的。”

“故而,家兄有意推举相爷取徐寿辉而代之。”陈友仁站起来,“也好一统山河,平定天下。”

“这,”倪文俊有意试探,“本相舞文弄墨尚可,没有武功,不能征战,陈元帅为主方能据有天下。”

“不，不。”陈友仁急忙再次表明态度，“我弟兄情愿辅保相爷做皇帝，也好腰金衣紫共享荣华。”

“令昆仲的盛情，我当铭刻五内。此事权为初议，容日后徐缓图之。”倪文俊实际是应允了，“还请副帅从后面离去，以免为徐寿辉得知而起疑心。”

陈友仁达到了目的，也就辞行离开。他心中暗笑，心说倪文俊，且先借你的手除掉徐寿辉，然后再除掉你还不易如反掌。

倪文俊前脚送走陈友仁，后脚又到另一小客厅，会见又一名高贵的客人。

倪文俊走进客厅，不住连声道歉说：“让将军久等了，实在是抽不出身，万望见谅。”

这位客人是元朝的察罕帖木儿，他是奉元帝之命前来劝降倪文俊的说：“宰相大人肯来见我，就说明你有诚意。”

倪文俊是脚踏两只船，他有意抬高身价说：“适才是陈友谅派来重要使者，他说拥护我为九五之尊。”

“哼！”察罕帖木儿是不屑的口吻，“就凭徐寿辉和陈友谅之流，还能成大事，那只是痴人说梦。倪大人，这对你可是个千载难逢的大好机会，为我主效劳，少不了你的高官厚禄和荣华富贵。”

“但不知元主将如何待我？”

“你自己看。”察罕递过元帝的诏书。

倪文俊接过来，只见是任命他为湖广行省平章，也就是一个大省的最高长官。虽说不是位极人臣，也是封疆大吏地位显赫。他决心先应承下来说：“元帝的器重令我万分感激，愿为万岁效劳。”

察罕下达了指令：“还请倪大人能够尽快想到办法把徐寿辉除去，把他在天完国的兵马和钱粮全都收过来，被我大元朝所用。”

倪文俊早就打好了主意，听到圣旨之后，心中贪婪的欲望变得愈加强大，赶紧对察罕说：“请大将军转奏万岁，下官一定尽快实施。”

第二十五章 皇妃潜伏 倪文俊逃跑

虽然徐寿辉作为天完国的皇帝管辖的地方确实有些小，但是他也享受着皇家的尊荣与奢华。

自己的身边每天都有数十名美女环绕，身后还有十数个带刀的护卫进行护驾，徐寿辉想到此，心情不禁也开朗了起来。

他对统一天下并不十分在乎，仿佛那事跟自己没有任何关系，自己目前做的就是要尽情享受这眼前的幸福。

御前太监匆匆走上说："万岁爷，若惜来了。"

"噢，"徐寿辉一惊，这个若惜本是他的宠妃，半年前被他赐予倪文俊为妾，为的是安个眼线，二人约定，非有重大事情，若惜不会冒着暴露的危险相见，这是发生了何等大事，他即刻传旨，"快宣她进见。"

若惜是行色匆匆、气喘吁吁："万岁，臣妾有大事奏闻。"

"不需多礼，只管奏来。"

"倪文俊先后在家与陈友仁，还有元朝的大将察罕在密室中密谋，可以断定他已有二心。"

"是这样。"徐寿辉犯了思忖。

"万岁，"若惜接着奏报，"据悉，倪文俊要以赏花为名，请万岁过府赴宴，常言道宴无好宴，万岁切不可前往，以免为他所害。"

"好个若惜，不枉朕疼爱你一场，赏你黄金千两，速速回去，以免倪文俊生疑。继续留心他的举动，如有异常，速报朕知。"

若惜匆匆而来又匆匆而去，徐寿辉皱起眉头，思考着对策。一刻钟后，宰相府的管家拿着名帖来到，御前太监将他引来，站在一旁侍立。

管家递上名帖说："万岁，我家相爷新近得到一百盆极品兰花，都是难得一见。特来请驾前往观赏，并在相府用膳。以示我家相爷的忠心，也可让万岁在操劳国事中少许放松一下。"

"好，倪丞相是朕的股肱之臣，一向忠心耿耿，回复他，朕少许准备一下，即前去赏花赴宴。"

"遵旨。"管家满心欢喜地离去。

御前太监疑惑地问说："万岁爷，适才若惜再三叮嘱于您，千万不可赴宴。您却为何应承了？"

徐寿辉冷笑一声说："朕这是稳兵之计，叫他倪相先高高兴兴地等着吧。公公，你立即调集一千名御林军，由内卫大将军统率，立即包围宰相府，将倪文俊绑来见朕。"

御前太监眼珠一转说："奴才遵旨。"

徐寿辉暗暗得意，我让你倪文俊设毒计害我！岂料我在你身边安下卧底，不仅你的阴谋走漏风声，还断送了你的性命。

御前太监离开了徐寿辉，在去传旨之前，急忙写了一个纸条，叫过自己的亲信小太监，命他骑马从后门送给倪文俊。

原来，这个御前太监早已被倪文俊买通，每个月要拿一百两银子的好处。

俗话说花人钱财替人消灾，再者说为他自己安全计，也要知会倪文俊逃跑，不然落到徐寿辉之手，一旦咬出他来，不是连带也得丢命吗。

小太监飞马到了倪府后门，按约定打门。家人开了后门，见是宫里的人不敢怠慢，说："公公何事？"

"将相爷唤出，我这儿有给他的重要信件。"

"小人就去通禀。"家人匆匆去了。

倪文俊正在布置刀斧手埋伏事宜，闻报快步来到后门，认出是御前太监的亲信，客气地问说："公公有信给我。"

"相爷请看。"小太监催促，"看过奴才还要将原信带回。"

倪文俊接过看罢，不由得倒吸了一口凉气说："这……"

小太监伸手夺过纸条说："相爷快作打算吧，奴才还要回去交差。"他上马加鞭离去。倪文俊这个恨哪，没想到若惜竟是徐寿辉的眼线！要不是自己早有防范，全家人的性命休矣。此刻也顾不得多想，他返回内宅，径入若惜卧房，手提龙泉宝剑满脸杀气。

若惜有些胆怯地说："相爷为何怒气不息？"

"小贱人，你还有脸问，竟然向徐寿辉告密，且不论我们全家生死，我且先把你送进地狱。"

"相爷饶命！"若惜情知自己已是暴露。

倪文俊情急，哪还顾得多说，挺剑便刺，直插入若惜的胸膛，"噗"的一声鲜血喷出，死尸怦然倒地。

倪文俊急将全家老小送上三辆马车，匆匆带些金银，直向北门而去。夫人问他说:“老爷,是去投奔元帝吗?”

“混话,”倪文俊明白,“我现在一无所有,既没除去徐寿辉,也没有将天完国的军马钱粮带给元帝,孑然一身落荒而逃,对元帝无一分价值,若去投奔,连臭狗屎都不如啊。”

“那,你这向北,不是去元大都吗?”

“这只不过是障眼法而已。”倪文俊告知,“我们马上就拐向东方,前往陈友谅处,也许他能收留我们。”“他的弟弟不是刚刚给你送过礼吗,肯定错不了。”

“妇人之见,”倪文俊叹口气,“此一时彼一时也,我身为宰相,他有利用之处,而今我是逃犯,他的态度就难说了。不过我们也无处投奔,只能到他那里碰碰运气了。”

御前太监磨蹭良久,才找到内卫大将军,待点齐人马,到了相府,倪文俊全家已离府半个时辰了。出城门向北方追了一气,自然是一无所获空手而归。徐寿辉得知扑空,而且若惜已经身死,万分懊恼,但也无可奈何。

他虽然对御前太监有所怀疑,但毕竟没有真凭实据,也只能是暗中留意详加观察。而太监自会小心谨慎,一时间此事不了了之。

倪文俊吃尽千辛万苦,总算到了陈友谅的驻地黄州。

陈友谅闻听倪文俊来投,半晌没有吭声。陈友信见状试探着说:“大哥,倪文俊而今已是丧家之犬,手下无兵无粮,收下他就会开罪徐寿辉,干脆拒之门外。”

“这样做不妥,”陈友谅想得更深一层,“我们同徐寿辉决裂只是早晚的事,要想取他而代之,就要广交各方,广结善缘。现在我们对倪文俊冷淡,就会堵住别人的投奔之路。还当以礼相待,等日后人不知鬼不觉再徐缓图之。”

“大哥想得还是比我远。”陈友信也知恭维。

“二弟,代我出迎。”

倪文俊一家千恩万谢地在黄州住下了,陈友谅优厚拨给倪文俊日常用度,使得倪文俊感激涕零。

夜深了,倪文俊辗转反侧不能入睡,夫人有些烦了说:“你放着觉不睡,这是折腾个啥呀?”

“你倒是心大,看你呼噜打得像牛一样。”倪文俊狠狠地说,“也不怕睡梦中把你的脑袋割下来。”

“难道徐寿辉还能派刺客到这黄州来?”

“干吗徐寿辉？陈友谅杀你还不是轻而易举的事。”

“他，对咱不是挺好吗？你不必杞人忧天。”

“你就是个老娘们儿，头发长见识短。咱们在这儿白吃白喝，人家把你当祖宗一样供着，你说犯得上吗？啥时不痛快，还不是说杀你就杀你。”倪文俊还有担忧，“再说，说不定哪天，徐寿辉给陈友谅下道圣旨，或者是给他重金许以高官为条件，让他杀了咱全家，人家还不是举手之劳的事。”

这一番话，把夫人吓得不敢睡觉了说：“老爷，那咱可怎么办哪？要不然明天咱换换地方吧，省得在这儿担惊受怕的。”

“换地方，咱们已是走投无路。”倪文俊长叹一声，“就和丧家犬一样。”

“那就听天由命等死吧。”

“我倪文俊好歹也是一国的宰相，岂有坐以待毙之理。”倪文俊来了精神，“我要自己掌握一支军队，有了兵便谁也不怕了。”

“说梦话，你现在是仰人鼻息，不然连饭都没得吃，还要执掌军队，太阳是不会从西边出来的。”

“你懂什么？”倪文俊自有算计，“我在汉阳时，已经将一半的军队控制在手，只因我走得匆忙，对他们未及通知，我派家人回去暗中联络，不愁把他们拉来。那时我五万大军在手，对陈友谅又何惧哉！”

“那陈友谅会同意？”

“明修栈道，暗渡陈仓。就说为他收笼旧部，陈友谅自然高兴，等人马到齐后，就由不得他了。”

“你这算盘是打得挺精，但愿不要弄巧成拙，偷鸡不成蚀把米，反而惹来杀身之祸。”“只能这样主动掌握自己的命运，不然就是任人宰割。”倪文俊信心十足，“明天我就向陈友谅提起此事。”

次日，倪文俊主动去拜会陈友谅说：“大元帅，我一家人已来多日，承蒙照顾，心中颇感不安。”

“这就是相爷的家，何须如此过谦，若还有招待不周之处，尽管提出，陈某定当改正。”

“元帅这样说，更让我无地自容了。”倪文俊转入正题，“我想总要为元帅做点有益的事，汉阳那边还有我的旧部，派出人去，估计还能招回几万人马，统归元帅调遣，我也算没有白吃干饭。”

“如此甚好，我出马匹钱粮，相爷招回多少算多少，不要太当真。”陈友谅还宽慰他。

倪文俊走后，陈友信提出质疑说：“大哥，你这样做失策了，倘若他真的招回几万人马，我们这黄州还不成了他的天下，只怕就难以控制了。”

陈友谅微微一笑说：“这一点我何曾没有想到，只是这几万人马也是很大的本钱哪，这也是个绝好的机会。至于他有了兵马想要自行其是，那就看我们是如何对付了，到时我自有办法。”

倪文俊还真的仍有号召力，不过月余，便相继有五万人马前来投奔，使得他兴高采烈欢喜异常。

这一日他设下了酒宴，将十数员为首的大将召集到自己的房中，为每人斟上一杯酒说：“各位，这酒是黄州有名的黄阳酒，在窖藏五十年以上，大家要开怀畅饮，一醉方休。”

“是啊，我们好不容易又重新相聚，有相爷统领，就有了方向，也就有了远大的前程。”

“以往我是寄人篱下，那个滋味可真是不好受啊。要看人脸色行事，和讨饭吃无异，这下好了，我们有了自己的人马，再也不受窝囊气了，可以扬眉吐气了。”倪文俊举起杯，“弟兄们，干！”

十数人同时饮下杯中美酒，也就是转眼的工夫，他们无不腹内如同刀绞。倪文俊先说：“不好，这酒内怕是有毒。”

“哈哈哈”，伴随着一阵冷笑，陈友谅、陈友信兄弟走进房中。陈友谅阴沉地奸笑着，“看来相爷并不糊涂，还明白酒中有毒。不错，是我事先在酒内放进了砒霜，你们已是生存无望了。”

陈友信加了一句说：“也别想和我大哥分庭抗礼了，你们的人马，我大哥全都收下了，放心地走吧。”

“陈友谅，你，你好狠心，你比徐寿辉还要狠毒。”倪文俊手按肚腹，已是出言无力，“要我性命也就是了，为何将我部下这些无辜全都加害。”

“这可就怨不得我了，不是你召他们前来，他们怎会来黄州送死。”陈友谅又是奸笑几声，“我又怎能添上五万人马。”

倪文俊等人说话间相继倒地身亡，陈友信问说：“大哥，倪文俊的家小如何处置，是否也打发了？”

“有了这些陪死的，就不要学徐寿辉斩草除根了，”陈友谅吩咐，“把他们全都轰出城去，死活听天由命。”

就这样，倪文俊的家小被逐出了黄州，流落在外，不知所终。

陈友谅除去倪文俊的消息很快就传到了徐寿辉那里，徐寿辉为此特地颁下圣旨对陈友谅进行了嘉勉，在天下兵马大元帅的衔上又授予了宰相之职。

从古至今,从未发生过这样的事,一个人能够独揽军权和相权,也就是说,把文武的大权都集中到了一个人的身上。

其实,徐寿辉也是被逼无奈才这样做的。

目前,自己只能算是一个傀儡皇帝,陈友谅的实力实在是太强大了,说不定哪天自己就被取而代之了。

第二十六章 元璋巧计 小国被歼灭

其实,徐寿辉的动向一直被朱元璋密切关注着。

朱元璋见他们内部发生了纠纷,大大削弱了他们的实力,于是就按照刘基的战略,对池州发起了进攻。

常遇春本就是一名勇将,以往池州受到攻击,汉阳都会派兵增援,对进攻者两面夹击,天完军便可获胜。

眼下一半兵力去了黄州,徐寿辉无兵可调,致使池州被常遇春轻易攻破。

在此基础上,朱元璋又加派两万大军,由徐达统领,与常遇春合兵,摆出了到汉阳用兵的态势。

徐寿辉极度紧张,连发三道圣旨,要求陈友谅发兵救驾。

朱元璋的人马已经在池州出动,徐寿辉又发出了第四道圣旨。

陈友谅手捧圣旨,对着弟弟只是微微冷笑。陈友信问说:“大哥,是否眼下就与徐寿辉分道扬镳?”

“不,还不到时候。”

“那你就得做做样子,派出一支救援人马。”陈友信提醒,“若不然就是抗旨不遵。”

“他就是连发十二道金牌,我也不会给他一兵一卒。”

“大哥的葫芦里到底卖的什么药啊?”

“二弟就要辛苦一遭了。”

“让我去池州?”

“正是。”

“你不是说不派援兵吗?我去你给几万兵马?”

“你单人独骑。”

“怎么,让我去送死呀?”

“你去池州亲自把徐寿辉接来,以示我们的诚意。”

“他肯来吗?这不明摆着,在汉阳他是皇帝,来到这儿他是逃亡。再说,他的嫔妃和金银财宝怎么办?”

“他一定会来。”陈友谅笃定，“如不来，他就得等着做俘虏，哪头轻哪头重他还是分得清的。”

“何苦还去救他？让朱元璋收拾了他，我们就宣布称帝，那有多省事！”

“不，现在他还有利用价值。”陈友谅启发弟弟，“后汉三国时的曹操把个汉献帝养在身边，不也有用吗？”

“大哥是说挟天子以令诸侯？”

“对了，别忘了在天完国中，我们还有个劲敌赵普胜。”陈友谅面授机宜，“只有把徐寿辉逼到黄州，我们才能玩弄这个皇帝于股掌之中。否则，他是不会听我们摆布的。”

“明白了，”陈友信由衷地赞佩，“还是大哥深谋远虑。”

“好吧，即刻启程，快去快回。”

陈友信到了汉阳，徐寿辉大失所望，盼了半个多月，只盼来一个人。

他舍不得汉阳的宫殿，深知寄人篱下的凄凉。

陈友信见他迟迟不下决心，就使出了最后一招说：“万岁不肯移驾，臣也不敢勉强。我就快马返回黄州报信去了，请万岁快些安排人马守城，准备抵抗徐达、常遇春二将的进攻。”

徐寿辉一听就慌了说：“二元帅你不能丢下我，这汉阳城内兵微将寡，谁能抵挡徐达和常遇春哪！”

“我可不愿被俘做阶下囚，要跟我走那就抓紧。”

万般无奈之下，徐寿辉连嫔妃带金银财宝装了一百辆大车，跟着陈友信迁都到了黄州。

陈友谅亲自出城迎接，并恭恭敬敬跟在徐寿辉的驷马高车后面，进入了大元帅府。

陈友谅当殿跪倒，声泪俱下说：“万岁，是微臣无能，致使陛下颠沛流离，臣该死。”

徐寿辉反倒难为情了说：“元帅切莫如此自责，都是倪文俊与元贼勾结，致使朱元璋乘虚而入。”

“万岁，黄州不比汉阳，没有皇宫御苑，臣将这元帅府腾出，望万岁暂且安身。待有了足够的金银，臣再为万岁盖一处胜过当年长安城的皇宫，让万岁逍遥自在安享太平。”

“占了元帅的府邸，倒叫朕心不安。”

“万岁不嫌局促，便是臣的造化。”陈友谅又施一礼，“臣还有一事奏闻。”

“大元帅尽请直言。”

"万岁撤离汉阳半日之后，徐达便带人马兵不血刃占领了国都。臣想，汉阳乃龙兴之地，不能让敌人轻易据有。安庆大元帅赵普胜兵多粮足，能征善战，当派他出兵将汉阳夺回，也给朱元璋一点颜色看看，我天完国也不是好欺负的！"

"陈元帅是说，赵普胜能够战胜徐达？"

"那是自然。"

"好，就依元帅所奏。"

在陈友谅的把持下，徐寿辉给赵普胜发去了攻打汉阳的圣旨。

赵普胜不敢抗旨，便点齐部下十万人马，向汉阳进发。

兵到汉阳之后，赵普胜并不急于进攻，而是按兵不动，这令徐达好生费解。

赵普胜可称是天完国的开国功臣，论资历要比陈友谅高得多。在他任元帅时，陈友谅不过是个统领。而且赵普胜曾打败过胡大海、花云，与常遇春战成平手。

对这样一个敌人，徐达也不敢轻视，并未出城迎敌，而是加强防守，日夜不敢懈怠。

镇守池州的常遇春获悉赵普胜十万大军围攻汉阳，留下副将守城，自带两万人马前往救援。

二更时分，常遇春的部队到达了汉阳城下，他要给徐达一个惊喜，带领人马向敌人营寨悄悄靠近，他要偷营劫寨。

但见敌营灯笼高悬，梆子声声，悄然无声。常遇春断定敌人都在梦中，发一声喊，一马当先冲杀过去。可是，敌营竟是一座空寨。待徐达闻信赶到会合，他们大为诧异，这赵普胜大军去了何处呢？

二人正在疑惑间，镇守池州的副将盔甲凌乱全身是血地跑来说："大帅，大事不好，池州失守了。"

"怎么，难道是赵普胜偷袭池州？"

"正是他，十万大军，末将实在是敌他不过呀。"副将悲声连连，"我拼死冲杀，才勉强逃得性命。"

徐达安慰他说："好了，池州失守非你之过，是我大意让赵普胜钻了空子。"又转脸说道，"常元帅，你来镇守汉阳，待我回兵收复池州。"

徐达的数万大军向池州进发，大约一半路程时，到达一个狭长的地段名曰兔子沟，这里两山耸立，山谷悠长，地势险要。徐达并未在意，催军继续前行。待到进入沟中，赵普胜的伏兵尽起，好在徐达兵马平时训练有素，双方在硝烟炮火中，展开了短兵相接的激战。徐达毕竟是中了埋伏，好一阵冲杀，他才领得半数人马杀出了重围。这一战，又让赵普胜发了利市。

消息传到应天，朱元璋半晌无言。良久，他对刘基说："我军一向每战必胜，已滋生了骄傲之心，吃几场败仗也是好事，使将士们的头脑清醒一些，敌人并非全是豆腐渣。"

"赵普胜能征善战，对这样的敌人还当用计，不能与其硬拼，可以保存我军的实力。"刘基提议。

快马前来报信说："平章，赵普胜率军攻占了汉阳，常遇春大元帅中箭受伤，现已退兵池州，与徐达大元帅合兵。"

朱元璋连声叹息说："果然是个厉害的对手。"

"下一步，赵普胜定会攻打池州。"刘基分析，"常遇春带伤，徐达也新败，我军兵力不足，守卫池州没有把握。"

朱元璋已有主张说："我决定亲自带兵增援，会会这个天完国的大元帅，看他是不是有三头六臂！"

"要两条战线同时进行。"刘基言道，"我这里派人去他的安庆老巢，从他的内部下手做做文章。"

"军师要用反间计不成？""且试上一试。"次日清晨，朱元璋率三万人马前往汉阳增援。部队出发之时，天边尚有一勾残月并几点疏星。朱元璋在马上，望着欲曙的天色，不觉来了诗兴，他在马上吟道：忙着征衣快着鞭，转头月挂柳梢边。两三点露不为雨，七八个星尚在天。茅店鸡鸣人过语，竹篱犬吠客惊眠。等闲拥出扶桑地，社稷山河在眼前。

一旁的刘基不禁赞道："我主不但马上能征善战，而且诗文亦佳，诚乃文武双全之真主也。"

"先生过奖，胡诌而已，见笑。"朱元璋问，"安庆已然派人了？"

"去了，想来数日后便会有消息。"刘基倒是蛮有信心。

安庆的元帅府人来人往进进出出，迎门右侧一家茶楼里，刘基的侍从刘永眼盯着大门，终于发现了要找的人。这人三十多岁，是赵府的管家，名叫刘成，与刘永是个远亲。他快步奔出，迎住刘成说："三哥一向可好？"

"是你？"刘成认出来，"五弟，何时来到安庆？"

"三哥，小弟是今日刚到。"

"敢问找我可是有事？"

"特为寻找三哥，"刘永四外看看，"请借一步到茶楼里叙话。"

"也好。"刘成跟随刘永进了茶楼。

二人在一处雅间落座，泡了一壶香片，刘永斟上茶说：“三哥，我是为您的前程而来。”

“我现在不是很好吗？”

“三哥，徐寿辉胸无点墨、目光短浅，跟着他不会有好结果。小弟劝你另择贤能之主事之，日后也好博个锦绣前程。”

“五弟之意，何人能成大事？”

“朱元璋。”

刘成沉吟片刻说：“这人我也有耳闻，近来确是声名鹊起，徐寿辉难望其项背，只是我一个小小管家，不过是个下人，便投靠朱元璋，又能有何前程，还不是侍候人的活。”

“不然，”刘永耐心相劝，“常言道宰相家人七品官，你如今改换门庭，为朱元璋出力，他日朱元璋成就大事，定会封你个官职。”“但不知要我做何事？”

“去黄州给徐寿辉送信。”

“但不知是何信件？”

刘永打开随身携带的包裹，里面不只有一封信，还有黄澄澄亮闪闪的金锭说：“三哥，这是五百两黄金，是朱平章送给你的。事成之后，还有重谢。”

刘成这时已是急着问说：“这信如何送法？”

“你只要这样做便可以了。”刘永详细教导一番，“事情办妥，还有五百两黄金相赠。朱平章还答应，以后地盘大了，给你个四品知府做。”

刘成眼睛都圆了说：“真的？”

“绝无戏言。”刘永告诉他，“咱们的本家大哥已给朱平章当了军师，往后这好事少不了咱们的。”

“好，我即刻去办。”刘成已是急不可耐。

黄州的元帅府，而今已是徐寿辉的皇宫。大权在握的陈友谅对徐寿辉极其恭敬，每日晨昏必去问安，平常不断地送猪送羊送水果。而且仅仅半个多月，就进献了十名绝色美女。哄得徐寿辉喜得合不拢嘴，一再称赞陈友谅是本朝的大忠臣，并加封他平南王。

这一日，徐寿辉正在花园中同几位嫔妃乘船游水。陈友谅匆匆来到，跪拜之后奏道：“万岁，今有赵普胜元帅府的管家刘成，他特地从安庆赶来，称有机密事奏闻。”

“机密事？”徐寿辉不免犯了思忖。

“万岁，据刘成讲，此事关乎江山社稷和陛下的性命。”

"有这样严重？宣他进见。"

刘成近前，行三拜九叩之礼说："万岁万万岁！"

"你有机密事要奏报，讲。"

"万岁，请屏退左右。"

"你这是故弄玄虚。"

"万岁，委实事关重大，只能陈元帅一人在场。"

徐寿辉挥手说："你们退下。"

"说吧。"陈友谅催促。

"万岁，赵普胜投朱元璋了。"

"什么？"徐寿辉大惊，他不相信，"你敢离间朕同赵元帅的君臣关系，说，受了何人指使，得了多少好处。"

"万岁不信，这儿有朱元璋的亲笔信为证。"刘成递上一封书信。

徐寿辉接过从头看过，然后无言地递到陈友谅手中。陈友谅看过，抖抖手中书信说："万岁，赵普胜通敌铁证如山。"

徐寿辉叹息着说："朕原以为赵元帅是天完国的柱石之臣，他打败了徐达、常遇春两员大将，想不到竟是他们假败装样子的。"

陈友谅把赵普胜看成自己篡夺天完国政权的最大障碍，所以对于赵普胜投敌，他是宁可信其有，而且正可借此机会除去这个心腹大患，便说："万岁，对于这种败类决不能手软，若不是刘成报信，你我君臣二人都要遭他的毒手。"

刘成见陈友谅帮他说话，越发努力要把事情做实说："万岁，朱元璋信中说，等赵普胜假意活捉他之后，请您到安庆庆功时把万岁和陈元帅一网打尽，他这也太歹毒了。"

"万岁，常言道先下手为强，传旨调赵普胜到黄州。"

"他，若是抗旨不遵呢？"

"那就连下十二道金牌，也要把他调回来。"陈友谅说，"谅他也不敢有违圣命。"

刘成也说："朱元璋的信被我献给万岁，赵普胜并不知情，想来他也不会生疑，当会奉旨来朝。"

陈友谅已有些不耐烦了说："万岁，你管他会不会听旨，只管派人传旨就是，何须如此犹豫不决？"

"就依平南王。"徐寿辉不是在他的汉阳，如今身在陈友谅的地盘，还得看其眼色行事。

在汉阳前线连战连捷的赵普胜，接到徐寿辉的圣旨，不禁连连跺脚说："前功尽弃了！"

副帅问他："元帅何出此言？"

"你看看圣旨便知。"

副帅看过大声疾呼说："我们不能撤军，好不容易有了这大好局面。"

"抗旨不遵，是要祸及九族的。"赵普胜尽管不愿意，也只能撤军回了黄州。

踏上皇宫的金殿，赵普胜就觉得气氛不对。不等他说话叩拜，徐寿辉便传旨说："将反贼赵普胜绑了！"

武士们早已做好准备，不由分说将赵普胜上了绑绳。赵普胜高呼说："万岁，臣冤枉！"

陈友谅不等徐寿辉表态即发布命令："这个内奸，丧心病狂，竟然要谋害本王，推出去砍了。"

"万岁，臣冤枉啊。"赵普胜疾呼。

殿上武士将他推出，不一刻将其人头呈上，交陈友谅验看。

徐寿辉坐在宝座上，显得十分难堪，最后他忍不住说："平南王，这赵元帅怎么能说杀就杀呢。"

陈友谅面不改色地说道："此人卖主求荣，如果不杀难道要留他做个祸害吗！"

徐寿辉听完这话，对陈友谅的态度也强硬了起来："就算是该杀，也应该是朕下旨才对。"

"你还想传旨？"陈友谅仿佛听到一个笑话一般，不禁冷笑了几声。

陈友信在一旁接话道："徐寿辉，我看你也是活到头了吧。"

徐寿辉听到这话，大吃一惊说："这……"

还没等徐寿辉说完，陈友信就把剑拔了出来，向徐寿辉的胸部刺去说："你赶紧回家吧。"

顷刻间，徐寿辉这个皇帝，就被刺倒在地，一命呜呼了。

第二十七章 救小明王 挥师攻友谅

陈友谅的心情极其亢奋，他认为这次从朱元璋手中把战略要地采石矶夺了过来是自己的最大胜利。

就连强大的朱元璋都败在自己的手上，说明自己已经拥有了统一天下的能力。

就连人人称道的朱元璋都成了自己的手下败将，谁还能打赢自己呢！

因此，他没有听从众人的劝告，在这个危急时刻，在这片自己刚夺过来的采石矶上，宣布自己为皇帝，国号为大汉。

还封赏了文武百官，立邹普胜为太师，陈必先为丞相，年号“大义”，时为公元1360年。

陈友谅把朱元璋作为头号敌人，认为这是一统天下的最大障碍。

于是他率二十万大军，顺流而下直取应天。

论军事实力，陈友谅是朱元璋的十倍。特别是水军，陈友谅拥有“混江龙”、“塞断江”、“撞倒山”、“江海鳌”等当时的巨型战舰一百多艘，而中小型战船则是不计其数。

汉军来犯的消息，在应天引起了轩然大波，和战之争在朝堂上相当激烈。无论部下如何争辩，朱元璋丝毫不急不躁。在听过文武臣僚的意见后，他将刘基传到了后堂。

“刘先生，事关应天存亡，你为何一言不发？”

“臣与众人意见相左，不说也罢。”

“何不说给我听听。”

“主公，敌军势大但不足惧。盖因陈友谅气势汹汹，骄狂至极，俗话说骄兵必败，此理古来战事多有印证。”

“先生所言与我不谋而合，我军正可利用敌之期在必胜而求速胜的心理，用计破敌。”

“不知主公计将安出？”

“我部下有一大将康茂才，原系陈友谅部属，可用他行诈降之计。”朱元璋分析，“而今汉军大兵压境，陈友谅以为我军人心惶惶，必不生疑。一旦计成，则强敌可破。”

“此计甚妥，主公定能以弱胜强。”

当夜，陈友谅正在龙船上拥着宠妃酣睡，三弟友仁来报说：“万岁，康茂才差人前来下书。”

康茂才原本是陈友谅的爱将，他对康茂才的失陷经常自责，而且从不认可康茂才会真心事朱。

闻听有信，急忙披衣起身召见。

来人是个老者，本是康茂才的老门房，与陈友谅也曾多次谋面相熟。陈友谅大有故人相见之意说：“是你，老门房，你还活着？”

“多承万岁挂记，我与康将军在那边是度日如年哪！”老门房说着垂泪。

“既如此受气，何不率军归来？”

“康将军说，要等待最佳时机，为万岁立一大功，否则无颜再见万岁。”说着，递上了康茂才的亲笔信。

陈友谅看罢深信不疑：“朕领大军到此，应天城中是何情景？”

“已是惊慌失措，多数文臣武将认为无力抵抗，不如早降，以免玉石俱焚。”老门房言道，“康将军顺应潮流而归降，正其时也。”

“归去回禀康茂才，就按他信中所说，明日三更在江东桥相会，他为内应，一举攻占应天。”

“老奴谨遵圣命。”

“届时就以老康为暗号，朕连呼三声老康，你方应答即可。”

“老奴记下了。”

老门房回到应天，向朱元璋禀报了过程。

朱元璋甚为欣慰，重赏了老门房，并立即做了军事部署。

他命令李普长连夜将江东木桥拆掉，改建成石桥，以阻挡陈友谅的大船再向前进。

命令赵德胜在河道转弯处修建虎口城，派兵驻守，截断陈友谅的退路。

再命常遇春等三将领兵三万，埋伏于城东北的石灰山，再命徐达率军在雨花台一带陆路设伏，令张德胜率舟师在龙江关外水路设伏。

朱元璋则亲率主力，埋伏在城北的卢龙山。一切安排妥当，单等汉军入瓮。

五月初十夜，陈友谅的水军无声东下。

大约三更前后，先锋舟到达江东桥边，但低矮的石桥阻住了大船的去路。

陈友谅闻报近前观看,连称怪事,明明是木桥,缘何突然间变成了石桥。

此刻他也顾不得多想,便连声呼唤:“老康,老康何在,老康。”无人应答,陈友谅心下犯疑。

正在猜想之际,“嗵”的一声巨响,一个号炮腾空而起,顿时,喊杀声震天动地。石桥对面,火箭火铳流星般射过来,汉军的战船立刻燃起大火。

陈友谅明白中了埋伏,高声疾呼说:“快,快些掉头,所有战船退出河汉。”

可是,正值江水退潮,大船全都搁浅,一步也动弹不得。较小的战船被塞在其中,也是回转困难。

陈友谅见船只越烧越烈,军士们已是焦头烂额,便急忙传令说:“将士们上岸,不能在船上等死。”

军卒争相弃船登岸,转眼间已到陆地一万多人。可是,虎口城堵住了汉军的去路。此刻,朱元璋在卢龙山顶居高临下,擂响战鼓,四处伏兵齐出,同时向汉军冲杀过去。陈友谅的后翼是他弟弟陈友仁统率的一千余艘战船,他急将船队撤回了龙湾。

常遇春、徐达的人马全都向龙湾合击,张德胜的水军也将陈友谅紧紧包围。

危急时刻,陈友仁驾小船来接应陈友谅逃脱。这一战,汉军被斩杀和淹死的不计其数,被俘的就有两万人。陈友谅上百艘巨舰和几百条战船,尽皆成为朱元璋的战利品,陈友谅的主力被全歼。

陈友谅当然不会认输,他又重整旗鼓,命大将张定边袭取了安庆,再一次摆出了与朱元璋决战的态势。

陈友谅死守安庆,朱元璋领兵亲自攻打也久攻不下。

就在双方处于胶着状态之际,江北的军情频频告急。红巾军奉为正统的大宋朝廷小明王都城安丰,被元军团团围困,已是朝不保夕。

大元帅刘福通派人杀开一条血路,来到应天求取救兵。

案上摆放着刘福通的求救书信,朱元璋召集文臣武将商议。

几乎没有一个人同意出兵救援,刘基更是把话说得透彻说:“主公,若出兵必以主力出动,我一动则应天空虚,陈友谅必然乘虚而入,则应天危矣。再者说,救了刘福通,他和小明王就要到我处落脚存身,主公就要受他们的辖制,完全失去了自主的权利。万一失败,主力丧失,没有了实力,就更没有立足的地位,万万不可出兵。”

一向对刘基言听计从的朱元璋,这一次却不听刘基的主张了说:“刘先生,你之所论似乎有理,但忘掉了红巾军的核心利益。安丰乃应天的屏障,可称是唇齿相依。安丰丢失,应天门户洞开。再者说,我与刘福通同为红巾军统帅,焉有见死不救之理。小明王是我军的象征,他如败亡或失陷,就等于红巾军失败,为了抗元大局,我必须出兵。"

朱元璋留下胡大海等人镇守应天,亲率徐达、常遇春并十万大军,昼夜兼程赶赴安丰。

当他们到达安丰时,元军业已破城,红巾军与敌正在进行巷战。

元将吕珍见朱元璋率军来援,将手中刀高高举起,刀尖滴下血来说:"朱元璋,你来晚了,刘福通已做了我的刀下之鬼,你也要跟他一道去走黄泉路。"

朱元璋一声冷笑说:"姓吕的,安丰还在巷战,就是尚未失守,小明王尚在,我们就可反败为胜。"

徐达早已飞马冲出,与吕珍厮杀在一处。元军另一员大将左君弼,从侧后向朱元璋发起偷袭,常遇春迎住他展开了殊死搏斗。双方直杀得天昏地暗,元军哪见过这两员勇将,更兼来的是生力军,元军在安丰战中已是消耗许多,完全不是朱元璋红巾军的对手,很快便双双败退。

朱元璋成功地解救了小明王,安丰已是残破不堪难以坚守,加之陈友谅在蠢蠢欲动,便带着小明王返回了应天。

他又为小明王修建了皇宫,极尽恭谦与忠贞。

小明王明白,今后他只能仰仗朱元璋了,便不惜大开空头支票,加封了朱家三代,并封朱元璋为吴国公。

在朱元璋北援安丰时,陈友谅便认为是可乘之机。

赶造了巨型战舰数百艘,一律涂上红漆,舰船高有数丈,上下三层,层层设有马道,最下层设有板房,内装几十只大橹,此处全用铁皮包裹。

任敌船火炮轰击,战舰照常行驶。他的大舰载人三千,中舰载人两千五百,小舰亦载人两千。

他又大量征集壮丁和民夫,总共六十万大军。而且带上家小和百官,堪称是倾国出动,发誓要一战消灭朱元璋。

公元1363年四月,陈友谅大军浩浩荡荡顺流而下,直逼洪都。

洪都城地处赣江下游,北接鄱阳湖并与长江相通,战略位置极其重要,是朱元璋的地盘抗击陈友谅汉军的前沿。

朱元璋对此极为重视,派他的亲侄子朱文正为统帅,大将军赵德胜、邓愈辅之,而兵力仅有五万人。

四月二十三日，陈友谅大军到达洪都城下。

陈友谅命令部将赵祥将大船靠近，待江水潮起，从船上直接跃上城头，上次汉军就曾用此法攻占洪都。可是这个办法而今行不通了，在收复洪都后，朱元璋即下令将洪都城墙拆掉后移三十丈重建，大船已无法靠近城墙。

陈友谅只好下令部众下船登岸进行强攻。于是，一场惨烈的洪都攻防战拉开了序幕。

汉军六十万，但洪都城只一座，他的兵力施展不开，只能用部分兵力进攻，兵力的优势便显现不出。

汉军四面包围，连续不断地发起猛攻。船上的大炮，也配合着攻势向城头猛轰。一时间炮火和硝烟将洪都城完全笼罩起来，双方的喊杀声震天动地。

十天过去，洪都城依然坚不可摧。陈友谅甚为恼怒，自己六十万大军竟然打不下一个洪都。

这日他亲自上战场指挥，发誓不破洪都不收兵。

战舰上的炮火全部集中起来，对抚州门进行狂轰滥炸。一时间城墙多处坍塌，连起来长短足有三十多丈。

汉军如潮水般拥向城墙的缺口，陈友谅亲自擂鼓助威，并且狂呼高喊以壮声势。

红巾军在邓愈带领下拼死抵抗，危急时刻，朱文正带两千机动精兵赶到，硬是把突入城内的几百汉军歼灭，并且堵住了缺口。

红巾军不畏死伤，在敌人的炮火下连夜修好了城墙，使得陈友谅眼看到手的胜利，又化为乌有。

转眼已是五月中，陈友谅愈加焦躁，他又亲自督战攻打新城门。守将薛显竟然大大出乎汉军的意料，打开城门出战。

这突然的举动，令汉军措手不及，汉将刘进昭被斩于马下，而赵祥战马被断腿，将他掀翻在地，赵祥为薛显所俘。

陈友谅见状，督催上万人向新城门扑来。城门不及关闭，薛显命竖起木栅阻敌。汉军和红巾军就木栅展开了激烈争夺。

邓愈及时赶到，薛显撤回城中，城门重新关闭，陈友谅又一次和胜利失之交臂。

洪都保卫战整整进行了八十五天，朱文正以五万兵力，抵挡了陈友谅六十万大军的猛攻，为朱元璋调度兵马赢得了宝贵的时间。

1363 年的七月初六，朱元璋率舟师二十万，并徐达、常遇春等大将，来到了鄱阳湖口。陈友谅原想打下洪都再与朱元璋决战，怎奈仍难攻克，只得于七月十九日撤洪都之围，进入鄱阳湖，与朱元璋大军对垒，于是这场历史上有名的鄱阳湖大战打响了。

从实力上看，陈友谅的兵力是六十万，而朱元璋只有二十万，汉军是红巾军的三倍。

从地理上看，陈友谅位于上游，而朱元璋则居下游，也就是说，陈友谅占有绝对优势。

朱元璋深知形势险峻，他把众将召集到自己乘坐的指挥舰“白海”号上，发表了战前动员讲话说：“诸位将军，兵在勇而不在多，而将勇则兵勇。两军相逢勇者胜，各位都要奋勇杀敌，勇往直前。我军的前途，各位的荣辱，全都系于此战，消灭陈友谅在此一举！”

“吴公放心，朱文正将军已为我们做出了榜样，在战场上我们绝不是熊包，一定会以一当十大败汉军。”众将异口同声。

朱元璋将手下战船分为十一队，每队都配有火炮、火铳、火箭、火蒺藜、大小火枪、大小将军筒等，总之是以火器为主。他在“白海”号上居中指挥，用令旗调动一切。

七月二十日，两军在康郎山下的水域接战。

红巾军船小，机动灵活就成了它的优势。他们分批向汉军发起冲击。

徐达、常遇春、廖永忠等大将无不奋勇当先，驾船杀入敌阵。

几十万人的激战，杀得百里之内的湖水都被染红。

徐达一杆枪神出鬼没，连挑汉军两员大将，部下也奋起发威，杀敌一千五百余人。

徐达纵身跃上敌舰，缴获敌人巨船，使得红巾军军威大振，士气倍增。

水军都督俞通海更是勇冠三军，运用火器得心应手，接连焚烧敌舰二十余艘，令汉军见之胆寒。

陈友谅面对战场上纷繁复杂的局面，并不慌乱，他对自己的实力很有自信。

他对大元帅张定边说：“擒贼先擒王，一切战场上的小胜均不足看重，你带大队舰船与孤直取朱元璋，不惜一切代价，将他生擒或斩杀。只要朱元璋一死，群龙无首，他的大军必败。”

张定边遵旨率一百多艘大小战船，避开对方的战舰，径直向朱元璋扑去。

朱元璋看出敌人的意图，发觉形势不利，急命“白海”号移动。由于舵手慌不择路，竟然闯入了浅水区，“白海”号搁浅了，在湖面上不能动。

张定边率船围攻上来，上百艘战船对朱元璋一只战舰，发起了疯狂的进攻。

汉军不顾生死，已有多人登上“白海”号，朱元璋部下的大将程国胜、宋贵、陈兆先等拼死力战。

程宋二将尽负重伤，陈兆先则被如蝗的乱箭射中身亡。

眼见得敌人源源拥上“白海”号，形势万分危急，牙将韩成给朱元璋跪下泣求说：“主公，古人称杀身取义，今国公有性命之忧，韩成愿以身代死，请主公将衣冠与我交换。”

朱元璋不肯说：“这如何使得，我朱元璋也是英雄，焉能让部下替死。”

“主公，你存则红巾军存，韩成死不足惜，唯愿我大军战胜陈友谅，主公救万民于水火。”韩成不由分说，强行扒下朱元璋的衣冠，然后有意站在甲板上亮相，说声“我朱元璋宁死也不能被俘，就此去矣”，便投入湖水之中。

汉军看见无不兴高采烈地叫喊说：“朱元璋投水自杀了。”

“朱元璋死了！”

他们的攻势也都放缓了。

常遇春也以为朱元璋遇难，驾船赶过来营救，他气愤已极，看准张定边一箭射去，正中其肩窝。张定边仰倒在船上，手下人急将他救起送入舱中，他们这一百多围攻“白海”号的战船也随之撤退。俞通海的大队战船也赶到，浪起潮涌，“白海”号趁机启动。

常遇春高呼说：“快，下湖去打捞主公。”

朱元璋身着牙将的服饰出现在船头：“常将军休要惊慌，我这不是好好的毫发无损。”

红巾军齐声欢呼，气势大振，勇猛地向汉军冲杀，双方又复激战。

朱元璋的爱将张志雄被敌舰围困，身中十余箭，敌人跳过船来要活捉他，张志雄宁死不做俘虏，横刀自刎。

大将丁普郎，被汉军的长枪刺中十数处，更有陈友仁抡起大刀一挥，将其头颅砍落水中，丁普郎依然直立不倒，吓得汉军向他跪拜。

激战中，汉军已死伤六万多人，朱元璋一方也逾七千人战死。而且大将徐公辅、徐昶、陈弼等人也都先后牺牲。而陈友谅依仗兵多，死死咬住红巾军，不给朱元璋以喘息之机。

如果继续这样硬拼下去，朱元璋一定会失败。

刘基看着目前严峻的形势，赶紧对朱元璋献计说：“主公，现在我军的兵力有限，如果一直与敌人这样硬拼下去，就算把我军所有的兵力都消耗光，敌人依然有数十万的兵力。因此不能再继续硬拼下去，我们要加强火攻。”

听完刘基的建议，朱元璋对当前的形势也进行了详细的思考，认为刘基的建议非常有道理，于是就下令，让常遇春调来十条渔船，在渔船上装满火药火油以及芦苇。

由常遇春亲自乘着小船进行指挥，冒着敌人强大的炮火和如雨的箭矢，冲到汉军的船队当中。廖永忠、俞通海也率领二十条火船，杀入陈友谅的水寨。

第二十八章 寻找时机 火烧陈友谅

汉军与朱元璋部队的战争就在黄昏时分打响了，没过多久，汉军的战船和水寨都着起了大火。

因为着火，船上的士兵也乱了套，他们不知该把自己的船开到哪里，只能横冲直撞，最后导致把没有着火的船也沾染了火苗，没过多久，几百条战船就都着起了大火。

这场战争下来，汉军死伤惨重，有十万多人都在这场战争中或死或伤，有近百名战将在这场战役中被烧死，其中就包括陈友谅的弟弟陈友仁、陈友贵。

陈友谅幸赖部下死战，换乘小船才逃得性命。

鄱阳湖火烧陈友谅的大战，是朱元璋登上帝位的关键之战，也在历史上留下光辉的一页。

陈友谅虽然损失巨大，可他并没有喘息，也不容朱元璋喘息。

依仗船大兵力仍占优势的条件，次日一早又向朱元璋发起了攻击。

再次激战整整一日，双方互有死伤。刘基向朱元璋建议说："主公，明日不能再这样打下去了。"

"为何？"

"不能与他拼消耗。"刘基分析道，"陈友谅兵多，他远道来征，军粮不足，意在速战，而我军则不缺粮。为此，应当将汉军困在他的水寨。我们只要封住两个出口，使他不能出战，待其粮尽，必然恐慌，那时我军再与他决战，则必胜无疑。"

朱元璋采纳了刘基的困敌之计，大军移师湖口，命常遇春和廖永忠分别截住鄱阳湖口。

陈友谅几次想要冲出交战，都被红巾军强弓硬弩和火器射回，无奈只能蛰伏在湖中。

转眼十几天过去，汉军已是缺粮，将军们每日两餐，士兵每日仅一餐。

而陈友谅和他的家小亲信，依然是花天酒地。

这日，左金吾将军饭后在船头眺望朱元璋大营，见对方军士正在饱餐，那成盆的白米饭热气腾腾。

他的弟弟偏将走过来对兄长说："我饿得已是前胸贴了后腔，实在挺不住了，与其饿死不如找条活路，今天夜晚，我带弟兄们摸过去试探一下，如果朱元璋善待我等，大哥你就带部下一万人弃暗投明。"

"千万要小心，不可走漏风声。"

入夜后，偏将领着十名亲信，驾一只小船，悄悄出了水寨，无声地接近了常遇春的水营。

巡哨的快船发现了驶来的小船，上前截住问道："敢莫是汉军想要偷营劫寨吗？"

"将军，非也。"偏将回答，"我们是汉军中的士兵，因连日饥饿难忍，特来寻一餐饱饭。"

"好，你们随我来。"巡逻船将他们带给常遇春，又送到了朱元璋处。

偏将看着坐在上面的人，有些不敢相信："尊驾真的是吴国公？"

"我就是朱元璋。"

"国公就这样平易，没有一丝架子，而且穿着也这么朴素随便，真是令人难以置信。"

"国公也是人，大家一样打仗吃一样的饭，这有什么奇怪。"朱元璋道，"已经为你们准备好了饭菜，你们尽管吃饱。而且回去告知战友，凡饥饿者皆可来我军水营进餐，保证你们的安全。"

偏将有意说："国公，我们饱餐之后，不想再回去为陈友谅卖命了，想要回武昌家中。"

"可以，我派人送你们上岸，而且每人发给五两白银的路费，估计足够你们回到家中。"

"您所说的是真的？"

"岂有戏言，"朱元璋告知，"你们被俘的汉军有一半加入了我军，还有一半回家和亲人团聚，我们都给发放了路费。"

偏将止不住流下泪来说："国公，你们真是大度又慈善，哪像我们那边，把抓到的战俘全都杀害了。"

"这样做是残忍了。"

"国公，跟您说实话吧。我是汉军左金吾将军的胞弟，今夜前来是为试探对我们的态度。"偏将表明心迹，"回去后，我要向家兄说明一切，争取让他率军弃暗投明。"

"请转告令兄，投诚之后，照常让他带兵，仍为大将军，并由我方负责修建府邸。手下的弟兄不愿继续当兵的，可以发放安家费许其离开。”

“国公，这条件太优厚了，我想，家兄定会毅然走上光明之路。”偏将心满意足地回去了。

左金吾将军当机立断，次日夜间便率军投诚。

受他的影响，右金吾将军也率部下万人投奔了朱元璋。事态严重，陈友谅为防骨牌效应，加强了对部下的控制。

但无粮是致命的难点，为此他令水陆军都元帅张定边组织五百条战船，前往都昌抢粮。

然而却遭到朱文正的顽强拦击，船只大部分被烧毁，只有张定边死战得脱。

陈友谅真的到了山穷水尽的地步，粮食堪堪待尽，只能硬着头皮突围。

他亲率百余艘战船，意图抢占南湖嘴，以进入长江返回武昌。

然而在湖口遭到朱元璋的猛烈阻击，红巾军将汉军的舰船分割包围。朱元璋站在船头不避炮火亲自指挥，敌元帅张定边此时不顾自身危险，站在高处，对准朱元璋射去一箭。在朱元璋身旁的刘基看得真切，急将他推开，那箭带着风声从朱元璋耳边飞过，真是好险。

张定边回头告知陈友谅说：“万岁，看我险些要了朱元璋的小命，算他命大，侥幸得免。”

陈友谅应声探出头来说：“大元帅，那朱元璋而今何在？”

“缩头乌龟，躲进船舱去了。”

“朕不像他胆小如鼠，也要出舱指挥。”

“万岁，万万不可，须防流矢伤人。”

就在陈友谅与张定边对话之际，红巾军大将郭英看准陈友谅的面门，发出重重的一箭。真是百步穿杨的神箭，陈友谅的头颅被射穿，当场死于非命。

主帅一死，军心涣散，将士再也无心恋战。

五万多人投降，太子也被俘。张定边用小船载着陈友谅的尸体，还有二儿子陈理，连夜逃走，回到了武昌，不久立陈理为帝。

鄱阳湖大战，历时二十六天，以朱元璋的胜利陈友谅的失败而告终。

十月，朱元璋大军围困武昌，拖至次年二月，张定边和陈理粮尽援绝难以支撑，被迫投降。

至此，汉水以南到韶州以北，辰州以东至赣州以西，原陈友谅汉国的所有疆土，已尽数归朱元璋。

这一日，李善长来到朱元璋的书房，将手中的一张字条递过去说："主公请看，这是市面流传的一首童谣。"

"噢，"朱元璋认真地从头看下去：富汉莫起楼，贫汉莫起屋。但看羊儿年，便是吴家园。及早顶皇冠，吴主坐江山。

李善长在一旁察言观色说："主公，而今已据有江淮广大地区，为顺应天心民意，早日灭掉元蛮，一统天下，是当称帝了。"朱元璋笑了笑说："就凭这首童谣？""这是天意呀。""还不到时候。"朱元璋认真地说，"树大招风，过早称帝容易成为众矢之的，反而不利于今后的发展。"

"称帝乃百官人心所向，如不顺应时势，只怕寒了将士们的心。"李善长敦促，"主公三思。"

"好吧，为不至于令部属失望，我请宋主将我的吴国公改封为吴王。"朱元璋还是留有余地。

公元1364年（龙凤十年）正月，朱元璋在应天称吴王。

设置百官，建中书省。以李善长为右相国，徐达为左相国，常遇春、俞通海为平章政事，汪广洋为右司郎中，张昶为左司郎中，立长子朱标为世子。

仍然沿用龙凤年号，以吴王令旨名义颁布政令。

军队也重新进行了编制，取消了各翼统军元帅府，新设武德、龙骧、豹韬、飞熊、威武、神武、振武、宣武、雄武、羽林等十七卫亲军指挥司。

战士一律穿红色战袄战裙，头戴阔檐红皮壮帽，背插猛烈二字小旗。

此时朱元璋已拥兵数十万，因此前张士诚已称吴王，所以都称张士诚为东吴，而称朱元璋为西吴。

自从张士诚降元，就一直龟缩在浙西地区。这里向称富庶，是为鱼米之乡。张士诚也不思进取，整日里寻欢作乐，并大兴土木，建造了齐云楼、景云楼、看桐馆、芳惠馆等富丽堂皇的宫殿。国事尽交于其弟士信，而张士信又只信用黄敬大、蔡彦文、叶德新三人。他们贪污无能，嫉贤妒能，疏远忠正，亲近奸佞，朝纲紊乱，国事日下。

明媚的阳光照射进吴王府的书房，朱元璋虽说从小没有上过学，但他酷爱读书，故而只要稍有时间，便埋头在书房里。刘基轻手轻脚地走进来说："主公，又在用功。"朱元璋抬起头说："先生是无事不来。""主公，看看这个。"刘基也递过一张纸条。朱元璋铺展在案上，只见又是一首童谣：丞相做事业，专用黄蔡叶，一朝西风起，东吴都干瘪。

朱元璋笑了说："先生是要我攻取东吴。"

"主公知我心也。"

"先生智谋可比当年之姜尚、孔明，甚有远见。平定陈友谅后，张士诚便首当其冲。除掉张士诚，收并了东吴土地，则江南一统也。"朱元璋佩服刘基的战略眼光，"近日我旦夕都在思考征讨东吴的战事，奈何其地大城多，如老虎吃大象，不知从哪里下口。"

"主公，张士诚好比是一棵大树，想要一口气连根铲除实属不易。何不先剪去枝杈，最后再拔其主干。"

"先生的意思是先打江淮？"

"这是第一步，"刘基显然是肯定了朱元璋的想法，"第二步，集中兵力攻打杭湖。"

"那么，平江城便是张士诚这棵大树的主干，这也就是第三步了。"朱元璋的头脑中条理清晰。

"哎呀，我主吴王千岁真是伟大的军事统帅，对张士诚的战略部署，我刘基从内心里折服。"

"军师赞同，我就要付诸行动了。"

于是，朱元璋运筹已久的对东吴的进攻，便在公元1365年的十月，敲响了战鼓。徐达、常遇春、冯胜统率二十万大军先下泰州，次年三月又攻克高邮，继而占兴化、宿州、邳州，整个淮东已尽为西吴所有。然后，朱元璋发出檄文，公布张士诚八条大罪，说明他代天讨伐的种种理由。

当年八月，朱元璋大军兵临湖州城下。

湖州地理位置重要，守将张天骐是张士诚的心腹爱将。如果湖州失守，等于张士诚失去一足难以站立，也会动摇他对江南的整个统治。因此，他急派谋士李伯升到达湖州协助守城。同时又派大将吕珍会同五太子，领兵六万前往增援。到达后，在湖州东旧馆构筑五寨据守，意在与西吴军作长期较量。不料，徐达用火攻破了五寨，常遇春抢占了姑嫂桥，断了湖州与平江的陆路，汤和堵塞了港河，截断了湖州与外界沟通的水路，使得湖州陷于被围之中。城内的张天骐、李伯升是叫天天不应，叫地地不灵。

吴王朱元璋并没有干等湖州的捷报，为了不使张士诚从容增援湖州，他又派李文忠统兵攻打杭州，命华云龙攻打嘉兴。使张士诚顾此失彼，穷于应付。

在粮尽援绝的情况下，湖州守将于十一月初六归降。受其影响，杭州、嘉兴、绍兴也相继归降，使朱元璋共得降卒十万。

这样一来，张士诚就仅剩下老巢平江一座孤城了。朱元璋几次派人招降未果，遂决定以武力攻占平江。

公元1366年十一月二十五日，西吴大军进逼平江城下。战前，朱元璋召集军事会议，商讨平江作战的方略。众人七嘴八舌，所说意见莫衷一是，而且争论不休互不服气。

朱元璋看看刘基说："军师，还是你来谈谈高见。"

刘基反问朱元璋说："主公，还有一员大将一直没有开口，您为何给忽略了？"

朱元璋恍然大悟说："你是说左相国徐达？"

"正是，"刘基进一步说，"徐大人是我朝常胜将军，勇谋兼备，攻下城池何止百座，对于如何攻打平江，他是最有发言权了。"

"徐大人，为何不开尊口？"

徐达倒也痛快说："主公，要是我打平江，只需两个字。"

"哪两个字？"

"锁城。"

朱元璋一时难以明白说："徐大人何妨细细讲来。"

"主公，由我率军先到城南鲇鱼口，康茂才带兵到尹山桥，将东吴军在城外的军队悉数赶进城中，然后便实施锁城。由我包围葑门，常遇春将军围虎丘，郭兴围娄门，华云龙围胥门，汤和围阊门，王弼围盘门，张温围西门，康茂才围北门，耿炳文围东北方，仇成围西南方，何文辉围西北方，四面筑起长墙困之。并架起与城中佛塔一样高的木塔，可以瞰看城中全貌。再筑敌楼三层，每层备有火铳弓箭，架起襄阳大炮，以备随时轰击。"徐达缓缓道来，"这样不出三月，张士诚便会粮尽生变，胜过强攻，也可减少我军将士伤亡。"

刘基首先表态说："果然左相国深思熟虑，这是一条绝妙的攻城方略，可收事半功倍之效。"

朱元璋也对其称赞道："既然左相国已经把各位将领都安排妥当了，那就遵照着左相的意思，让这些将领各自带着各自的兵马，按时进入阵地。"

众将听后，齐声应答说："谨遵千岁军令。"

经过精心的准备之后，朱元璋终于要开启对张士诚的最后一仗了。

第二十九章 怒火中烧 杖毙张士诚

公元1367年的7月30日，这日天气晴朗，吴王府一片喜庆的气氛，好像正在筹备什么好事。原来今日正是东吴王张士诚的四十七岁大寿，所以全府上下正在为了祝寿而忙碌着。虽然平江城正处于西吴兵马的包围之中，庆祝有些不合时宜，但是因为吴王一直坚持要庆寿，所以手下们不得不费心张罗了。

在王府后宫，张士诚穿上新制的王服，顶戴上崭新的王冠。在铜镜前照了又照，特意问身边的王后说："怎样，看我是否像个皇帝？"

"王爷，都什么时候了，你还在做皇帝梦。"王后眼中含泪，"只要保得住性命，就是天大的造化了。"

张士诚一个巴掌抡过去说："妈的，老子的大寿，你抹眼泪花子，这不是成心败我的兴！"

王后手捂火辣辣的脸说："王爷，说不定朱元璋大军随时都会攻城，就别再硬撑着庆寿了。"

"你还敢犟嘴，"张士诚强压怒火，"正是因为朱元璋兵临城下，孤才非要庆寿不可。我来到这世上四十七年了，若不好好庆祝一番，只怕就不会再有机会这么风光地祝寿了。"

"王爷，现在想的应该是退路。"

"什么退路？"张士诚怒目圆睁，"你让我向朱和尚屈膝？我姓张的就是死也不会。"

"王爷，那城破之后如何？"

"好办，"张士诚仰望长空，"孤早已想好归宿，只要城破，便一把火烧了王宫，我们一同化为灰烬。"

王后全身一悸说："王爷，你我人过中年，便死也无妨。可是几十个世子郡主，他们豆蔻年华，有的还不谙世事，你我不在，何人照管他们，还不知朱元璋能否放过他们。"

"你以为孤会让朱元璋拿我的子女说事吗，孤不会让自己的子女丢丑。"张士诚显然已下决心，"孤要他们同我一道同升天国。"

"啊!"王后大吃一惊,"王爷,不能啊,孩子们还小,无论如何也要保他们的性命。"

"少在我面前絮絮叨叨,孤上朝去了。"张士诚说完拂袖便走,把个王后给闪在了身后。

隆重的庆寿大典在银安殿前的广场举行,张士诚居中端坐,文武大臣排列两班。看得出,人们都忧心忡忡,如同丢魂失魄一样,全都心不在焉。一队武士手执刀盾舞将上来,他们边舞边唱:东吴大地国泰民昌,山河锦绣人间天堂。五谷丰登鱼米之乡,安居乐业赖我吴王。猛将如云兵强马壮,敌人来犯定把命丧。

传旨太监近前禀奏:"大王,我国旧臣谏议大夫李伯升求见。"张士诚挥手令武士们退下说:"他不是降了朱元璋吗?还敢回来见我。"

"大王,他是奉朱元璋之命,前来下书。"

"宣。"

李伯升上前见了旧主纳头便拜说:"大王千岁千千岁。"

"而今你已是西吴臣子,为何对孤还这等大礼参拜。"

"这是我尽旧臣的一片情意。"李伯升躬身递上书信,"这是西吴王的亲笔信,请大王过目。"

张士诚接过随手丢在案上说:"孤没兴趣看他朱元璋的破信,你直说吧,他意欲何为?"

"大王,眼下平江已被围十多个月,城内粮尽,城外援绝,我主体上天好生之德,不忍攻城而致百姓祸于战火。大王若能献城归顺,仍不失王侯富贵,而城可存民可安。"

"你还有脸在这儿奢谈招降,一个背叛主人的宵小,只配做食槽上的蠢猪。"张士诚传令,"来人,把他打入大牢。"

李伯升在被带走时,还回头再三呼吁说:"大王,不可放过这求和求生的机会,平江难以自保啊!"

张士诚扫了一眼文武臣僚说:"你们心里想什么,孤很清楚,但人要站着死,而不能跪着生。我张士诚决不能臣服于那个讨饭的和尚,胜利和失败都决定于顷刻之间。孤决定,祝寿庆典结束,组织精兵突围。"

人们事先毫无准备,张士诚随机选调了五万人马,由大将军唐杰、周仁统领,分南北两路实施突围。半个时辰后,唐、周二将在折损了一万人马,并多处带伤的情况下,败回了城中。张士诚本身对这次突围也没抱希望,他对臣子们说:"强敌兵锋难挫,突围之念只能作罢,我国兵将臣僚,必作坚守打算，我东吴，我平江，宁可战至一兵一卒，也决不投降。”

张士诚定了调子，属下也只能照办。在此后的两个月中，西吴军的多次试探性进攻，均难以奏效。这使得张士诚认为，朱元璋的攻击能力有限，平江防御固若金汤。其实，朱元璋一直没有对平江发起真正的攻势。

这期间，朱元璋派部将分别攻取太仓、昆山、崇明、嘉定、松江等地后，感到平江城内已到了无粮的境地，守军的抵御能力大为降低，遂于1367年的九月初八，从四面八方同时向平江发起了决定性的攻击。

唐杰、周仁、潘元绍等大将难以支持，纷纷投降，西吴军进展神速。但张士诚依然坚持抵抗。在城门失守后，他带精锐的王宫卫士与西吴军巷战。在看到身边人死伤殆尽时，才黯然神伤地返回了他的王宫。

王后忐忑不安地迎上来说：“王爷，外面战事如何？”

“还用问，我张士诚是彻底败了。”他神色忧郁，“我们的大限到了。”

“王爷，该如何走法？”

“我们全家举火自焚。”

“王爷，留下世子和郡主们吧，”王后求情，“朱元璋如何待他们，就听天由命了。”

“孤决不能留下子孙取辱。”张士诚把一家大小总共三十余口，统统赶到了景云楼上。下面架起桌椅，浇上火油，亲手点燃。霎时，冲天火起。在一片哭喊声中，景云楼轰然倒塌。

神情恍惚的张士诚，来到另间宫室，搭上白绫，引颈自缢。牢中的李伯升被人救出，见张士诚上吊，急将他救下。幸好时间尚短，挽回了张士诚的性命。

作为俘虏，张士诚被押送到应天。朱元璋吩咐带到大殿上，和颜悦色地问说：“张士诚，兵围平江，本来胜负已定，为何仍负隅顽抗。致使将士死伤，黎民涂炭，城市半毁，罪莫大焉。”

张士诚闭上双眼，一言不发。

朱元璋换了话题说：“士诚，你我同起于民间，念你一代英雄，只要对我一拜，孤赐你府邸，给你逐日用度，足以安度余年。”

张士诚置若罔闻。

李善长在一旁看不下去了说：“张士诚，你而今是我主阶下之囚。见了我主非但不跪，而面对我主问话，竟然不置一词，实该万死。”

一直缄口不语的张士诚突然开口了说：“你也配在我吴王面前卖弄？算个什么东西？不过是沿街乞讨的臭和尚，不过是扫地点点油灯而已，怎如我贩卖私盐仗义疏财勇斗官府?"

"够了!"朱元璋怎能听不出这就是指桑骂槐对着他,"张士诚,你是不可救药,本王也就成全了你。来呀,拖到竺桥,乱棍打死。"

张士诚被武士架到了竺桥之上,十数根棍棒齐下,将他敲成了一堆烂肉。他三十三岁起兵,至四十七岁身死,仅仅一十四年。

铲除张士诚,朱元璋在他迈向皇帝龙位的道路上,又前进了一大步。为此,他对有功人员论功行赏,封李善长为宣国公,徐达为信国公,常遇春为鄂国公,其他有功将士也均有封赏。

张士诚覆亡的消息,受震动最大的是他的左丞相方国珍。事情是明摆着的,与东吴山水相连的江浙行省,眼下便是朱元璋的嘴边肉。他自然不甘坐以待毙,忙召集得力大臣商议对策。

"众卿,朱元璋差人送来通篇指责的书信,意即如不投降将发大军征讨,当如何应对?"

郎中张本仁首先出班说:"主公经营浙东多年,岂能拱手让人。再说通观古往今来,降国之君哪儿有好下场。不消说,与朱元璋刀兵相见,兵来将挡,水来土掩,胜负尚未可知。"

左丞刘庸亦主战说:"朱元璋江右之兵多为步骑,而我地皆为海滨,海船我方为绝对优势,届时,应力求海战。"

谋士邱楠却有不同见解说:"我地虽说靠海,然城池皆在陆地,西吴军来必攻城,岂会同你拉至海中决战?一厢情愿耳。"

方国珍觉得有道理,无奈之下派人去向福建行省平章政事陈友定求援,但陈友定因双方以往有隙不肯发兵。而此时,朱元璋已派参政朱亮祖率马步舟师向方国珍辖地出兵。一路之上,势如破竹,降天台达兵州。

兵州守将是方国珍的胞弟方国瑛,武艺谋略在方国珍一方均属上乘,官职也最高,为江浙行省平章政事。西吴兵到,他出城迎战,开山斧斩杀朱亮祖手下大将都指挥严德。及至与朱亮祖交手,大战一百多个回合后,方国瑛终于不敌,败回了城中。

至此,方国瑛不再出战只是坚守,一时间,朱亮祖也没奈何。他见攻城无果,遂改用心理攻势。朱亮祖派人向城内射入大批箭书,声称十万援军即将到达,城破之后,将把全部俘获的军卒坑杀。识时务者,速速逃命。这一来城内守军人心惶惶,陆续有人逃走,先是十数人,后来上百人,以至于达到几百人集体逃离。方国瑛一见局面已难控制,兵将已走大半,情知兵州已不可能再守,便于深夜将家小细软载上巨舰,从海上逃往黄岩。

朱亮祖得兵州后即紧追到黄岩，方国瑛再战又失利后登上巨舰遁入远海，黄岩守将哈尔鲁则出城献降。

为了加快对方国珍的打击，朱元璋在朱亮祖捷报频传的情况下，又派左御史大夫汤和为征南将军，率军直取方国珍的老巢庆元。他和副将军吴桢渡曹娥江直逼余姚，它也是庆元的门户。

温州，是方国珍的侄儿方明善会同员外郎刘本镇守，此城亦是庆元的门户，现在西吴军便对庆元形成了南北夹击的态势。方明善不堪一击，温州即被攻克。而余姚知州李枢开门出降。方国珍知大势已去，率众上船逃往大海。汤和兵不血刃占领庆元。

之后，舟师等人又被朱元璋派去对方国珍进行穷追。方瑛、徐元帅以及大将明善等人终于在不断的追击之下，纷纷投降。失去了诸多大将与兵力的方国珍已经溃不成军，只好派郎中承广向汤和请求投降。朱元璋为了能够让更多人投降，为自己省下兵力，于是并没有斩杀方国珍，反而将他封为广西行省左丞相，还留住在应天，优加供养，几年之后，抑郁的方国珍在南京病死。

第三十章 寒冬遣使 处死陈友定

十二月的天气，十分寒冷，朱元璋对天气毫无兴趣，正在书房里来来回回地踱着步，在思考着一个十分重大的问题。考虑了很久之后，他才仿佛豁然开朗，做出了自己认为最正确的决定，于是就提起笔在纸上写了起来。随后，又命人把水军的大将廖永忠传了过来。廖永忠来到朱元璋的书房之后对他进行了叩拜，然后向朱元璋询问了召自己来此的目的。

朱元璋将纸张推给他说："看看这个。"

廖永忠看了几遍，一时间没有言语。

"可明白了？"

廖永忠醒过神来说："这是王爷对末将最大的信任，定当不负千岁的厚望，保证做得天衣无缝。"

"好，孤专候佳音。"

几日之后，廖永忠回到应天交旨，在大殿之上，当着文武群臣俱在说："禀千岁，末将死罪。"

"何罪之有？"

"末将奉命去接明王万岁，怎奈船行长江之中遭遇特大风浪，小明王所乘龙船不幸沉没。末将派人打捞未果，致使明王万岁死难，恳请王爷责罚。"

"怎会发生这等事？尔罪莫大焉！"

"末将甘愿以死谢罪。"

刘基早已看出其中的端倪说："禀王爷，廖将军固然失职，但事出自然灾变情有所原，万望宽恕。"

李善长等也纷纷求情，朱元璋长叹一声说："咳，明王万岁实在是无福，原本想将万岁接到应天，好好起造一座皇宫，谁料万岁他竟仙去。"

刘基言道："此乃天命，非人力所能挽回。"

于是，小明王这个象征天子，就彻底消亡了。朱元璋将公元1367年改元为大吴元年。

八闽大地的福建，自然是朱元璋平定江南的下一个目标。他挟击败张士诚、方国珍的余威，意在不战而取福建。派一谋士为使者，带他的亲笔信到达福建行省府城延平。

陈友定闻报，召属下文武齐集堂上，然后宣使者相见。他开言便是不屑的口吻说："是朱元璋派你来的？"

"在下是吴王使者，有吴王亲笔信呈上。"

陈友定冷笑几声说："亲笔信，一个讨饭的和尚他会写字吗？"

使者料到形势不妙说："你身为一省之督，怎可如此亵渎吴王千岁，战和与否，礼数总是要讲的。"

"哼，跟朱和尚还有何礼数可讲？只能是刀兵相见！"陈友定传令，"将他与我绑了。"

使者疾呼说："我是吴王使者，你不能对我无礼。"

"何谈无礼？"陈友定恶狠狠地，"我要杀了你。"

使者全身一抖说："你不能杀我，常言道两国交兵不斩来使。"

"今天我就要破破这个例，"陈友定吩咐，"将他斩首示众。"

使者被砍头了，陈友定命将人头上滴下的鲜血，倒入一坛"女儿红"中，给在座的文武官员每人一杯，他带头举杯饮下说："干！"

"干。"众人齐声应答。

陈友定站起说："我等治闽达二十余载，深受百姓拥戴，而今朱元璋得陇望蜀，觊觎我八闽大地，有我辈在，定不使朱和尚的阴谋得逞。有人胆敢不全力抗敌，身同此杯。"他猛地将酒杯狠摔在地，酒杯粉碎。众人无不噤若寒蝉。朱元璋获悉使者被杀，陈友定的气焰万分嚣张，明白不用武力不能解决问题。遂于十月二十一日，任中书平章政事胡美为征南将军，江西行省左丞何文辉为副将军，率军取道江西征讨陈友定。

西吴大军十一月渡杉关，随后攻下光泽，直逼邵武。守将李宗茂不战而降，之后建阳也被攻克。西吴后续部队广信卫指挥沐英攻破分水关，兵锋直逼崇安。朱元璋又命汤和、廖永忠率舟师从明州出发，取海路进逼福州。同时，还派朱文忠进攻重兵防守的建宁。至此，西吴大军对陈友定已形成四面合围之势。

陈友定也作出相应部署，令大将赖正孙、谢英辅领兵增援福州，自己亲率精锐镇守延平，准备与西吴军决一死战。

汤和的舟师在海上航行了十二天，抵达福州五福门。数万大军驻扎南台河口，但他并未立即攻城，而是派使者入城招降。

福州平章曲出端坐在大堂之上，傲慢地对使者说："汝为汤和的来使，可知朱元璋的使者为我行省政事陈大人所杀，尔又来步其后尘。"

使者立刻冒汗了说："愚以为曲大人是明理之人，不会做非礼之事，且大兵压境，势如垒卵，当留后路。"

曲出发出冷笑说："本平章今天就是要断了后路，以你之头来激励将士为守城而死战。"

"别，别，"使者慌了，"降与不降任凭大人，我只不过奉命传话而已，万望大人饶我性命。"

参政袁仁见状插言说："大人，两国交兵，不可坏来使性命，这样不致令对方怀恨。万一城破，家小或可保全。"

"大胆！"曲出怒气冲天，"两军未战，先言城破，是为长敌志气灭己威风，似尔这般，焉能忠心卫闽。实为祸患，不如及早铲除。"

大将赖正孙平素与袁仁交厚，不等曲出发令，赶紧为之求情说："大人息怒，两国交战在即，岂可自伤手足？"

大将谢英辅也为之说项："袁大人之言虽然不当，却也情有可原，大人还当宽恕才是。"

"看在两位将军金面，饶他这次，暂且寄下他的项上人头。如再稍有不忠，定杀不赦。"袁仁只得叩拜说："谢大人不杀之恩。"曲出命令说："将西吴使者推出去斩首。"使者连呼说："不能啊，不能，大人饶命，大人饶命。"不论他如何求饶，还是被砍下了头颅。曲出发话说："将使者的人头挂上城楼，昭示给西吴军，让他们闻风丧胆。赖、谢二位将军随我出战。"

使者的人头挂上了南门，随之是闽军的挑战。汤和闻报大怒，领军与敌厮杀，赖正孙交战不过十合，被汤和刺中左臂败退下来。谢英辅接战，也被汤和的银枪刺杀坐下马，幸赖部下齐出，把他抢回捡条性命。曲出败回城中，坚守不出。

当天夜里，袁仁的管家来到西门。这里的守将是袁仁的妻弟，二人耳语一番，用箩筐将管家放下城去，到了汤和的大营。汤和闻报当即在大帐相见，管家递上袁仁的亲笔信说："大将军，我家主人愿弃暗投明。"

汤和看罢来信说："如此甚好，袁大人的官职可保高升。就依信中所约，四更时分献城。"

"老奴即刻回报主人。"管家匆匆离开。

四更梆声响起，西门悄悄打开，汤和大军一拥而入。夤夜之间，守军从梦中惊醒，大将邓益领兵拦挡。汤和一马冲来，顺势一枪，便将邓益挑落马下。赖正孙和谢英辅情知自己不是汤和的对手，哪里还敢迎战，拍马匆匆逃出城去。

气焰甚高的曲出，此刻也完全没了平章的威风，率领家小从北门仓皇逃命。只有元帝派来的佥院柏帖木儿尽忠报国，他和妻妾并二女自焚。福州城遂落入汤和之手，陈友定的海滨屏障已失。

汤和决定分兵，派遣袁仁会同员外郎余善去招抚兴化，再派兵攻取福宁，而他自己则领大军向延平挺进。公元1368年正月，胡廷瑞领兵攻克了建宁，使得延平成为一座孤城。汤和兵临城下，派廖永忠领兵出战。陈友定出兵迎战，结果是七战七败，无奈只得闭门坚守。

平章府内，陈友定以酒浇愁，他已喝得半醉，儿子陈海同萧院判，还有大将刘守仁共同来见。

陈海上前劝道："父亲，不要再喝了，醉了对身体有害。"

萧院判也劝道："大人，我们闭门不出，这也不是长久之计，久而久之，城中粮缺，会不战自乱。"

刘守仁更是直截了当："请大人允我带本部人马今夜出城偷袭，定叫汤和大营溃散。"

"你们，都是一派胡言。"陈友定斥责声声，"七次出击七次战败，不坚守又能如何？"

"父亲，这样只守不攻，敌军何时能退，我们这不是坐以待毙吗？"陈海建议出战，"刘将军出城夜袭，实属出敌意外，或许能够取胜，望父亲许他一战。"

萧院判又有新计说："大人，让属下带五千人马化装成吴兵，也于今夜出城，会同刘将军破敌。"

陈友定以怀疑的目光注视刘、萧二人说："你二人一再要带兵出城，我看是心存异志，想要投敌。"

"大人，这是从何说起？"刘守仁嗫嚅地说，"不让出战不出便了，何苦诬我们有二心？"

萧院判可是动怒了说："大人，末将一片赤胆忠心，却被你当成了驴肝肺，照你这样，本不想投敌的，也要被你逼得投敌。"

"哼哼哼哼！"陈友定冷笑几声，"看起来本平章没有说错，是把你的心思说中了。"

萧院判上来了倔劲说："你说投敌便投敌。"

"怎么，和本平章叫号。"陈友定传下军令，"把萧院判、刘守仁给我推出去斩首。"

萧院判不相信会真的杀他，气昂昂挺胸抬头被推了下去。而刘守仁则连声叫冤说："大人饶命，末将决无投敌之心。"

陈海急忙说情说："父亲，萧刘二将求战并无过错，眼下大战之中，用人之际，怎能自损大将？"

"照你所说，留着他们投敌，坏我延平城的防守大事？"陈友定铁了心，"杀了他们除去后患！"

陈海跪下哭求说："父亲，如此轻易杀人，会寒了将士们的心，谁还会为你卖命征战。"

陈友定颇为不耐烦说："看你絮絮叨叨，给你一个面子，将萧院判斩首，刘守仁重打八十军棍。"

少时，武士将萧院判的人头呈上，被打得下肢鲜血淋漓的刘守仁，耷拉着头也被拖上来。

陈友定环视全场文武下属说："看看，这就是不忠的下场，谁要敢存有二心，只能是死路一条。刘守仁，你要放明白了，你的人头暂且留下，再敢有异动，便杀你满门。"

刘守仁叩头说："谢大人不杀之恩，末将决不敢有丝毫二心。"

陈海看看无言的文武官员，觉得这种高压的办法不是上策，他的心在收紧，一种不祥的预感陡然袭来。

当夜，刘守仁下属的偏将齐聚床头，看望他们被责打的主将。众人无不义愤填膺，纷纷发泄不满。偏将胡安说："刘将军，像陈友定这样的人不值得再保了，萧院判说杀便杀，现在是人人自危。"

"咳！"刘守仁长叹一声，"我而今是命悬一线，自己丢命倒无所谓，只怕是弄不好连累你们。"

"我们何不先下手为强。"胡安已然有了打算。

"不可出此想法。"刘守仁劝阻，"城内毕竟陈友定的亲信居多，贸然行事会引火烧身。"

"那我们就等死不成？"

"现在倒是有个办法，但也需要有人担点风险。"刘守仁看着胡安，"不知贤弟可愿承担？"

"将军只管吩咐。"

"今夜你悄悄出城，找到吴军营寨，要见到汤将军，就说我们愿为内应，献出城池。"

胡安激动得差点跳起来说："将军，这样做就对了，我们献城也是陈友定逼的，只能如此。"

众人齐声叫好，无不摩拳擦掌。

刘守仁叮嘱说："一定要小心谨慎，不可被陈友定的眼线知晓，一旦走漏风声，我们全都性命休矣。"

"将军放心，南门还在我们手中，不会有任何差池。"胡安满怀信心，"就在今夜三更，末将便出城联络。"

胡安等人回到南门防地，不觉大吃一惊，只见陈友定的侄儿陈平坐在房中。他劈头便问说："你们几个偏将都不在防地，擅自离岗，该当何罪？"

胡安迟疑片刻还是说："陈将军息怒，我们哥儿几个相约去往刘将军府中，看看他的伤势。"

"大胆，莫不是对平章大人不满？"

"不敢，毕竟是我们的上司，略尽情分而已。"

"擅离职守，敌人攻城岂不是无人指挥了？"

"故而我等是即去即回，没敢耽搁。"

陈平盯着他们看了好一阵，突然冒出一句话说："不对，你们是名为探伤，实为商议谋反。"

胡安吓得手心里冒汗说："小的们不敢，实无此事，这可是杀头的事，我们对平章大人忠心耿耿啊。"

"我谅你们也不敢，"陈平阴阳怪气地笑起来，"我的伯父对尔等不放心，派我来看着你们。记住，没有我的许可，谁也不许再到刘守仁处走动。"

"末将等遵命。"

"都出去巡城，谁也不许偷懒睡觉。"言罢，陈平躺在了床上。

胡安等人到城头，大家你看我我看你，都问胡安说："这该如何是好，刘将军分派的事就泡汤不成？"

胡安想了一会儿说："我看，陈友定已然对我们产生怀疑，事已至此，干脆一不做二不休，杀了陈平这个狗娘养的。"

"对，干掉他。看他那个嚣张样子，我们不下手，早晚得让他要了我们的命。"众人无不赞同。

胡安和三员偏将刀剑在手，一同步入房中。陈平被脚步声惊醒："大胆，你们不在城头巡查，没我的命令，竟敢任意返回。"

胡安等人也不言语，提着刀剑逼近陈平。直到这时，陈平才发觉情况不对，他翻身坐起说："你们，你们要怎样？"

"要你的命！"胡安手中刀直插过去。同时另三把刀剑也刺向陈平的肚腹，也没容他叫唤出声，便已气绝丧命。

当夜，胡安顺利安全出城，见到了汤和，双方约定了献城的方法。五更时分，汤和大军在刘守仁接应下，进入延平城。就这样，尚有十万大军驻守的省城，转眼之间陷落。

陈友定惊闻吴军入城，情知大势已去无可挽回，便手提宝剑到了后堂，面对妻子幼子幼女和孙儿孙女狠狠心说："敌军入城，我必死无疑，也不能让你们落入敌手，受尽屈辱，莫怪我心狠，要让你们与我同上天堂。"

妻子跪地哭求说："老爷，孩子们都小，他们不该这样死去，要杀你只杀妾身一人罢了。"

陈友定举剑几次也下不了手，跺跺脚扔了宝剑，走出后堂，径直到了前厅。往房架上搭好白绫，登上椅子，将头套进，然后踹倒椅子，身子便悬空打起转来。胡安领着汤和冲进前厅，见陈友定上吊，叫军士将他解下来，抬到户外。时值阴雨，不久大雨如注。陈友定吊起时间不长，被大雨一浇，渐渐苏醒过来。汤和一见，便命人将他与陈海一同押送应天。

朱元璋见了陈友定，想起使者被杀的情景，犹自怒气难平说："陈友定，孤好心好意派使者招降，降与不降全在其次，你怎能对我使者大开杀戒，其意是在羞辱于孤，实实难以饶恕。"

"胜王败寇，而今说什么都没用了，要杀要剐，悉听尊便。"陈友定是一副视死如归的神态。

朱元璋又问陈海说："尔父子在闽横行多年，鱼肉百姓，草菅人命，处死你们，屈也不屈。"

陈海报以冷笑说："既为阶下囚，还何论功过，焉知你百年之后不会有人对你大加挞伐。"

"孤的百年之后，你们是看不见了，而现在孤要看你们丧命。"

"朱和尚，落入你手反正有死足矣。还这么嚼舌，爷爷岂是怕死之辈。"陈友定图痛快，骂出了朱元璋最讨厌的"和尚"二字。

朱元璋又气又恨地怒喝道："生与死都一样，孤现在就要为使者讨个公道，把你们父子俩全都腰斩弃市。"

陈友定听完之后，不但没有求饶，反而继续骂个不停，一直到了行刑的地方口中依然没有停下来。腰斩之后，他的尸身被暴晒了数日，才装敛下葬。就在陈友定死后的八个月中，朱元璋把福建的其他地区也一一平定了，纳入到自己的管辖范围之内。紧接着，朱元璋又派兵对两广地区进行进攻，把中国的南方地区基本控制在自己的手中。

第三十一章　黄袍加身　众将捧新帝

公元1367年，农历10月21日，朱元璋在文武百官的簇拥之下，登上用圆木搭建而成的祭坛。他的面前有三牲祭品供奉着，烧着高高的明烛，亲手把三炷香点燃，把刘基撰写的《谕中原檄》捧了起来，当着台下的众人大声朗读起来：

自古帝王御临天下，中国居内以制夷狄，夷狄居外以奉中国。自宋祚倾移，元以北狄入主中国，四海内外，无不臣服。及其后世沉荒，失君臣之道，人心离散，天下兵起。予本淮右布衣，我众所推，居金陵形胜之地。今十有三年，西抵巴蜀，东连沧海，南控闽、越、湖、湘、汉，两淮、徐、邳，皆入版图。方欲遣兵北逐群虏，拯生民于涂炭，复汉宫之威仪。予号令严肃，无秋毫之犯。归我者，永安于中华，背我者，自窜于塞外。雪中国之耻，使民得其所。故兹告谕，相宜知悉。

群臣齐声称颂说："吴王千岁，一统中华，驱逐元虏，光复北方。旗开得胜，马到成功。"刘基高声唱道："拜将仪开始。"朱元璋呼唤说："徐达听令。""末将在。"徐达出列躬身。"本王授你平元征北大将军之职。"朱元璋取过架上的金印，"徐大将军接过将军印。"

徐达上前接过金印，然后，跪倒叩谢说："臣定当不负大王厚望，平定江北，早传捷音。"

"本王再加封常遇春为副将军，虎贲左卫副使张兴为先锋，统领大军二十五万，克日进军，首取山东。"

"臣谨遵王令。"

当日，平北大军浩荡出征。十月二十四日，大军抵达淮安，与先锋张兴会师。三人在营中计议，北上山东的门户即为沂州，沂州守将为王宣、王信父子。

徐达问道："常将军，沂州之战当如何为之？"

常遇春本是能征惯战之将："我方兵锋正锐，自当直逼沂州，一鼓作气，战而胜之。"

张兴却说："王宣父子谋勇兼备，不可轻敌。"

常遇春很是不以为然说:“他便是三头六臂,我常遇春即为千手观音,管叫他束手就擒。”徐达却是虚心向张兴讨教说:“请张先锋细说其详。”“王宣本是扬州人,因镇压芝麻李红巾军有功,被元廷擢升为都元帅。其子王信在攻夺徐州及沂州之战中,都立下显赫战功。这二人不只善战,且有智谋,决不可小视。”

说话间,小校送来朱元璋的一封书信。徐达不敢怠慢,立刻拆开来看。之后抖抖手中信说:“吴王千岁提醒我们,王宣父子习性反复无常,要我们不要轻信他二人的许诺。”

常遇春可是得理了说:“对这种人,就是刀枪说话,把他们一刀一个杀死了事,干脆大举进攻。”

徐达思忖一下说:“这是攻打山东的第一仗,若能兵不血刃,开个好的先例,对以后的战事大有益处。何况吴王信中言道,王宣在年前曾致信给他,有降顺之意,后来又没了下文。而今我大军压境,先以书信晓以利害。这就叫先礼而后兵,如他执迷不悟,再动刀兵也不迟。”

主帅作了决定,自然就得听从。徐达写了劝降信,送到了王宣面前。王宣接信,当即派人奉表投降。信中对朱元璋极尽赞颂之意,比之尧、舜、禹、汤。朱元璋见信后,决定接受王宣父子归降,并授予王宣江淮行省平章政事,王信荣禄大夫之职,其余官将仍领旧职。遂派徐唐臣前往沂州宣布王命,同时派李侍仪密谕徐达,移兵沂州附近,提防王宣有变。

十一月初八,徐唐臣抵沂州,当面宣谕吴王令旨:“王宣、王信听令后,即将军马交付征虏大将军徐达调遣,不得有误。”

王宣接过令旨,设宴为徐唐臣接风,只字不提交兵之事。只见他举起杯来说:“徐大人一路辛苦,鞍马劳顿,满饮此杯,洗去风尘。”

徐唐臣却不动箸说:“王大人,令郎王信大人何以不见其面,属下军马何时移交,吴王令旨不得有违。”

“徐大人有所不知,犬子已去往莒、密二州整顿兵马,待齐集后也好向大将军交割。”王宣随之呼唤一声,“员外郎王仲刚何在?”

王仲刚应声走上说:“末将听候差遣。”

“王将军,徐大将军兵马距北门不过十里之遥,今命你带猪牛羊各一百头前往犒军。并转告大将军,我方兵马一待齐备,当即出城交割。”

王仲刚应道:“末将遵令。”

王宣重新举杯:“徐大人,这该放心了。请饮这兰陵美酒吧。”

徐唐臣心中悬疑,闷闷不乐地饮酒,不觉喝得八分醉意。时已入夜,侍者扶他到后堂休息。由于饮酒些许过量，徐唐臣躺下不久便欲呕吐。他起身到了茅厕之中，未及吐出，就见几个人到他居住的房外，堆上柴草，倒上火油，举火点燃。霎时，火势熊熊烧将起来。转眼间，房子便已落架。

徐唐臣这一惊非同小可，酒也吓醒了。王宣假意呼人救火，整个府中乱成一团。徐唐臣趁乱逃出，幸好城门尚未关闭，他混出城去，直奔徐达大营。

徐达见徐唐臣一副狼狈样，只身一人仓皇来到，疑惑地发问说："徐大人，这是为何？"

"咳，一言难尽。"徐唐臣便将经过讲述一番，"大将军，看来王宣声称投降有诈。"

徐达听罢，觉得难怪吴王称其反复无常，看来尚需加大压力，便将军马开至沂州城下，于北门驻扎。

常遇春感到他有了用武之地说："大将军，我愿领兵攻城，誓将王宣生擒活捉，解至应天。"

但徐达摇头说："吴王行前言道，战之目的非必掠地攻城，要在削平祸乱以安生民。而今兵临城下，可以逼王宣投降。"

常遇春不以为然说："大将军，只恐是徒劳耳。"

"且做到仁至义尽。"徐达传令，"镇抚梁栋大人。"

"末将在。"

"你以现身说法，前去招抚王宣。"

"遵令。"梁栋来到北门下，对城上镇守将领常大明高呼，"请王宣大人前来说话。"

常大明报告王宣，他放下手中茶杯，眼珠转了转说："常将军，可请梁镇抚进城相见。"

梁栋进城来与王宣相见。王宣甚是谦恭有礼，一再让梁栋上坐，吩咐上茶，极尽殷勤。

梁栋将茶杯推至一旁说："王大人，今我大军压境，城破只在旦夕。大将军不忍黎民涂炭，派某涉险入城劝降，实为你之前程着想。"

"梁将军，想我多年追随元逆，也曾有意归顺吴王，后又反悔，如今降顺，担心吴王念及旧恶，怕我没有好下场。"

"王大人此言差矣，你这纯属多虑。"梁栋恳切地，"在下原为张士诚义子，与吴王堪称是对头冤家，可自我归降后，吴王待我绝无二心，给我显赫官职。王大人尽可放心，吴王是胸襟如海的人。"

"听梁将军之言，使我茅塞顿开。即请将军回复大将军，王某明日当整军乞降献城以归。”

“好,那就一言为定。”梁栋追问,“明日什么时辰?”

王宣想了一下说:“就以午时为限。”

梁栋出城向徐达交令说:“单等明日午时进城受降便了。”

张兴看不出高兴说:“但愿到时王宣不要再变卦。”

常遇春胸有成竹说:“他若耍滑,到时打他个龟儿子便是。”

徐达依然抱有期盼说:“如能兵不血刃,实为上策。”

第二天午时,说到就到了。可是沂州城内毫无动静,梁栋可是坐不住了,他打马上前,对城上大喊说:“王宣王大人,午时已到,为何不开城门投降?”

常大明在城头答道:“梁将军再请稍候,王大人的公子王信将军去密州尚未归来,估计今晚可以抵达。”

常遇春在一旁极力主战说:“大将军,王宣这分明是在拖延时间,他是在等王信搬取救兵。”

徐达也看出了这一步棋,而且对王宣的出尔反尔也已失去耐性说:“好,常将军,张先锋,各率两万大军,同时攻打南北两门。”

常遇春早就憋着一股劲了,与张兴一起立即发起了猛攻。王宣部下哪里见过这种阵势,稍一接触,便露出败象。儿子的救兵迟迟不来,王宣料定抵抗只是死路一条,赶忙跑上城头,亲自挥舞白旗,高声疾呼说:“徐大将军,我王宣愿降,情愿缴械投降。”

王宣在被逼无奈的情况下,只得向吴军投降。徐达召见王宣,严加训斥后指出说:“令郎王信分明是去莒、密二州搬兵,而今你们大势已去,不可再冥顽不化,立即修书给王信,要他率军归顺,仍可给予官职。”

王宣不敢反对,立即遵照徐达之意给儿子修书。但他与王信事先有个约定,在信的背面画了一个圈,这是暗示不要投降的暗记。徐达接过书信,交与梁栋说:“梁将军,劝降王信的差事,还是交给你办。王宣在我们手中,谅王信也不敢将你如何。若王信归降,这山东首战,你便是大功一件。”

“末将遵令。”梁栋带着书信乘马向密州驰骋。

不料,他刚行出十里路程,便与王信的大军相遇。

王信业已搬来五万大军,听说父亲已然归降,深恨自己来迟。见了梁栋,他是一副居高临下的样子说:“你来做甚?”

“王将军,现有令尊的亲笔信。他已归顺吴王,你也要识时务,即刻率军投降,仍不失荣华富贵。”

王信接信看过，再翻转来，见到背面的黑圈，立时冷笑一声说：“姓梁的，你这是牛羊走入屠户家，自己前来寻死路，逼迫家父为阶下囚，我岂能容你。来呀，与我拿下。”

梁栋毫不胆怯，郑重警告道：“王信，你不要胡来，须知你的父亲王宣在吴军手中。”

“在又怎样？这也救不了你的命。”王信传令，“杀了这厮，将他的人头号令三军。”

徐达获悉梁栋被杀，不禁勃然大怒，吩咐一声说：“将王宣绑来见我。”

被五花大绑的王宣，脖子梗梗着透出不服气说：“大将军，我乃降将，本有功之人，为何绑我？”

“你与逆子串通，毁我大将性命。休说绑你，我还要你给梁将军偿命。”

“大将军，说我与儿串通，有何凭证？”

“你在信中做了手脚，逆子王信杀我信使，你本人也三番两次朝秦暮楚，反复无常，杀你还是便宜的。”徐达发话，“将王宣拉出帐外，乱棒杖杀。”

行刑军士哪管王宣喊叫，一顿棒下，王宣顷刻毙命。常遇春率大军直击王信五万元军，一个交手，王信即溃不成军，身边剩下不足一千人马，和弟弟一起逃往山西去了。

沂州一战得胜，吴军士气大振，元军守将皆成惊弓之鸟，大多望风而降，少数几个抵抗的，也是非死即俘。数月之间，山东全省尽归吴王所有。

铜炉内炭火红红，宫室里热气熏熏，香茶在楠木案上升腾着袅袅雾气，捷报堆满了面前的锦匣，还有数十道劝进的表章。朱元璋顾不得口渴饮茶，他被这一个个接连不断的胜利消息所陶醉，也为臣下们劝他当皇帝的真情所打动。地盘不断地扩大，大半个中国已属他吴王，统一中华君临天下已是指日可待。他也感到作为吴王已不能适应这飞速发展的局面了，和刘邦一样面南称帝的时机已成熟了。

刘基轻手轻脚地进来，小心翼翼地走到案前说：“吴王千岁，臣奉召来见，不知有何旨意？”

朱元璋对刘基一向是看重的，对他天文地理数算的学问尤为佩服，开口便问说：“刘爱卿，近日的天气如何？”

刘基一怔，摸不清主人的心思，但他如实回奏说：“禀千岁，今日是初一，据微臣测算，直到初五，皆为晴好天气。”

“没有阴天和风雪？”

“应该是没有。”

“好，”朱元璋叮嘱一句，“不要再和任何人提起。”

刘基不明就里，但他赶紧应承说：“臣记下了。”

正月初一是大朝，文武百官齐聚朝堂。以丞相李善长为首，十几名大臣同时启奏，要求朱元璋顺应天心民意，去吴王号称帝。

在听过约二十名大臣的劝进后，朱元璋终于开口了说：“众卿既上表章又行殿奏，要孤称帝。孤若坚辞恐冷了百官之心，唯帝赐英贤为臣之辅，遂堪定群雄，息民于田野，今地周回二万里广。诸臣下皆曰生民无主，必欲推遵帝号，孤不敢辞，亦不敢不告上帝皇天，当于正月初四日于钟山之阳，设坛备仪，诏告天地，如孤可为生民主，则告祭之日，天朗气清。如孤不可，则当日烈风异景，伏唯天命。”

朱元璋这番话，把他是否做皇帝，完全归于天意。其实他对刘基是深信不疑的，是怀着极大的把握作出这样承诺的。

不出刘基所料，在初四这天，果然天气晴朗，万里无云，换句话说就是，朱元璋这次登基，连上天都十分作美。登基大典顺利地隆重举行着，朱元璋接受这群臣的朝拜，他终于如愿以偿地当了皇帝。至于国号，他早就和刘基想好了，把大明作为国号，改元洪武，1368 年也就是洪武元年；将自己的原配妻子立为皇后，世子朱标为太子；左右丞相依然为李善长、徐达，刘基为御史中丞太史令；登基的大殿被称为奉天殿；其他文武臣僚都有赏赐。

就在登基的当天，朱元璋就对徐达发出圣旨，决定加派汤和率领五万大军从湖北向河南推进，配合徐达在河南与元军进行决战，然后直捣大都，彻底消灭元虏政权。

第三十二章 元朝灭亡 明朝始建成

元顺帝站在大都的皇宫里，看着殿外稀稀拉拉的雨丝，心中更加愁苦。不断有坏消息从宫外传来。他的军队对大明的军队毫无招架之力，山东全部地区眼看就要落入明军之手。原本自己还是能够对付明军的，但是一个月前当他下圣旨，要太傅、中书左丞相扩廓贴木儿率领其所属的十万精兵，赶往山东东昌去对明军进行阻击的时候，这个家伙竟然不听从自己的命令，居然按兵不动，从而让常遇春如入无人之境般，攻下了东昌，山东就这样都落入了明军的手里。

元顺帝气得肺都要炸了，然而正当用人之际，他也不好发作；而且明军就要兵犯河南，顺帝明白河南不能再丢了，地处中原的河南如果失守，大都便没了屏障。为此他忍气吞声，对他的左丞相丝毫没有责备，又发了一道圣旨，要扩廓贴木儿带兵急赴开封，保住河南不被明军占领。

可是半个月过去了，依然没有扩廓贴木儿大军到达开封的消息。为此，元顺帝今晨派太子爱遒识里达去了解情况，现在已是下午了，太子还没有回报，他显得异常烦躁不安。

太子总算返回皇宫了，他已被雨淋得像只落汤鸡，进得宫门顾不得擦去脸上的雨水，捶胸顿足地哭诉说："父皇，扩廓贴木儿仍然是按兵不动啊！"

"他竟然这样不听调遣，这又与反叛何异。"元顺帝万万没想到，手下的大臣会如此藐视他的权威。

"父皇，你不能再无动于衷了。"

"咳，朕不想放过他又能如何，他重兵在握，朕也奈何不得他呀。"

"父皇，您可以撤他的职，让他成为一个白丁。"

"而今朕的圣旨，还不是一纸空文，你撤职他也不听，还不是照常统领他的十万大军。"

"那也不能便宜他。"

"如今是用人之际，明军来势汹汹，山东业已落入敌手，河南堪堪不保，朕的皇位危矣。"

"越是危急之时，越要维系皇权，若是群臣纷纷效仿，父皇的话全当耳旁风，那还不大厦倾覆在即。”

“这样吧，”元顺帝无奈之下作出选择，“朕传旨免去扩廓贴木儿太傅左丞相的职务，只保留他河南王的封爵，而由我儿总制天下兵马。”

“谢父皇重用。”太子有几分得意，“其实早该如此，打仗亲兄弟，上阵父子兵嘛。”

“但愿那些统兵将帅能够听从你的调遣。”元顺帝忧心忡忡。

太子立即对兵马重新做了分派，扩廓贴木儿的前军改由他的弟弟脱因贴木儿统领，后军由白索珠统领，左军由中书平章李克彝统领，右军由和尔齐统领，这样扩廓贴木儿仅剩中军五万人马，实力大为削弱。他遂领五万人马，退守山西泽州以求自保。

明军徐达、常遇春据有山东后，便移师杀奔河南。太子调兵无力，元顺帝亲自颁诏，要陕西行省左丞相图鲁总统军马，李思齐、张良弼等为副，出兵河南抵御明军，但李思齐等拥兵自保均不奉命。

眼看河南形势危在旦夕，太常使陈祖仁等上书元顺帝，请求重新起用扩廓贴木儿。顺帝无奈，降旨加封扩廓贴木儿为都元帅，归还原领人马，并将关保五万人马归他节制。而太子对此大为不满，他担心一旦扩廓贴木儿兵权在手，会对自己进行报复，便密召关保，要其在合兵时偷袭扩廓贴木儿，然后十五万大军统由他指挥。

关保受命之后，自有他的打算。他趁扩廓贴木儿受职都元帅后，其守地泽州空虚，带兵攻进泽州，并顺势打下潞州，使得扩廓贴木儿失去了老巢。扩廓贴木儿闻报大怒，在太原城大开杀戒，将朝廷封下的所有官吏残杀殆尽，据有太原后，根本不向河南出兵。

朱元璋抓住元军内讧的大好时机，加紧调度兵力。命康茂才北上，会同大将邓愈进攻南阳，与徐达形成南北合击之势。同时派汤和的舟师自郓城溯黄河而上，直趋汴梁东北的门户陈桥，水陆同时对陈桥摆出了进攻的态势。

陈州守将左君弼见明军大兵压境，哪里还有抵抗的勇气，接到徐达的劝降书信，立即开城投降。而远在汴梁的中书平章政事李克彝，则将城中金银装满一百辆大车，早早退往府城洛阳，将汴梁拱手让于明军。

徐达兵不血刃占领汴梁，交部将陈德守城，自带大军追击李克彝，经由虎牢关直逼洛阳。元军毕竟还有忠勇之将，元将詹同和脱因贴木儿，在塔儿湾列开阵势，五万大军在洛水之北十五里分为三层阻击明军。双方对阵之后，詹同发二十骑持槊向明营冲杀过来，意图在声势上压倒明军。

徐达见状，也欲以二十骑对战。常遇春摘下弓箭说："大将军何需许多人马，看我单人独骑胜他。"一箭射出，元军首骑先锋应声倒地。常遇春大吼一声，执枪冲杀过去，在元军阵中左冲右突，但见三四骑敌人先后落马。

徐达乘着常遇春得势，将令旗一挥，一万精骑呼啸跟进。时值南风骤发，烟尘蔽空，明军呼声震天动地，恰似惊雷滚过。元军阵脚大乱，脱因贴木儿哪里还能节制部下，被席卷着败下阵去。路上收拾残兵不足一万人马，逃往陕州去了，而李克彝慌张之下则窜至陕西行省。

徐达驱兵抵达洛阳城北，对洛阳形成了进攻的态势。慑于明军的气势，元河南行省平章梁王阿鲁温亲自打开城门，向徐达投降。在他的带动下，嵩州元将李知院，孟县守将参政李成以及福昌、钧州、许州、汝州、郏县等相继归降。徐达并不满足已有的胜利，遣同知冯胜会同康茂才两路大军进攻陕州。脱因贴木儿闻风而逃，冯胜紧追不舍进逼潼关。

元军守将李思奇守着天险却不敢接战，弃城而逃，冯胜遂于四月二十七日占领潼关。

朱元璋接到捷报，欣喜异常。传旨下去，要亲临前线指挥对元朝廷的最后战斗。他在路上行走二十七天，于五月二十二日到达汴梁。当即改其名称为开封，并以阳宪为省督，何文辉为河南指挥使，同时召开军事会议，商讨如何攻取元顺帝的老巢大都。

他先问徐达说："大将军，今取大都，计将安出？"

徐达早有成竹在胸说："万岁，臣自平齐鲁下河南，即已着眼对大都的攻占。今潼关已在我手，李思奇西窜，元将只有王保保尚有实力与我军对垒，然其亦不足为虑，臣想下大都只在两月之间。"

"卿所言极是，但亦不可轻敌。大都城外平旷利于骑战，而元军素以马军为主，不可无备。应以精兵为先锋，大将军督师与其后，由邺趋赵，转临清而北，多备山东米粟，围大都三门而放其一，彼外援断绝，城中缺粮，元帝内溃自生，必弃城出逃，则大局定矣。"

"万岁，留一门促元帝出逃，然其遁入大漠，则如鱼之入水，当留下无穷后患，臣意派一支精骑穷追不舍，务将其生擒或击毙，以绝后患。"

"元帝以马军为胜，其战力颇强。有道是穷寇莫追，如穷追则彼必死战，即便我胜也要付出较大代价。其窜至漠北，已属残余，不足为虑。下大都后，当攻云中、太原及关陇，全力扫平内地，而元帝只需防其扰边塞矣。"

"臣谨遵圣命。"徐达这才明了皇上的部署，难怪他要亲临前线。

朱元璋在开封，为取得攻元的最后胜利，传旨令浙江、江西及苏州等九府赶运粮食三百石到开封，以确保北攻大都的粮食供应。一切部署完毕，圣驾即将回返南京。徐达也将要发兵，七月二十四日，朱元璋回京前夕，再次召见徐达，殷殷告诫说："大将军，元运将终，君有罪民无辜，当严饬部下，破城时万毋妄加杀戮焚掠。必使市不易肆，民安其生，上答天心，下慰人望。有违者，罪无赦。"

"臣遵旨。"徐达与皇帝拜别。

七月三十日，北伐元都的战役正式开始。徐达逐一发布将令，命右丞薛显，参政傅友德，左丞赵庸，平章曹良臣、俞通源，都督副使顾时，右丞梅思祖各领兵马一万准备北渡黄河。同时传令都督同知张兴祖、平章韩政、指挥使高显等，统领所辖益都、徐州、济宁的部队，也即时北上，与大军在临清会师。明军渡河后，接连攻占卫辉、彰德、磁州、邯郸、广平，真个是所向披靡势如破竹，各路军马会聚于临清。徐达又与常遇春在德州会师。

至此，已有三十万大军，对元大都形成了进攻的态势。

处于风雨飘摇中的元朝廷，依然是政令不通指挥不灵。将领们虽说是表面上还奉元顺帝为君，但没有一个人听从元顺帝的旨意。败走凤翔的李思奇与关保等合兵，拥甲十万之众，仍然打着元顺帝的旗号，征讨晋宁的扩廓贴木儿，意欲将他的兵马吞过来，扩大自己的实力。岂料扩廓贴木儿避实就虚，不与关保正面交手，而是乘夜偷袭其大本营，关保兵败被擒，李思奇也只有退兵。扩廓贴木儿上表元顺帝，指责关保擅自动兵意在谋叛，请求严厉惩处关保。元顺帝现下已无所依靠，借机恢复了扩廓贴木儿的官职，并准其将关保斩杀，但降旨要他带兵护驾，移兵至通州抵御明军。

扩廓贴木儿将关保依旨斩首，但他并不肯为元顺帝卖命，在山西晋宁按兵不动，以观胜败。同样，李思奇也不愿以自己仅有的实力去与明军硬碰，也在凤翔按兵不动。这样一来，就给徐达一个有利的局面。明军二十日进取长芦，继而兵趋清州，再向直沽，元丞相伊苏望风而逃，元朝上下大为震动。明军进逼河西务，一举击败守城元军，生擒将校三百余人。又乘胜追击，于七月二十五日兵临大都外围重镇通州，在城下安营扎寨。

元顺帝已然慌神，急忙升殿召开御前会议。文武大臣七嘴八舌莫衷一是，有人要降有人主战。知枢密院布延帖木儿挺身而出说："万岁不必惊慌，明军也非铁打，也是人生父母养，待微臣领十万精兵，前往通州迎敌，定将明军打败。"

"爱卿忠勇可嘉，朕先赏黄金千两，胜后还会厚加封赏。"元顺帝为保皇位已是不惜一切。

“万岁，臣料能够阻止明军的进攻势头，但要想击退明军，还需万岁再调遣几支人马。”

“京城之内，所有人马随卿调动。”

“万岁，速派得力大臣，分别前往扩廓贴木儿和李思奇处，要他们两支军马急速赴京救援。到时对明军形成三面夹击之势，何愁明军不败。”

元顺帝对于调兵没有底气说：“好吧，卿且去前线迎敌，朕即派重臣为钦差，催促两路人马驰援。”

布延帖木儿在京城点齐十万人马，怀忠勇之心杀往通州前线。明军大将郭英亲率两万人马与之交战。双方大战一个时辰，明军不敌，向南溃逃。

布延帖木儿大喜，将令旗一挥说：“明军大败，我军士气正盛，全力追击，扩大战果。”

元军首尝胜果，紧咬着明军猛追下去。追出约五里路远近，突然道路两侧连天炮响，百十面旗帜竖起，东侧汤和，西侧常遇春，各引五万伏兵齐出。而败逃的郭英则会合了徐达的五万大军，调转头来痛击元军。遭遇埋伏的元军，顿时阵脚大乱，哪里还能抵抗，纷纷抱头鼠窜，落荒而逃。明军肆意追杀，直杀得尸横遍野，甲仗辎重兵器到处遗弃，死伤有数万人。布延帖木儿逃回大都，收拢的败兵仅有一万多人，余下尽已逃散。

布延帖木儿败得这样快，败得这样惨，是元顺帝与满朝文武始料不及的。整个朝野大为震动，人们完全失去了信心。当夜，元顺帝在清宁殿召集御前会议，商讨局势和对策。绝大多数臣僚已是吓破胆，主张向明军投降。

元顺帝不肯说：“想我大元建朝已历百年，疆土广大，受命于天，岂能向一放牛小子称臣，这是万万不可的。”

左丞相失烈门见状言道：“万岁所论极是，堂堂大元，岂能降为阶下囚。想我大都，城高池深，且城内粮草颇丰，足可坚持数月。待各路勤王兵到，明军粮草难以为继，其必败无疑。”

知枢密院事黑厮也是主战派说：“我军虽败，然城内尚有人马十数万，足可守城，以待援兵。”

布延帖木儿依然反对投降说：“万岁，微臣轻敌中伏致遭败绩，然臣愿统兵守城，可保三月内城池不失。二钦差已是出京，料援军月内可至。届时内外夹击明军，我军定可转败为胜。”

元顺帝长叹一声说：“说什么援军月内可至，扩廓贴木儿与李思奇若早听朕的旨意，怎会有今日的糟糕局面。朕料他二人十之有九不会奉旨，只是自保而已。朕不能留在城中，坐等当徐达的俘虏。后宫更不能受明军之辱，朕要及早离开大都,保住大元这面旗帜,也好东山再起。"

"万岁,不能啊。"失烈门以头触地,啼血劝谏,"万岁坚守,大元犹存,万岁逃离,人心即失,大都不能丢呀!"

"是啊,大都不能轻易为明军所占。"元顺帝降旨,"着淮王帖木儿不花监国,庆同为左丞相,同守京师大都。"言罢,再也不听群臣的奏谏,万分留恋地看看清宁殿,掩面下殿去了。

夜半时分,元顺帝将后宫主要的嫔妃及贵重金宝等装上百余车,拉上百余人,连夜出宫出城,离大都直趋漠北。淮王等人目送御驾去远,一个个无不摇头叹息,都明白前程就像这无边的黑夜一样,看不出路在何方。而有的人,在天明之前即已提前逃走。眼看离城的人越来越多,淮王不得不下令关闭大都所有城门。

八月初二,徐达大军兵临大都城下。当即派人送进劝降信,淮王自料大都尚可坚守数月,将送信的明军脊杖二十打出城去。徐达见招降无望,便于次日向大都的齐化门发起了攻击。

宽宽的护城河,首先是攻城的最大屏障。明军人众,徐达下令,每人背一袋沙土,倾入护城河中,两个时辰之后,护城河即被填满。明军呼叫着扑向城墙,竖起几百架云梯,争先恐后向城上爬去。

元军早无斗志,不待明军接近城头,即已弃城而逃。淮王与庆同都在城头督战,但二人管不了偌大的战线。眼前的兵士死战,远处的自己逃生。明军源源攻上城头,常遇春跳上来挺枪刺向淮王,只听噗的一声响,淮王被扎个透心凉。而那边汤和手起刀落,庆同的人头也已滚落在地。主帅一死,士卒们顿作鸟兽散,大都转眼之间落于明军之手。

徐达首先冲入宫中,把大元的王子六人俘获,还一并缴获了玉玺、图书、金印以及无数的宝物。徐达下令把所有的宫女都赶到大殿中集中看管,还把所有的府库都加封,并对兵马进行了部署,对大都进行防御,防止元军的残留部队进行反扑。等一切安排妥当之后,具表派快马到南京向洪武帝报捷。

由此,统治了中国九十九年的元帝国,宣告完结。一个新的王朝又开始了它崭新的一页。

第三十三章　唯我独尊　自大妄为之

元朝结束了，那么新的统治者统治得如何呢？从一些小事我们就能知道朱元璋的本领了。传说，有一个高僧名叫来复，字见心。高高的个子，圆圆的脸盘，浓黑的虬须环绕下巴。此人先后主持过宁波天宁寺、杭州灵隐寺等名刹。朱元璋慕名召见，赐酒赐饭，说佛谈禅，倍极亲切。来复非常感动，席间以诗答谢：

淇园花语晚吹香，手挽袈裟近御床。
阙下彩云移雉尾，座中红旗动龙光。
金盘苏合来殊域，玉碗醍醐出上方。
稠叠滥承天上赐，自惭无德颂陶唐。

朱元璋接过诗稿，边读边琢磨。先是感到“无德”二字很刺耳，又觉得来复剃去头发，却保留一撮大胡子，修饰奇异，是对佛门的大不敬，不由心下衔恨。不料，越往下琢磨，越觉得可疑。突然，他怒拍几案，一声断喝：

“来人，给我把见心拿下！”

见心赶紧从椅子上站起来，双手合十问道：“皇上，小僧并无过错，不知为何要拿下？”

“嘿嘿！你不但过错弥天，而且罪责难容！”

“小僧不明白，阿弥陀佛！”见心凛然不惧。

“混账东西！”朱元璋怒骂起来，“罪孽昭彰，还敢狡辩，足见是一个足秤足色的奸僧！我问你：你所写‘殊域’中的殊字，分明是骂朕的姓是‘歹朱’‘无德颂陶唐’，是诬朕无德，故而不能像颂扬陶唐氏帝尧那样来颂扬我。哼！你的奸谋虽然狡诈，能蒙过朕的一双明目吗？”

俗话说，秀才遇见兵，有理说不清。见心遇上了如此“精明”的皇帝，即便满身是口，也难以辩解，索性闭上双眼，不再言语。

“怎么，理屈了吧？”

“阿弥陀佛。”

“来人，把这奸僧拉出去砍了！”

可怜的出家人，做梦也想不到，千里迢迢来到京师，竟无端成了恶毒咒骂皇帝的罪犯。他玉箸双垂，没有喊一声冤枉，就在皇帝的屠刀下，急匆匆地去了佛国！

有一个叫张尚礼的监察御史，因为病弱瘦小，面貌丑陋，人称“鬼脸张”。一日诗兴勃发，随口吟了一首《富怨》：

庭宇沉沉昼漏清，闲门春草共愁生。
梦中正得君王宠，却被黄鹂叫一声。

谁知，这首春愁悠远、构思巧妙的小诗，却被无孔不入的告密者禀告了朱元璋。

朱元璋一向标榜自己不爱女色，所以十分厌恶臣下关注宫闱的事。这首诗，不但关注了，而且描摹得真切传神，不由拍案而起：

“哼！张尚礼那厮，竟连一点礼仪都不懂，后宫的事，岂是他可以随便置喙的。给我阉了，让他也尝尝‘闲门春草共愁生’的滋味！”

区区二十八个字的闲吟，张尚礼不仅搭上了生殖器，而且由于下体感染，半个月后，连一条小命也搭了进去。

佥事陈养浩所写的诗中，有“城南有嫠妇，夜夜哭征夫”句。朱元璋认为写军人家属夜哭，是蓄谋动摇军心，命令捆起来，投入水中淹死了。

苏州才子高启的命运，更加令人感叹唏嘘。高启被征召修纂《元史》，完稿后供职翰林院！并做诸王的老师。后来又擢升户部侍郎。他的诗作中，有一首《题宫女图》，其中有这样两句：

小犬隔花空吠影，夜深宫禁有谁来？

高启的诗跟张尚礼的“七绝”，可谓是异曲同工，甚至有过之而无不及。张诗人不过写宫人的寂寞闲愁，高启写的却是夜深犬吠。吠什么？显然吠的是外人。这就有涉宫廷秽乱了。

朱元璋得知后，十分生气，但考虑到一个时期以来，连续杀了许多因为写诗、奏本获罪的人，为了不落个戕害斯文、滥杀儒士的恶名，他未动杀伐，只把高启撵回了苏州老家。

高启正庆幸因祸得福，从此可以优游乡里，安度余生。谁知祸不单行，厄运又来光顾他。

苏州知府魏观，是个虔诚的孔孟之徒，处处以明教化、正风俗为己任，特别礼重当地的文人学士。结果，引起了武将们的不满。恰好，魏观正在修葺张士诚的府第作为苏州衙门，并疏浚城中锦帆泾，以利舟船，并壮观瞻。武将们便趁机参他"开霸主之泾，兴灭王之迹。"结果，魏观被就地处死。

不幸的是，重修张士诚府第的《上梁文》，乃是魏观请高启所作。朱元璋得知后，便引发了对高启的旧恨。一审查文章，里面有"虎踞龙蟠"字样。他认为，这四个字只能用在皇上坐龙墩的地方，岂可用到区区苏州一隅？立刻降旨，将高启锁拿进京。

高启反复自省，自信于心无愧。一路上，饮食如常，不断吟咏。

> 枫桥北望草斑斑，十去行人九不还……
>
> 自知清澈原无愧，盍倩长江鉴此心！

准备到了京城面见皇帝时，以理相辩。孰料，到京后关押了几天，未加审问便被腰斩了。

朱元璋知道，如果当面审问，倔强的苏州才子会让他丢尽脸面，于是，来了个不问而斩。高启死时年方三十九岁！他的弟子吕勉悲愤至极，毅然迁居应天城外，埋头种田，绝口不谈诗书文章。直到几十年后，明成祖永乐年间，他才将老师高启的文稿刊刻传世。

随着朱元璋的疑心越来越重，大明朝的文字禁忌也愈来愈多。不限于盗、贼、秃、僧等一部分字眼，而且成了一大片。礼部明文规定，禁止小民使用如下字眼和称谓：天、国、君、臣、圣、神、尧、舜、禹、汤、文、武、周、秦、汉、唐、晋、太祖、太孙、圣孙、龙孙、皇孙、王孙、太叔、太兄、太弟、太师、太傅、太保、大夫、待诏、博士、太医、太监、大官、郎中等。人们历来习惯称医生为太医、大夫或郎中，规定一律改称医士、医人或医者。梳头理发人习惯称待诏，一律改称梳篦人或整容人。官员之家的守门人——火者，只许称阍者，不许称太监。官宦及百姓之家，不得用龙虎等字。

高启为魏观写的《上梁文》所以犯了死罪，就是因为用了"龙蟠虎踞"几个字。大功臣冯国用的儿子都督冯诚，镇守云南大理，见那里形势壮观，自己撰了一副楹联：

> 两关虎踞通沧海，双塔飞龙上碧霄。

由于犯了“龙”“虎”讳，被人密报到京城，朱元璋立刻遣校尉远去云南，穿上铁尖鞋，将冯诚活活踢死。

不仅写诗作文、说话用语要避讳，绘画同样有禁忌。因为参不透朱皇帝的心理，白白丢掉了性命的画家，也大有人在。

朱元璋为了将历代功臣事迹，以及帮助他夺取天下的将士们的丰功伟绩，绘成挂图，特意征召各地名画家会集京城。他先让画家每人绘一幅样稿呈览。名画家赵原善艺高胆大，笔法恣肆粗犷。朱元璋怀疑他心存轻蔑，降旨将他处死了。

有一个叫周玄素的画家，画艺极高，城府特深，靠随机应变保住了性命。

有一天，朱元璋命他在宫殿的墙壁上绘一幅“天下江山图”。这是一件极容易触动皇帝忌讳的事。周玄素跪在地上叩头说道：

“臣未曾遍历九州，贸然奉诏，必然有失逼真。请陛下首先创一个规模大势，臣然后稍作润色，庶几不会走样亵渎。”朱元璋觉得这人狡猾，就想再做试探。于是，他拿起笔，润饱墨，慢笔勾画，快笔皴擦。不到半个时辰，一幅草图出现在八尺长绢上。然后放下笔，退后几步，一边点头欣赏，一边对周玄素说道：

“草图已绘出，尔为朕润色之。”

周玄素急忙跪下说道：“陛下江山已定，铁打钢铸，岂可动摇？小人岂敢染指！”

没有抓到周画家的把柄，朱元璋虽然有些失落，但这吉利话却使他心里很舒坦，遂一笑作罢。

朱元璋不仅爱听谀辞和吉利话，还要求天下臣民，凡是与皇上有关的一切事物，都必须加倍珍惜。皇家印制的钞票和皇历，都不得任意毁坏，否则将处以重刑。在屡有人犯禁遭难的同时，京城却有一位顾姓老者，靠机智保住了性命。

这位老人因为家里贫穷，买不起窗户纸，便捡来一本旧皇历糊了窗户。谁知这样一件小事，告密邀功的人也没有放过。听到自己的“案子”已经被告发，顾老人赶忙去向一位老吏求教。

当天夜里，他就被捕了。

第二天，朱元璋亲自审问。他声色俱厉地问道：“顾老头，你是用皇历糊窗户吗？”

“正是。”

“难道你不知道，皇历是朝廷颁赐的圣物吗？”

“小人知道。”

“既然知道，为何不知珍惜？哼，知法犯法，你的胆量不小呀！”朱元璋虎起了脸。

“万岁爷饶命！”老者急忙恳求，“小人是不得已而为之呀。”

“哦，那是为什么？”

“启禀万岁爷，小的新娶了一房儿媳妇，因为日子择得不好，不知冲撞了哪路神仙。媳妇一进门，便忽发狂疾，药石不灵，太医……不，医者们束手无策。占卦的说，用皇家之物镇一镇便好。小的家境贫寒，哪有皇家之物。想来想去，皇历出自内府，便用来糊在窗户上。说也真灵，当天媳妇的病就见轻，三天后全好了。”

“真是这样吗？”

“小人不敢有半句谎言。”

“你儿媳妇的病好了，朕也替你高兴。”

“是呢，街坊们无人不说皇上颁发的皇历，赛过灵符呢。”

“哈哈！”朱元璋笑了起来，“想不到，朕的皇历还能为百姓避祸造福，好哇！”

谁能让朱元璋高兴，谁就可以因祸得福。顾老人非但没有获罪，还被赐予一桌皇家的酒饭。酒足饭饱之后，客客气气放他走了。

金口玉言，手握生杀大权的皇帝，是要尔的狗命，还是网开一面，完全取决于他的喜恶。朱元璋认为，学问生异，智慧养奸。因此，对待读书人始终怀有戒心。侮辱摧残之外，动辄杀戮，手段之残忍，可谓是前无古人。

第三十四章 用人观点 让群臣胆寒

江浙一带,富豪大户较多,那里又是张士诚的老巢,许多人与张士诚有着这样那样的联系。这就埋下了不幸的种子。朱元璋有着极为牢固的仇富心理,对于江浙一带的读书人,也怀有深深的敌意。建国之初,人才奇缺,需要儒生充实各级衙门,不得不征召大批江南文人。但转眼之间,这些有用的"国家栋梁",就成了毒瘤和绊脚石。被誉称为"江南四杰"的杨基,张羽,徐贲,高启,他们的悲惨下场,令人惊心动魄。

前面曾经提到,高启死于文字狱。杨基官至山东按察使,因为一件小事被罢官罚苦役,经不住折磨,死于贬所。张羽被征召为太常寺丞,不知为什么被贬窜岭南。刚刚走到半路,又命他返回。张羽以为要受到更为惨重的惩罚,当即投江而死。徐贲做到河南布政使,被弹劾"劳军消极"。锁拿进京后,死于大牢之中。

无端被处死的儒生不胜枚举。仅著名学者,就是一长串名单:苏伯衡、王彝、傅恕、谢肃、赵介、郭奎、孙贲、王蒙、王行等。他们都曾应征出仕,但旋即以各种理由,遭到关押屠戮。

朱元璋为了打击江南士人,培植拉拢北方知识分子,还搞了一场惊动全国的科场大案。

洪武三十年(1397 年),翰林学士湖南茶陵人刘三吾和白信蹈,分别担任会试正副主考。结果,考中的全是南方人,没有一个北方人,其中江西泰和人宋琮,高居榜首。

于是,北方士子议论纷纷,说刘三吾等考官都是南方人,故意偏袒乡里,歧视北方人。朱元璋也心下生疑:难道南方人个个聪明绝顶,北方人通通都是笨蛋?他命侍讲学士张信等重新审阅北方落第举子的试卷。结果,仍然没有一个及格的,证明刘三吾等出以公心,判卷无误。录取名额的不同,是地区间文化差异的表现。但北方士子依然不服,不相信北方人都是笨蛋。于是,他们把矛头指向了以张信为首的复审官。诬陷他们受了刘三吾的贿通和嘱托,故意拿一些低劣的卷子复审。

朱元璋本来就对南方人怀有成见,北方举子的诬告,正中下怀。不问青红皂白，怒降严旨，把副考官白信蹈等统统杀了。主考官刘三吾已是八十五岁老翁，念其年高昏眊，“从宽处理”免死充军。才华横溢的宋琮，因为考了个第一，也被发往边疆服苦役。

这样一来，朱元璋对谁也不再相信。他亲自命题，入闱另考。奇怪的是，三场考完，皇榜一出，取中的六十一人，清一色都是北方人，南方人全部名落孙山。这个被当时人称作“南北榜”，又称“春夏榜”的事件，无异于一场闹剧。明眼人都知道，这是朱元璋的一次出色表演：对遍布朝野的南方文人士大夫进行大刀阔斧的限制与削弱。他不能允许一个江南文人，对朝廷构成牵制与威胁！

朱元璋的帝位，是拼杀十余年，九死一生，用鲜血和生命换来的。得之不易的东西，自然分外珍惜。在朱元璋的眼里，俯临九州的皇帝宝座，就是一座金山银库，天宫仙阙。没有一个人不是虎视眈眈，馋涎欲滴，时刻伺机抢劫夺取，稍不留神，就会成为别人的囊中之物。因而，朱元璋的双眼始终瞪得大大的，警惕地注视着周围的一切。他不但不相信任何口头上的忠诚，而且产生了一种逆反心理：愈是信誓旦旦地宣称效忠于皇帝，愈是怀有二心的危险之徒！

朱元璋不相信一切言语和行动的忠诚，只相信利禄引诱和权力恐吓。笃信棍棒、监狱、流徙、杀罚，可以建立和巩固天子的威严。对贪官污吏也好，一般官吏也好，所实行的只有一个办法：严刑峻法，威猛以治。他要让臣民们全都战战兢兢，如履薄冰般地生活在恐惧中，奉公守法，俯首听命。

洪武九年，福建参政魏鉴、瞿庄，在拘讯一个贪吏时，严刑逼供，竟将人打死。这本来是不合法的野蛮行径，但却受到朱元璋的表扬，在赐给他们的玺书中写道：

> 自古天下治乱在于君臣能驭不能驭耳。若君能驭臣以礼法，臣能驭吏以体上，则治由此始。若君不能以驭臣，臣无以驭吏，则乱亦由此生。朕尝谓，若为官临政无驭吏之威，则诸事无成。驭得其法，则成立令行，事无不举。

这就是朱元璋的君臣观。不论是君与臣的关系，还是官与吏的关系，统统是主与奴的关系——在上者，驾驭在下者。而要达到这个理想境界，最为有效的手段，就是棍棒和皮鞭，镣铐加杀戮。所以，每当各地官员杖死属吏的时候，不但没有人受到处罚，反而能够得到皇帝的褒奖！

不论是朝廷大员，甚而是元勋忠臣，只要是在朝堂上一言不合他的心意，金口一开，立刻按倒就打——廷杖。这种盛行于元朝的恶刑，朱元璋不仅完整地继承下来，而且传给了他的子孙。朱元璋更是身先垂范。茹太素因万言书繁琐冗长被杖责，工部尚书薛祥死于廷杖之下，勋臣朱亮祖被鞭死，都督冯诚被铁尖鞋踢死……大臣们在朝堂上被按倒打屁股，几乎成了大明朝独有的“风景”。

威与罚，对朱元璋来说，渐渐成为一种思维的惯性和生活的必须。随着皇权的巩固，他的性情越来越暴躁猜忌。臣下们一言之误，一字之差，常常会招来严厉的惩罚。上朝的时候，如果见到皇帝平静地安坐在盘龙椅上，将玉带举到胸前，则知道圣躬心情舒畅。这一天多半是风和日丽，平安无事。如果他双手将玉带下压，则预示着狂雨暴风很快就要来临。此刻，人人战战兢兢，小心提防，不知灾祸又要落到谁的头上！

可怜的京官们，每天早起上朝时，都要与妻孥含泪诀别。等到晚上平安归来，则全家欢乐，庆幸又多活了一天。

有一个叫严德珉的都察院左佥都御史，见朝廷险恶，朝不虑夕，便上本辞官，恳求回苏州老家养病。没想到犯了朱元璋的忌讳，认为他是以养病为由背叛朝廷。命令为他黥面（脸上刺字）谪戍南丹卫。严德珉命大，没有把一条命丢在戍所，直到朱元璋重孙宣德朝还健在。有一天，他同一位府学教授一起喝酒。那人见他脸上刺字，头戴破旧官帽，不解地询问：“老先生曾犯过何法?”严德珉如实相告。然后说道：“前朝法宪森严，做官的难保头颅。这顶官帽不容易戴呦！”说时还向北拱手，连称：“圣恩，圣恩！”

话一出口，严德珉自知失言。这几句“诬刺圣朝”的“奸语”，不知会给自己带来何等灾难。他如坐针毡，天天惊惧不已。几天之后，府学教授登门请教，一看人去室空。一问四邻才知道，严德珉早在两天前，就担着行李远走他乡了。

严德珉并非杞人忧天。严惩“奸语”的铁扫帚，朱元璋无时无刻不紧紧握在手里。

有一天，三十多名冒犯了皇上的朝臣，被一起绑到了金殿上，等候发落。气氛十分紧张。满朝文武，个个低头缩脑，连大气也不敢出。

主管刑狱的刑部尚书开济出班奏道：“陛下，一干罪犯，全部到齐，请降旨发落。”

朱元璋闭目不答。

奉天殿内外死一般的寂静。此刻，一根绣花针掉到地上，也会发出震耳的声响。

突然，一个被绑在阶下的犯官，高声喊了起来：“陛下，恩准小臣说最后一句话！”

说话的，是时任起居注的高莘。他匍匐在地，哀怜地望着皇帝。

“你想说什么？”朱元璋厉声喝问。

高莘唏嘘答道：“小臣伺候皇上多年，惹得皇上生气的事，或许不少，但小臣从没有触犯刑律，望万岁谅情呀！”

朱元璋依然紧闭双目，不理不睬。

开济限于职分所在，只得第二次小心奏报：“罪犯全部到齐，请陛下降旨发落。”

朱元璋微微睁开眼，狠狠说道：“那个山东大鼻子去充军，余下的统统杀了。”

高莘是山东人，性格耿直，鼻梁高耸，绰号“大鼻子”。他做梦也想不到，因为自己的犯颜喊冤，竟然捡了一条活命。其余的人，除了浑身筛糠，个个钳口，不敢哼一个冤字，结果，一起结伴去了枉死城。

这些年，官员们都被严刑峻法和无端招祸吓破了胆，谁还敢拿着鸡蛋碰石头去仗义执言？人人唯皇帝的马首是瞻，皇帝高兴了争先进言，一见皇上玉带下压，面露愠色，个个噤若寒蝉成了没嘴葫芦。而这个山东莽汉子，却是喜不敢放肆，怒不愿沉默。把人人都知道的犯颜贾祸，忘到一边，结果因祸得福，鲁莽给了他一条活命！朱元璋认为，耿直忠贞的人，是不怕死的。那些首鼠两端、见风使舵的人，则一定是奸邪之徒。因此，在他理智清晰的时候冒死进谏，有时反而能得到宽恕。有一天上朝，朱元璋一派怒容，人们知道，他又要滥杀无辜。在场的官员个个胆战心惊，脸如黄蜡，不知道厄运又将降临到谁的头上。突然，御史欧阳韶扑通跪到地上，膝行而前，双手捧额，高声呼喊道：“陛下，臣等丹心事主，言听计从，您不可动怒，不可动怒呀！”欧阳韶冒颜犯上，朱元璋竟然被他的耿忠质朴所感动。脸色渐渐平和，松开紧压玉带的双手，开口问起了别的事。有一天，两名内监领着一队女乐人来到奉天门前。负责守卫皇宫的正门奉天门的是御史周观政，挥手制止：“站住，不准进去！”内监怒喝道：“大胆，你敢违抗皇上的旨意吗？”“拿出皇上的圣旨来，我立即放进。”周观政不理不睬。内监无奈，只得跑进宫去禀告。皇帝的旨意都敢阻拦，左右都替周观政捏着一把汗，认为这下子惹下了大祸。

不一会儿，来了另外一名内监，冷冷地说道：“女乐人回去吧，不用了。”

周观政害怕事后皇帝翻脸不认账,仍然不依不饶:“公公,事关老臣职分,必得亲耳听到皇帝宣谕。”

太监只得再次回去禀报。不料,朱元璋不但没有生气,反而觉得这个御史执著的可爱,只得亲自来到奉天门,打量了犯上的人一阵子,方才和蔼地说道:“宫中音乐久已荒废,打算让女乐进来演习一下。御史说得是。朕想事不周全,就不叫她们进去了。”

当着臣下的面认错,对朱元璋来说,这是极不寻常的事情。

朱元璋特别喜欢地方官讲真实情况。他曾向岢岚县和山阴县来京朝觐的教谕询问民间疾苦。这两个来自地方上的教谕,虽然熟知民间疾苦,但害怕说错话丢掉脑袋,异口同声地说:

“陛下,小臣专注教学,对于民间之事,不甚了了。”

“哼!好一个圣贤之徒!”朱元璋厉声斥责,“开口不知民间事,连圣人‘仁者爱人’的教导都忘了,焉能为人师表?此等尸位素餐的东西,留着何用?都回家种田去吧!”

因为不敢说实话,两位老夫子白白丢了乌纱帽。怀着满腹诗书,回家种田去了。当然,这还算万幸。

泰州教谕门克新的遭遇,恰恰相反。此公质朴得像幼童老妪,皇帝问什么,他照实答什么,而且直言无隐,不厌其详。朱元璋大为赏识,一再提拔重用,数年之间,竟然升到礼部尚书。

不过,这种捋虎须的“忠诚”,实在是危险之至。尽管朱元璋害怕受骗上当,特别喜欢敢讲真话的人。但他更害怕自己的心思被别人猜中,便故意朝三暮四,变幻莫测。如果胶柱鼓瑟,一味实话实说,梦想由此得到皇帝的青睐,甚而加官进爵,往往会走到出发点的反面,不仅得不到奖赏,连宝贵的性命也得白白搭上。

大礼寺卿李仕鲁就是这样一个不识时务者。此人崇尚正学(朱学),厌恶异端(佛教)。多次上书,要求皇帝崇正学,辟异端。朱元璋始终不予理睬。

这一天,他在朝堂上再次复奏,希望以满怀血诚,刚正的言辞,使皇帝感动和醒悟。他摇着朝笏,慷慨激昂地奏道:“陛下深溺佛教,无怪乎臣说的话总是听不进去。今天交还陛下的牙笏,请赐还臣这把老骨头,放归田里!”

李仕鲁一边说着,一边把牙笏放到了地上。

一句“深溺佛教”,刺痛了从佛寺走出来的朱元璋。当即勃然大怒,蓦地站起来,气急败坏地喊道:“打死他,打死他!”

众多武士闻声而来，一顿拳打脚踢，李仕鲁当即被打死在金殿之上。

大理寺少卿陈汶辉，曾经附和李仕鲁的奏呈，屡次以辟佛相争。见他的上司被当庭打死，惊恐得站立不住，晕倒在地上。退朝后，路过金水桥，一头扎到水中，追随他的上司去了。

御史王权因耿直憨厚，深得朱元璋赏识，例外恩宠，为他改名王朴。王权因祸得福，本应见好就收。谁知，反而更加助长了直肠子的犟劲。这一天，为了一件小事，竟然与皇上当廷争论起来。朱元璋再也按捺不住，愤怒地命人将他拉出去砍头。刚过了不一会儿，又派人把他喊回来，气呼呼地问道：

“王朴，你知罪吗？”

“臣不知。”直肠子变成了犟驴子。

“你多嘴多舌的毛病，改不改？”

王朴分明是横了一条心，毅然答道：“陛下不以臣为不肖，任命为御史之职，却为何又如此摧辱？如臣无罪，安用杀之？臣若有罪，又安得生之？臣今日只愿速死！”

朱元璋大怒，一拍龙案站起来，怒吼道：“立即杀死他！”

行刑的路上，恰好路过史馆，王朴朝着里面高呼：“学士刘三吾，你一定要记下来，今天，皇帝杀死了无罪御史王朴！”

朱元璋对王朴的隐忍，无非是想给朝臣们树立一个榜样：臣下忠厚正直，皇帝纳谏容物。本来无意杀死他，只是那犟木头太不给自己留面子，这才起了杀心。

王朴死后，朱元璋悄悄询问行刑人，王朴临刑前曾经说些什么？行刑人回答说：

“他念了一首诗。”

“什么诗？快快念给朕听。”

行刑人答道：“小人记得是这样：‘磊落丹心忧社稷，何曾挟私求利禄。早知耿忠犯君怒，何必更名称王朴！’”

“你没有记错吗？”朱元璋显得有些激动。

“那犯官，一连念了好几遍，小人一个字也没有记错。”

“为什么不当即前来禀报？”朱元璋分明是后悔了。

行刑人不知该如何回答。

“一群坏事的奴才！”朱元璋迁怒于人。

当天夜里，几个行刑人都被暗暗杀死了。

朱元璋培养王朴这样的典型，可谓是用心良苦。洪武后期，他动辄大开杀戒，死亡的阴影，重重地笼罩在朝臣们的心头。人人明哲保身，谁也不敢说实话招祸惹灾。治世方略，逆耳忠言，从此离他远去，充耳听到的尽是投其所好的甜言蜜语。朱元璋知道自己已经处在蜜水和谎言的包围之中，这使他一度非常苦恼。

有一天，朱元璋无奈地对身边几个大臣说："以一个人的智慧计谋，处理全天下的事，朕固知其难。每当诸事纠葛繁复，朕便想，如果左右的人能竭诚尽意，帮助拿个主意该多好。可惜呀，披肝沥胆者少之又少，固位偷安、默而不言者，却大有人在。他们自以为得了为官之道，殊不知百世之后难逃清议。"

大臣们听了，除了连连顿首，高喊"吾皇圣明"，谁还敢妄置一词？为此，朱元璋多次下诏广求直言。但求者殷殷，听者藐藐。人们照常阿谀逢迎，以求全身保禄。

为了检验他的号召有多少效验，朱元璋扬言，要在狮子山建阅江楼，命群臣预先作《阅江楼记》。群臣奉命唯谨，挖空心思，编制锦绣华章。等到送上来一看，全都是歌功颂德的谀辞、粉饰太平的粉彩。

无奈，朱元璋只好假托大臣的口气，亲笔写了一篇《阅江楼记》。其中有句云："宫室之广，台榭之崇，不急之务。土木之功，圣君不为也。"

他想为敢谏者垂范，但聪明的大臣们，看破了个中的戏法，仍然没有人起而效仿。

朱元璋曾经设立过一个机构叫"执法议礼司"，司内设有白牌若干面，上写"执法议理"四个朱红隶字。倘若遇到皇帝处事失误，允许大臣手执白牌直言进谏。但是，对于一个威猛如虎、喜怒无常。千猜万忌的皇帝，又有多少人敢于相信白牌上的华美语言，而不顾生死托以腹心呢？朱元璋有时候像是温柔敦厚的大象，可更多的时候，却是一只吊睛白额、准备随时张开血盆大口吞食活人的斑斓猛虎。

这样一来，离心离德，彼此猜忌，死气沉沉的空气弥漫朝廷。万岁的呼喊声越高，朱元璋越不放心。

第三十五章　论功行赏　封侯颁铁券

公元1370年，农历11月11日，这是十分晴朗的一天，对于刚刚成立的大明王朝来说，也是非常喜庆的一天。文武百官恭敬地站在两厢。在皇子和众亲王的陪同之下，朱元璋登上了金殿。他意气风发地端坐在龙椅上，文武百官与皇亲贵族全都向他行礼，高呼："吾皇万岁万岁万万岁！"

朱元璋微微欠欠上身说："众卿平身。"

"谢万岁。"

朱元璋用亲切的目光环视全场，朗朗说道："众位爱卿，我大明立朝业已三年，眼下全国基本平定，朕要仿效先古帝王的礼制，对功臣进行封赏。朕与各位出生入死，无论是文臣还是武将，俱皆立下了数不清的汗马功劳。每个人身上有几处刀枪之伤，朕都一清二楚。故今日的封赏，是朕经过深思熟虑的。文官之功，首推李善长，他好比朕之萧何，供给军队粮草，留守根据地，朕甫一起兵，即与朕形影不离，虽未直接上阵冲杀，然功劳当属第一，故朕封他韩国公、中书左丞相、银青荣禄大夫，岁禄四千石，众卿可有不服者？"

文武群臣谁敢说皇上有错，同声唱和："万岁英明，臣等折服。"

李善长感激涕零说："臣叩谢天恩。"

"莫急。"朱元璋和颜悦色，"还有一件重要的东西，这关系到功臣的生死，至为重要。"

群臣无不注目而视，看看皇上有何新鲜物件。少时，太监已将一部铁券递给朱元璋。这部铁册书本大小，半寸薄厚，类似瓦片。上面篆刻着功臣的姓名、功劳以及免死的次数。除谋逆不赦外，其他罪过本人可免死两次，其子可免死一次。分为七等，王一等，公二等，侯三等，伯四等，其子孙世世代代承袭。

朱元璋笑容满面说："李大人，接过这铁券吧。当年宋朝皇帝曾颁发过丹书铁券，可他是名不副实，不起作用。朕这铁券可是实打实，交你一册，朕内府留一册为质，日后如犯死罪可免。"

李善长极为虔诚地接过，顶在头上说："万岁隆恩，天高地厚，微臣即肝脑涂地，也不能报圣恩于万一。"

“李爱卿请起。”朱元璋的目光，又停留在徐达身上，“若论满朝武将，功劳当属徐达第一。”

徐达赶紧跪倒说：“臣不敢当。”

“徐爱卿的丰功伟绩，朕不细说想来也是尽人皆知，朕封徐达魏国公，领右丞相，岁禄三千石，授免死铁券。”

“臣谢主隆恩。”徐达将铁券顶在冠上。

“朕再封李文忠为曹国公，邓愈为卫国公，冯胜为宋国公。”朱元璋停顿一下，“勇冠三军屡立奇功的常遇春已然仙去，但他的功劳不能埋没，朕加封他的儿子常茂为郑国公，众卿以为如何？”

“万岁圣明！”

朱元璋把目光停留在汤和身上，意味深长地叫了一声说：“汤将军，朕的同村老乡少时一同玩耍的伙伴。”

“万岁，过去之事不提也罢。”

“过去的事更不能忘。”

“难得圣上有情有义。”汤和想，这第七个国公应该是他了，若论功劳，他虽不及徐达、常遇春，但比起邓愈、李文忠是毫不逊色。

朱元璋的话，令汤和大吃一惊说：“汤和，你可知罪？”

汤和一下子如坠五里雾中，这大封功臣的日子，皇上怎么说起这话说：“万岁，臣愚钝不知。”

“朕说过去的事不能忘，怎么你就真的忘了。”朱元璋脸色严肃起来，“你不是声称，你镇守常州就像坐在屋脊顶上，想往左边倒就往左边倒，想往右边倒就往右边倒，谁能把你怎样？你可说过此话，朕可是凭空编造？”

汤和一下子蒙了，那是因为时值端午佳节，汤和要求朱元璋准许他的部队解除禁酒令，过节了让全军开怀畅饮一场。可朱元璋认为战事在即，说不定敌军会来进攻，不许全军饮酒，而特许他一人饮酒一斤。汤和认为是朱元璋不给面子，心中闷闷不乐，自己喝了三斤，直喝得酩酊大醉。在酒醉后才说出这番话来。事后他也惊出了一身冷汗，很怕朱元璋治罪，因而勇猛作战，攻占无锡、江阴，朱元璋对他进行了嘉奖。他以为这事早已过去，没想到事过许多年，今日在大封功臣时旧事重提，他张口结舌，不知该如何回答。

朱元璋厉声追问说：“朕在问你，可说过此话？”

汤和嗫嚅地说：“臣是曾讲过。”

“那么朕来问你，是向左边倒，还是向右边倒？”

“臣那是酒后失言。”汤和赶紧叩头，“臣罪该万死。”

“你确实当死。”朱元璋声色俱厉，“对待违犯禁酒令之人，朕是如何对付的你该有所耳闻。”

“其实，喝点酒并不影响打胜仗。”汤和说出了他的心里话。

“大胆汤和，你至今仍不悔悟，还在坚持错误，难道就真的不怕死吗？”朱元璋怒了，“想一想胡大海之子胡三舍的下场。”

这句话可把汤和吓得失魂落魄，在场的文武大臣都认为汤和的命保不住了。因为这件事人们的印象太深刻了，体现了朱元璋治军是何等严厉。

那是大将胡大海领兵围攻绍兴时，他的儿子胡三舍正在攻打金华。朱元璋刚刚在军中下达了禁酒令，而胡三舍等三人却在阵前违禁饮酒。三人被押解到朱元璋面前，朱元璋毫不犹豫下令斩首。身旁的都事王恺劝他，胡大海统领重兵正在绍兴前线作战，杀他的儿子须防生变。可朱元璋却说：“宁可胡大海反了，也不能坏我的号令。”可是他再三下令，却谁也不肯执行，都担心激出变故。朱元璋见状急了，抽出刀来，亲手将这三人逐一杀死。这件事震动了全军，以后再无人敢犯酒禁。

今日朱元璋提起这个话头，不禁让人们对汤和的性命担忧。

汤和当然不甘丧命，他低声但却理直气壮地辩解说：“臣并未违犯禁酒令，是万岁特许的。”

“朕许你不假，但许你喝一斤，你却喝了三斤，直喝得烂醉如泥。”朱元璋怒问，“难道这不是抗旨吗？”

“臣有罪，万岁治罪臣死而无怨。”汤和又辩解道，“臣那番无状之言，乃臣酒后失性，乞请万岁饶恕。”

“朕若是怪罪你，还能活到今天。”朱元璋的口气缓和了，“朕念及乡情，看在你有功的份儿上，也不相信你会背朕反叛，故而才留下你的性命。”

“臣谢万岁不杀之恩。”

“朕不封你国公可有怨恨？”

“臣不敢讨封，万岁不杀已是皇恩浩荡。”

“朕向来赏罚分明，不封你为公，还要封你为侯。”朱元璋郑重宣布，“汤和功勋卓著，因其嗜酒好杀不由法度，封其为中山侯。并有金书铁券，本人免死一次，岁禄两千石。”

汤和连连叩头说：“臣谢万岁隆恩。”

“汤和之例，说明朕对群臣功过在心。再如廖永忠，其功不在汤和之下。鄱阳大战时，奋勇忘躯，与敌舟相拒，乃朕亲眼所见。然其使属下儒士窥朕意向，以邀封爵，乃投机钻营者，朕不予封公，只予封侯。赵庸亦有大功，然私蓄奴婢，废坏国法。郭兴者建有殊勋，但其不奉将令，不守军纪。此二人均不得封公，当为日后诸臣所戒。”

“万岁圣明，臣等谨记。”众文武明白，这次的封赏是由皇上一人一手所定，而皇上是把多少年的功过皆烂熟于心。作为臣子，必须时刻留心，不能稍有放纵和违规。

接着，朱元璋宣布了封侯的名单。除汤和外，他们是：延安侯唐胜宗，吉安侯陆仲亨，江夏侯周德兴，淮安侯毕云龙，济宁侯顾时，长兴侯耿炳文，临江侯陈德，巩昌侯郭兴，六安侯王志，荥阳侯郑遇春，平凉侯费聚，江陵侯吴良，靖海侯吴祯，南雄侯赵庸，德庆侯廖永忠，南安侯俞通海，广德侯华高，营阳侯杨景，蕲春侯康铎，永嘉侯朱亮祖，颍川侯傅友德，豫章侯胡美，东平侯韩政，宜春侯黄彬，宜宁侯曹永臣，汝南侯梅思祖，河南侯陆聚。

名单念罢，所有人都感到明显遗漏了一个人。这是无论如何都该封侯的人，甚至可以封公，那就是太史令刘基。他对于朱元璋，好比是汉之张良，其功无人可比，堪称朱元璋的膀臂。大家互相交换了一下眼神，虽未明言，但都明白彼此的含意和心情。

朱元璋开口了说：“众卿，看尔等诧异的神情，朕已明白是有人当封未封。你们想到的是刘基。”

文武百官齐声说：“万岁圣明。”

“刘基刘先生，为了大明殚精竭虑，功高盖世，朕怎能忘记呢。但朕已深知刘先生的心，他是不愿做高官的，朕即使不加封，他也决不会怪罪。但朕又不愿让他离去，还要他享受国家的俸禄。故而，朕封他为诚意伯，岁禄二百四十石，亦颁给金书铁券。”

刘基跪倒叩头说：“臣谢主隆恩。”

朱元璋故意问道：“刘爱卿，你未能封公侯，该不会对朕心存怨恨吧？”

“万岁对臣有知遇之恩，臣得以常侍万岁左右，即为天大的福分。得以封伯，此生足矣。”

“朕自信对先生知之甚明，看来并非虚妄。”朱元璋问，“朕之加封，可还有不平之处。”

“万岁，臣有一事奏闻。”李善长出班。

“李大人有话只管奏来。”

“万岁大封功臣，还有一人多年来勤劳王事，兢兢业业，累积有功，亦当加封官职。”

朱元璋颇感兴趣地问说：“噢，是哪位臣子？可不要埋没了有功之人。”

“太常寺卿胡惟庸。”

“朕想起来了。”朱元璋和颜悦色，“胡大人是早年即跟随朕的淮西同乡，为人精明干练，确是难得的人才。李大人，意欲擢升他何职？”

“臣意可令他出任参知政事。”

朱元璋想了想，扭头征询刘基的意见说：“刘先生看人最为精准，依你看韩国公意见如何？”

刘基如若反对，便是开罪了两个人，但他又不是顺情说好话的人，便斟酌着言道：“万岁，臣对胡大人所知甚少，不便置评。而韩国公乃当朝宰辅，自有识人之见，想来所荐不差。只是日后万岁用人，或国公荐人，还当以才德为是，莫要论及同乡与否。”

“刘先生之言切中要害，完全是以国家为念。朕与韩国公俱应引以为戒，要任人唯贤。”

“臣记下了。”李善长赶紧应声。“那就升胡惟庸参知政事一职。”胡惟庸出班跪倒说：“臣叩谢万岁，万万岁！”朝散了，应该得到封赏的如愿以偿，自然也有不满和失望的人。今天最为风光得意的当属李善长。他回到府中，妻子儿女围在身前身后，大家免不了议论一番。他的儿子李祺掩饰不住喜悦之情说：“父亲，这一下我们李家可真是一人之下，万人之上了。”

李善长瞪他一眼说：“切莫得意忘形，须知福兮祸所伏，祸兮福所倚，伴君如伴虎，福祸本无常。”

“父亲，您这是过于小心了。”李祺完全不以为然，“想想在朝堂上，刘基与父亲同为谋臣，您封公他只封伯，差了整整两等。再说岁禄，您是四千石，他才二百四十石，这真是天壤之别。”李善长总是小心谨慎说：“皇上对刘基的态度，让为父也参详不透。如你所说，这样对待刘基，实属是过于压低了。”

“父亲无须多虑，皇上就是器重您，而明显是要疏远他。”李祺是兴奋难抑，“今后我们李家自然是风光无限，就连儿都有一次免死，我们还有什么不能称心如意的。”

“不可造次胡来，”李善长警告儿子，“免死不免死，还不是皇上一句话，对那个铁牌不要太认真。”

管家进来禀报说：“相爷，胡惟庸大人前来拜访。”

李善长今天提拔他升了官，料到胡惟庸会来致谢，便传话说：“让他客厅等候，我这就去相见。”

客厅内，胡惟庸倒背着手在房中打转，看到墙上李善长的一幅字，这是工整的楷书，录的是一首七言诗：马渡沙头苜蓿香，片云片雨过潇湘。东风吹醒英雄梦，不是成阳是洛阳。

胡惟庸立刻明白了，这是朱元璋的诗。李善长特意把皇上的诗抄录在墙，其用心可想而知。这个人真是老奸巨猾，时时处处想方设法向皇上讨好，自己还真得学着点。

李善长缓步进入说："胡大人，让你久等了，很是对不起，老夫是更衣来见，方显对客人的尊重。"

"相爷如此说，惟庸实不敢当。"胡惟庸深深一躬，几乎到地，"胡某能有今日，全赖相爷提携，因而特来致谢。"

"老夫不过是说几句话而已，不算什么。还是你在万岁心目中早有良好的印象。"

"不然，今日若非相爷举荐，惟庸如何能做上参知政事。"胡惟庸将桌上的锦袋打开，露出里面黄澄澄亮闪闪的金元宝，"相爷，这是三百两黄金，实在不成敬意，还请笑纳。"

"这如何使得，如此厚礼，如若收下，老夫不就是受贿吗？"李善长将金袋推回去。

"相爷，这是下官的一片心，是给您买些人参之类的补品保养身体的。"胡惟庸再将金袋推到李善长面前，"您年事已高，辅佐皇上，日理万机，确需保重身体，这大明朝不能没有您哪。"

"胡大人说得也是，这每天的事务委实太多了，令我应接不暇。"李善长没有再将金袋推回，"不过这下好了，有你在我身边，帮助处理一些琐事，老夫就轻闲多了。"

"下官情愿效劳。"胡惟庸极其虔诚地，"惟庸初任新职，一切还望相爷多加教诲。"

"这倒也是，"李善长看看他，"你可知晓老夫举荐你的良苦用心。"

"务请相爷明教。"

"你我同为淮西人，我们要抱成一团，对付以刘基为首的那伙浙东人，决不能让他们在朝中得势。"

"这，刘基不是已经败在了相爷手下，您是韩国公，他不过是个诚意伯，已经不足相提并论。"

"不然，刘基这个人可千万不能小看。"李善长告诫，"此人非常难缠，一旦让他掌握了大权，一定会对我们进行报复，让我们难堪。"

"刘基竟然敢对相爷如此无礼。"

“老夫为你讲一事例,你便可知他的为人。”李善长说起来依然气愤难抑。

徐达攻占河南后,朱元璋大喜,亲自前往汴梁部署北征灭元。他离开应天时,诏令李善长、刘基二人监国。中书省都事李彬是李善长的侄子,因为叔父大权在握,李彬行事便肆无忌惮。盐商沈万五家有一吴道子的名画,李彬意欲低价买来孝敬李善长,但沈万五财大气粗,便万金也不肯相让。李彬便用权势诬良为盗,将沈万五下狱,在其家中抄走了名画。其家人告到应天府衙,案情报到刘基处,他坚持秉公断案。李善长为救侄儿,亲身前往刘基家求情,但刘基坚持禀报朱元璋。这种诬良为盗的恶行,朱元璋大为恼怒,下令将李彬问斩。为此,李善长心中对刘基结下一个大大的死结。

李善长讲述完之后,胡惟庸咬牙切齿地发誓说:“像这样不识抬举之人,早晚下官要找出他的罪状,让相爷能够出这口恶气。”

李善长听完胡惟庸的话,满意地对他说:“只要你与我同心,就不枉费老夫对你的一番提拔了。”看来,李善长还是对胡惟庸颇为不放心。

第三十六章 胡刘不和 后宫又惹祸

胡惟庸刚走出相府的大门，心中就快速地盘算开来。虽然自己已经有了李善长这个靠山，但是只有他一人，也是不行的。万一哪天这个靠山到了，自己不也完蛋了吗？看皇上对刘基的态度，以及刘基的为人，还是不要招惹这个人为妙。现在要先与他套套近乎，避免他在皇上面前说自己的坏话。心中下好了决心，胡惟庸就拐到了刘基府邸，经过通报之后，进府拜见。

刘基将胡惟庸让到客厅，上茶后询问说："胡大人，你我素无来往，今日光临寒舍，不知有何见教？"

"特来登门致谢。"

"这就怪了，下官与胡大人无任何好处，这'谢'字又从何提起呢？"

"在金殿上，刘大人回答万岁的问话，有利于下官，胡某方能得以升任新职。理当致谢。"

"此说实不敢当，"刘基解释说，"那是下官对胡大人没有了解，不敢轻言否认，而又相信韩国公之故。胡大人何言'谢'字？"

"谢也非口头而已，"胡惟庸将一锦盒置于案头，"刘大人，这是夜明珠一颗，聊表寸心，务请笑纳。"

"不可，"刘基一口回绝，"下官从不收受礼物，更何况贵如夜明宝珠，还请收回。"

"下官的心意刘大人还望领受，今后同朝为官，少不得还要相互关照，彼此交个朋友。"

"胡大人若说此话，恕刘基直言。为官之道讲的是忠心报国勤政为民，最要不得的便是拉帮结伙。"刘基倒是正直，"胡大人若不收回此珠，休怪我明日上朝时交与万岁。"

话说到这个份儿上，胡惟庸也只得悻悻地收起宝珠说："刘大人清廉，令胡某钦佩，此后遇到胡某有事，还请大人多多美言。"

"哼，"刘基冷笑一声，"还真不知胡大人是投机钻营之人，早知如此，万岁问起我就该反对你升职。"

"这，大人取笑了。"胡惟庸显得有些尴尬。

“我这说的是真话，岂有取笑之意。”刘基进一步阐明，“日后万岁如再问起关于你的品行，我会如实向万岁禀明，你是怎样的一个人。”

胡惟庸讪笑一下说：“刘大人还是会口下留情的，毕竟我来贵府登门致谢。”

“你这种人我是不欢迎的，请你即刻离开我的家。”刘基下达了逐客令。

“刘大人，真就这样不留情面。”胡惟庸还意欲挽回，“下官是从内心里敬佩大人的。”

“好了，休再多言，”刘基站起身，“送客。”

胡惟庸只得告辞说：“刘大人的批评使胡某茅塞顿开，我当铭记在心，洗心革面，去掉身上的坏毛病。”

“但愿你能做个正直的人。”刘基到客厅门前止步。

胡惟庸表现谦恭地出了刘基府门之后，心中恨得咬碎钢牙。他回头对刘府大门唾了一口，心里暗暗发誓，刘基你不用假正经，不报此仇誓不为人！

他步出巷口，看到路边恰是徐达的府邸，心中又动了一个念头。心想这徐达也封了国公，还兼右丞相，是武将中的首领，与李善长同为皇上的左膀右臂。这个人不能不交，若能取得他徐达的好感，自己在朝中定可飞黄腾达。他打定主意，立刻登上了徐府的台阶。到了门前，他躬身一揖说：“门上，烦请通报相爷，下官胡惟庸特来拜望。”

守门人福寿不敢怠慢，到正厅里禀报徐达请他示下。徐达看了看面前的福寿说道：“这个人是李善长新近举荐的，我不想和他交往，你且去应付一下，就说我偶感风寒，不便见客。”

福寿回到大门，与之见礼之后言道：“胡大人，真是不巧，相爷身染小恙，不能见客。”

胡惟庸想了想：“相爷不能见客，可否请大管家借一步说话？”

“小人只是个看门的，可不是管家。”福寿不知对方是何用意，便应承了说：“就依胡大人。”

“有道是宰相家人七品官，大管家何须过谦。”二人到了墙角无人处，胡惟庸怀里掏出夜明珠说：“这颗宝珠是下官对相爷的一片心意，烦请转交徐大人。”

福寿推辞道：“这可使不得，相爷从不收受礼品，小人本是个奴才，断然不敢自行做主。”

胡惟庸强行塞到福寿手中说：“你无论如何也要代下官表达对相爷的敬重，万望辛苦。”他又取出一锭银子。

福寿略加思忖说:“胡大人如此真诚,待小人即去禀告相爷,看相爷是否收留,小人去去就来。”

徐达正在书房读书,听了福寿的报告,沉吟片时说:“福寿,看来此人是个钻营大家,越是这样的小人越不能得罪,需严加防范。你对他就说本相从不收礼,胡大人的心意领下,日后如用着本相,自会出言出力。倘若他将宝珠与你,你就略作推辞后收下,以使他不对我等生恨。”

福寿很快回到墙角处说:“胡大人,相爷不肯破例,但相爷说了,心意已领,日后如有要相爷说话之处,定会美言尽力。”胡惟庸深深一躬说:“多谢管家玉成。”

“这个就完璧归赵吧。”福寿递还宝珠。

“岂有送人礼物再收回之理?”胡惟庸大度地说,“那就送与大管家吧。”

福寿做出感激的样子:“多谢胡大人厚赠,以后用着小人时,定当赴汤蹈火两肋插刀。”

“言重了。”胡惟庸心满意足地离去。

散朝后,朱元璋信步走到充妃的寝宫。自从在寺庙艳遇,朱元璋对这个胡妃一向是宠爱有加。只是因他嫔妃众多,已有月余未与充妃见面了。以往都是夜间掌灯后,皇上决定去何处过夜,由执事太监通报该处宫院,该宫的妃子才沐浴梳洗迎接圣驾。没想到今日朱元璋一反常态,竟在太阳尚未落山之际,自己步行到了充妃的吉庆宫。

当值太监看见皇上走来,大吃一惊,转身向宫内便跑。

朱元璋呼唤一声说:“站住,哪里去?”

太监脸上是哭笑不得的表情说:“奴才去给娘娘报个信,也好让娘娘整妆出门接驾。”

“不必了。”朱元璋吩咐,“你还在门前当值吧,朕自己入内便了。”

“这,娘娘毫无准备,”太监还想移步,“若是懒散随意,在万岁面前失礼,那该如何是好?”

“不妨,朕不怪罪她就是。”朱元璋径直进入院中,向宫门走去。

太监打个沉,还是招呼了一声说:“万岁驾到,娘娘接驾啊!”

朱元璋已到门前,就听房内有嬉笑之声。太监这一喊,嬉笑声戛然而止,朱元璋便有些生疑。急步走入房中,只见充妃和一宫女在内,二人俱有些手足无措。惊愕少许,二人跪倒接驾说:“万岁万万岁!”

“平身。”朱元璋表情严肃。

宫女起身后慌慌张张退出,朱元璋扫了一眼,觉得这宫女身材有些臃肿。充妃有意讨好，挨近朱元璋说："难得皇上想着妾妃。"

朱元璋还没有顺过气来说："身为皇妃，同何人高声嬉笑，岂不有失仪德，成何体统。"

"万岁，妾妃闲来无事，就是同宫女说笑，她讲了一个惹人忍俊不禁的笑话，故而有些放纵，万岁宽谅。"

"以后不可，主人奴才的身份不可混淆。"朱元璋口气和缓了，也把充妃揽入了怀中。

充妃暗暗松了一口气，也主动送上了樱唇。朱元璋紧紧抱住充妃婀娜的腰肢，放情地亲热起来。

成坛的绍兴花雕已去了泥封，黄酒的香气在厅中弥漫，桌上的冷荤热菜业已摆满，整尾的长江鲟鱼更显得宴席档次之高。

御史台中丞杨宪抱起酒坛子，把桌上的酒碗逐一斟满，之后将在座的检校凌说、高见贤、夏煜轮，还有监察御史韩宜都巡视一遍，表情严峻语气庄重地说："四位大人，我等今日喝的是结义之酒。酒后我们便要义结金兰，也就是坐在了一条船上。有福同享，有难同当。而这福祸是难以预料的，弄不好也许会身败名裂，严重时也可能祸及家小。先要把坏事想在前面，哪一位若是反悔还来得及，现在抽身离席也不迟。"

韩宜率先将酒碗端起说："杨大人，也太小看我们了，谁也不是三岁孩童，为了大明江山永固，是福是祸，我们都认了。"

凌说等三人也举碗站起说："与杨大人同舟共济，生死与共，便刀山火海，也此心不变。"

五个酒碗相撞，五人同干。众人落座，还是杨宪先行开言说："各位大人，想我等浙东同乡有一最得力的同事刘基，然他不肯加入我们的行列，使我们倒李的计划大打折扣。"

韩宜接话说："刘大人虽然不肯入盟，但他内心还是支持我们的，万岁面前，还是会为我们说话的。"

凌说提议说："从现在起，我们就开始行动，用我们的坐牢或者砍头，来唤醒当今万岁。"

高见贤表态说："让我来充当这出头鸟，我来开这第一炮。"

"不，"韩宜抢话道，"我是监察御史，是我职责范围之内，还是我来打头阵合适。"

夏煜轮插话说："万岁曾经透露，有意用杨大人为相，只要我们扳倒李善长和胡惟庸，杨宪大人如愿以偿，那么我们大家就都有个好前程了。"

“杨某若能得居相位，定然不会忘记各位大人的鼎力相助，也一定会给各位谋一个好官职。”杨宪已然在许愿。

五个人说得情绪激昂，无不摩拳擦掌，发誓要将李胡集团拉下马。

随着时间的推移，李善长年事渐高，在他的举荐下，胡惟庸又晋升了右丞，成为了右丞相汪广洋的助手。第二年正月，李善长因病致仕，徐达又以大将军身份去往北边驻防。汪广洋则因在任上没有建树，被贬去广东任行省参政，朱元璋在李善长的提议下，迁升胡惟庸为右丞相，李善长仍然兼领左丞相。这样一来，淮西的李胡集团就完全把持了朝纲。胡惟庸也开始放开手脚任用亲信，网罗同党，收受贿赂，为所欲为。

时值八月中秋，朱元璋在宫中大宴群臣，众人开怀畅饮，宴席上气氛极佳。李善长为人低调，言语不多也不张扬。而胡惟庸则不然，显得特别活跃。他的两名亲信御史大夫陈宁和御史中丞涂节，更是吆五喝六，轮番敬酒，旁若无人。监察御史韩宜实在看不下去了，想起同杨宪的约定，却总也没有合适的机会，而今也顾不得许多了，离席起身奏：“万岁，臣有本章奏闻。”

朱元璋正在兴致大好之际，倒是和颜悦色相问说：“有何急事大事，非要在这中秋宴会上启奏。”

“万岁，此事关系到国家兴亡。”

“噢，这等重大，卿且讲来。”

“万岁，请治胡惟庸、陈宁、涂节结党营私之罪。”韩宜没有将李善长牵连在内，因为此时李善长的儿子已迎娶了临安公主，李善长和皇上是儿女亲家了，轻易是扳不倒的。

胡惟庸等三人听完之后，都仿佛遭受了晴天霹雳的攻击，一时间呆如木鸡，不知如何是好。在座的其他的文武大臣也被吓了一跳，他们怎么也没想到，在这个充满喜庆的日子里，韩宜会弹劾当朝的丞相，简直是太不可思议了。

朱元璋听完弹劾之后，脸色马上阴沉起来，半天也没有说话，没有人能猜出，他到底在想什么，不知道奏本的人和被弹劾的人，他们的命运到底如何，大殿里各个大臣都心中思索着皇上的打算，全都屏住了呼吸。

第三十七章 朝廷混乱 弄权害忠良

大殿外的雨稀稀疏疏地下着，一点没有把人们心中的烦躁带离。自从弹劾的奏章出现之后，大殿里就一直保持着安静的状态，人们的呼吸声都能听得清清楚楚。韩宜对皇上的意愿仿佛已经猜透一般，傲然地站在大殿之上，有些鄙视地看着瑟瑟发抖的胡惟庸三人。

人们屏住呼吸，在等待着一场风暴的到来。

朱元璋终于开口了，令人意想不到的是，他根本没有询问韩宜，弹劾胡惟庸三人结党营私有何凭证，而是张口便加斥责说："大胆韩宜，竟敢诽谤当朝宰相，分明是存心不良，另有所谋。如此御史，无事生非，令朝堂不宁。要尔何用？锦衣卫，与朕拿下。"

锦衣卫随时侍立在旁，听到旨意，哪管三七二十一，上前扭住韩宜，推起他便走。韩宜竭力挣扎说："万岁，臣不服，为何不问青红皂白，陛下是有偏心。胡惟庸结党尽人皆知，他依仗韩国公李善长做后台，在朝中为所欲为卖官鬻爵，对万岁的朝纲已是大威胁。万岁，不可不防啊！"看来，韩宜已是无所顾忌，连李善长也咬上了。但朱元璋似乎不为所动，而是将手一挥，不耐烦地催促说："快些押走，打入天牢，听候发落。"

杨宪等人思忖再三，没敢站出来求情。

宴席不欢而散，人们无声地退出。刘基瞥了杨宪等人一眼，这是杨宪等人策划的，他心知肚明。不料，皇上开口了说："刘先生，请留步。"

朱元璋对他讲话总是这么客气，使得刘基分外不安说："万岁，叫为臣有何驱使，尽请吩咐。"

"朕有话问你，"待到人们走光，朱元璋开门见山，"刘先生，今日朝堂之上，韩宜弹劾胡惟庸这事，卿是如何看待？"

"万岁，微臣也不明就里。"

"刘基，这可不是你为人的本分。"朱元璋鼓励，"朕留下你，就是想听你说真话，如何想的，但说无妨。"

"万岁，臣想韩宜作为御史，不会无的放矢。"刘基的性格使他不会耍滑，"陛下不问究竟，便拿下韩宜，是有些欠妥。"

“韩宜他是不合时宜，朕正在兴头上，他偏偏来扫兴。这人狱被关，也是他自找的。”朱元璋又问，“刘先生，胡惟庸是否有结党之嫌呢？”

“万岁，胡惟庸为人陛下心里清楚，他现在是万岁一人之下，百官万民之上，权力炙手可热，去他门下钻营之人甚多。长此下去，百官只知有胡丞相，而就把万岁忘记了。”

这句话说到了朱元璋的心上，一段时期以来，他已明显感到，相权与皇权矛盾，中书省权力过重，影响到他对朝政的控制。他想了想又说：“刘先生，韩国公年事已高，朕有意让他颐养天年，他这左丞相的位置，就由你来接替如何？”

刘基何等聪明，朝政了如指掌。他清楚皇上并未真心用他，便真的启用他也干不长，他觉得丞相之位而今是个险位，只怕不要很久李善长和胡惟庸都要与皇上摊牌，自己还是不要蹚这浑水。他笑了笑说：“万岁，臣做太史令已是小材大用，焉敢再望高枝。”

“刘先生不为名利官爵所动，诚正人君子。”朱元璋又问，“胡惟庸、李善长辈把持朝纲，朕早晚废之，只是这为相之人当德才俱为上乘，你觉得杨宪这个人可是相才？”

“杨宪才气高于胡、李二人，如若为相也强过二人，”刘基明白皇上早有此心，“不过杨大人肚量尚嫌狭窄，常言道宰相肚里能撑船，他还算不得最佳人选。”

朱元璋禁不住说：“先生，杨宪与你俱为浙东人，你理当为他美言才是。”

“万岁问臣是为相之人，并未要臣举荐同乡。”刘基直言，“臣曾要万岁不要只用淮西人，等同此理。”

“好，”朱元璋发自内心地赞许，“朕有先生在朝，如唐之有魏徵。诤臣难得，先生不可离朝。”

“臣为万岁出力自当尽心。”刘基退下了。他边走边想，这个皇帝虽说是放牛娃、和尚出身，但确有过人之处，难怪能削平群雄位登大宝。可是这城府之深权欲之重，也是大臣们的隐患。但愿自己能够躲过劫难，不要对皇上构成威胁。

朱元璋和刘基的谈话，只是二人之间进行，但这风声还是传了出去。胡惟庸重金收买了皇上身边的亲随太监，一点点风声都能及时报他知道。

获悉皇上要用杨宪为相，胡惟庸急忙来找李善长说：“相爷，我们不能坐以待毙，要想办法阻止杨宪拜相啊。”

“万岁如若执意要任杨宪，我们也无可奈何。”李善长的口气似乎平静，其实他内心也在为自己的前途担心。

“相爷，你可不能这样掉以轻心，”胡惟庸着急了，“杨宪得志，浙东集团掌权，我们都得完蛋。”

“那又能如何，我们也没有杨宪犯罪的把柄。”

“这罪证吗可以给他安一个。”胡惟庸附在李善长耳边，嘁嘁喳喳讲说了一番，“管叫他有口难言。”

“这要是出了破绽，就是偷鸡不着反蚀一把米。”李善长有些心里没底，“就没有别的办法了？”

“要出拳就得下死手，打蛇不死反为蛇咬，这事我决不干。”胡惟庸狠狠地，“这一招，定要他们的性命。”

“那你就做吧。”李善长有点被人牵着鼻子走的味道。

“相爷，届时你可要助一臂之力。”

“话我可以说，万岁的态度我不好把握，”李善长语意凄凉，“此事也只能听天由命了。”

几天之后，御史中丞涂节在李善长的安排下进宫面圣。朱元璋心存疑虑说：“涂大人，你声称有要事奏闻，讲吧。”

“万岁，近日可有头痛的感觉？”

朱元璋很是纳闷说：“涂大人这是何意，朕这几天有时头晕，还伴有干呕，只是不太明显。”

“这就对了。”涂节煞有介事地说，“万岁，龙体这是被人巫蠱了。”

“巫蠱？”朱元璋捉摸不透，“此话怎讲？”

“万岁，就是有人在暗中给您做了手脚，用巫术咒您。”涂节伤感地说，“想不到这人如此阴险。”

“你说是何人？”

“杨宪。”

朱元璋审视地望着涂节说：“杨宪如要加害朕，也是在暗中偷偷进行，你怎么便知道是他？”

“万岁，是他的一个小厮无意中透露。”

“你且详细讲来。”

“万岁，事情是这样的。”涂节心想，好厉害的皇上，幸亏事先虑事周密，不然还被他问露馅了，“臣的书童春儿，与杨宪的贴身小厮文儿，本是姑表兄弟。二人时常见面，是文儿对春儿提起，杨宪用木头刻个小人，上面扎了无数钢针，说是夜夜三更起来，对着星月咒念皇上速死。”

"哼!"朱元璋不肯相信,"若是杨宪所为,像这等灭门之罪,他怎会让书童得知?"

"万岁,是文儿半夜被尿憋醒,起夜时撞见的。"

"黑夜之间,杨宪便咒朕,也不会高声喧嚷,你说的文儿,便怎知主人是在深夜咒朕?"

"万岁,是杨宪将木人藏于假山石中,文儿白日偷偷取出观看,始知那木人却是万岁!"

"难道木人之上有朕的名字?"

"万岁,那木人他的外形是……"涂节故作害怕,顿住不言了。

朱元璋气急说:"说下去。"

"是个和尚。"

尽人皆知,这是朱元璋最为忌讳的。此时他的脸色已是煞白说:"涂节,你可是与杨宪有个人恩怨,故意编造谎言。"

"万岁,臣有几个脑袋,敢开这种玩笑。"涂节这才点到问题的实质,"如若不信,万岁何妨派人去杨府搜上一搜。"

朱元璋没有立即表态,他在思考。

一直没有开口的李善长觉得是他说话的时候了说:"万岁,此事非同小可,一是事关万岁龙体安康,甚至性命。二是也关乎杨宪大人的清白,理当派人去杨府查个水落石出。"

"去查。"朱元璋还在深思。

"万岁,"李善长明白计划成败到了关键时刻,"御史大夫陈宁,是专管查案的,派他查办此案。"

朱元璋点点头说:"是要查清此事,陈宁也无不妥。""那么,臣这就传旨。""且慢。"朱元璋不是糊涂人,"这种事罪大欺天,若陈宁一人办案,恐杨宪不服,朕再加派一人协同办案。"

李善长心中立刻忐忑起来,他不知皇上要加派何人,如果是个精明的官吏,与胡惟庸又不睦,那么这个计划就有流产的可能。而且戏演砸了,涂节就会下狱,胡惟庸免不了会被涂节供出,自己也免不了要受牵连。这都是他内心中一瞬间的活动,他表面上还是顺从地恭维说:"圣上虑事细密,如此也免得有人做手脚,还请万岁选人。"

"着刑部尚书吴云为本案正审官,陈宁为副审官,即时前往杨府搜查,朕在宫中专候结果。"朱元璋的想法是,你陈宁与涂节同衙为官,二人又交厚,朕派吴云官为尚书在陈宁之上,免得你陈宁做假。

李善长听后暗暗叫苦，吴云明显不是他淮西派的人，平素交往也不多。便将这消息让他在宫中的耳目，一个小太监，火速报与胡惟庸得知。

胡惟庸闻报，也觉有些意外，但他不甘计划流产。情急之下，也顾不得许多了，亲身来到宫院外门等候。吴云、陈宁领旨出宫正要上轿，胡惟庸闪身出现说："吴大人，请借一步说话。"

吴云大为诧异说："相爷，在此专候下官吗？"

"正是。"胡惟庸又靠近了一些，"吴大人要到杨府去搜查，本相要提醒一下大人，杨宪的官路已经终结了，皇上想要除掉他，大人可千万不要与皇上作对啊。"

"这……"吴云从来没有听到过如此率直的忠告，更何况对方竟然还是当朝的丞相。他还在发傻的时候，胡惟庸就已经匆匆离开了。

第三十八章 怒看玩权 淡定来处理

杨宪在府上没有事情可做，只好读起书来，忽然听说圣旨到了，感到十分奇怪。他把吴云、陈宁接到了府中，吴云马上宣布要搜查他的家，说要把小木人找出来。杨宪听后感到莫名其妙，啼笑皆非道："吴大人，这不是莫名其妙嘛！我的家中哪来的小木人啊！"

"杨大人，我也是奉旨行事。"吴云态度还算柔和。

陈宁则不然，他火气十足说："有没有搜查后才能定论，你说没有，万岁为何降旨搜查？满朝文武百官，为何不搜别人家？"

"你们只管搜好了。"杨宪心中有底，"我身正不怕影斜。"

"好了，吴大人，我们开始吧。"陈宁二话不说，径直向后园走去。

杨府后园很小，一座假山，也是太湖石堆砌。吴云跟在陈宁身后，边走边问说："陈大人，为何来到后园啊？"

陈宁回答得干脆说："举报人声称，是在假山中看见的小木人，自然要到这假山中寻找。"

吴云注意着陈宁的一举一动，陈宁早已快步抢先到了假山旁，只见陈宁的右手往左衣袖里一探，随即伸向假山石内，便惊讶地叫了一声说："啊呀！好痛啊，我的手扎了。"

吴云跟过来问说："陈大人怎么了？"

"吴大人，你伸手摸摸，里面是何物？"陈宁用手向里一指。

吴云将手探进去，随手抓出一件东西，阳光之下，是一个五寸多高的小木人，是光头和尚模样，身上刺满了十多根钢针说："这，这真有小木人呀！"

一旁的杨宪惊呆了，旋即声嘶力竭地叫起来："这是怎回事？这不可能，这不是我家的！"

吴云手拿小木人，心中犯起合计。自己眼见得陈宁右手伸进了左手的衣袖，十有八成是陈宁做了手脚。但他想起行前胡惟庸的叮嘱，感到自己不能当面说破，一是说破没有证据，陈宁死不认账，自己也无可奈何。而且那样做，就是得罪了胡惟庸，这个当朝宰相红得发紫，皇上对他言听计从，开罪这个大红人，自己还不是自找苦吃。他打定主意，要顺着陈宁的话说："杨大人，说不是你的，但是从假山石中取出，这是千真万确的。”

“这是有人栽赃陷害。”杨宪捶胸顿足，“吴大人，你可要为我做主啊，我没有木人呀！”

“有也罢，无也罢，你且到万岁面前分辩去罢。”陈宁阴沉着脸，“杨大人，请吧。”

杨宪被带到朱元璋面前，听了奏报之后，朱元璋手拿着小木人，脸都气白了说：“杨宪，你好大的胆子！”

“万岁，这不是微臣家的，是有人加害微臣，万望万岁明鉴。”杨宪急切地表白，“陛下，臣冤枉啊。”朱元璋如隼的目光，直盯着吴云说：“吴大人，你在搜查杨府时，是如何发现这个小木人的？”

吴云将经过回禀一番：“就是这样，臣亲手从假山石中搜出。”朱元璋恨恨地说：“杨宪，你还有何话说？”“万岁，这是有人栽赃。”“会是何人？”“这，”杨宪目光像锥子一样射向陈宁，“十有八九就是陈宁所为。”

“他为何要加害于你，总得有个理由吧。”

“他与胡惟庸结党营私，想要把持朝纲，就要排挤打压我们浙东的大臣，正如韩宜大人弹劾他们一样。”

“万岁，他这是无稽之谈。”陈宁反驳，“小木人是吴大人当众取出，他是抵赖不掉的。”

“万岁，就是他将小木人放入假山中，然后故意喊吴大人取出，制造这一假象，他实在太狠毒了。”

朱元璋已有八成认定杨宪，但还没有百分之百的把握。传旨下去说：“将杨宪收监，听候发落。”

事后，陈宁、涂节、胡惟庸齐聚李善长府中，陈宁以功臣自居说：“这下杨宪是玩完了。”

胡惟庸提醒说：“只要杨宪还没死，就不能掉以轻心。”

“铁案铸成，他还能如何。”涂节认为已是板上钉钉。

李善长不禁叹息一声说：“你们哪，都高兴得太早了，依老夫看来，大家的祸事不远了。”

“相爷，此言何意？”大家异口同声发问。

“难道你没看出？”李善长对陈宁说，“万岁只说听候发落，他没有处死杨宪，说明还在心中存疑。说不定还会让哪个大臣审理这个案子。若一旦指派刘基，就是我等的丧钟。”

“事情会这样严重。”胡惟庸已是头上冒汗。

李善长深入下去说:“当今万岁是个精明的圣主,凡是我们想到的问题他都会想到。涂节提到他的小厮春儿和杨宪的书童文儿,皇上都会差人审讯,小孩子哪经过阵势,一经严厉审问,不出漏洞才怪呢。你们哪,就等着戴着镣铐身穿罪衣蹲班房去吧。”

胡惟庸半晌无言,涂节和陈宁也都傻了,一时间束手无策。片刻,胡惟庸问陈宁:“陈大人,那杨宪的书童,可在你的府上?”

“在呀,”陈宁不知用意,“相爷不是说,为防杨家再哄他说出实话,一定将其留在我家吗?”

“好,交你办一件事,”胡惟庸吩咐,“把他们两个弄死,尸首沉到长江,要绑上巨石,不得浮出。”

“这,”陈宁有点为难,“十几岁的孩子,有些难以下手。”

“顾不了许多了。”胡惟庸警告,“他们两个不死,我们的命就难保了。心善不得,必须下手。”

陈宁想想也是说:“也只好这样了。”

“这就叫无毒不丈夫。”胡惟庸脸上满是杀气。

陈宁问说:“若万岁问起,这两个孩子的下落,该如何对答。”

胡惟庸冷笑一声说:“那自然是杨宪杀人灭口了。”

“好。”李善长表态了。

陈宁回到府中,儿子孟麟上前问候:“父亲脸色有些不好,是皇上交办的差事办得不顺?”

“并非如此,而是有急事要办。”陈宁吩咐儿子,“将春儿和文儿给我叫来,我有话说。”

“父亲,莫不是要叮嘱他们案情的事?”陈孟麟对两个少年更多怜悯之心,“两个孩子,是天真烂漫的玩耍时代,不要让他们背负过多的恐惧,还他们一片晴朗的天空吧。”

“唤他二人前来就是,”陈宁知晓儿子的性情,不对他讲真话,“为父叮嘱他们几句,就没有他们的事了。”

“他们就可以解脱了?”

“是的,永远解脱了。”

“当真?”

“孟麟,为父骗你做甚?”

“好。”陈孟麟欢天喜地地去了。

很快,两个孩子被领来。陈宁走下座位说:“孟麟,你且去后面厨房,安排一下为父的晚饭。”

“父亲,你要对两个孩子说些什么?”

“这不关你的事,去厨房吧。”

“这……”陈孟麟迟疑着不肯走。

“怎么,为父的话还不好使了,不想做孝子,要行忤逆吗?”陈宁的脸色严峻起来。

“儿不敢。”陈孟麟无奈出了房门。

室内,陈宁走向文儿,二话不说,用双手扼住他的喉咙,用尽力气狠狠掐个不住。文儿喊不出,双腿直蹬。一旁的春儿看着不好,上前来又踢又打又是喊叫说:“你干啥,放了文儿,你不要把他弄死。”

门外,不放心的陈孟麟又返回来,听到春儿的喊叫声,他用力猛打门说:“父亲,开门。”

房中,文儿业已断气,陈宁罪恶的双手又伸向春儿。小小年纪怎是他的对手,春儿渐次也被陈宁扼死。陈孟麟还在不停地打门。

陈宁气呼呼地将房门打开,陈孟麟一闪身跌进房来,未能收住脚,扑通跌倒在地。陈宁回手关上房门说:“你喊什么? 也想找死啊。”

陈孟麟看看地上躺着的两个孩子,叫叫这个喊喊那个,二人皆不言语,待他试过鼻息,始知俱已死亡。他站起身:“父亲,是你害死了两个孩子。”

“是,又能怎样?”

“父亲,你这是丧天良啊。两个活蹦乱跳的孩子,转眼死在你的手下,这是要遭报应的。”

“你懂个屁!”陈宁没好气,“我若不要他们的命,他们便会要我的命,为父如若没了命,哪还有你的命?”

“儿我不懂你这番拗口的话,只是觉得你不该这样残忍。”陈孟麟擦去眼泪,“官府如若问起,儿子不会撒谎,便要如实讲出这一切。”

“什么? 你要将你亲爹供出去?”

“儿要实事求是,一是一二是二。”

“好儿子,那你不是要了你亲爹的命吗?”

“是否要你的命,那是官府的事,我只能实话实说。”

“孟麟,你真就认准这个死理了?”

“这是母亲自小教导的,请恕孩儿不能讲假话。”

“好你个逆子,看我不要了你的命。”陈宁胸中怒火升腾,两眼也冒火了,他到墙角抄起了一根木棒。

陈孟麟完全不为所动说："父亲，只要儿还有一口气，就要把你的罪行如实诉之官府。"

俗话说知子莫若父，陈宁清楚儿子的秉性，明白只要是儿子认准的事，便九头牛也拉不回，想到这里，他不由得高高举起木棒说："我把你个大逆不道的逆子，干脆送你回老家。"狠狠一棒，当头砸下。

陈孟麟非但不躲，反倒迎上去。他心中是想，真要自己有口气，就要指证父亲的罪行。良心不能泯灭，而父恩又未报答，与其两难，不如死了省心。那木棒重重砸下，陈孟麟登时脑浆迸裂，身子一歪，倒地气绝。陈宁气头上不顾一切，乃至真的亲手打死儿子，他也是号啕大哭。直到哭得泪眼模糊，直至要背过气去。

胡惟庸不放心陈宁，唯恐他不下手，特地过府来查看。一见陈宁守着三具尸体伤感，便安慰道："陈大人大义灭亲，其情可嘉可悯，此事你立下大功，必当给你回报。高官厚禄自不必说，本相就要赏你五百两黄金，为令郎好好做一场法事，超度他的亡魂。"

"哎，人都死了，要黄金何用，待到入夜，不要让人看见，把两个孩子的尸体偷偷沉入长江吧。"

"不，本相的主意变了。"

"胡相意欲何为？"

胡惟庸冷笑几声说："今夜三更，我要派人将两具尸体送入杨宪家后园的花窖之中。"

"这是为何？"

"这说明杨宪杀人灭口。"

"倒是个好主意。"

次日上午，李善长和胡惟庸奉召入宫，都在等待朱元璋选派大臣查案，岂料朱元璋竟然传旨说："朕已着锦衣卫去杨宪府中，带他的书童，还有涂节府中的小厮一同上殿，朕要亲自审问案情。"

涂节进宫来奏道："万岁，臣府的小厮也已失踪，不知去向。臣也在找他，但遍寻不见。"

朱元璋冷笑说："涂大人，你这是心虚，把小厮藏起来了，不过可万万不能杀人灭口啊！"

"万岁，臣不敢。"

"哼，如果没有下落，朕便拿你问罪。"

"万岁，臣冤枉。"

说话间，锦衣卫进宫交旨："万岁，杨府书童文儿也已身死。"

朱元璋感到意外说："是如何身死的？"

"万岁，奴才们是在杨府后园的花窖中发现文儿和春儿的尸体。据验，二人皆系被扼身死。"

"什么，还有春儿？"

"万岁，怪不得春儿失踪，原来是被杨府绑架。"涂节抢话说，"这下可脱去了臣的干系。"

"万岁，这分明是杨宪指使家中人杀人灭口。"胡惟庸不失时机，立刻往斜路上引导。

锦衣卫又报说："万岁，奴才还在杨府搜出一样东西。"

"何物？"

"是杨大人同韩宜、凌说、高见贤、夏煜轮他们五人的结义盟书。"锦衣卫当殿呈上，"请万岁过目。"

朱元璋看罢，不觉怒火中烧说："好一个小集团，明明是他们结党，反诬别人结党，这种奸臣，焉能留在朝中。传旨，将杨宪、凌说、高见贤、夏煜轮和韩宜五人一并处死。"

李善长赶紧应承说："遵旨。"

胡惟庸在一旁插话说："万岁，臣有本启奏。"

"讲。"

"万岁，以杨宪为首的浙东集团是朝廷的祸患，然其根不除，只怕祸芽还会萌发。""何为祸根？""刘基便是浙东集团的后台。"胡惟庸公开指名道姓攻击刘基，这等于是向刘基公开宣战。

"胡大人此言有何凭证？"

"万岁，刘基与杨宪过从甚密乃尽人皆知，以杨宪为相是他梦寐以求的目标，如若只除杨宪五人，刘基不动，等于斩草不除根，来春会再生。"

"胡大人此言差矣。"朱元璋付之一笑，"朕为杨宪出任右相事，曾当面征询刘基意见，但刘基并未同意，而是声言杨宪肚量狭小。像这样公而无私的忠臣，胡大人对他是以小人之心度君子之腹了。"

"万岁，刘基这是以退为进之策。"胡惟庸极尽攻击陷害之能事，"刘基貌似忠正，实为奸诈。此人不只与杨宪等结党，而且还有觊觎帝位的野心。"

这句话令朱元璋为之一震，他打下这江山可谓吃尽千辛万苦，而刘基竟然还有野心。若换别人，朱元璋也许并不在意。而刘基的能量他太了解了，这是个可以翻江倒海的人。他不禁厉声说："胡惟庸，你身为宰相，上奏这样的本章,可不是轻易动本的。这关乎一个人的身家性命,万不能以一己之私,而凭空杜撰。刘基可也是开国功臣哪。”

“万岁,浙闽之间有王气,而气穴在浙闽之结合部谈洋。方国珍即在此起兵,据图谶所标,如在谈洋为墓,则后代必可称帝。刘基深谙此中三昧,已令其子在谈洋买下墓穴,意图日后据有大明江山。”

胡惟庸这番话令朱元璋不寒而栗,对于风水之论他是最为在意的。他直瞪瞪地问说:“你所言属实?”

“臣句句实言,不敢有半字虚伪。”胡惟庸了解朱元璋的性情,“万岁可以派人核实。”

“不要说了,朕自有道理。”朱元璋把这件事置于心头之上。

胡惟庸早已对下边做了部署,谈洋所属的州县,俱已接到了他的指令,谁还敢为刘基说话。而事实也是,刘基的儿子刘琏也确实在谈洋购买了坟茔地。

消息反馈到朱元璋处,他不禁大为犹豫。要换了别人,他早下令全家问斩了,因为他实在不相信刘基有谋反篡逆之心。正在拿不定主意之际,刘基闻讯亲身入朝请罪。他面见朱元璋三叩之后说:“万岁,臣死罪,敦请圣上处置。”

“刘基,你身犯何罪?”

“万岁,臣的犬子在谈洋购置墓地,是误听外人传言,轻信风水之论,是臣教子无方。”

“卿有大功于社稷,只封诚意伯而无怨言,足见你并无功利之逐。”朱元璋深情地说,“朕不信你会有谋逆的野心,因而迟迟没有降旨诛杀你全家。”

“臣谢万岁隆恩。”

“朕不怪罪你,大丈夫难免会遇到妻不贤子不孝的情况。”朱元璋还保持着自己亲切的态度,“不过,这次的过失未免有些大了,如果朕对你不加以惩处,难免会落人口舌。我看,这样好了,把你今年的俸禄罚去。当然如果遇到难处,朕自然会关照你。”

“万岁天恩,刻骨铭心。”刘基心中的一块大石头总算降了下来。

为了避免皇上生疑,刘基没有回到原籍,在京城中住了下来,但是还是因为郁闷生了病。

第三十九章 官场毒计 投毒除刘基

刘琏拿着扇子不停地对着熬药的火炉扇着,期待草药能够早日煎好。

现在刘基已经躺在病榻上多日,看着父亲病弱的样子,身为儿子的刘琏心中自然十分着急。

父亲虽然神智还算清醒,但是已经因为体力不支,不能坐起来了。

刘基看着窗外给自己煎药的儿子,心中十分欣慰,他对着儿子喊道:"琏儿,为父看还是不要吃这药算了,你看已经吃了这么多次,依然不见效果。"

"父亲,药不吃怎能行,还是得吃,或许这一副下去就见成效了。"刘琏揭开盖看看药壶,还差点火候。

家人进来禀告说:"老爷,胡相爷前来探病。"

刘琏一口回绝说:"不见!"

刘基在床上有气无力地说:"怎好将人拒之门外。"

"他是黄鼠狼给鸡拜年,没安好心。"刘琏数落起来,"他一向谋害父亲,说什么儿买墓地是为篡夺大明江山,若不是万岁英明,险些要了我们全家的性命,这种人就该骂走。"

"琏儿,冤家宜解不宜结,他来探病总是礼节嘛。也许是他意识到以往错了,以行动来赔不是。"刘基劝道,"你还是出迎吧。"

刘琏不好过于违背父亲的意志,别别扭扭出去接客,大大咧咧一揖说:"胡相爷,请了。"

"大公子,令尊还好吧? 本相特来探望。"胡惟庸说着往里走,他身后还跟着一个人。

刘琏拦住问说:"请问,阁下是……"

胡惟庸代答说:"大公子,我还忘记介绍了。这位是太医院的张太医,医术精湛,我特地请他来为令尊把脉。"

"其实,家父的病用不着再诊了。"

胡惟庸进屋来,刘基挣扎坐起说:"相爷大驾光临,下官不胜荣幸,不能下地相迎,甚是抱歉。"胡惟庸急趋几步上前说:"刘大人染病在床,哪有这多礼数,快请卧床。"

“不，相爷在此，下官焉能高卧交谈。”刘基吩咐儿子，“琏儿，快些给相爷看座。”胡惟庸落座后。亲近地试试刘基额头说：“还不觉烫，刘大人，本相早该过府看望，只因冗务缠身，一直延迟至今。”

“相爷身负国家大事，日理万机，还挂念下官小恙，竟至登门看望，令下官万分感激。”

“刘大人，我把张太医请来，让他给您把把脉如何？”

“这，”刘基不好拒绝，“那就有劳张太医了。”

张太医屏神静气为刘基切脉，少许，他劝慰地说：“刘大人无须紧张，在下看，不过是气血淤滞，并无大碍，容我品鉴一下药方。”

刘琏递过药方，张太医看过说：“用药也无不妥，大公子，容我看看药壶。这药熬得如何？”

刘琏起身来到药炉边，掀起药壶盖说：“太医请过目。”

张太医用壶中的木勺搅了几下，未及开口，胡惟庸那边叫了一声说：“刘公子，请过来一下。”

刘琏疑惑地过去，他还不放心地回头看看，待到了床前说：“胡相爷，呼唤我所为何事？”

“贤侄，我看令尊坐的时间过长。”胡惟庸拉刘琏，“来，咱们两人扶你父亲躺下休息。”

刘基用手推开刘琏，因为刘琏恰好挡住了他的目光说：“傻孩子，怎能抛下张太医一人，快过去陪伴。”

张太医盖上药壶过来了说：“刘大人，你久病之人身体虚弱，还是躺下才是。我又不是外人，什么陪不陪的。”

刘琏疑惑地看着张太医说：“请问太医大人，我这熬药的方法可对？”

“你这药火还是太急了，”张太医指点，“还是要慢火细细炖，这样药性方能全都发挥出来。”

“多承太医指教。”

胡惟庸站起说：“刘大人，张太医看过，我也就放心了。你且慢慢将养，有何需要就让大公子找我。”

胡惟庸走后，刘琏倒出药来，晾了片刻，对刘基说：“父亲，把药喝了，也好早些康复。”

刘基再次坐起，试探着喝了一口，药汁还不觉热，一仰脖便要一口吞下。喝了一半，他又吐回碗中说：“哎呀，不好！”

“父亲，怎么了，莫不是烫了？”

“不,”刘基盯着药碗,半晌才说,“为父聪明一世,糊涂一时,怕是被胡惟庸给算计了。”

“父亲此言何意?”

“胡惟庸一来,琏儿你便说,黄鼠狼给鸡拜年不会有好心,我也时刻着意提防。那张太医去看药壶时,胡惟庸突然喊你过来,我也刻意留神那张太医的举动。可你的身子曾挡住我的视线,莫不是那时张太医便做了手脚。”

刘琏一听也急得跺脚说:“看,这便如何是好。”

“琏儿,你去街里找一家郎中,验一下这半碗药是否有毒,我们便心中有数了。”刘基把剩下的半碗药汁交与儿子。

可是,刘琏回来,检验的结果却是,药中无毒。

这倒叫刘基大惑不解,既是无毒,便又照常将药喝下。

一个月过去,刘基就觉得腹中有个硬结,如石头一般,一按便疼痛不止。

而且刘基的身体渐渐羸弱下来,已经是不能下床了。

刘基长叹一声,对儿子说道:“琏儿,我们还是让胡惟庸算计了,那个张太医下的是慢性毒药,不是当时发作,让为父慢慢中毒。”

“父亲,我们向万岁告发他,不能白吃这哑巴亏。”

“哎!”刘基又复长叹一声,“琏儿,你说胡惟庸投毒,证据何在?没有罪证也是枉然。”

“那,这事就罢了不成?”

“不能,”刘基眼中闪出光芒,“这样的人留在朝堂,还占据高位,于国于民都是个祸患。为父要向皇上点明此人的害处,让这奸佞没有存身之地。”

“可是,父亲您已病重如此,不能进宫面圣,您的意见又如何上达天聪呢?”刘琏感到无望。

“待为父给万岁上道表章,要求与万岁见面。”

“父亲净说傻话。您又不能进宫,万岁还会到家看您不成?”刘琏没有说出口,您是白日做梦吧。

“据为父对皇上的了解,我想万岁是会屈驾前来的。”

刘琏也燃起了希望说:“那就试试。”

刘基支撑病体,给皇上写了一封信,说自己已不久于人世,有许多话要对万岁当面吐露。信件封好,刘基手拿信件又傻了。他呆坐良久,对儿子说:“琏儿,看来这信白写了。”

“父亲,却是为何?”

“朝中大臣,无论谁的本章,要想报奏皇上,都要先经中书省。而筛选权就在胡惟庸手中，你想，他会让我的本章见到皇上吗？”

“是啊。”刘琏觉得不甘心，“难道好不容易写的信就白费力气了。”

“咳，奸相把持言路，已把皇上与大臣隔离开来，如之奈何？”

刘琏忽然一拍大腿说：“父亲，有办法了，我们何不绕过中书省，把信直接交到皇上手中。”

“傻孩子，那胡惟庸早已把皇上身边的太监买通，你送上的信还不是照常会转到胡惟庸之手。”

“父亲，儿有办法。”刘琏告知，“御膳房的刘太监与儿认过本家，让他设法把信转达万岁。”

“噢，这倒是个可行的途径。”刘基把信交到儿子手里。

几经辗转，朱元璋看到了信。

他没有对任何人讲明，便自己去了刘基府邸。刘基一见圣驾到来，想从床上爬起接驾，但是已无法做到。

朱元璋上前按他躺好说：“刘爱卿，你怎就病成这样？”

“圣驾亲临，臣不能跪拜，罪该万死。”

“刘先生，不要如此说。”朱元璋眼中噙泪，“如不是刘太监以送夜宵为名，将你的信转到朕手，朕还不知你已病重。”

“臣只怕已不久于人世。”

“先生，你不能于朕的江山不顾撒手离去，朕早有打算，要你接替胡、李二人为相，帮朕重振朝纲。”

“万岁，臣愧对圣上的眷顾。”刘基喘息着说，“这个宰相臣是做不成了，只能期待来世了。”

“先生，无论如何你不能抛下朕，当初封你诚意伯时，朕内心里就打算日后重用你，再给你该得的补偿。谁料你竟病重到这般地步，难道是上天在惩罚，朕待你不公。”

“万岁，请恕臣直言。这丞相对万岁的治国，是大为不利呀。”

此话与朱元璋的想法不谋而合，他鼓励刘基说：“你说下去。”

“万岁，胡惟庸把持中书省，已是堵塞了言路，百官的奏章都要经过他的筛选，有利于己者便报送圣上，不利于己者便压下不报。即如这次臣的奏章，如若不是走刘太监这一特殊路线，只怕也是无法上达天听。”

“卿言甚为有理。”

“再者，”刘基继续说，“胡惟庸在重要岗位上尽数安插自己的亲信，百官只知向胡讨好，而不知有万岁。胡也尽其所能，为他的亲信谋利。长此下去，大明朝便不是万岁的大明朝了，业已是胡惟庸的囊中物。”

“是到了非改不可的时候了。”朱元璋频频点头。

“万岁，胡惟庸这人奸险狡诈，他在朝中已罗织大批亲信，万岁须防他情急之下狗急跳墙。”

“他胆敢铤而走险，朕就灭他九族。”

“万岁，可不要让他先下手为强，有时是防不胜防啊！”刘基这才把话挑明，“臣是何等精明之人，却也被他下毒害得如此。”

“卿且细细讲来。”

刘基便将胡惟庸来探病的过程讲述一番说：“万岁，臣还不是中了他的暗算。所以万岁定要时刻留心，他是什么手段都使得出来的歹人哪！”

朱元璋赞许地点头说：“朕心中有数了。”

“万岁，请容臣再多言几句。”

“只管奏来。”

“据臣判断，万岁身边的太监俱已被胡惟庸收买，为了万岁的安全，须将他们全部撤换。”

“有理。”朱元璋已是下定决心，“朕回去就办。”

朱元璋回到宫中，立即着手更换了身边的太监。

然后在朝堂上发布谕旨，着李文忠同李善长、胡惟庸共议军国大事，等于是往他们中间掺了沙子。

还决定，天下臣民有事可直接上书皇帝，不必再经过中书省，这等于是削去了胡惟庸的特权。

不久，朱元璋又设立通政使司，作为沟通内廷内庭与外庭的联络机构，胡惟庸想要闭塞皇上的企图已是彻底破产。

这一连串的举措，使胡惟庸预感到末日即将来临。他不甘心失去已得到的一切，加快了篡权夺位的步伐。

除原有的死党外，他又拉拢大臣陆仲亨、费聚、李存义等共谋大事，同时，掌握兵权的都督毛骧也被他拉入了反叛的阵营。

陈宁是胡惟庸的死党铁杆，为了堵住言官对他胡惟庸的反对，一日在上朝时，他对朱元璋提出擢升陈宁为御史大夫。

这也是他对皇帝的一个试探，看看自己在皇帝心目中还有没有位置。

朱元璋笑着问说：“胡丞相，你举荐陈大人，他有何长处啊？”

“万岁，陈宁这人最主要的优点便是绝对忠于万岁。为了万岁，他可以肝脑涂地在所不惜。”

“朕听说他亲手杖杀了亲生儿子，这样的人也会对朕忠心吗?”朱元璋有意诘问胡惟庸。

“万岁真乃耳聪目明，大臣的家事也了如指掌。”胡惟庸为之辩解，“陈大人之子忤逆，陈大人将其杖杀是恨其不孝，乃除去祸患。他对父母至孝，对万岁如对父母一般。”朱元璋有意麻痹胡惟庸说：“朕相信丞相，也就相信丞相举荐的人，准奏，即日起陈宁任御史大夫。”

陈宁出班叩头说：“臣谢万岁！万万岁！”

“不要谢朕，当谢胡丞相，若不是他举荐，朕怎会想到你做御史大夫。”朱元璋一语双关。

胡惟庸赶紧接话说：“万岁之言臣不敢当，所有大臣包括臣在内，荣华富贵皆万岁所赐。”

“也算是吧，”朱元璋不改一语双关的口气，“朕如果高兴了，想给谁个官做，谁就能高官厚禄。朕要是不高兴了，能够让他立刻从公侯将相变成一个一文不值的白丁。”

“那是自然。”胡惟庸听了这话，不觉感到背脊发凉，他决定要把他的计划实行下去，“万岁，臣的家中有一棵铁树，昨天晚上突然开出了花朵，甚是壮观。古人都说铁树开花，是一种祥瑞，臣请万岁能够移驾臣的府上前去一观，以悦圣目。”

“真有这样的事？铁树开花，亘古少见，这是上天要赐祥瑞给我朝，才会开在宰相之家，更加说明胡相真是国家的栋梁之才，朕自然要前往看上一看了。”朱元璋爽快地答应，“胡丞相，你就好好在家中做好准备，明日午后朕就到你府上去。”

第四十章　铁树开花　设计除刘琏

第二天一大早，胡惟庸就加紧准备。他把那盆铁树放到了自家的客厅里面，上面吊好千斤重的磨盘。把连接这个磨盘的绳索掩藏在了帐后，大都督毛骧也藏在了那里面。只要朱元璋前来看花，步入了这个范围，毛骧就把连接的绳索挥刀砍断，千斤磨盘就会瞬间掉下，到时就能把朱元璋砸成一块大肉饼。

陈宁急匆匆过府来说："胡相，你这样做是不是神经过敏哪？天下本无事，你是庸人自扰之啊！"

"形势已是万分紧迫，有道是先下手为强。"

"下官觉得没那么严重，"陈宁自有他的看法，"皇上若是不相信你了，为何还同意对我的升职？"

"那不过是障眼法。"胡惟庸自信他最了解朱元璋，"你没听他言来语去阴阳怪气的。"

"胡相，"毛骧也有些胆怯，"若是朱元璋带多人护卫，我们打虎不成反被咬，岂不反为不美？"

胡惟庸咬牙切齿说："如今是箭在弦上不得不发，他带随从无论多少，都不能让他活着走出我的相府。"

"好吧，那就等吧。"毛骧的心情是矛盾的，既盼朱元璋上当，又怕他真的光临。

胡惟庸也像热锅上的蚂蚁一样，焦急地等待着。直等了两个时辰，还不见朱元璋的踪影。正在不知所以之际，御前刘太监来到相府。从刘基处回宫后，朱元璋已将御膳房的刘太监改任御前太监，使得以往消息灵通的胡惟庸变成了聋子瞎子。

胡惟庸上前迎接刘太监说："公公，万岁可在后面，你是先行到此打前站的？"

刘太监面无表情说："胡相爷，万岁他偶感风寒，身体不适，不能前来赏花，特让奴才通禀。"

"这，"胡惟庸像是皮球泄气，"我这是白忙活了。"

“相爷，奴才告辞。”刘太监也不多说，转身走了。

毛骧有点如释重负地说：“这下好了。”

“哼！”胡惟庸气不打一处来，“我们是让朱元璋给涮了。”

陈宁怯生生地说：“那又能怎样？再找机会吧。”

“朱元璋老奸巨猾，他是不会上当了。”胡惟庸喘着粗气，“这一切都发生在朱元璋去刘基家之后。刘基这个老贼，定是他向皇上进了谗言，才使我们步步走下坡，越来越倒霉。”

“好在刘基业已身亡，相爷可以出口气了。”

“哼，可他的儿子还在。”胡惟庸眼中射出凶光，“我要让刘基断子绝孙，不能让刘琏还活在世上。”

“这，”毛骧觉得没必要再对刘琏下手，“刘基已死，何必再涉及下辈。”

“是啊。”陈宁也有同感，“弄不好露出马脚反为不美。”

“毛骧，今后不要你再对朱元璋下手了。”

“多谢相爷。”毛骧觉得真正解脱了。

“但是，除掉刘琏的任务交给你。”

“啊！”毛骧吃了一惊，“这……”

“办法你自己想，但不许拖延时间，要尽快除掉这个祸害，方消我心头之恨。”胡惟庸的口气不容置疑。

毛骧不敢再讲条件，他明白如若反对，他的性命难保。赶紧应承下来说：“下官尽快去办，管叫相爷满意。”

坟墓用青砖砌就，圆形的宝顶已长出萋萋青草。四周栽种的松树也已成活，由于皇上特批了丧葬官银一千两，刘琏还为父亲修建了享殿。他在墓园的墙外搭建了一处茅棚，决意在此守孝三年。每当夜静更深，刘琏就会想起父亲的一生，他用智谋帮助当今皇上取得天下，却含冤死在了奸臣胡惟庸手中。也不知何时皇上方能处置这个奸相，让父亲的冤魂在九泉下能够瞑目。

刘琏在茅棚中手捧一部《史记》正在专心致志阅读，门外闯进来一个头戴草帽的汉子。他的半张脸遮着说：“大官人，赶路口渴了，讨碗水喝。”

刘琏的心思全在书上说：“对不起，没有茶，只有冷水。”

“冷水最好，败火又凉快。”

“缸里有，你自己用。”

“多谢了。”汉子从缸里舀起半瓢水，转过身去喝。他迅即从怀里取出一个纸包，将白色的药面抖在瓢中。然后将瓢扔到缸里，假意用手背抹抹嘴，

“大官人,告辞了。”

刘琏这才想起来人已走,急忙站起相送。到了门口,那汉子已不见了。不由得觉得情理欠缺,颇为自疚地返回。自己也口渴了,舀起凉水咕嘟嘟喝下半瓢。

过了不到一刻钟,刘琏的肚子便痛起来,而且越来越厉害,直到直不起腰,如同肠子被搅动一样,疼得他在地上打滚。

讨水喝的汉子又无声地走进来,其实他是毛骧。看见刘琏的情景,他冷笑几声说:“刘公子,和你爹一样,你是中毒了。”

“是……你……你下的……毒。”

“然也。”

“你……是……什么……人?”

“不要问我是谁,我且让你死个明白。我是胡惟庸相爷派来的,你的父亲也是死于他手。”毛骧转身离去,他之所以二次返回,告知实情,是为了求得自己的心灵安慰。

刘琏已是气息奄奄,而且痛彻骨髓。他尽力将自己的食指咬破,在衣襟上写下“胡惟庸害”,没容他写完,“害”字只写出一半,刘琏便撒手归西了。

几日后,地保发现刘琏的死尸,报告给官府。地方官逐级上报给朝廷,最后报到了朱元璋的御前。朱元璋手掐那半幅衣襟和残缺不全的血书,虽说不能就此指实说胡惟庸是凶手,但是他内心中已认定就是胡惟庸害死了刘基父子。朱元璋决心尽快将胡惟庸除去。

洪武十二年九月,占城国遣使入明朝贡,而胡惟庸没有向朱元璋禀报。明太祖抓住这一事实,责问中书省犯有欺君之罪。左、右相胡惟庸和汪广洋吓得跪地求饶。但朱元璋决心把事情闹大,下令锦衣卫“尽囚诸臣,穷诘主者”。在严刑拷打之下,御史中丞涂节为了活命,首先熬不住了,他对主审官提出说:“我要面见万岁,方能招供。”

朱元璋闻听就要打开缺口,便亲自来审问涂节说:“你声称要见朕,有何重大内情要招?”

“万岁,罪臣供出内情,可否饶臣性命?”

朱元璋稍加思索说:“只要你如实招出,朕可以免你死罪。”

“那罪臣就全说了。”涂节奏道,“万岁,太史令刘基之死,是胡惟庸投毒所致,他还指使毛骧同样投毒杀死了刘琏。”

“这早在朕的预料之中。”朱元璋问,“还有什么重大隐情?”

“万岁,胡惟庸结党营私蓄谋已久,还有许多高官勋臣参与其中。比如右丞相汪广洋,就是胡惟庸的同谋。"

朱元璋立刻亲自提审汪广洋,身为右丞相的他,死活不肯招认。各种刑罚用遍,依然是铁嘴钢牙。朱元璋大怒,因为没有口供,降旨把汪广洋贬往海南。汪广洋走到半路,朱元璋的圣旨又到,因为在胡惟庸府中搜到了他与胡交往的罪证,明太祖下令将他就地处死。

汪广洋的死讯传回京城,他的爱妾陈夫人万念皆灰,便在楼中悬梁自尽。由此朱元璋得知,这个陈夫人本是犯官陈县令之女,理应没入官籍,发到功臣家为奴,可由于其貌美,胡惟庸做主,把他赏给了汪广洋。朱元璋大怒,亲自审问胡惟庸等人,面对皇帝的威仪,众人先后招供,胡惟庸也一一交代了他的罪行。

第二年的正月初六,朱元璋传旨,将胡惟庸、陈宁、毛骧等人处死;对于涂节,则免于死罪。

廷臣见状奏道:"万岁,涂节当杀,不可赦。"

"为何?"

"他本是胡党重要成员,只因见其败绩,这才被迫自首,实为见风转舵之徒。这种奸臣,留下是大祸患。"

"可朕已当面允他免死。"

"万岁,生杀予夺权在陛下,当杀则杀。如汪广洋圣上贬他海南,后又降旨斩首,有何不可?"

"却也有理,一并诛杀。"朱元璋即下达了死刑圣旨,涂节和胡惟庸等同党尽被送上刑场。

问斩前夕,胡惟庸高声喊冤说:"冤枉!不服。"

监斩官徐达问说:"胡惟庸,你临刑喊冤,还有何不服?"

"万岁他执法不公。"

"怎见得?"

"罪臣谋反该当死罪,可是我的后台他却不闻不问。"

"你的后台,他是何人?"

"韩国公李善长。"

徐达眉头一皱说:"胡惟庸,你不要临死胡攀乱咬,须知这是罪上加罪。"

"罪臣说的是实话,若不是李善长举荐,我又怎能爬上左丞相的高位。这一切谋反活动,韩国公全都知情并参与了。万岁因他是儿女亲家,就对他网开一面,臣至死不服。"

徐达反驳道:"万岁绝不像你所说,对待臣民是公正的,对法律从来都是认真执行。”

“不要说李善长了，皇上他对亲属从来都是护短。就说驸马都尉欧阳伦，因为他是安庆公主的丈夫，所以他动用官府为他贩卖私茶，大把银子流水般装进腰包，谁又敢说个‘不’字？”

“胡惟庸，你再敢胡言乱语，就割掉你的舌头。”

“割吧，反正我的命也没了，还要舌头何用，但在死前，这话我非说不可，我要让普天下人都知道，朱元璋不过是个伪君子。他其实比谁都不要脸，不信大伙看着，李善长和欧阳伦，一个是他亲家，一个是他姑爷，犯下滔天大罪，也不会丢一根毫毛。”

“斩，斩！”徐达急切地传令。

刽子手手起刀落，胡惟庸等人的人头落地。

但是，胡惟庸在法场上的一番话，却已传到了朱元璋耳中。他深为埋怨徐达，认为不该让胡惟庸把这些话讲出来，这不是让他这个皇帝难堪吗？没有这一番法场陈词，他可以装作不知。

而如今不行了，等于是胡惟庸死前同他叫阵了，若不依法处治，他会被天下人耻笑，让百官们背后议论。

朱元璋被逼到了死胡同，他狠下心来，亲自提审欧阳伦。

这一贩茶案的关键证人是河桥巡检司的检守，奉召到京后，安庆公主派人给他送去了一千两黄金，要他为欧阳伦作有利的证词。

可是检守没敢隐瞒，把黄金如数上交。朱元璋赞扬他说：“你虽是小吏，但所为磊落，朕亲审就是表明要秉公办案，你要如实交代，不得作伪证。”

检守心想，反正是皇帝的姑爷，即使犯罪也不会真的治罪，可恨的是驸马家的家奴周保，对自己非打即骂。本来贩私茶是偷着干的事，而周保偏要大张旗鼓地进行。自己为他掩饰，想等无人时放行，而周保则嫌慢待了，把自己打得鼻青脸肿，至今耳朵还听不清问话。他越想越气，便照直禀奏了说：“万岁，驸马爷贩运私茶是实，而且已有数年之久。”

“你身为检守，为何不加制止？”朱元璋怒问，“拿着国家的俸禄，不为国家办事，反而助长歪风邪气的蔓延。你们若是早加制止，欧阳伦他又何至于走到这步田地？”

“万岁有所不知。我们这些小吏，别说在驸马爷的眼里，就是在他家奴的眼中，也是连根小草也还不如。休言制止，有一次运茶的大车不足，家奴周保让小人到民间强征五辆大车。民间的车闻讯早就逃了，小人费尽九牛二虎之力，才征来四辆大车。那周保一见大怒，把小人打得死去活来，险些要了小人的命。”检守越说越气，“万岁，这个家奴可得用国法教训教训。”

“想不到他们竟嚣张到如此程度，若不是朕亲自审问，朕还不会相信。”朱元璋问，“依你看，他们该当何罪？”

“家奴周保，怎么也得打他二十大板，让他长长记性，别再拿我们不当人。”检守思忖一下，“至于驸马爷，万岁当面训斥他几句也就是了，那钱该赚还赚，就是别太张扬才对。”

“狗奴才，你倒是替朕作了判决。”朱元璋站起身，“朕问你，贩卖私盐私茶该当何罪？”

“这，自然当是死罪。”

“好，你且听候朕如何处置他们。”朱元璋回到内宫。

安庆公主和欧阳伦都在忐忑不安中焦急等候，朱元璋亲自审理，他们料到事情闹大了。见到朱元璋回来，安庆公主迎上去说：“父皇，您审过了，那个检守是怎样说的？”

“哼！好好的公主驸马你们不做，偏偏去走私，难道你们缺钱吗？要多少银子告诉朕，朕给你，何苦违犯国法！”

“父皇，不要听信他们的谗言，驸马他没有走私，这是无耻刁民的诬陷。”

欧阳伦也辩解说：“父皇，儿臣并不缺钱花，断然不会做违法之事。”

“够了！”朱元璋怒斥，“你们还在巧言狡辩，检守他敢冤枉你们？还行贿千两黄金，亏你们做得出来。”安庆公主始知事态严重，赶紧跪在地上说：“父皇，驸马所为乃一念之差，都是儿臣的主张，万望父皇饶恕。”

欧阳伦也跪在地上说：“父皇，儿臣错了，以后再也不敢了。”

“晚了，”朱元璋叹气，“国法难容，朕的女婿犯的是死罪啊！”

“啊！父皇，你不能啊！”安庆公主抱住朱元璋的大腿。

“朕定的国法，朕不能自毁，”朱元璋闭上眼睛，“让他准备后事吧。”

“不，不，儿去找母后。”安庆发疯地转身就跑。

马皇后已经到了，对安庆说：“安庆，现在母后已经来了，你就不要再枉费心机了，这都是你们在自作自受。这不单纯的是我们的家事，还是一件国家大事。你父皇已经制定了国法，如果他带头不遵循国法，那么国家谁还会听从国法呢！那么辛辛苦苦打下的江山不就毁于一旦了吗？你父皇有什么脸面面对天下臣民呢？”

朱元璋听了马秀英的话，为自己有这样一位贤皇后感到自豪，于是就紧紧把马秀英的手握住说：“皇后，你不怪我？”

“万岁，你也是出于无奈啊！”马秀英坚定地，“万岁，不能让臣民们在你的背后戳你的脊梁骨。”

“朕这一生，因为有你这样的皇后，才能坐稳这个江山。”朱元璋传旨，“把周保枭首弃市三天。赐死欧阳伦，午门外曝尸一日，以儆效尤。”

安庆公主顿时昏了过去，马皇后也晃了几晃，朱元璋立刻把她扶住，才让她没有跌倒。

第四十一章　良臣贤后死因的背后

朱元璋有个外甥名为李文忠，原名李保儿。

父亲李贞，母亲是朱元璋的二姐。保儿十二岁丧母，跟随父亲四处逃荒流浪，十四岁到滁州投奔朱元璋。

从此，他的人生道路发生了根本转折。

当时，朱元璋没有孩子，便把外甥保儿，侄子驴儿，以及私生子沐英收为义子，百般呵护，视同己出。

并将李保儿改姓朱，取名文忠。当时处在战争环境，几个孩子除了学习武艺，朱元璋特别关注他们读书识字，学习儒家经典。

文忠学得最用心，后来还专门拜著名学者范祖干、胡翰为师，学习经史与诗赋。

随着年岁的增长，朱文忠不仅文化提高，武艺精进，而且熟知韬略，颇有儒将风范。

他二十岁时跟随邓愈、胡大海攻下严州，随即做了严州镇守，一手指挥浙西防务，与张士诚进行了长期的对抗。

张士诚倾数十万兵力不能前进一步，朱元璋免去了南顾之忧，集中力量在西线与陈友谅一决雌雄。

当朱元璋向张士诚发动全面进攻时，朱文忠挥师北上，攻杭州，下绍兴，军纪肃然，民心安定。

朱元璋论功行赏，加给荣禄大夫、浙江行省平章政事。把一个省交给朱文忠统辖，并让他恢复李姓。

洪武二年，李文忠配合徐达、常遇春北伐，追击元顺帝。

在凯旋途中，年仅四十岁的常遇春暴亡于柳河川，李文忠受命接替常遇春副将军之职，配合徐达西征。

兵至大同，被残元军队包围。

援军未到，形势危急。李文忠声东击西，巧妙周旋，终于转败为胜，一举斩获敌军数万人，再次受到朱元璋的嘉奖。

洪武三年北征沙漠，徐达为征北大将军，李文忠任左副将军，为徐达手下第一副统帅。

冯胜、邓愈、汤和等老将，都在他的麾下。

大将军徐达西出潼关，追击王保保时，李文忠率部北出居庸关追击元主。

徐达在沈儿峪大破王保保，李文忠同样连连告捷：克兴和，入开平，趋应昌，俘获元顺帝的孙子买的里八剌以及后妃宫人、诸王将相等数百人，部众五六万人。

宋元玉玺、宝物，以及无数驼牛马羊，都成了他的战利品。

战后大封功臣，这位仅仅三十一岁的骁将进封曹国公，为开国六公爵之一，并出任最高军事长官——大都督府左都督。

洪武五年，李文忠与徐达、冯胜兵分三路再次北征。

这次战役，只有西路军冯胜获得胜利，中路徐达和李文忠的东路军都损失惨重，此后，李文忠长期镇守北疆。

洪武十二年初，他又率沐英等人，平定了甘肃洮州十八番的叛乱。

而后，为震慑权相胡惟庸，朱元璋把李文忠调回京城，坐镇大都督府。

李文忠的飞快升迁和被重用，首先得自于他的能征惯战和治军有方，秋毫无犯。但不可否认的是，与他为皇帝的亲外甥也是分不开的。

朱元璋对李文忠自幼加意培育，视同亲子。教以文艺，习以弓马，外则君臣，内则甥舅，恩同父子，亲密无间。

自从朱元璋将亲侄子朱文正处死之后，李文忠便成了他最为信任和倚重的亲人。

如今，同朱元璋共过患难的亲族，只剩下李文忠父子和沐英了。

在朱元璋看来，照顾好文忠父子，就能安抚二姐的在天之灵。二姐夫李贞是渔民出身，苛重的鱼税曾使他穷困潦倒。朱元璋免除了李贞家乡盱眙县的鱼课。

即位之初，即追封二姐为孝亲公主，一年后，又改封为陇西长公主。李贞则封为恩亲侯驸马都尉。

李文忠封曹国公时，李贞推恩也封曹国公，并为他们在京城西华门玄津桥上建造府第。

朱元璋以及太子、诸王，经常去府上问候起居。洪武十二年，李贞病卒，朱元璋追封他为陇西王。

不仅对李家恩宠厚爱，胜过任何人，皇外甥李文忠，实际上已是位极人臣。

就李文忠的智谋和能力来说，担任统领全军的大都督游刃有余，朱元璋的儿子们望尘莫及。李文忠也是感恩戴德，勤谨效力。

因此，他的威望、地位虽然日益提高，猜忌狠毒的朱元璋对他仍然视同亲骨肉。从不担心自己的亲外甥，会做出不忠于自己的任何举动。

不料，祸起萧墙。李文忠在严州的一件旧事，传进了朱元璋的耳朵。

他如梦初醒，凛然而惧，深悔对这个表面忠厚能干的亲外甥，失去了应有的防范。

事情是由一个女人引起的。

李文忠镇守严州时，仅是个二十岁的青年。

堂堂方面重臣，又是统帅的义子、亲外甥，自然是人人巴结，个个逢迎。

几个怀有私心的部下，便引诱他寻花问柳，游戏放浪。严州有一个极其漂亮的妓女，姓韩名可儿。

生的粉面朱唇，青目黛眉，行动如春风拂柳，说话似燕语莺啼。谁人见了都要驻足留恋，不忍离去。

这一天，不谙风月的李文忠，被引入了韩可儿的香闺，一见之下，魂荡心摇，忘记身在何处。春风几度之后，更是痴迷陶醉，须臾难离。

部下们索性把尤物接到衙门里，金屋藏娇，让他长期享乐。

天底下没有不透风的墙。

此事被在严州供职的检校杨宪知道了。

为了向皇帝邀功，便把这件违犯肄令的事，秘密报告了皇帝。

前线将士取小纳妾，朱元璋一向公开支持，但严禁出入青楼妓馆，饮酒狎妓，以免涣散军心，泄露军情。

而身为一方总指挥的亲外甥，竟然知法犯法，对自己的警告置若罔闻，气得暴跳如雷的朱元璋，立即派人赶到严州，将妓女韩可儿处死，并把李文忠带回京城问罪。

马夫人得知外甥被拘，害怕脾气暴躁的朱元璋鲁莽行事，急忙进行劝阻。她语重心长地劝道："小孩子血气方刚，喜欢上好看的女人，何足为奇？何况还是受坏人撺掇的过错。你狠狠责骂他几句就是了，千万不要太难为孩子呀！"

"哼，二十大几的人啦，还是小孩子？他把我的谆谆教诲，当成耳旁风，岂可饶恕！"

"这话说的是呢。保儿做事是太出格点。不过，"马皇后仍然耐心地劝说，"事情不能只看一面。严州地势险要，保儿威震一方，这是他的功劳，也是他的大节。万不可以使他威望受损,更不可以轻易更换统帅呀。"

"理是这么个理。可我心里这口气,实在出不来!"

"皇上,您是一国之君,凡事可不能只由着自己的性儿,更不能因小失大,得顾全国家社稷呀。"

"那就饶恕他这一回?"朱元璋犹豫起来。

马皇后右手抓着胸口的衣服,皱着双眉说道:"前方不可一日无帅。狠狠教训他一番,叫他立刻回去好好任事。"

"皇后,你哪儿不舒服?"朱元璋注意到皇后的表情。

"俺没什么。"马皇后极力露出笑容,"你赶快理事去吧。"

"那好吧。"朱元璋顺从地应允了。

朱元璋觉得夫人的话句句在理,反驳不得。只得把李文忠叫来,当面训斥了一顿,放回严州继续任职。

朱元璋究竟与多少女人有过眉梢春风,意惹情牵,甚而香闺温存,被翻红浪,连他自己也说不清楚。

在所有的女人中,使他全心敬重和倚信的,唯有结发老妻马皇后一人。这爱慕和敬重,不是来自美颜玉肌,床笫欢洽,而是来自她的明达勤谨、敦厚仁爱。

马皇后虽然出身寒微又没有读过书,却是一个十分杰出的女子。

她对丈夫的关怀体贴、理解帮助,可谓是无所不至。

朱元璋做了皇帝后,后宫粉黛满目,佳丽如云,他对糟糠之妻一直是言听计从,礼让三分。

作为郭子兴义女的马夫人,不仅给初出茅庐的莽和尚带来发达的机遇,在艰难岁月里,在遇到危难的时刻,她也总是伸出救援之手,帮他渡过难关。

难怪,贵为天子之后,她仍然是朱元璋最堪信赖的贤内助。

当然,马皇后得到分外敬重,还有朱元璋不愿意提及、而又满怀感激的因素在内。

俗话说,没有不爱吃腥的猫。

十个男人九个馋,一个不馋假一半。

一向标榜不爱女色的朱元璋,无非是假惺惺而已。

说他是一只馋猫,丝毫也不是冤枉。

逃难的路上,他不但与沐桃花梧桐树下交欢,而且欠下风流债——生了沐英。

刚与马夫人新婚燕尔,他就"极不情愿"地把年方十四的小姨子收为小妾，甚至一天娶两个女人。

在严酷的战争岁月，他忘不了去追求漂亮的小寡妇；甫得太平府，他忙不迭地金屋藏娇娶了孙美人。

击败陈友谅，他急忙收拢了仇敌的爱妃。攻陷了大都，元宫的朝蒙娇娃，同样来者不拒，统统笑纳。

俗话还说，天下没有不吃醋的女人。

男人朝三暮四，寻花问柳，以及妻妾成群，拘于当时的礼教，女人只能强作大肚佛、顺从地接受不公平的现实。

而马皇后却不同，她不仅严守"妇道"，不予干涉，而且表现出少有的宽容和平静。

她所担心的，不是朱元璋把温存给了别的女人，而是"从此君王不早朝"，误了国事。"女人都是刮骨的刀"，更害怕伤了皇帝的龙体，减了他的阳寿！

有一天，她伺候朱元璋吃完了饭，委婉地说道："臣妾昨儿读到了一首好诗，是唐人李山甫写的，皇上愿不愿意听一听？"

"好哇，您就念吧。"

她轻声念道："南朝天子爱风流，尽守江山不到头。总为战争收拾得，却因歌舞破除休。尧将道德终无敌，秦把金汤可自由？试问繁华何处在，雨花烟草石城秋。"

马皇后连续把这首诗念了两遍，朱元璋心领神会，会意地点头一笑，说道："难得皇后如此牵挂着江山社稷。朕命人把这首诗题写到谨身殿的屏风上，天天念叨，永远不忘。可好？"

马皇后急忙敛衽施礼："皇上圣明！"

马皇后大字识不了几个，为了替朱元璋做些机密文书的保管与记录，便努力学习文化。她把官员识文解字的女眷请来做自己的先生，坚持不懈，直至粗通经史大义。

随着文化的提高，眼界逐渐开阔，做事更加透辟干练。凡是朱元璋交代的事情，她总是整理记录得条理清晰，及时提醒他，以免发生什么失误。

做了皇后之后，她更是发挥了贤内助的作用。

朱元璋对后宫要求很严，决不许嫔妃干预政事，更不准她们奢侈腐化。

马皇后统摄六宫，处处做出表率。

器度能力，比朱元璋希望的好得多，使朱元璋十分钦佩。

登基之后，为了报答马皇后的恩情，想到她自幼孤苦，设法访到了她的族人，打算授予官职。

马皇后得知后，急忙加以制止。

“皇上体恤臣妾娘家的困苦，俺十分感激。不过，”她字斟句酌地说道，“朝廷的官爵应该授给贤能的人。妾家的亲属，未必是贤才。如果因为妾的缘故，让庸才得了官，势必恃宠而骄，横行不法。那不但于国不利，于家也不祥，爱他们反倒是害了他们。”

见皇上连连点头，她继续劝道：“历代外戚之家因为骄奢淫逸，不守法度，搞到家破人亡的，为数并不少。那是臣妾所不希望看到的。如果皇上一定要加恩给他们，颁给一些赏赐，便是厚恩大德了。”

一番话，胸怀坦荡、顺情入理，朱元璋极为叹服。立即改变主意，收回了预定的封赏。

马皇后身先垂范，其他跃跃欲试的妃嫔，只能起而效应，赶快罢手。没有人借着自己被恩宠，为父兄邀官求爵。难怪朱元璋曾经当着大臣的面，大加夸奖：

“皇后与朕同是布衣出身，与朕同甘共苦，数十年不改初衷。比之光武帝危难时冯异所献的豆粥麦饭，有过之而无不及。她多次对朕说，夫妻恩爱厮守容易，君臣和谐相处难。常常请求赦免臣下的过失，保全他们，不愧是朕的得力膀臂。她比之唐太宗的长孙皇后，更加劳苦功高！”

马皇后得知丈夫当众夸奖自己，谦逊地进行阻止：“陛下不忘与妾贫贱时的苦难日子，妾身感激不尽。俺更希望陛下牢记与众臣共同度过的艰难岁月。妾哪里比得上长孙皇后呢？以后万不可痴男夸丑妻，惹人家笑话。”

虽然善良的马皇后十分欣赏那种返璞归真，孝敬慈爱，生活安定，无为而治的治国方式，但作为开国皇帝的朱元璋，需要的是开规模，立章法，清污秽，除积弊，强主干，弱枝末。即所谓“为子孙立基业，为万世开太平。”这就需要拿出雷厉风行的严酷手段。

因此，他虽然口上唯唯，行动上却很难接受无为而治的劝说。不过，马皇后以仁慈为心，清净为本的主张，对朱元璋所作出的许多严酷、猜忌和专断的过正之举，进行了不少的矫正与补救。前面提到的宋濂、朱文正、李文忠等，都是得到马皇后的保护，方才逃过被当场赐死的悲惨结局。爱护嫔妃，体恤下人，同情不幸的官吏与百姓，处处表现了马皇后的宽厚与仁慈。在一个严寒的冬天，马皇后外出访一位勋臣的妻子，见大批苦役犯在筑城，因不堪劳累折磨，有人倒在结满冰凌的土坡下，觳觫呻吟。旁边还狼藉着几具囚犯的尸体。她心里异常难过，回到宫里，吃晚饭的时候，便对朱元璋说道：

“用劳役赎死罪，是皇上对他们的恩典。但让那些年老体衰或者疾病缠身的囚徒承担重役，仍然不免一死，这岂不是有伤天地和气，等于没有赦免人家？”

朱元璋觉得说得对，便将筑城的囚犯统统释放了。

随着国事愈来愈棼乱，朱元璋变得越来越暴躁，越来越神经质。马皇后看在眼里，急在心里，想尽一切办法安慰宽解，时时体贴入微。朱元璋每次用膳，她都是亲手安排，亲尝冷热，尽量使朱元璋吃得高兴舒服。妃嫔劝她爱惜身子，让她们替她做一些事。她总是解释道：“不是我不信任你们，皇上日理万机、心情烦躁，万一有不周之处，你们就会受到惩罚，俺心里不忍呀。”

这样的事情，确实曾经发生过。

有一天用午膳时，朱元璋情绪极坏了，没吃上几口，便放下了筷子。拿起调羹喝一口汤，觉得有些凉，便狠狠地将调羹摔进羹盆里。羹汤四溅，弄了马皇后一身一脸。她不仅未恼，而且连忙赔笑，伸手摸摸羹盆，歉歉地说道：“这汤，是凉了些。我去为皇上热热。”

说罢，亲自去御膳房加热，很快端了回来。朱元璋见老妻双鬓添霜，神色憔悴。为了自己，仍然如此艰辛操劳，心下不忍，不无抱愧地问道：

“刚才烫着没有？”

“没事，没事。几滴汤咋会烫着呢。”她甜甜地笑着，“臣妾粗心，让皇上生气了。”

“不，不过是汤凉了一点嘛，我不该把脾气发到你身上。”

“这没啥，俺打心里盼望着，您能把所有的烦恼和不满，都发泄到臣妾身上呢。要是发在大臣或者下人身上，他们不都得吓死！”

“皇后，你的心肠真好！”朱元璋动情地拉过她的一只手握在手里，“有你做我的皇后，是朕的福分呀。”

“皇上言重了，你能永远高高兴兴，不生气，不伤身子，才是臣妾等的福分呢。”她趁机挽起丈夫，“皇上吃好了吗？走，俺陪你到殿外散散心去。”

“好吧。”朱元璋的脸色平静了许多，顺从地让她搀扶着向殿外走去。

作为掌管六宫的最高统治者，马皇后从来不滥施威福。嫔妃和宫女有了过失，总是能得到她的谅解与宽恕。

有一天，一个宫女在侍候朱元璋洗脚的时候，水比平常略微热了些，朱元璋的大脚往里一放，立刻怒吼起来：

“混账东西，你诚心要烫死朕？”一面骂着，一脚将宫女踹倒，又一脚将洗脚盆踢翻。“来人呀,给我拖出去,重重地打!”

“小女子不是诚心的呀。”宫女跪在洗脚水里,磕头哭求。“皇上饶恕俺这一回吧。”

“哼!还敢狡辩!饶了你这一回,下次你还敢作践朕。快快拖出去狠打!”

惹恼了皇帝,小宫女一场重责眼看难逃。正在此时,马皇后闻讯赶了来。她一副十分生气的样子,近前指着宫女斥责道:

“小妮子,找死呀?伺候皇上不用心,就该狠打!”她转向皇帝说道:“这事不必劳皇上费心劳神,由臣妾来处置她就是。”

朱元璋气咻咻地问:“你打算怎么个处置法?”

“皇上仅仅打她一顿是轻的,把她送到宫正那里去议罪!”

宫女被拉走了。皇后又吩咐重新打来热水,亲自伺候朱元璋洗脚。朱元璋这时平静了许多,想了一阵子,忽然问道:

“宫女有错,皇后为何不亲自处罚呢?”

“皇上。”她缓缓答道:“咱们是帝王之家,待下人固然要严格,执法更要平允。不能喜而加赏,怒而加刑。人在喜怒时行赏罚,难免出自喜怒,畸轻畸重。而交付专管此事的宫正,就可以平静对待,按律酌处。朝廷的事,也应当如此。陛下在外廷要定人的罪过时,不也是交给三法司承办吗?”

一席话,说得朱元璋半晌无语。仔细想想,不但敬佩皇后的仁慈之心无所不在,而且她的话中,暗含讽谏之意,可谓用心良苦。朱元璋非但没有恼怒,反而高兴地拍着老妻的肩头调侃道:

“皇后,你呀,也是一个‘常有理’!”

“皇上认为臣妾做得不对吗?那,我立刻改正。”

“哪里,朕不过是说了一句笑话。”朱元璋正色道,“老天爷派你来做我的皇后,这是咱前世修的福分!”

“皇上言过其实了!”马皇后笑着摇头,“真是这么回事,这话也得由俺来说。”

“不,朕说的是真心话。”

然而,不知是过度的劳心,还是染上了什么病症。自打入春以来,皇后便觉得茶不思,饭不想,浑身恹恹的,做什么事也打不起精神。御医们使出了浑身解数,皇后的病却毫无起色。等到秋风萧索,落叶满阶,已是茶饭难进,下不来床。群臣纷纷上书,请求为皇后设坛祈福,并遍觅天下名医精心调治。已经调治了大半年,却不见成效,马皇后早已失去了信心。既然御医们已经束手无策，乡野郎中更不会有什么回天之术。她恳切地对朱元璋说：

“自古道：生死由命，富贵在天。祈祷又有何益？即使扁鹊在世，也是治得了病，溯不了命。一旦找来的郎中投药无效，陛下会因爱妾心切，愤而加罪于郎中。那不但让人家白白送掉性命，还增加了妾身的罪过。万万使不得呀！”

“不，我不能眼睁睁地看着你受罪，不管怎样……”朱元璋泪流满面，声音哽咽。

“俺求陛下了，”马皇后无力地摇着头，打断了丈夫的话，“往后，臣妾决不再喝那些苦水了。”果然，此后所有郎中开的药，她一律拒绝再吃。

朱元璋急得团团转，来到病榻前，进行劝说：“皇后，药还是要吃的。万一无效，看在你的面上，我也会宽恕他们的。”

但马皇后知道丈夫喜怒无常，视人命如草芥，动不动就开杀戒。她不愿意让那些郎中和服侍的人无辜受牵累。而且悄悄吩咐他们，你们能躲则躲，能逃则逃，以免被连累，无辜受到惩罚。

皇后弥留之际，朱元璋流着泪问道：“皇后，你还有什么要交代的？你统统说出来，我一定遵办。”

“臣妾，愿皇上……”马皇后剧烈地喘息着，断断续续地说道：“求贤纳谏，慎终如始，子孙皆贤，臣民得所……但能如此，妾就虽死无憾了。”

“皇后，我一定能照您的话办。您就放心吧。啊——”见皇后双眼上翻，朱元璋失声痛哭起来。

洪武十五年八月初十日，操劳一生、明达仁慈的马皇后与世长辞，享年仅五十一岁。

皇后撒手而去，悲痛不已的朱元璋，变得暴躁无常。但想到皇后一生仁厚，临终前又叮咛再三，不可迁怒于人，虽然尽可能地压抑按捺着，仍然时不时地因为一点小事，就大发脾气。为了排遣心中的悲伤思念，朱元璋决定大做佛事，追荐皇后。他相信，皇后是菩萨娘娘转世，现在驾鹤而去，一定是到西天极乐世界去了。

不料，安葬皇后这天，天阴如铁，狂风大作，电闪雷鸣，暴雨如注。整座金陵城一片汪洋，仿佛沉没到大泽之中。朱元璋于伤痛之外，又增加了几分忧虑与恐惧。菩萨升天，为什么不是花香鸟语，风和丽日，偏偏是天昏地暗，雷雨交加？

他把著名僧人宗泐召来，责问道：“你回答朕，今日是皇后封安大典的日子，为何上天如此地不作美？”

宗泐知道，皇帝平时都喜怒无常，今日哀伤盛怒，一句话回答得不当，就可能将小命白白搭上。沉思了一阵子，壮着胆子问道："小僧有四句偈语，不知皇上愿意听否？"

朱元璋哼道："念来朕听！"

宗泐清清嗓子，高声吟道："雨落天垂泪，雷鸣地举哀。西方诸佛子，同送马如来。"

"这诗是哪个写的？"朱元璋认为和尚胡编乱造欺骗自己。

"陛下，昨晚小僧入睡后，忽见菩萨降临，急忙叩头询问，为何皇后升天的日子，天色不佳？菩萨念了这四句诗，然后驾云翩然而去。陛下，这是小僧梦中得句呀！"

"这是真的吗？你要是撒谎骗朕，当心你的脑袋！"

"小僧乃佛门弟子，怎会说谎呢？"和尚回答得理直气壮。

朱元璋不但觉得和尚的表情很严肃，不像是撒谎欺骗自己，而且四句诗非常吉利。心头的悲痛和怒气，渐渐消解。可巧，过了一会儿，果然雨过天晴，艳阳高照。朱元璋这才高兴起来，更打心眼里相信，他的马菩萨真的荣登仙境了。

马皇后活着的时候，后宫嫔妃宫女数百人，没有哪个没得到过她的恩惠。在她们的心目中，皇后不啻是一位活菩萨。如今，活菩萨撇下她们先去了，宫廷内外一片哀伤，一个个哭得死去活来。他们感戴马娘娘的仁爱体恤，担心尔后碰上个冷漠甚至暴戾的后宫主子。痛惜，思念，人人像掉了魂。马娘娘许多感人的故事，也在宫人中不断传诵。有的女官将马娘娘的嘉德懿行，写成一首歌，以寄托深沉的感戴与哀思。此后，后宫中经常传来这样的歌声：

> 我后圣慈，化行家邦。抚我育我，怀德难忘。
> 怀德难忘，于斯万年。毖彼下泉，悠悠苍天！

皇后与世长辞，李文忠号啕大哭，几天不思饮食。

当初，他因嫖娼获罪，被传唤到集庆。全亏着马皇后讲情，方才安然返回任所。后来，舅母对自己的疼爱关注，始终没有改变。现在，最为疼爱自己的亲舅母永远离开了自己，怎不叫他痛彻心肝。胆战心惊的往事，再次浮上心头。

原来，当初李文忠从集庆返回严州时，害羞加上害怕，终日忐忑不安。

做事无精打采,夜里常常从噩梦中惊醒。手下的儒士赵伯宗、宋汝章看在眼里,乘机劝他早做防范。

“说的倒容易,怎么个防范法呢?”李文忠没了主意。

“眼前的路只有一条。”赵伯宗分明成竹在胸。

“什么路?你们快说。”

“投靠张士诚。”朱汝章向北一指,说出了谜底,“将军这次能够安全归来,算是万幸。下次再去,恐怕就难得全羽而归了,还是早作打算的好。”

李文忠反复琢磨,觉得部下的担心不无道理。于是,派赵伯宗和宋汝章去杭州与张士诚的弟弟张士信秘密联络。

朱元璋的亲外甥愿降,张士信自然求之不得,当即慨然应允。李文忠立刻与郎中侯原善,掾史闻遵道商议投降条件。

恰在这时,京城使者来到,传召李文忠立刻返京。

李文忠猛吃一惊,认为是事情败露了。但反复看过朱元璋的亲笔书信,口气亲切,倍极关注。特使也是殷勤有礼,没有丝毫异常,方才稍稍定下心来。

到了集庆,舅父亲切地询问前线防务,并面授攻防机宜。接着,舅母又跟他亲密交谈,让他处处谨慎,好生抚慰将士。

分手时,朱元璋不仅叮嘱再三,而且赐给他名马、金银。

李文忠一则以喜,一则以悔,一则一惧。

喜的是,舅父、舅母并未对自己产生疑忌;悔的是,不该听信谗言,产生离异之心;惧的是,叛降的事一旦透露出去,舅父不会轻易放过自己。

一回到严州,李文忠便埋怨侯原善、闻道遵:“我几乎被你等误了!倘若事情泄露,我有什么脸面见皇上?你们说,此事该当如何区处?”

侯原善答道:“大人肯饶了我等性命,尚有个妥善的法子。”

李文忠急忙催促道:“快说,什么法子?”

“让赵、宋两人从此不再说话。”

李文忠心领神会。

当即下帖,请赵伯宗、宋汝章来太守衙门赴宴。等到两人被灌个酩酊大醉,然后遣人用船送他们回去。

船行到一个叫大浪滩的地方,舱里钻出几个壮汉,不由分说,将赵、宋和他们的侍从捆了,全部扔进了滔滔急流中。

神不知,鬼不觉,去掉了一块心病。

俗话说,墙打一百遍,没有不透风的。

正当李文忠春风得意、功勋越来越显要的时候，株连甚广的胡惟庸案子，扯出了这件公案。虽然事情已经过去了十多年，朱元璋仍然震惊万分！

“可怕至极，简直是连做梦都想不到的事！”他一遍又一遍地仰天惊呼。

朱文正是亲侄子，李文忠是亲外甥，都是自己一手抚育培养起来的至亲骨肉。

他待两人情逾手足，恩同父子。

不料，一有风吹草动，便离心离德，不惜叛离而去！

这使朱元璋又惊诧，又伤感，又担心，又痛恨……简直像打翻了五味瓶，说不出的酸甜苦辣。

他越来越意识到，在权力和利益的诱惑下，没有信义和亲情可言，有的不过是权诈和血污。

扬扬几千年宫廷史，为了皇位这块诱人的香饵，发生了多少子弑父、父杀子、兄弟相残、亲党互诛的惨剧？

想到这里，朱元璋对同乡汉高祖大刀阔斧地诛杀功臣，更加叹赏钦佩。

“老前辈刘邦，是一位多么具有远见卓识的英明人主哟！”

感叹的同时，便是嫉恨。但朱元璋知道，眼前还不便对这个手握重兵的不肖种发作。

他要仔细观察，然后决定应该采取的措施。

在此之前，朱元璋对李文忠的进言，总是十分乐于听取，看成是股肱心腹的肺腑之言。现在，不论李文忠的话是否有道理，朱元璋都要琢磨再三，认真咀嚼，看看其中是否隐藏着不可告人的阴谋陷阱。

有一天，李文忠诚恳地劝道：“陛下，人才难得，人命关天呀。人头不像路边的青草，割了能够再生。还是多给人留一条生路为是。”

朱元璋把脸一沉，答道：“朕知道了。”

过了一些日子，朱元璋决定裁减宦官，李文忠趁机劝谏道：“陛下鉴前代之失，不准宦官干政，又裁减宦官员缺，真是天纵之圣。但据臣看来，宫中冗员依然过多，有悖于‘天子不近刑人’的古训，似宜更加裁省一些。”

朱元璋一听，勃然大怒。反问道：“这话，是谁教给你的？”

李文忠慌忙答道：“是愚臣偶然想起，胡乱说的。”

“宫廷内的事，是你胡乱说得的吗？”

“臣多嘴了。请陛下鉴谅。”

“你以后少多嘴！”

“是。臣记下了。”

李文忠一片忠心进言，却遭到狠狠的斥责，后悔得狠捶自己的脑袋。战战兢兢地回到家中，左思右想，始终猜不透，舅父突然对自己如此冷淡和厌烦，到底意味着什么？

几天后，一群武士闯进府来，将他手下的幕僚全部捉走，不经审问，统统杀掉。

李文忠惊诧莫名，不知属下犯了什么罪过。

蓦地，十几年前在严州策划叛逃的往事，浮上心头。

莫非是那件事，东窗事发？

牵线的人早已被灭了口，秘密不会泄露出去呀？

心里的疑问解不开，心头像无数只毒虫，一起咬啮。越想越感到大事不妙。夜长难眠，饮食锐减，很快恹恹病倒了。

到洪武十七年岁首，病情越发沉重，骨瘦如柴，卧床不起。

朱元璋派太子朱标前去探病。

朱标嘘寒问暖，倍极关怀。接着，又派遣淮安侯华中，督理御医诊断治疗。

无奈，李文忠的病，是因惊惧忧虑而得，乃是心病，哪是药石可以奏效的？就是华佗再世，药王复生，恐怕也难以妙手回春，药到病除！

正月二十七日，朱元璋亲自驾临探视。

李文忠见舅皇驾临，枯黄的瘦脸上掠过一层希望的光彩。他强打精神，要家人扶起来见驾。朱元璋急忙上前制止。他坐到床前，仔细询问外甥的病情。

李文忠喘息着，断断续续地答道："舅舅，孩儿……恐怕难以……为舅舅尽忠尽孝了。"

"不要这么说，你会好起来的。"朱元璋蹙着眉头进行安慰。

李文忠深受感动，凹陷的眼角渗出了两行热泪。喘息着答道："孩儿，在严州，任职十多年，很得……舅舅信任。可孩儿却有一件……一件愧对舅舅的事。这事，长久压在心中，一直不敢……"说到这里，他嘴角抽搐，哽咽难言。

朱元璋带着泪音安慰道："孩儿，都是过去的事了，不要再说了。舅舅什么都知道。如果不肯宽容你，把什么事都记在心上，你也成就不了后来的功业。舅舅今天给你带来了御医调制的保春回阳丹，你服了后，很快就会复原的。"

"孩儿，不知怎么……感谢舅舅的……再造之恩。等孩儿……病好了……一定百倍、千倍地……报答……报答你老人家。”

“不要劳神多说话，你就安心静养吧。”

看到外甥的虔诚与痛苦，朱元璋神色忧戚地站起来，急急地离开了。

压在心底的一块石头落了地，李文忠感到一阵轻松，病情顿时减去了几分。家里人更是无比兴奋，以为皇上驾临，不仅是圣恩隆渥，而且带来了灵药，带来了吉祥。一家人赶忙给病人服下皇上亲自送来的“保春回阳丹”。

谁也不曾想到的是，在皇帝探视的第三天夜半，叱咤风云二十载、战功赫赫的大将军，竟然撒手人寰！享年四十四岁。时间是洪武十七年，三月初一。

第四十二章 后宫捉奸 灭门叹铁券

天气非常炎热,不得不把寝宫的门窗都打开,但是屋里还是一点风都没有,让人心情烦躁。

朱元璋坐在御座上已经汗流浃背,他把奏折放下,想要静一静思考个问题,但是因为燥热的天气,让他根本就静不下心来。

他要思考的这个问题正是自己这么劳累,到底是为了什么。为了大明江山千秋万代,能够做到吗?

秦始皇原想一代又一代传下去,可是二世胡亥即已亡国。

千秋永固的江山是不存在的,万岁不死也是办不到的。但辛辛苦苦打下的江山,总要多传留几百年,朕这大明,哪怕像周朝一样存在八百年,也就心满意足了。

看来为这江山的久长,自己还得不辞劳苦。

他提起笔来,白纸上留下了他的一行诗句:

百僚已睡朕未睡,
百僚未起朕先起。
不如江南富足翁,
日高一丈犹拥被。

近来,朱元璋的心情一直比较压抑,也就是很不开心。

相濡以沫的马皇后弃他而去,安庆公主的丈夫被他赐死,随之更是雪上加霜,太子朱标竟也突然辞世。

这是对朱元璋的致命一击,使他的脾气变得相当暴躁,动不动就发无名火。

身旁的刘太监见皇上不开心,便试探着说:“万岁,天气闷热,莫要一直憋在屋里,到外边走走,心情会好一些。”

朱元璋被提醒,遂决定出去散散心说:“刘公公,你不用跟随,朕自己随便走走,少时回来。”

刘太监不放心说:“万岁小心。”

朱元璋信步不知不觉到了吉庆宫,这是充妃的住处。

他不免又想起了这位胡贵妃,虽说不是专宠,但对充妃他心里总是放不下。

记得一月前到充妃宫中,得知充妃有了身孕,朱元璋为了保胎,特地又去往宁妃处过夜。

屈指算来,也有五个月了,朱元璋在吉庆宫外往来踱步,对于进不进去一时拿不定主意。

宫内,充妃正在与人对饮。此刻已有七八分酒意的充妃,举着手中的银盏,两朵桃花爬上面颊,深情地望着对面的宫女,泪眼婆娑说:“表哥,明天你就要出宫了,此一别不知我们何年何月再能相见。”

“半年来,能与表妹同床共枕,恍如在神仙洞府无二。”原来那宫女装束者是充妃的表兄,“所幸未被识破,你我二人平安,这是上天赐福,只要彼此有意,总有相见之日。”

“表兄,过个数月半载,你再来同我相会。”

“不,万万不可。”表兄连声反对,“得意不可再往,相聚半年未出差错,已属不易。”

“表兄还以宫女面目留宿宫中,谅来无事。”

“日久天长,纸难包火,上次被皇上撞见,就险些原形毕露,切不可再度涉险。”表兄叹息着道,“现在你已不是当年的胡小姐,你已是皇帝的充贵妃了。”

“表兄,你我原本青梅竹马当成连理,谁料命运捉弄,竟被那朱元璋强行拆散,而今还得这样提心吊胆地偷情。小妹可是不愿做这贵妃,我是多么渴望和你生活在一起。”

“咳,今生今世已不可能,就不要再自寻烦恼了。”

朱元璋已然走到了宫门前,那当值太监跟在身后追着说:“万岁,容奴才进去通报。”

“朕已说过,你老老实实在宫门呆着,朕自己进去,无须通禀。”朱元璋大步走进房中。

本来上次来此,听见嬉笑之声他便心中存疑,而今他要看看充妃是否背着他有猫腻。

充妃和表兄正在酣饮,突然发现皇上站在了面前,一时间二人全都傻了。朱元璋何等精明,冷笑着问道:“是什么人,敢和贵妃同桌共饮?”

“万岁，是妾妃闲来无事，一人饮闷酒无趣，才硬拉这宫女作陪。”充妃给表兄使个眼色，“还不快些退走。”表兄不敢言声，抽身要走。

“站住。”朱元璋断喝一声。

表兄不敢再挪动脚步，但他始终垂眉低首。

朱元璋又是怒喝一声说：“抬起头来。”表兄只得将头仰起，便露出了颈部的喉结。朱元璋一步步逼近说：“好一个宫女，演戏演到朕的皇宫内苑来了！”

表哥一见事已败露，急忙跪倒在地说：“万岁饶命，都是罪民不好，如此乔装只为看望一下表妹。要杀杀我一人，与表妹无关。”

充妃既不跪地也不求饶说：“万岁，既已被你撞见，也就无须再加隐瞒。本来我们兄妹自小相爱，却生生被你给拆散。我们旧情难忘，才有今日之举，你要杀要剐冲我一个人来。”

朱元璋眼睛死盯着充妃隆起的腹部说：“说，你肚子里的孩子，可是你二人私会的孽种？”

“自然是我二人相爱的结果。”充妃完全是一副不在乎的神态。

朱元璋已是气得脸色紫涨，刷地拔出佩戴的宝剑说：“你们这对狗男女，真是胆大包天，竟敢给朕戴绿帽子。”手中剑直刺过去，先将充妃扎个透心凉，又复一剑砍去了表兄的人头。

充妃用尽最后的力气，爬到表兄身上，嘴角现出一丝苦笑说：“表兄，我们总算死在了一起。”

当值太监这才想起大事不好，转身要跑。朱元璋跟进一步，剑锋插进他的后胸说：“你这个奴才，也不是好东西，合伙欺朕，怎能容你。”

太监嘴角咧了几下，鲜血横流，倒在了地上。

一直暗中跟随保护的刘太监问说：“万岁，充妃身死，对人该如何交代。”

朱元璋想了想说：“就说她身怀有孕，私自堕胎，是而被朕赐死。”

“奴才就将他们的后事处理了？”刘太监胆怯地问。

“给充妃起个坟包，日后他的亲人或者她的儿子楚王朱祯问起，也好有个去处。”说着，朱元璋从充妃身上抽下一条白玉链带，交给了刘太监，“这个给楚王留个念想。”

刘太监接过说：“奴才记下了。”

朱元璋回到自己的寝宫，望着案上堆得高高的奏章，感到有些力不从心。

但是没人帮他处理国事，而且他也不相信别人。

又坐回案前,拿起一个奏折打开来,见是御史余敏和丁举二人联名的本章,不觉格外注意起来。

两位御史联名上表,说明问题的严重性。他从头看罢,不觉倒抽了一口凉气。

国事繁冗,自己怎么把这个人给忘了。想想新立的皇太孙朱允炆,心中越发沉重起来。

太子朱标不幸夭亡,朱元璋本想立四子燕王朱棣为太子,但遭到大臣的反对。

他也难以违背千百年来的惯例,册立皇长孙允炆为皇太孙。

这个允炆,与其父的性情相同,也是仁厚有余,刚武不足。

遇事优柔寡断,又过于善良。朱元璋担心朱允炆日后继位,难以挑起这副治国的重担。

眼下这个奏折,倒是个绝好的机会,何不叫他来历练一下,也好令其学学如何做好皇帝。

刘太监奉旨将朱允炆召到,允炆恭恭敬敬地叩拜说:"皇祖父,天色已晚,叫孙儿前来有何旨意。"

"你看看这个。"朱元璋把奏折交给他。

朱允炆拿在手中,从头看了两遍说:"皇祖父,孙儿看过了。但不知要孙儿看它是何用意?"

"允炆,假如你现在是皇帝,对这一奏章该如何对待?"

朱允炆脑子里急速地过筛子。这份奏折的内容是,天上的星相异常,主大臣谋逆篡位。而韩国公李善长与胡惟庸是至亲又是胡的后台,胡的升迁,系李善长一手提拔。

此人不除,日后对朝廷极为不利,因为李善长能力太大了,朝中门生故旧甚多,可以说能做到一呼百应。二臣建议,及早除去这一隐患。

朱允炆想了再三,按自己的思路说:"皇祖父,孙儿觉得这道表章是无稽之谈,所谓星相示警,全系无中生有。这样的表章,不必理睬,丢过一边便是。"

朱元璋连声说:"果然不出朕之所料,你还不是当皇帝的料。要知道,这两位御史是借星相说事。他二人是为你日后坐皇位着想,担心李善长会危及你的皇帝宝座。"

"那也不该无中生有,假借星相害人。"

"孙儿,你还是不懂为政之道,要达到目的,有时就得寻个借口。"朱元璋再问，“话已说明，你看该如何处置？”

“这，李善长身为韩国公，又是皇亲，只能教育训导一下，警告他不得胡来，要谨慎为官。”

“孙儿，你太天真了。天底下岂有与虎谋皮的事例，要想皇帝座位牢固，就得铲除一切对己不利的因素。”

“皇祖父的意思是，要罢了他的官？”“说得太轻松了，”朱元璋耐心身传言教，“像李善长这种人，即使在野，仍然是百足之虫死而不僵，还能一呼百应，必须彻底根除。”

“听皇祖父的意思，终不然还把他下狱不成？”

“关进大牢也不管用，只要李善长还有一口气，他的同党便有幻想，以为朕的亲家总会出狱的，为乱之心就不会死。”

朱允炆可是糊涂了说：“皇祖父，总不能杀了他呀？”

朱元璋的表态令朱允炆大吃一惊说：“就是要将他处死，只有这样，才能免去孙儿你继位的后患。”

“皇祖父，您杀不了他。韩国公可是有免死金书铁券的，而且他是免死两次，儿子还有一次。”

朱元璋冷笑几声说：“金书铁券是朕发的，朕就有法叫他没用。别忘了朕还有一句话，谋逆者不在赦免之列。”

“可是，他没有谋逆啊！”

“他与胡惟庸合谋害朕，这已是不争的事实，加给他谋逆的罪名，对他一点也不冤枉。”

“皇祖父杀了他，李家会仇恨您的。”

朱元璋冷笑几声说：“有道是斩草要除根，所以朕要给李家灭门。”

“灭门！”朱允炆感到毛骨悚然，“他家七十多口全杀？”

“朕活着不怕他们报复，皇爷爷担心的是你呀。”朱元璋无限爱抚地，“你太宽厚仁爱，朕不能让他们从你手中夺走大明的江山。”

朱允炆突然跪下了说：“皇祖父，孙儿有一请求，万望应允。”

“什么事，说吧。”

“请皇祖父无论如何饶临安公主姑妈一命。”

“朕的亲生女儿，自然要免死。”朱元璋爽快地同意，“好了，平身吧。”

朱允炆还不肯起身说：“皇祖父，孙儿还有话说。”

朱元璋脸绷起来说：“你呀，最好不要得寸进尺。”

“皇祖父，你不能让姑妈成为寡妇，也不能让她失去亲生骨肉，望您格外开恩，饶了驸马李祺和两个孩子吧。”

朱元璋沉默许久，才缓缓开言说：“按理说，你为他们一家四口求情没错，可你这就是妇人之仁。这不是一个皇帝所应有的性格，朕归天以后，怕这就是你致命的弱点。”

“皇祖父放心，孙儿也不会对敌人仁慈的。”

“好吧，但愿如此。”朱元璋点头了，“就以孙儿所言，免了李祺一家四口人的死罪。”

刘太监携圣旨到了韩国公府，宣读了圣旨，李府上下如闻晴天霹雳。

他们无论如何也没想到，贵为国公且与皇上是儿女亲家的李府，竟遭此灭门横祸。

临安公主痛哭失声说：“公爹，父皇他一定是听信了谗言，待儿媳进宫去为全家人求情。”

李善长与皇帝相处多年，深知朱元璋的为人说：“公主，难得你的一片孝心，你不要进宫了，没有用的。为父的死，只是早晚的事。在十年前我就该与胡惟庸一同上法场，晚死了十年已是不易了。只是我没想到，会连累家小七十多口，谁也不怨，是我自作自受啊！”

行刑之日，天空飘着细雨，像是为李家哭泣。

李善长这位七十七岁的老人，他步履蹒跚，艰难地移动着脚步。

跪在地上就要被砍头之际，他左右环顾一下那些还不谙世事的孙男孙女，禁不住老泪纵横，仰天长叹说：“天哪，难道这就是我出生入死戎马生活几十年，为子孙后代争来的荣耀吗？尔可免两死，子可免一死，这就是作为国公得到的金书铁券吗？天哪，早知现在，何必当初，我就在乡村做一田舍翁岂不没有这灭门之祸！”

但是，一切全都晚了，七十多颗人头落地，刑场一片血腥，令人惨不忍睹。

朱元璋注视着窗外的风雨，计算着行刑的时间。

他的面部看不出表情，似乎对这一切都习以为常。

可是皇太孙朱允炆却悲悲戚戚地走进来说：“皇祖父，他们一家全死了。”

“你应该高兴才是，这样一来，皇爷爷去后，就少了一个夺你皇位的人。”朱元璋在为他的杰作欣慰。

“皇祖父，您曾说李善长是您的萧何？”

“是啊，”朱元璋对皇太孙还蛮有耐心，“看来你还是没能变仁慈为刚毅，当大明朝需要萧何时,他李善长就存在。当他威胁到大明朝的存在时,他也就只能成为长乐宫中的韩信。"

"皇祖父,对有大功的开国元勋,还是应该给予优厚的待遇,时时刻刻挂在心头才对。"

"是啊,给他们封公封侯,让他们的后代世袭,赐建府邸,颁给免死金书铁券,这待遇也够丰厚了。"

"皇祖父,有一开国功臣已是病重不起,您一直也没关心,当年如果没有他的英勇善战,大明朝只怕还未能开国呢。"

"哦,孙儿所指何人?"朱元璋心中无数,"是哪位大臣,竟这般重要?"

"皇祖父,是魏国公徐达。"

听了孙子的话,朱元璋又想起了一件往事。

统辖百万之师,攻城略地的大将军,却是个治家的低能儿。

徐达的家人奴仆横行乡里,曾多次遭到他的斥责。

而徐达夫人谢氏的桀骜不驯,目无皇上,更使他切齿痛恨。堂堂首将,竟然是个惧内的魁首,一直连个姬妾都不敢纳,谢氏好强使性,傲慢无理,说话更不知道深浅高低,对徐达的劝说教训,她只当成耳旁风。

有时进宫朝见马皇后照样疏于礼数,甚而倨傲不恭。

马皇后看在多年亲密相处、徐达功高忠勤的份上,每次都原谅了她。

有一天,马皇后设宴招待几位诰命夫人,席间兴奋地说道:"多亏各位公爷、侯爷沙场拼杀,才使百姓们脱离苦海,生活安顿。各位爵爷、夫人,也才有今天的富贵。"说到这里,马皇后扭头笑着对谢氏说:"像魏国公徐大人,也是受苦过来的,当初哪想到今天的好日子?希望夫人珍惜今日,永保荣华。"

其他几位夫人都说道:"多托了皇上和皇后娘娘的福。"只有谢氏冷冷地说道:"不错,都是穷过来的。如今我家可不比你家。"

听到这样不懂规矩的话,马皇后很不高兴,本想训斥她几句。

转念一想,不能忘了皇后的气度,冷冷地笑道:"当年王、谢再生,说不定还要忌妒你国公府呢!"

朱元璋下朝回来,见马皇后脸色不悦,忙问发生了什么事?

马皇后隐瞒不过,只得照实说了谢氏的言行。

朱元璋听了很生气。认为谢氏的莽撞无礼,绝不仅仅是出自无知,根子恐怕是在徐达身上。

犯上悖逆之言虽然出自妇人女子之口,可能正暴露了徐达心中的隐秘。即使徐达无犯上之心,枕边风吹紧了,焉能不心动?

当年谢在兴谋叛暴露，被处死的时候，那谢氏不仅无视劝告，捧着酒食到杀场上为其父亲送行，而且大骂自己狼心狗肺，是杀害同患难弟兄的凶手。

当时战争还在进行，为了笼络这位惧内将军，同时也为了制服泼妇谢氏，朱元璋特地送了两个美人给徐达，一则压服醋坛子，二则趁机找到由头，将狠毒并对皇家不恭的女人除掉。

不久，果然发生了谢氏逼得侍妾投井自杀的事，他趁机将眼中钉杀了。

一日夫妻百日恩，杀了徐达的老婆，徐达能不衔恨于心？

“是的，必须要听其言，观其行，处处提防。决不能让徐达的阴谋得逞！”

徐达，字天德，濠州钟离永丰乡人，是与朱元璋一起割草放牛的少年伙伴。

投军之后，一直是朱元璋最亲密的朋友和最得力的助手。

他庄重沉稳，谋而后功。不论是奉命留守，还是统帅三军出征，尽管大权在握，却严格遵从朱元璋的部署行事，从不专权，或擅作威福。

他为人含蓄敦厚，自律甚严，治军令出如山。

他爱兵如子，与士卒同甘苦、共患难。士卒不饱他不进食，士卒安营未稳，他不进帐。

将士爱他如尊长，都愿意为他出死力。他不妄杀，不扰民。军队所到之处，秩序井然，深得百姓爱戴。

当初，徐达率部攻下苏州，立即出榜安民，严申军令，军人取民物者斩！将士慑于军令，无人敢于违犯。

当时，苏州还流传着不少徐达忠厚仁慈以及严于治军的故事。

有个卖食品的摊贩认为有机可乘，竟想趁机讹诈。

他诬陷一个军士吃了他的面食不给钱，军士不肯认账。

两人争执不下，徐达恰好经过那里。

小贩见大官来到，更加有恃无恐。徐达见小贩大吵大嚷，害怕影响军威，只得将军士当场斩首。

但剖开军士的内脏检查，并未发现有面食。小贩急忙跪到地上，承认是诬赖。

但遭到诬陷的军士已经被冤杀，只得以命抵命。这件事震动了整个苏州城。

从此，军纪更加整肃，全城百姓同声叹服。

有一天，徐达在大街上见到一个绝色女子，不由心下活动，便烦人以重金相聘。

女方慨然应诺。

但因战事匆忙，未来得及迎娶，便匆匆转移。

徐达后悔不迭，觉得一厢情愿，有强聘之嫌。等到一年后重返苏州，立即遣人前去道歉，让姑娘另行嫁人。

不料，女家不答应，坚持要嫁给大功臣。徐达无奈，只得亲自登门谢罪，陈述轻率之过。

恳求再三，女家方才勉强应允。告辞时，徐达再赠金银，以助奁资。

徐达的为人，在苏州传为美谈。人人敬仰徐元帅军纪严明，道德高尚。朱元璋也对徐达优礼有加。

他自己更是把皇帝的事业，无条件地看成自己的事业。

但是，等到四方战事结束，徐达胜利返归京城后，渐渐对朱元璋的一些做法，产生了疑虑。

首先使徐达惊心动魄的是，大臣们接二连三地被逮捕，一个个成了谋叛的凶犯，许多人不经三推六问，便草草掉了脑袋。

忠诚敦厚的老实人，不忍心看到那么多的旧人相继殒命，更不相信，那些被杀的人，真的犯下了应该杀头的罪过。

忠心耿耿的李善长、宋濂，功勋累累的李文忠，老实巴交的汪广洋……

那些所谓“十恶不赦、法理难容”的大罪，真是他们犯下的吗？

许多往事，不住地在徐达的心头涌动……

他永远记得妻子谢氏被杀的情景。

那天，朱元璋召他去内廷下棋，却派人将谢氏杀了。

事后兴高采烈地跟他说：“牝鸡司晨，家之不祥。现在，爱卿家可以免除赤族之祸了，朕要向你祝贺呦！”

徐达又想起分“悍妇肉”那恐怖的一幕……

开平王常遇春，虽然是一个雄骜武夫，却跟自己一样，娶了一个泼悍凶狠的老婆。

他虽然酷爱女色，却只能在外面偷偷摸摸地养女人，一直不敢公然纳妾。

朱元璋听说堂堂国公爷竟然缺少添香的红袖，便赐给常遇春两个美貌的宫女。

他的老婆哪里容得，把两个宫女看得紧紧的，不准常遇春碰一碰。

一天早晨，其中一个宫女捧来水盆，请常遇春洗脸。

一眼瞥见眼前的藕腕葱指,他的双眼为之一亮,不由赞道:“呀!好一双白手呦!”

当天散朝回到家里,老婆送来一个红盒子。常遇春急忙打开一看,却是血迹斑斑的两只纤手!

他仅仅称赞过一句的一双美手,竟被割了下来!

随意残害皇上恩赐之物,乃是大逆不道的勾当!

常遇春惊得一夜未眠。

第二天早朝后,朱元璋留下几位勋臣议事。

他见常遇春脸色灰暗,神态异常,追问出了什么事?常遇春支支吾吾不敢回答。

这更加引起朱元璋的疑心,便生气地喝道:“看你神色慌张,莫非有什么异谋?”

常遇春“扑通”跪到地上,说出了实情。然后磕头求饶,“圣上赐给臣两名宫娥,此恩天高地厚,微臣感激不尽。如今发生了这样大逆不道的事,实在有负圣恩,臣万死莫赎!”

朱元璋听罢,哈哈大笑道:“快起来吧。这算不得什么大事,朕再赐给你几个就是。”

正说着,侍者给每个在座的勋臣,送上一个包裹,打开布包,里面的纸上写着“悍妇之肉”四个大字。

原来,常遇春的妻子已经被朱元璋派去的人肢解了。

徐达接到“悍妇肉”,几乎不能自持,其他人同样惊愕不已。

从此徐达就落下了惊惧之症。每夜惊梦不断,不知道哪一天,飞来之祸就会落到自己的头上。

曹国公李文忠暴亡后,徐达更是日夜忧惴。

皇上的亲外甥和干儿子,一个比同乡伙伴不知亲近多少倍的亲骨肉,尚且不明不白地死去,一同从军的兄弟,已经有好几个做了冤鬼。看来,变心的不是臣子,而是皇帝。

他似乎完全忘记了什么叫信义,什么叫友情,什么叫功过!

“功高震主,权大生威。自己乃是武将之首,能逃脱愈演愈烈的浩劫吗?”徐达一遍又一遍地向自己发问。

一日数惊,寝食难安。忧虑伤神,不久,徐达便恹恹病倒了。

朱元璋早已观察到徐达萎靡不振,不知是什么原因。现在,忽然听说徐达病倒,越发生疑。他想弄个究竟,又担心派别人去会被欺蒙,便微服简从,亲自去察看。

来到魏国公府,朱元璋不准人通报,直奔徐达卧室而来。

徐达正在静卧,见朱元璋突然掀帘而入,一时慌了手脚,急忙挣扎着爬起来,要行君臣大礼。

朱元璋见徐达面黄肌瘦,呼吸急促,果然病得不轻,命他不必拘礼,不妨倚枕叙话。

徐达倚枕躺下后,朱元璋立刻仔细询问病情,并反复叮咛,要徐达好生将养,不必牵挂国事。

徐达对朱元璋此行的目的,已经猜透了八九分:只怕看病是假,探问虚实是真。

他已经反复想过,要想解除皇上的猜疑,唯一的办法,就是处处表现出对皇帝无比崇敬与炽烈的忠心。

他气喘吁吁,语气谦卑地说道:“徐达微贱之躯,承蒙皇上看顾,真是天大的荣幸!臣不过是偶感风寒,不日就会好的。徐达定当耿忠驱驰,报效皇恩于万一。”

朱元璋笑道:“爱卿不说,朕也知道你的忠心。你不要多说话。以免累着。”

“陛下,”徐达仍然继续说下去。“徐达想向皇上冒死进一言。”

“哦,你还要说什么?”

“人心难测。尔后,陛下不可再微服出行。”徐达一面说着,一边瞟了墙上的佩剑一眼。

朱元璋看到佩剑,心下蓦地一震。那把剑,竟然与前几天梦中所见,徐达手中拿的那一把一模一样。

不由皱了皱眉头,不经意地问道:“爱卿莫非听到了什么风声?”

“那倒没有,臣只是日夜为皇上悬心罢了。今天不惧斧钺之诛说出来,万望皇上留意。”

听了徐达的话,朱元璋很受感动。

他病成这个样子,仍然担心皇上的安全。较之这位老臣的坦荡忠诚,自己的处处设防,时时怀疑,反倒像个戚戚小人。

在梦中,自己与徐达白刃相见,徐达的当面质问谴责,似乎都来自自己的多疑。

于是,他不动声色地说道:“朕知道你的苦心。你自己好自珍重吧。”说罢,掀帘而去。

朱元璋从此不再化装私访，对徐达的监视，也放松了许多。

心病只有心药医。朱元璋的私访，没看出有什么恶意。徐达立刻放下心来，病情随之减轻了许多。这一天，他撑着病体上朝，朱元璋关切地说道：

“我见爱卿宅第局促，居住十分不便。我做吴王时住的那座宅院，还在闲着，就赐给你吧。”

徐达连忙跪下说：“陛下，那是龙潜之地，微臣何敢僭越？万万不可！”

朱元璋觉得徐达态度诚恳，不是作假，也就不再勉强。

这一天，朱元璋在内廷设宴招待几位勋臣，他频频劝酒，气氛出奇地热烈。酒至半酣，朱元璋避席离去，命宦官代为劝酒。

徐达酒量不大，不觉喝得酩酊大醉。侍者把他扶到内宫睡下，并留在那里看顾。

夜半时分，徐达忽然醒来。本想找杯水喝，突然发现自己竟然睡在皇帝寝宫里，惊得一个骨碌爬起来，双膝跪到御榻前，向着空空的御榻告罪：

“微臣贪杯，不知怎么的，竟然睡到了这里——真是罪该万死，罪该万死呀！”

拜罢，急忙站起来，快步跑到院子里，侍立在宫门口寒冷的夜露中，直到天明。

朱元璋听到汇报，感到徐达固守君臣的礼节，忠心未改，心下宽慰了许多。

战功第一的开国元勋遭到猜忌，朝臣们渐渐看出端倪。

有个名叫李仕鲁的直性子大理寺卿，实在看不过去，索性上了一道本章进行劝谏。他极其尖锐地写道：

“今勋旧耆德咸思辞禄去位，如刘基、徐达之见猜，李善长、周德兴之被谤，与当年萧何、韩信之危疑，相去几何哉？”

朱元璋看罢李仕鲁的奏章，十分恼怒。

污蔑皇帝猜忌杀人，这还了得！本想严加惩处，考虑到书生的迂腐憨直，情有可原。

特别是，自己一再宣扬广开言路、诚恳纳谏，如为此开杀戒，有损皇上的尊严，只得忍了下来。

他不仅没有治呆书生的罪，还立即想了个补救措施：册封徐达长女为燕王妃，嫁给四儿子燕王朱棣。妙主意一举两得，既可以封住哓哓众口，又可以暂时稳住徐达。

朱元璋把徐达召到便殿，当面提亲：“朕与卿家，不惟同乡同里，且是布衣之交。朕对爱卿的倚重,非一般人可比。自古君臣交谊深厚的,常常互通婚姻。朕想与卿家结为秦晋之好,不知爱卿意下如何?”

“此乃微臣全家求之不得的荣耀呀,但不知圣上指的是哪个丫头?”

“你十五岁的长女呀。朕的四子,燕王朱棣已经十七岁了,两人的年纪正相当。不知贤卿肯答应吗?”

徐达受宠若惊,急忙跪地叩头:“小女不才,得侍奉四皇子,她的造化不浅,造化不浅!一切但凭皇上定夺。”

“哈哈,那就定下了。他们的年龄已经不小,择个黄道吉日让他们成婚吧。”

“臣遵旨。”

徐达的女儿温柔贤良,嫁过去之后成为王妃。等到朱棣从侄儿手中夺得皇位,她被晋封为仁孝皇后。成为明朝第三代皇帝、明成祖永乐的正宫娘娘。

徐达越是卓然特立,秀出于同侪同僚,便越有与皇帝比肩而立的嫌疑。

福兮祸所依,祸兮福所存。这绝不是福兆。徐达预感到,因福得祸的日子不远了。

长时间的提心吊胆,过度紧张,大大损害了徐达的健康。饮食锐减,头昏目眩,精神一天不如一天。

俗话说:“六腑不和,则郁为痈。”

洪武十七年初春,徐达再次病倒。

先是脊背隐隐作痛,继而红肿一片,中央耸起一个碗口大的巨疮。

不几天,便红肿溃烂,脓血淋漓,疼痛难忍。遍请各处名医,多方诊治,丝毫不见效验。

这一天,朱元璋亲自来到病榻前探视。徐达跪伏在枕头上,老泪纵横。他紧紧握住亲家翁伸过来的一只手,唏嘘喊道:

“陛下,陛下呀!”

朱元璋颇为感动,俯身问道:“爱卿的意思,莫非是要朕紧握山河?”

“正是,正是。”

徐达在卧榻上叩起头来。

朱元璋制止道:“爱卿,好生将息,不要多礼了。”

徐达喘息着说道:“我乃一介武夫,但肯听皇上的话,这些年也读了几本书。现在想了两句,想说给陛下听,不知妥也不妥?”

“爱卿想说什么,就尽管说。说错了,朕也不会降罪的。”

徐达低声念道:“闻说君王銮驾来,一花未谢百花开。”

朱元璋略微沉思,问道:“你的意思,莫非是要朕广用贤才?”

“知臣莫如君!”徐达脸上掠过一丝笑容,“只是,微臣却难为皇上奔走效力了。”

朱元璋劝慰道:“爱卿不要灰心。今年太阴犯将星,正应在你的灾祸上。据星士讲,尚可禳解。我要让郎中上心地为你诊治,并亲自为你祈福攘灾。”

“陛下天覆地载之厚恩,臣及子孙后代,万世不忘!”徐达感动得老泪纵横。

朱元璋回宫后,果然亲自写了献给山川城隍等诸神的祈祷文,派人到各庙宇焚化。祈祷文话不多,却是十分真诚。上面写道:

“曩者,天下有乱,朕命偃兵息民。大将徐达之功居多,今疾弗瘳,朕特告神,愿全生数载,固宁万姓。朕他日当与达同往敬祭,惟神鉴之。”

杀人不眨眼的朱元璋,居然许诺“全生数载”(几年不杀人),并要“与达同往致祭”,心不可谓不诚,许诺不可谓不重。

徐达得知后,望阙膜拜,感激涕零。

对皇帝的一切疑惧和幽怨,一扫而光,心里登时豁亮了许多。

人添精神,病减三分。加上御医的精心治疗,徐达的背痈明显好转。

到了来年元宵节,已经能下床走动,到庭院中兴致勃勃地观看花灯焰火。

听说徐达病情好转,朱元璋一副庆幸的样子。把为徐达看病的御医召来,悄悄问道:

“像魏国公这种病,要忌口吗?”

“恶痈毒疮,最需忌口。不然,好了也会反复。”

“魏国公的病,最忌讳的是什么呢?”

御医不敢隐瞒,径直答道:“启禀陛下,忌食蒸鹅。”

“真的需要禁忌吗?”

“万万大意不得!”

“朕知道了。”

朱元璋叮嘱道,“你可要加意照料,用心医治哟。”

第二天,御医就把皇上的亲切关注告诉了病人。徐达感动异常,眼含热泪说道:

“真想不到,皇上不仅派先生等前来诊治,连忌口等小事,还不忘关照。足见以往……”他想说“以往对皇帝的疑惧,都是庸人自扰。”一想不妥,急忙改口道："足见，皇上对臣下的关爱，胜于同胞手足！"

御医没有接徐达的话茬儿，而是不无忧虑地说道："大人务必把忌口的事，放在心上呀！"

"放心吧，先生。如此要紧的事体，我怎么会忘记呢。"

第四十三章 蒸鹅献上 徐达赴黄泉

到了中午的时候，正要用午膳的时候，家人报告说御前太监刘公公来了。徐达赶紧下地迎接，刘太监劝阻说："国公爷请不要动，奴才是奉着皇上的旨意来给国公爷送午饭的。"说着就把手中的食盒递了过去。

徐达把食盒接了过来，打开一看，顿时傻眼了。食盒里面赫然躺着一只油光发亮的蒸鹅，香气四溢。待了片刻，他赶紧叩头谢恩说："臣多谢皇上恩赐。"

"国公爷，吃了吧。"刘太监催促。

"当着公公的面多有不雅，"徐达敷衍着搪塞，"万岁赐食荣耀无比，少时自会吃下。"

"国公爷，万岁是要奴才看着国公爷吃下食物才能离开。"刘太监再次督促，"请用吧。"

徐达明白，这是朱元璋要他的命。俗话说君要臣死臣不能不死。他用手抓起蒸鹅，就往口中送。

徐达的家小看见上前来夺说："老爷，你不能这样，吃了就没命啦！"

"你们哪，怎么全都犯糊涂。"徐达也顾不了许多了，当着刘太监的面，对他的家小说，"这已是皇恩浩荡了，我这样病死，这魏国公的爵位还可以世袭，你们还可以坐享荣华富贵。"

"老爷，皇上不该这样待你，你为大明江山立下无数汗马功劳。"

"傻话，"徐达教训家小，"韩国公的功劳小吗？可他不是七十多口全都问斩了。皇上对我徐达是宽宥的，假如我在战场上战死不也一样吗？不要多想了，只能叩谢皇恩，我不在了，皇上才会放心，至少我徐达不会对大明江山构成威胁了。"

刘太监有些不耐烦了说："国公爷，吃了吧，咱家还等着回宫复旨呢。"

徐达开口便吃，少时已吃下半只说："刘公公，下官实在是吃不下了。"

"好了，咱家看也可以了，半只不算少了。"刘太监走了。

朱元璋听了刘太监的禀奏，脸上现出轻微的笑意说："徐达还算识相，他也就占了不少便宜。"

三天后，徐达背痈破裂而亡。

两名居有首功的文臣武将，李善长和徐达，已全都身死，明太祖的心安定了许多。

当日，御史余敏又来进宫求见说："万岁，臣有要事启奏。"

"有何本章奏来。"

"万岁，胡惟庸一案，牵涉官员甚多，且都位高权重，臣难以结案，特奏请万岁定夺。"

"说吧，都涉及何人？"

"万岁请龙目御览。"余敏递上一份名单。

朱元璋接过从头看下：吉安侯陆仲亨，延安侯唐胜宗，平凉侯费聚，河南侯陆聚，南雄侯赵庸，荥阳侯郑遇春……一长串名单，开列的全是侯爷和大将，其中大多是跟随明太祖打天下的淮西人，尽皆战功显赫，勇猛异常。这些人，朱元璋可说是熟悉得了如指掌。他想，就这些战将，随便哪一个，都足以让朱允炆的宝座不稳！

他似乎漫不经心随意地动问说："你名单上开列的人，说他们是胡党，都有确凿的罪证吗？"

"铁证如山。"

"既是罪行属实，不管他曾立有多大军功，谋逆者一律斩杀。"朱元璋信口说来，"杀吧，但不涉及家族。"

就这样，二十多名握有免死金书铁券的侯爷，在法场上人头落地。至此，历时十载，胡惟庸一案才算了结。株连被杀者共达三万余人。

借着胡惟庸案，朱元璋为保皇太孙基业安稳，几乎把开国功臣诛杀殆尽。

边关接连发来急报，北元主率十万铁骑，不断侵扰犯边。边境的二十多座城镇受到铁蹄的践踏，居民死伤过万，妇女被虏上千，牲畜被抢两万多头。而且北元的抢掠还在向纵深推进。

朱元璋紧皱眉头，他并没有把北元放在眼里，觉得他们已是手下败军不足为虑，只要出兵，他们就会狼奔豕突。只是派何人为大将军，这事让朱元璋大费思量。开国武将已被他诛杀殆尽，如今可以统领兵马的武将还有三人。一个是颍国公傅友德，一个是宋国公冯胜，还有一个是信国公汤和。这三人里，汤和业已告老还乡，朱元璋很满意汤和主动交出军权，也不想再重新启用。而傅友德和冯胜二人，全都建有殊勋，兵权过重，功劳过大，只怕日后难以驾驭，而皇太孙就更难对这二人统率指挥了。怎么办，朱元璋脑子里跳出一个人影，他便是左副将军蓝玉。对呀，此人可用，蓝玉是常遇春的妻弟，多年从常遇春征战屡立战功，他又是已故皇太子朱标太子妃的舅爷，和皇家几层亲缘关系，总比傅、冯二人近得多。从现在就培养他作为皇太孙登基后的柱石之臣，让他广立军功，握有兵权，建树他的威望，以保皇太孙皇位稳固，大明朝万古长存。

朱元璋打定主意，宣蓝玉上殿，降旨道："蓝将军，北元犯边，战火燃起，朕委你为征虏大将军，统率十五万军马，刻日出兵，务将北元骑匪击溃。"

蓝玉得以独立统领大军，精神为之一振："臣遵旨，谢万岁！"

"蓝玉，朕对你期许甚高，此番一定要将北元的实力打掉，使其近年内不再对我边疆构成威胁，不要只是赶走了事。"

"万岁心思末将尽知，定当不负圣望，早传捷报。"

"好，愿你后来居上，超过徐达、常遇春的智谋和勇猛，"朱元璋特别透露，"但愿以后大明朝的武将，你就是首屈一指了。"

蓝玉大军的出征，没有声势浩大的仪式，也没有向边关发出边报。他把大军分成十数个小股，是暗中偷偷向北进发。待到北部边境会合时，边关还不知十五万大军已到。更不要说北元了，他们还蒙在鼓里。当时，北元正对明朝三个边疆重镇进行侵扰。蓝玉的副将问说："大将军，你我是兵分两路，还是分三路制敌。"

蓝玉早已胸有成竹说："我们决不分兵，而是集中兵力，给北元军队以毁灭性的打击。"

副将不解地又问说："那我们打他哪一路？"

"我们哪一路也不打，"蓝玉言道，"三路都打便要分兵，形不成拳头没有优势兵力，便打不疼他。若打其一路，另两路则必然逃窜。他们遁人大漠，我们难以再捕捉战机，便又要重蹈以往对元作战的覆辙。我大军一走，他们便重来骚扰，使我军有力用不上。"

"那该怎么办？"副将说，"这也不行，那也不行。"

"我们要深入大漠，埋伏起来。在他返回的路上，打他个措手不及，这样方能将其主力击溃。"

"大将军，那我们就眼睁睁看着三个边境城镇被北元的铁蹄蹂躏。百姓被烧杀抢掠，我们不是失职吗？"

"暂时的损失，是为了长远的胜利。"蓝玉分析说，"我军秘密到达，北元尚蒙在鼓中，十五万大军的伏击，对他们便是致命的打击。再者，北元军抢掠归来，就背上了包袱，于我军更为有利。"

“埋伏久等,可是个苦差事。”

“战争就是流血流汗,这点苦算得什么。”蓝玉传令,“大军准备好三天的干粮和饮水,向大漠纵深全速前进。”

明朝大军神不知鬼不觉的,在北元返回的路上设下了重重埋伏。半天过去了,没有敌人的任何动静。战士们在酷热中煎熬,身下的沙子如火一样烫人。

副将有些沉不住气了说:“大将军,假如北元军返回时不走这条路,我们不是白受罪了?”

“这是他们返回老巢的必经之路,要耐心等待。”蓝玉也担心北元主万一绕道改走他途。

路上传来了人的说话声,和车马的行进声,是一队人马过来了。蓝玉传令说:“噤声,不要暴露。”

沙漠中间的路上,由北向南行进着一支马队。但这是一股人数不多的队伍,大约一百多人,其中一辆毡车格外醒目。那毡车装饰华丽,车下前后左右还跟着几个宫女装束的人。

副将悄声对蓝玉说:“大将军,这是往我朝方向去的,也不是北元的大军,我们白高兴了。”

“此言差矣。”蓝玉持有不同观点,“有马队经过,说明我们的埋伏成功,没有被敌人发现。那辆毡车内,极有可能是元主的妃子。她们这是迎接大军的凯旋,放心吧,用不了一个时辰,元军就会进入我们的伏击圈。”

半个时辰之后,路上车马喧嚣声嘈杂震耳,人的说话交谈声也肆无忌惮。元军的大队人马沿着沙漠中的道路缓缓行来,其中夹杂着大批牛羊牲畜。元主脱古思帖木儿乘坐在金鞍白马上,对身边的两个儿子说:“朕这次出征,收获最丰,这牛羊怕是有十万多头吧。”太子天保奴应道:“父皇,何止十万要多。这次可说是大获全胜,光是马就抢来几万。”

“我们可以再武装一支骑兵,”二太子地保奴接话,“这次我们还得到了三千多辆大车,以后打仗运送辎重粮草全都不愁了。”

“是啊。”脱古思帖木儿憧憬着未来,“朕看明朝的朱元璋也不过如此,他们的猛将徐达、常遇春全都死了,功臣猛将也让他给杀光了,用不了一年,我们就可以杀回大都了。”

两位太子也都跃跃欲试说:“但愿这一天早些到来,我们也好重新过上在金碧辉煌宫殿中的好日子。”

“嗵嗵嗵!”接连不断的炮声响起,元军的队伍登时乱作一团。元主勉强勒住受惊的坐骑说："要镇静，这是为何，是不是我们的炮走火了？"

"杀呀！"蓝玉一声令下，十五万伏兵尽起，像潮水一样冲向乱马营花的元军大队。

元军猝不及防，怎禁得十五万铁甲军的冲击，毫无还手之力，任凭明军恣意砍杀。一瞬间，人头滚滚，牛羊乱窜，车翻马仰，元军转眼间死伤过半。

脱古思帖木儿在两个儿子和亲信的保护下，拼命杀出了包围。可是，明军还有第二道包围圈。他们这一万精兵依然被死死咬住。蓝玉身先士卒，与元军主力展开厮杀，把元主的精锐斩杀过半。元主身边还有大约三千人马，他见毡车尚在包围圈中，高声吩咐说："地保奴，带人马保护你的母后，不要管我。"

地保奴带走一千人马，只剩两千多人马保护元主。天保奴对元主说："父皇，明军人马众多，我们不是对手，也顾不了母后了，还是尽力逃命吧。"

"好，皇儿，你命我们的铁军猛冲。"元主被他的马军裹在中间，成一团往外滚动。

明军把元军缠住了，不给他们半分机会，元主根本就脱不了身。

看到这样的情景，太子天保奴命令两名马军和他们父子俩换了行头。

突然间狂风大作，把沙尘吹得满天都是。天昏地暗，日色无光。

人和马都睁不开双眼，一片混乱。

元人早就习惯了风沙，因此元主和太子就趁乱带着几十个骑兵逃脱了，而剩下的一万五千元军以及所有的战利品都归明军所获。

蓝玉看到假扮成元主的士兵立刻上前把他擒住，一问才知是兵士假扮的。本来想着把元主拿下，就立下了不世之功勋，怎料到了最后之际却让他逃脱了。

蓝玉不甘心，就命令一支万人的精骑，向北面穷追。一直追到了海边，也没有发现元主的踪迹。副将道："大将军，这次是我们与元军交战的最大胜利，想那元虏也不可能再崛起了。"

蓝玉看了看周围漫天的黄沙，点了点头，他自己也认为，这是一场空前的大捷，当年的徐达也没有过这样大的胜利。

这场战争向世人证明了，他已经把徐达、常遇春等人抛到了身后，成为了大明朝的第一武将了！

第四十四章 美女入帐 护送会帝都

在一望无际的沙场上，落日显得更加的耀眼，把这片沙场映得一片血红。激战后的战场，地面上一片狼藉，到处都是尸体以及无辜伤残的百姓，还有被殃及躺在地上的战马以及牛羊，难以逃脱血腥之地的猪和鸡在四处乱窜，真个是乱糟糟血淋淋。蓝玉手里握着宝剑，看到这一切，心中升起了一股自豪感。

副将跑来报告说："大将军，下边路上那辆毡车旁，有一个骑马的汉子，声称非要见你。"

"什么人？这么大的架子。"蓝玉乘马驰下沙冈，到了毡车旁，果见一个年轻人，守护着毡车寸步不离。他轻蔑地发问，"你是何人？"

"我是大元国二太子地保奴。"

蓝玉听后精神为之一振，自己正为没有俘获北元的主要头目而懊恼，想不到就有二太子送上门来说："你当真是？"

"这还会有假，"地保奴看看附近，没有元军战俘，便向毡车内一指，"不信，你可以问她们。"

"她们是谁？"

"我的母后大妃，还有父皇的侧妃。"

"当真！"蓝玉已是兴奋异常。

"不信你看哪。"

蓝玉上前，用宝剑挑开毡车的锦帘，里面果然是两个蒙古装束的女人。年长的虽说四旬开外已是徐娘半老，但仍不失雍容华贵风韵犹存。年轻的也就是二十左右，端的是少有的蒙古美人，周身上下透出一股野性的美。

侧妃见蓝玉目不转睛地注视自己，明白是为她的妩媚所心动，便向蓝玉飞去了一个媚眼。就这一眼，蓝玉的身子登时酥了半边。

副将又跑过来报告说："大将军，战场打扫完毕，所有数字都有了。"

蓝玉不得不放下车帘说："讲。"

副将从头禀报说："此战共俘获北元二太子地保奴，北元主正妃、侧妃，还有公主等国戚一百二十三人。官员家属三千余人，男女平民七万七千余口。马四万七千匹，骆驼四千八百头，牛、羊十万两千四百五十头，大车三千余辆。”“好！太好了，这真是空前的胜利。”蓝玉兴奋地吩咐，“先具快报向皇上报捷，让万岁先高兴高兴。”

“遵令。”

“慢，”蓝玉迟疑一下，“捷报中删掉侧妃的名字。”

“这，”副将提醒道，“大将军，万岁知道，这是欺君之罪呀。”

“就说这个侧妃她死在了战场上。”

“大将军，没有不透风的墙。这样大的胜利，为一个女人打折扣，可是太不值得了。”

“我问你，咱二人谁听谁的？”

“末将自然是大将军属下，要听大将军管辖。”

“那你就这样报！”

副将不情愿但又无奈地说：“遵令。”

蓝玉又传令将大妃和二太子押往另一辆大车上，独将侧妃留在毡车，之后，下令班师返回。暮色苍茫时，队伍路经一处较大的村寨。蓝玉想了想传令说：“全军原地休息。”

副将见状提议：“大将军，天色就要黑了，此地离喜峰口关隘还有一段路程，若是休息，怕是闭关前不能到达。”

“那便如何？”

“大军不能过关，该如何过夜？”

“本大将军自有道理，”蓝玉不更改命令，“原地休息。”

“这！”副将摇头叹息。

蓝玉找了一处大户人家，将侧妃带进房中。军士们看见，无不议论纷纷说：“怪不得让我们休息，原来是大将军等不及了，要和蒙古娘们儿办事。”

“皇上不是严令，不得私纳战俘女人，违者军法从事。”

“哎，人家不是大将军吗？这不是咱们该管的事，少瞎议论。”

副将迟疑了一会儿，还是到了蓝玉窗前说：“大将军。”

蓝玉已是脱了衣服，极为反感地问说：“又有何事？”

“您私纳元妃，兵士俱已看见，万一为皇上知晓，就是犯了杀头之罪，”副将提醒道，“请大将军三思。”

“你这人也太啰嗦了，”蓝玉一语双关，也是在警告副将，“本大将军看哪个不想活的敢向皇上报告，他的全家都别想活。”

副将不敢再吱声了，默默离开。

室内，侧妃对蓝玉欲擒故纵："大将军，妾身已是残花败柳，不值得你堂堂大将军为我担着杀头的风险。"

"别听那些闲言碎语，大将军我与皇上是至亲，那些规矩都是给别人立的。"他已是急不可耐，将侧妃压在了身下。

侧妃明白今后这就是自己的靠山，想要过上好日子，就要让蓝玉真心喜欢自己。于是，她使出浑身解数。蓝玉从未同蒙古女人有过床笫之欢，何况这个侧妃又是元主的宠物，直令蓝玉死去活来。两个人颠鸾倒凤，足有半个更次。

副将看看天上的星星已经出齐，还是忍不住了，到窗下提醒说："大将军，再不走怕是真的进不了关了。"

"好好，就走。"蓝玉也觉得时间不短了，真要闭关还真是麻烦，"通知队伍，立刻出发。"

大军足有二十多万人，再加上车辆牲畜，行进十分缓慢。待到了喜峰口，天已二更时分，关城早已闭锁。

副将自言自语，但也是给蓝玉话听说："看看，闭关了，今夜怕是只能在这口外露营了。"

蓝玉不满地白他一眼说："上去叫关。"

"这合适吗？"副将感到为难。

"让你叫就去叫，难道不听我的军令？"

"遵令，"副将上前高声喊道，"关上听了，征虏大将军得胜还朝，快请开关放行。"

值守关城的哨将不假思索地回道："进关要等明日辰时，这是多年的规矩，夜间是不会重启关门的。"

"放屁！"蓝玉一听就恼了，"我乃是征虏大将军，出生入死为朝廷打了大胜仗，你敢将老子拒之门外。"

"大将军，闭关不得重启，这也是兵部的严令。末将不敢对大将军无礼，但也不能有违兵部军令。"

"混蛋！"蓝玉骂道，"你再敢迟延，看老子如何打进你这喜峰口。"

哨将有些不知所以说："大将军息怒，容末将这就到统领府禀报，请示统领是否开关放行。"

"本大将军命令你立刻开关，如再敢怠慢片刻，就杀进城去。"蓝玉已是气满胸膛。

哨将知道这个来主儿不好惹，一路奔跑着向统领禀报去了。蓝玉下了通牒之后，仍不见有人开城，便焦躁起来。副将却在一旁自言自语说：“算了，将就一晚吧，统领闻报也不会开关，谁敢破朝廷的规矩。”

蓝玉心头的火苗，被副将的话火上浇油，腾地一下蹿起来说：“副将，竖起云梯，攻城夺关。”

副将站立不动说：“这哪有自己人打自己人的道理？”

“你敢违抗我的军令？”蓝玉眼睛瞪圆。

“末将不敢。”副将领兵立起四架云梯，轻而易举地爬上城头，守城军士哪敢抵抗，早已吓得溜到了一旁。副将登城后下去打开了城门，蓝玉带大队人马昂然入城，载着侧妃的毡车紧随在他的身后。

统领闻讯与哨将匆匆跑来，迎面撞见蓝玉，慌忙跪倒马前说：“大将军，末将赶来开关，已是迟慢，向大将军请罪。”

“前来开关，显然是假话。”蓝玉用鞭梢指点着统领，“你该不会向兵部给我打小报告吧。”

“末将不敢。”统领诚恳地，“哨将怠慢了大将军，还望大将军不见小人怪，宽恕了他。”

哨将也已跪在一边说：“大将军，小人知错了。”

蓝玉胸中的怒火要发泄出来说：“我把你个小小哨将，竟敢对本大将军无礼！想我在沙漠中血战，为朝廷立下赫赫军功，便是万岁也要对我褒奖，你简直就是不识抬举的狗东西！”

“末将情愿受罚。”哨将战战兢兢。

“本大将军赏你几皮鞭，让你长点记性。”蓝玉抡圆皮鞭，啪啪啪啪，接连抽了十几下。

哨将的脸上隆起无数道血杠子，也不敢躲闪，眼中噙满泪花。蓝玉的大军人马众多，牲畜成群，行进相对缓慢，待他到达京城，喜峰口的奏本早已先期到达。对于这场战事的大胜全胜，朱元璋喜出望外，亲自出城迎接。他执着蓝玉的手，满面春风说：“朕的大将军，你好比汉之卫青唐之李靖，朕心甚慰。”

“末将全仗万岁龙威，将士用命。”蓝玉也觉出人头地，“此后只要万岁驱使，臣定当尽力报效。马革裹尸，血洒疆场。”“朕还要你辅佐皇太孙呢。”朱元璋看看身旁的朱允炆，“朕百年之后，他就要靠你了。”

“臣敢不拼死效命。”

“大将军好自为之。”朱元璋突然问，“喜峰口你是如何过的？”

蓝玉怔了一下，心说这是他们守将奏本了，急忙当街跪下说：“万岁，臣有罪,不该夺关而入。”

“哎,快快平身。”朱元璋搀起他,“大战返回,还朝心切,统领怠慢,朕定训斥。不过,无论功劳多大,朝廷的法度不可废,以后再也不可率性而为。”

“万岁,臣再也不敢。”

“好,上殿吧,朕要对你重重封赏。”进殿之后,朱元璋降旨,“大将军蓝玉平灭北元,功劳巨大,加封为梁国公,岁禄四千石。”

尚未说完话,刘太监送上一个奏折,从颜色上他立即分出这是锦衣卫指挥蒋献报来的,立即翻开阅看。看过之后,眉头皱起,脸色也阴沉下来,声音严厉说:“蓝玉,你可知罪?”

蓝玉当即跪倒,他不知是何人奏他何事说:“臣蒙昧无知,请万岁明责。”

“朕问你,北元主侧妃何在?”

“这,臣在路上把她送回府中。”

“你可知这是何罪?”

蓝玉嗫嚅地说:“臣死罪。”

“你呀,便有大功,也不该如此放荡,国家早有律法,私纳被俘妇人斩无赦。何况你还将元主之妃私下里纳为己有,如若兵将全如你而为,这国家法度何在,此后还能再打胜仗吗?你呀,真是令朕失望。”

蓝玉心想,这是哪个快嘴的将此事捅到皇上这儿了。私纳侧妃一事全军尽知,他也猜不出是何人告御状,只能是承认过错说:“臣一时把握不住,受了她的诱惑,甘愿领罪。”

朱元璋想了一下,道:“朕念你是初犯,而且立下了大功,就不给你重罚了,但所封之梁国公要改名为凉国公,以警示你以后不要头脑发热。”

“臣谢万岁隆恩。”蓝玉退下之后,发现自己的全身都已经被汗给浸湿了。

很快国公府就建成了,蓝玉已经成为了大明朝的第一武将,朝野上下早就传遍了皇上对他的宠爱,因此有不少人前来投靠蓝玉想要谋求一个好的前程。光是义子,蓝玉就收了几百号人。这些人都是一些趋炎附势之徒,总是变着法儿讨蓝玉的欢心,难免就生出事来。

第四十五章　蓝玉受挫　府内生二心

一天，蓝玉外出狩猎，看到一头野猪钻到了丛林，于是就追了过去。手下的随从也从四周赶来准备把猎物包围住，于是把一个名叫王利的农户的庄稼都踩得一塌糊涂。

王利见一群人跑到自己的田里，把自己好不容易种下的庄稼都踩烂了，于是追到田里说："你们都给我出来！我的庄稼啊，我的小苗啊。"

蓝玉根本不予理睬，照常追赶野猪。蓝府管家兜马回来说："你穷咋呼什么？国公爷打猎，你给惊走猎物，你赔得起吗？"

王利已是涕泗滂沱说："大爷们，我们全家一年的口粮就指着这茬庄稼，高抬贵手别再踩了。"

管家眼睛一瞪说："看你那熊样，这地本来就是国公府的，你还想赖去不成，做梦去吧。"

"啊！"王利一听蒙了，"这地祖传就是我杜家所有，怎么成了国公府的，这不是讹人吗？"

"你说讹就讹了。"管家一切全不在乎，"反正从今天起，这地就归国公府了，我们打猎你也别再干涉。"

王利急了，他不顾一切地冲上去，把管家从马上扯下来说："你们比土匪还要霸道，我家的地，不许你们胡来，给我滚出去！"他用尽力气，推搡着管家。

蓝府家丁一见管家被薅下马，立时围上七八个，对着王利便拳打脚踢。管家更是边打边喊说："教训教训这个野种，他是吃了豹子胆了，敢对国公府的人出手。"

有管家撑腰，家丁们更是打得卖力了。也不过片刻之间，王利便躺倒在地，已是满脸开花鼻青脸肿。他挣扎着爬回家，在村里借辆驴车，老父和妻子拉着他，进京城告状去了。

听说是状告凉国公，各衙门全都不予受理。唯有在御史衙门，御史张克义愤填膺说："这还有没有王法？凭空霸占百姓的田地，凉国公怎么了，他也得遵守国家的法律，我为你做主。"

王利全家千恩万谢说:“青天大老爷,真是包公再世啊!”

张御史发下火票,传蓝府管家到堂听审。可是去了三拨差役,全被蓝府的门子给挡回来。

张克火了说:“本御史亲自去传他到堂,看他还敢不来。”

蓝府大门建有九级台阶,两只石狮像是活物张牙舞爪。张克登上台阶,开口问道:“门上哪个管事?”

大概看他身穿官服,门子显得客气一些说:“是我当值,你有何事?”

“贵府管家强占村民王利的农田,还把人给打伤了。王利在御史衙门把他告下了,让管家到御史大堂听审。”

“什么,传我国公府的管家到你的大堂上听审?这简直是天大的笑话,你该不是有病烧得说梦话吧?”

“本御史这是公事,不得视为笑谈。”张克极其严肃,“速去通报管家,要他即刻到堂。”

双方还在对话,蓝玉带着猎获的战果返回了国公府。门子上前拦住管家说:“有人把你给告了,御史衙门来拘传你了。”

管家一听觉得好笑说:“来拘传我?”

张克近前郑重言道:“请随我到御史大堂回话。”

管家笑问蓝玉说:“国公爷,咱去吗?”

“哪来的糊涂官,到咱国公府来刮旋风?赶走他!”蓝玉自顾往里走。

张克跟进一步说:“国公爷,国法严明,你们不该强占民田,更不该打人致伤,这是犯了国法。”

“小小御史还来教训我?”蓝玉恼在心头,吩咐管家,“把他打下台阶。”

主人有话,管家和家丁一拥上前,把张克打了个连滚带爬,摔下了台阶,躺在地上动转困难。张克用手背拭一下嘴角的鲜血说:“凉国公蓝玉,你等着,殴打朝廷命官,我上本告你。”

“随你的便。”蓝玉扔下这句话,便径自进了府门。

状告蓝玉的本章摆在了朱元璋的案头,使得明太祖气得脸色煞白。心说这蓝玉也太过分了,竟然置国法于不顾,这岂不是将朕不放在眼中?非得狠狠惩治他一下不可,但一时又想不好如何处置他。便又顺手捡起别的奏折,打开来一看,是西番发生叛乱,当地官府两次征讨均告失败,因而向朝廷告急。朱元璋心想,眼下用人之际,这平叛之事还得交给蓝玉,对他的惩治便留待以后了。皇帝下诏,令蓝玉带十万大军,前往大渡河消灭叛军。

蓝玉奉旨率军出发,在岩平与西番土酋刺惹的人马接阵。番人之勇,不过是乌合之众，哪里见过大明的精锐铁骑。不过几个回合，便被打得一败涂地。蓝玉攻占岩平后，又一鼓作气拿下杂道，直至攻破刺惹的老巢散毛峒，将番酋并一万多部众生擒。按照朱元璋的想法，设置了大水田千户所，使这个地区置于大明的牢牢控制之下。

这里的叛乱刚刚平息，施南、忠建一带苗人又起骚乱。而且气势很大，聚众达数万人已经攻陷一处县城，业已危及州府。明太祖传旨，蓝玉统领所部兵马，即往施南荡平苗人之乱。蓝玉大军马不停蹄，迅即到达，不出一月，叛乱便被剿平。朱元璋心中暗喜，这蓝玉确实是有用的大将，大明朝眼下还真少不了他。哪里还想惩治，对这赫赫军功大加表彰。赏蓝玉黄金万两，增其岁禄一千石。

在这期间，参奏蓝玉的本章不断。主要是说他畜养家奴上千，收领假子数百，这些人倚仗蓝玉的权势为非作歹，抢男霸女，欺压良善。对这些，朱元璋只是付之一笑也不深究。但是对于参奏他不经皇上和兵部擅自升降属下的军官，在军内广置亲信，朱元璋却是认为此事不可小视。他打算在适当时机，要对蓝玉告诫一番。可是没等朱元璋找到合适的时机，西北又发生了叛乱。蓝玉受命赶赴西北，经过激战平定了罕东。还没等喘口气，西南四川又发生了兵变。蓝玉大军马不停蹄驰赴四川，历时一月，平息了川蜀之乱。于洪武二十五年年底，才风尘仆仆地回到南京。

蓝玉满以为明太祖还会像剿灭北元时那样，亲自出城迎接他凯旋。但是令他大为意外的是，城门外冷冷清清，莫说是皇上，就连大臣们的欢迎场面也不见。其实，这是朱元璋有意要煞一煞蓝玉的骄狂气焰。

蓝玉带着一肚子气上殿，跪拜之后说："万岁，臣将所有叛乱一举荡平，现在向万岁交旨。"

"将军平身。"朱元璋脸上看不出喜气，"蓝将军此行，又建殊勋，朕心甚慰，应予褒奖。"

"臣此次平叛，全赖万岁洪福，且万岁奖赏甚多，不敢再有奢望。"蓝玉心说，这回该给我更大的奖赏了。

朱元璋想了想说："蓝将军已得封国公，岁禄也已最高，朕也想不出更好的奖赏之道。这样吧，日后皇太孙要登大宝，还要靠蓝将军等重臣辅佐。朕册封将军为太子傅。"

蓝玉以为自己听错了说："万岁，臣不是太子师吗？"

朱元璋脸色难看了说："朕说得清清楚楚，将军为太子傅。"

"万岁，宋国公傅友德，颍国公冯胜，二人俱为太子师，臣想总不能在他二人之下。"

"蓝玉,这封爵还有自己要的吗?"朱元璋沉下脸来,"给你什么爵位,朕自有道理。"

蓝玉偏偏不识趣,他倒和皇上理论起来说:"万岁,论军功臣远远大过他二人,臣在他二人下面,实在不甘心。"

朱元璋当众责怪道:"蓝玉,你也太自不量力了。"

"万岁之言差矣,想那傅友德、冯胜俱年事已高,臣毕竟比他二人年轻,皇太孙坐天下,日后还要靠微臣保驾。他们两个人,皇太孙只怕是指不上。"

朱元璋真的恼了说:"终不然我朱家的大明江山,没有你蓝玉,就要倒台不成,你也太高看自己了。"

蓝玉这才觉出皇上已是震怒,一时语塞,无话可说。

朱元璋可是怒气不息说:"朕倒要看看,没有你蓝大将军,朕的江山还能不能存在。"

蓝玉慌了,磕头如捣蒜说:"万岁,是臣失言,是臣过于狂妄了。臣罪该万死,恳请万岁责罚。"朱元璋哼了一声说:"散朝。"拂袖自顾离去。

蓝玉被晾在了殿上,半晌还在痴痴地呆跪。

刘太监过来提醒说:"凉国公,散朝了,回家吧。"

"公公,我适才的话,是否过火了?"蓝玉又问,"据您看,皇上他是否动怒了?"

"你问谁,谁知道,也许天知道。"刘太监抛下一句让人更为不安的话,"是福是祸,你自己琢磨去吧。"

朱元璋回到后宫,看见燕王朱棣跟来便斜了朱棣一眼说:"你尾随朕躬,是想给蓝玉说坏话。"

"父皇一眼便把儿臣心思看透了,有句话在儿臣心中多年,只是没敢向父皇言明,儿臣觉得现在该挑明了。"

"说吧,不用绕圈子。"

"太子在时,蓝玉曾对太子说,儿臣在封地有异志。还说他请人看过,燕地有王气,要太子及早对儿臣下手。"朱棣斟酌着词句,"父皇,看今日蓝玉的嚣张气焰,好像我大明朝没他不行。这样的人,只有父皇可以震慑。父皇百年之后,皇太孙哪里是他的对手。现在他已是总领全军,时间越久,尾大不掉,为祸不小,望父皇早做决断。"

"就这些?"朱元璋没有任何态度。

"儿臣的话应说尽说了。"

朱元璋突然问了一句说："没有了蓝玉，何人能制衡你们这些藩王？"

朱棣机敏地回答说："父皇，儿臣和皇太孙毕竟是叔侄，您还有何不放心呢？"

朱元璋沉吟少许说："你可以走了。"

朱棣恭敬地撤身而退，以他对朱元璋的了解，自己的话在父皇心中至少起了一半的作用。

凉国公府内，此刻是一片乌烟瘴气，蓝玉的亲信几乎不约而同集聚在此。人们无不在批评蓝玉的失策，景川侯曹震说来还是气得周身发抖说："你怎么就蠢得像猪一样，跟皇上也敢讨价还价。"

鹤庆侯张翼不住地叹气说："你呀国公爷，多少年的汗马功劳，顷刻间化为乌有，这是多么不值得。"

东莞伯何荣想得更深一层说："事情已经发生，埋怨业已无济于事，国公爷功劳无人可比，皇上也许不会对大将军下手。"

"哎呀，你们简直是不可理喻。"蓝玉发烦了，"当今皇上是何等人你们还不知，若论功劳，李善长不可谓之不大，但他还不是被照常灭族。现在要讨论的不是皇上会不会下手的问题，而是我们如何抢在前面先下手为强的问题。"

"是啊，是啊。"曹震模棱两可地，"皇上的心狠尽人皆知。可如今统兵大将可靠者仅大将军一人，他就不想想日后有人造反，谁去为他平叛吗？"

张翼也还心存幻想说："但愿万岁念及大将军的功劳，还有和皇太孙的至亲关系，不会对国公爷的话认真。"

"你们哪，怎么就不明白我的心思？"蓝玉交出心底话，"你们以为我是犯傻呀？我这是公开犯上啊。"

"怎么，大将军是故意的？"众人大惑不解。

"朱元璋的为人，我早已看明白，他是个拉完磨就杀驴的手。心狠手黑，而且是斩草除根。"蓝玉已毫不掩饰了，"胡惟庸、李善长的下场，徐达的下场，都足以说明，当他不需要你时，随便编个理由便叫你死。而今我的功劳够大了，总领全国的兵马，对他对皇太孙全都构成了威胁。因此无论你如何小心翼翼，他都要把你除去而后快，因为他不能容忍任何人对他和他的江山存在威胁。"

"那国公爷这不是寻求速死吗？"曹震问。

"差矣，"蓝玉详加论述，"而今皇上已是疾病缠身，皇太孙年少尚不更事，天下兵马是我总领，一切对我有利。此时若不动手，等到朱元璋逐步收去我的兵权,就悔之晚矣。"

张翼有些吃惊说:"怎么,国公爷想要万岁的命?"

"是形势所迫,不得不如此。"

"事情真的到了这种地步?"何荣还心存侥幸,"万一是我们自乱阵脚,皇上本无此念,不是逼皇上对我们开杀戒吗?"

"哎呀,诸位,朱元璋要杀我之心早已有之。"蓝玉再次吐露心曲,"胡惟庸案时,我的亲家靖宁侯叶升被牵连到案中,获罪丢命。他在受审时,就曾将我攀咬,当时朱元璋在是否杀我一事上颇费思量。后来他想到我还有利用价值,便暂时没有杀我性命。这杀我是迟早的事,现在已经有了信号。要杀我,还得编出那个冠冕堂皇的理由,这便是谋反。你们想想,我一个人能够谋反吗,必然像胡惟庸一样,也要有个集团。那么,你们这些平素与我交往过密的人,哪一个能逃脱蓝党之名?其下场还不是夷三族,在法场上老少妇幼几十颗人头落地?那是多么凄惨的场景,难道你们就愿意坐等这场面的到来?"

这一番话,说得在场者无不心惊肉跳。蓝玉的话可谓头头是道,而且都是众人熟知的事情,都不觉摸摸自己的脑袋,看看是否还长在脖子上。

蓝玉催问一句:"怎么样,不是我吓唬你们,这是明摆着的。也许我们先下手为强,方可保身家性命。"

曹震先表态了说:"国公爷,你干脆说,该怎么办?"

"我们听你的。"张翼也同意了。

蓝玉也不顾其他人是否还在犹豫,便深入下去说:"既然大家都明白了道理,我便说具体的部署。我决定在二月十五日动手,干掉朱元璋。"

"为何选在此日?"何荣问。

"绝对可靠的消息,二月十五日那天,朱元璋要去外出劝农,上午他要出正阳门,这是个绝佳的好时机。正阳门的守将府军前卫李成是李善长的远亲,早已同我歃血为盟,他杀死朱元璋是易如反掌。为防万一,我与景川侯家再各收拢家将伴当等,总还有几百条好汉。如果届时李成反水或者不敢不忍下手,他们就冲上去,将朱元璋剁为肉酱。我还要来个三保险,再给何荣五千人马,事先将正阳门附近包围起来,万一朱元璋逃脱,他们也可将其碎尸万段。"

众人齐声称赞说:"这的确万无一失,谅他朱元璋是难以活命了。"

蓝玉计算一下日期说:"今日是二月初七,还有八天时间,各位一定要严守机密,任何人不得回家讲与亲人,哪怕是夜间在被窝里和老婆也不能说。

须防隔墙有耳，朱元璋的锦衣卫是无孔不入的。”

众人应答说：“国公爷放心，这关乎每个人的身家性命，个中利害我等尽知，是不会以生命为儿戏的。”

众人散去后，蓝玉派人将早已等候在别室的李成叫过来说：“李将军，一定是等急了。”

“不敢。”李成恭敬地回话，“国公爷唤末将有何差遣，尽请吩咐。”

“李将军，你我结拜多年，我也曾讲过，有一重大事情要你去办，现在到了用你出力之时了。”

“为国公爷效力，宁愿肝脑涂地。”

“二月十五日上午，你要在正阳门除掉朱元璋。”蓝玉将他的计划告诉一番。

“弑君是灭门的大罪，国公爷相信末将，是对末将的抬举。我一定全力完成，哪怕家小受到连累。”

蓝玉狡黠地一笑说：“为免除李将军的后顾之忧，我已将你的家小接到我的国公府中。”

“多谢国公爷关爱。”李成明白，这是拿他全家四十多口做了人质。

“李将军，”蓝玉不觉脸色严肃了起来，“这件事可不是小事，关乎着几千万人的性命呢，你可不能走漏消息。如果不小心被朱元璋知晓了，那么你们全家将是首先丧命的。你要切记，不要背叛我，我蓝玉死活就在这一回了。”

“国公爷请放心，我怎么能把自己家人的性命当儿戏呢，”李成信誓旦旦，“末将不敢也不会出卖朋友。”

“好吧，就让我们等待二月十五胜利的那一天吧。”蓝玉对胜利充满了期待，也充满了信心。

第四十六章 事情败露 蓝玉受极刑

公元1393年二月初八,早朝一切照旧与往常没有区别,文武百官陆续来到金殿上,明太祖像往常一样端坐于龙椅之上。

凉国公大将军蓝玉,照例站在武臣的前面。今天朱元璋看他的眼神有些不同寻常。

平时早该开口的朱元璋,今日不知怎的就是迟迟不说话,让百官都感到莫名其妙。

大家心中都打着自己的小算盘,不知谁今天要倒霉了。

朱元璋终于开口了,但这句话却像平地惊雷一样震撼了整个金殿说:"把蓝玉给朕拿下。"

武士们似乎早有准备,一窝蜂冲上来十数个,将蓝玉当殿按倒。

蓝玉人高马大,又兼满身武艺,还在竭力挣扎说:"臣身犯何罪,万岁说拿便拿。"

武士们毕竟人多势众,况且又在金殿之上,蓝玉怎敢过分反抗,已被倒剪双臂上了绑绳。

锦衣卫指挥蒋献走上殿来:"蓝玉,你谋害万岁,罪行败露,还有何话说。"

"蒋献,你妄想邀功,而无中生有,说我谋反,有何凭证?"蓝玉高昂起头,表示他的无辜。

蒋献冷笑一声说:"你看看他是谁?"

话音未落,李成已从殿后走出说:"国公爷,说实话吧。都有何人是同党,一一招出,免得皮肉受苦。"

"你!"蓝玉唾了一口,"你还是贪图荣华富贵,把我给出卖了,我怎么瞎了眼,没看清你的本质。"

"蓝玉,你错了,何谈出卖?我本来就是锦衣卫的人!"

"你……"蓝玉又复一惊,"那你为何还同我结拜?"

"这是万岁的杰作,这样才好迷惑你,使你不加防备。"李成语带讽刺的意味,"如果不是结拜,你会把我当成你的自己人吗?"

“哼，我对家人早有交代，一旦我被拘押，他们就会杀了你的全家。”蓝玉咬牙切齿，“你的行为，断送了你全家四十多口人的性命。”

“蓝玉，你又失算了。在你离家上朝的同时，锦衣卫已将李将军家小解救了出来。”蒋献也是讥讽地，“你的家小已被我派人全部看管起来，男女老少六十余口，一个也跑不掉了。”

“你们好狠的心肠。”

“把他押下去，”朱元璋已是没耐性了，“由吏部尚书詹徽会同锦衣卫指挥使蒋献共同审讯，朕坐等结果。”

詹徽和蒋献双双跪倒说：“臣遵旨。”

锦衣卫的大堂摆满了各种刑具，上面沾满了历次用刑后残留的血污。阴森恐怖的气氛，令人不寒而栗。

詹徽一拍惊堂木，厉声问道：“蓝玉，你是如何要谋害万岁？都有谁是同谋？还不从实招来。”

蓝玉犹如未闻。

詹徽吩咐衙役说：“看起来对犯人不动大刑是不会轻易招供的，来呀，把烧红的烙铁让他尝尝。”

衙役走近前，手中举着的烙铁冒着青烟，挨近了蓝玉的脸，只等审官再一发话，就要让蓝玉皮破肉烂。

詹徽威逼说：“蓝玉，再要不招，让你的脸就成为烂柿子。”

“怎么，你还真要下手啊？”蓝玉说话了。

“对你这种人，只能来硬的，”詹徽冷笑着，“本部堂有十数种刑具，你要是铁嘴不招，就让你逐一尝遍。”

蓝玉看看一直不开口的蒋献说：“蒋大人，我愿招。”

蒋献感到突然，道：“好啊，你这是明白人，招了免得皮肉受苦。”

“蒋大人，詹徽便是同党。”

“啊！”詹徽大吃一惊，“公堂之上，你敢胡攀乱咬主审官，看你真是活够了，动刑。”

“慢，”蒋献制止，“詹大人，何必如此气急败坏，且听他说些什么。”

詹徽手哆嗦着说：“蓝玉，你要江洋大盗的伎俩，玩贼咬一口入骨三分的把戏，是痴心妄想！”

蓝玉心中好不悲伤，自己精心策划的夺权计划毁于一旦。

万万没想到朱元璋把锦衣卫安插到自己的鼻子底下，李成出首，通盘全输。

依朱元璋的脾气，抵赖是没用的，倒不如胡乱咬上几个，临死也抓几个垫背的。

他有意叹口气说："詹大人，事到如今，我也就顾不得你了。其实要不是你出了这个主意，也许还不至于落到今天这个下场。"

"你，你胡说，我何时给你出过什么主意?"

"不是你说的，趁我兵权在握，害死皇上，我做皇帝，你当宰相。而今事情败露，是我们的命运不济。"

"你放屁!"詹徽气急了，"衙役们，给他动大刑，狠狠地教训他，让他信口开河!"

"停，"蒋献偏过头，如锥的目光射向詹徽，使人浑身直起鸡皮疙瘩，"詹大人，你想要杀人灭口吗?"

"蒋大人，他这样胡攀乱咬，实在是令人气愤。"

"乱咬，他为何没咬别人?"蒋献反问。

蓝玉得理了说："詹大人，咱们说过富贵同享有祸同当，现如今我是没命了，但愿万岁能够赦免你。"

"蓝玉，我与你往日无冤，近日无仇，你为何死死咬住我不放?"詹徽几近崩溃了，"万岁是个明君，不会相信你的胡说八道。"

"好了，"蒋献虽是副审，但他是锦衣卫，所以作出决策，"今日且先审到此吧，我要向万岁奏闻。"

朱元璋自然要相信蒋献的话，听后立刻作出决定，把蓝玉的同党詹徽打入大牢，蓝玉一案的审理，统由蒋献的锦衣卫全权负责。

二月初九，蒋献便将案卷完成，交与朱元璋御览。

列入蓝党的重要人物有：吏部尚书詹徽，户部侍郎傅友文，开国公常升，景川侯曹震，鹤庆侯张翼，东莞伯何荣，普定侯陈桓，宣宁侯曹泰，会宁侯张温，怀远侯曹兴，西凉侯濮屿，东平侯韩勋，全宁侯孙恪，沈阳侯察罕，徽先伯桑敬，还有统兵都督汤泉、马俊、王诚、许亮、王铭、谢熊、汪信、萧用、杨春、张政、祝哲、陶文等十数员大将。

朱元璋看罢，几乎是眉头也不皱，朱笔一挥，悉数斩杀。

胡惟庸一案，已将大明的开国功臣诛杀殆尽，而这次的蓝玉党案，又将明朝武将中的后起之秀几乎一扫而光，连同低一些级别的将领和这些人家属，总共诛杀一万五千多人。

而蓝玉则更是死得极惨，被五马分尸。

这一次朱元璋对蓝党的处理，可说是闪电般的行动，是快刀斩乱麻。

不像胡惟庸案前后历时十年，而蓝党一案，二月初八案发，到二月初十，前后仅仅三天时间，一万五千人的人头便已落地。

这血腥的屠杀，使得朝中大臣人人自危，很多人上朝前都先将后事安排交代好，无不担心像蓝玉一样，上朝后是否还能回来。

因而很多官员都告病告老，宁肯辞官不做。

蓝玉党案延续过程中，一次朱元璋开列一个名单，大约有几十人，他降旨对御史袁凯说："朕要将这些犯官都处死，你传朕的旨意，让皇太孙复审一下。"

朱允炆接旨后，看了案卷，觉得这些人不过是连环攀咬出来的，蓝玉一案杀人已多，不宜再处死刑，便复文请求皇上减轻处罚。

朱元璋看了皇太孙的复文，看看站在面前的袁凯说："袁大人，朕要处死这批犯官，而皇太孙要求从轻处罚，你是御史，你说说看，朕与皇太孙我们二人谁对。"

"这，"袁凯可就犯难了，一头是皇上，一头是皇太孙——未来的皇上，两边谁也开罪不得。

这个人相当聪明，思虑片刻，有了答词说："陛下法之正，东宫心之慈，皆可也。"

朱元璋听后，觉得这是两面讨好，便斥责道："身为御史，自当据理直言，尔左右逢源，只求自保，如何做得御史！回去好生思考，朕与皇太孙究竟谁对谁错，明日给朕回话。"

袁凯回到家中，越想越觉得两难，他绞尽脑汁也想不出两全其美的回答。

第二天也不敢去上朝，便叫家人报告声称自己疯了。

朱元璋闻报，从内心里不信，认为这是袁凯逃避回话。

便指派了刘太监去他家中观察，只见袁凯披头散发，满脸污秽，手舞足蹈，唱唱咧咧。

刘太监回宫禀报说："万岁爷，袁大人真的疯了。"

"可是你亲眼所见？"

"万岁，千真万确。"刘太监说了所见所闻。

朱元璋想了想说："朕就是不相信他会真疯，蒋献，派两名锦衣卫，把他带进宫来，朕要亲自验看。"

袁凯心说要坏，但既已装疯就得装到底，否则欺君之罪是必死无疑。

他赤着双脚，边走边拍着手，口中不住瞎说乱嚷：天门开，地门开，妖魔鬼怪两边排。王母娘娘蟠桃会,八仙过海驾云来。

朱元璋紧盯着袁凯,足足打量了半刻钟。然后开口了说:“大凡疯人都不知疼痛,锦衣卫取木钻来。”

木钻取到后,朱元璋对着袁凯劝道:“袁大人若是装疯,朕不怪你,认个错也就是了。如果你是真疯,朕要让人用木钻钻你的大腿,这可是痛彻骨髓。何去何从,你可要想好。”

袁凯心说,认个错哪还有好,只能装到底了。

他装作不懂朱元璋说的话,还是哼哼唱唱:天不怕来地不怕,就怕县官说鬼话。严冬支上黄瓜架,被窝抱个大西瓜。朱元璋传下旨意说:“钻!”锦衣卫用力钻去,袁凯的大腿皮开肉绽,鲜血流下来。

但袁凯似乎若无其事,还在拍手胡说念念有词。朱元璋暗说,这是真的给吓疯了。

将手一挥说:“算了,让这个疯子回家胡说八道去吧。”

袁凯被送走了,少时两个锦衣卫回来。朱元璋突然又叫蒋献说:“朕要杀个回马枪,你再去袁府看他到底是真疯还是假疯。”

蒋献来到袁府,只见袁凯被家人用一条铁链拴在了篱笆上,他人趴在地上,把地上的狗屎捡起来就往嘴里送,而且还吃得津津有味。

朱元璋听了蒋献回来的奏报,这才相信袁凯是真疯了。

连说:“可惜呀可惜,大有文采的一个御史,却竟然成了废人。”

其实,朱元璋还是被袁凯给蒙骗了。

袁凯料到皇上还会派人来验证,就事先让家人用糖稀和面做成狗屎状放在地上,他这才捡了一条命。

朝中百官人人自危,颍国公傅友德感到,朱元璋的屠刀就在头顶上悬着,而今的皇上,并不是哪个人真的有罪了才杀,而是想到要杀谁谁就难免一死。整日里忧心忡忡,脸上愁云笼罩。

这一点不光是傅友德感觉到了,很多武将也都看透了这步棋。

这日入夜之后,大将王弼来到傅友德的府邸。

府中的哑巴仆人前来上茶,傅友德用手势示意他退出,没有事不要再来,哑巴识趣地退下。

王弼盯着哑巴背影,待他走出,将房门关严说:“国公爷,怎么堂堂国公府,用一个哑巴做仆人。”

“俗话说十哑九聋,他不会说话,又什么也听不见,不是比精明强干的仆人更放心吗?”

“说得是，还是国公爷虑事周密。”王弼问道，“末将近日见国公爷愁眉不展，心事重重，特来问候，究竟有何为难之事？”

“哎！”傅友德摇头，“不说也罢。”

“国公爷，你我共同出生入死二十年，堪称手足情深，没有背着我的话。”王弼诚挚地说，“末将今夜就是想同国公爷说掏心窝子的话。”

“不说也罢。”

“国公爷，其实这事是明摆着的。”王弼有些激动，“蓝玉被处极刑，受牵连者过万，大明朝而今成了屠宰场。昨天是胡惟庸、李善长、徐达，今天是蓝玉，谁知明天会是谁。”

傅友德还是那句话说：“不说也罢。”

“怎么不说呀？人不能等死，总得想法活下去。”王弼提出他的想法，“我们递交辞呈吧。”

“哎，汤和先走了一步，我们贪恋权位，已是失策了。”傅友德叹息，“而今告老，为时已晚。”“却是为何？”“此刻你去告老，反倒引起皇上的疑心，使他注意到你，那便是你的祸事到了，切不可去触霉头。”

“那我们怎么办？”王弼问。

“没有办法，只能多活一会儿算一会儿了。”傅友德叮嘱，“从此之后，都不要再去议论蓝党之事，以免招来杀身之祸。要知道现在的锦衣卫可是无孔不入，随处都有啊，我们今天的对话，说不定一会儿皇上就知道了。”

“那可真是太可怕了，”王弼不以为然，“我们把门关上说话，又没有别的人在场，除非是太阳从西边出来，不然我才不相信呢！”

二人的密议，于是无果而终。

第四十七章 处决惹议 小和尚刺帝

这件事过去不久之后，公元1394年12月29日，朱元璋就在宫中摆下宴席邀请群臣参加，颖国公傅友德自然就成为了座上宾。金吾卫镇抚傅让正是傅友德的次子现在正在御前当值。朱元璋斜了他一眼，把金樽狠狠一顿说："傅让，你未免太过狂傲了吧，根本就没把朕放在眼里！"

傅让听了这话，一下子蒙了："万岁，末将不敢！不知道在哪里冒犯了陛下呢？"

"大胆！你竟敢还给朕还嘴。"朱元璋怒目横眉，"你本为武将，又是当值，怎么连箭囊都不佩戴呢！"

傅让用手一摸，果真没有，于是就赶紧谢罪说："末将该死，但是末将觉得，在这大庭广众之下没有人敢行刺陛下。如果有歹徒敢来冒犯，末将有刀足矣。"

"你这分明是拿朕的性命当儿戏。"朱元璋越说越气，从座位上站起。

傅友德见状，慌忙站起，斥责儿子说："犯了大罪，还敢犟嘴，真是不知好歹，还不退下。"

"儿已知罪。"傅让趁机退下。

朱元璋把话锋指向了傅友德说："不经朕的准许，你竟擅自起立，这明显是藐视朕躬。"

傅友德急忙跪下说："万岁，臣死罪。"

"朕何曾要你下跪？"朱元璋黑着脸，"滚起来！"

傅友德也蒙了说："臣遵旨。"

"你在和朕怄气呀。"朱元璋把杯中酒扬在傅友德的脸上，"滚出去，把你那两个儿子叫来。"

"臣遵旨。"傅友德退缩着出了宴会厅，心中琢磨，适才是二儿子惹恼了皇上，和大儿子无关。况且大儿子傅忠是驸马都尉，正在统领禁军护驾，万岁叫他为何。

刘太监追上来说："颖国公慢走。"

傅友德止步说："刘公公叫我。"

“颖国公接旨。”

傅友德下跪说：“臣在。”

“万岁口谕，着傅友德提两个儿子人头来见。”

傅友德傻了，片时说：“刘公公，您不会说错吧？”

“颖国公这叫什么话，我还没到老糊涂的份儿上。圣旨岂是闹着玩的，你快去割下你两个儿子的人头吧。”

傅友德呆立半晌，拖着沉重的脚步向前挪动。原本就心中没底的傅让，正在与兄长傅忠议论发生的事儿，意欲请这位身为驸马的兄长从中斡旋一下，以化解皇上的怒火。他兄弟二人见父亲失魂落魄地走出，都大为诧异地迎过去说：“父亲，你为何离开了宴席？”

傅友德看着两个儿子，痴呆呆说不出话来。

“父亲，你这是为何？”傅忠问。

傅让还在担心他自己的事说：“父亲，皇上对儿的怒气可已消散，也不知他为何对儿大发无名火？”

“还问？都是你惹的祸！”傅友德歇斯底里地突然高声喊起来。

“父亲，这到底怎么了？”傅忠急于了解细情。

“你且近前。”傅友德以手相招傅让。

“父亲何事？”傅让以为父亲有话要告诉，便靠得更近。

傅友德突然拔出剑来，横空一挥，这把多年来斩杀数不清敌人头颅的宝剑，可称是锋利无比，傅让的脖腔喷出一股热血，人头应声而下。傅友德用左手一抄，将儿子的头抓在手中。

一旁的傅忠惊呆了说：“父亲，你……莫非你疯了不成？”

“儿啊，不是为父要杀你们，而是万岁传旨，要为父送上你二人的人头。”傅友德已是泣不成声。

“他……还要儿的人头？”

“昏君！他就是这样传旨呀！”

“皇上他为何要这样……”

“大概是怕我们造反吧。”傅友德精神业已有些失常，“为父也说不清，莫名其妙啊！”

“到今日儿才明白，何为伴君如伴虎。”

“儿啊，君要臣死臣不得不死。”

“父要子亡子不得不亡，”傅忠眼中泪如泉涌，“父亲，儿的命是你所给，你就下手拿走吧。”

“儿啊，你毕竟是驸马，去向皇上求求情吧。”傅友德忍不住又看一眼傅让的人头。

“父亲，圣旨已下，求也无益。况且，儿的死能换来父亲的生。”傅忠决心下定，“儿便死也值得。”

“儿啊，黄泉路上你要走好。”傅友德一狠心，挥剑又砍下了傅忠的头。

当傅友德手提两颗滴血的人头，瞪着血红的眼睛重新回到朱元璋面前，以大将军得胜的口气，高声大嗓地喊道：“万岁，臣交旨。”

杀人如麻的明太祖，吓得竟是后退了两步说：“你，这真的是你两个儿子的人头？”

傅友德将人头举起来说：“万岁请看，这个是你的女婿傅忠，这个是我的二儿子。”

“够了！”朱元璋怒喝一声，“想不到天底下竟有你这样禽兽不如的父亲，竟然亲手杀死自己的两个亲生儿子。”

“万岁，这难道不是你的旨意吗？”傅友德大为疑惑地看着他的主公。

朱元璋轻描淡写地说：“朕不过是句笑话，你怎么就当真了？俗话说虎毒不食子，你是如何下得了手的呢？”

“别再假惺惺了！”埋在傅友德心底的火山终于爆发了，“你不就是要我父子的人头吗，这回遂了你的心愿了。让我杀死两个儿子，反过来还派我一身不是。其实，你是怕我们父子日后造反。”

“你傅友德也未必不反！”

“朱元璋，你也太狠了。”傅友德已是不顾一切直呼其名了。“好，好，万岁是不放心臣的存在，臣去了也就是了。”傅友德横过剑锋，自刎而亡。

由于寿春公主求情，傅友德没有被灭族，他的家小幸免于死。妻子女儿分别被发配到云南和辽东，只有寿春公主和她的一个儿子得免。

后人对傅友德的遭遇很是不平，有诗赞曰：壮哉傅公，忠勇一生。料敌如神，出奇制胜。威镇敌胆，傲骨雄风。铁骑长驱，浩气凌空。

傅友德父子三人死后，朱元璋依旧精神不爽。好像是还有一块石头压在心口上，一时还挪不走搬不掉，也说不清这块石头它是何物，总之是感到还有什么事未办。

这天上午天气格外好，灿烂的阳光洒满大地，万物洋溢着蓬勃的生机。朱元璋只带着刘太监到郊外闲游。

前面有一个十七八岁的小和尚，引起了他的注意。小和尚肩搭一个粗布布袋，看样子像是化缘的。

朱元璋似乎看到了自己当年在皇觉寺做和尚时的情景，于是快步向那小和尚赶去，意欲给一笔可观的布施。

小和尚好像步伐也加快了，一闪身走进了前面的庙宇。

朱元璋紧跟进去，这是一座破败荒凉的寺院。大雄宝殿大半已坍塌，如来的佛像也残缺不全，且已灰尘遮满。全庙找遍，竟没了小和尚的踪影。

朱元璋有些纳闷，小和尚怎么一转眼就不见了。

左右观望，残破的西墙上，有几行字特别醒目。他走过去细看，字迹尚且未干，像是刚刚写过不久。从头看下，却是一首七言诗：

大千世界浩茫茫，
收拾都将一袋藏。
毕竟有收还有放，
放宽些子又何妨。

旁边简洁的几笔，勾画出一个小和尚，肩上搭着布袋，那神态与方才的小和尚几无二致。

而且细看又有几分像朱元璋当年做和尚时的样子。后边还有一行题款，道是布袋和尚题画。

看到此处，朱元璋猛然想起昨天夜里做的一个梦。

他恍惚记得自己立足于悬崖边上，下面是万丈深渊。黑色的潭水，浊浪滔天。

有无数个妖魔鬼怪爬上崖来，第一个是胡惟庸，他伸手捉住，装进口袋中，之后缝上袋口。

第二个是蓝玉，也被他抓住，塞进口袋里，又缝好袋口。

第三个便是李善长，也是张牙舞爪向他扑来，让他一把擒住，装进口袋内，又缝合袋口。

第四个便是傅友德，则是张开血盆大口，就要将朱元璋吞下肚去。

他拔出宝剑，一剑穿个透心凉，卷巴卷巴也塞进口袋，缝上了袋口。

以后的鬼怪越来越多，他更是手忙脚乱。抓住后就往口袋里送，然后用针线缝上袋口。

他唯恐鬼怪跑出，把袋口缝得结结实实。皇太孙朱允炆在一边提醒，这口袋外面还剩一个。

他低头观看，果不其然，还有一个妖怪，看似相识，但又记不清是谁……

就在这时，悠然梦醒。

联想到这个梦，朱元璋悟道，这是暗中讽喻朕杀人过多，让朕放宽些国法。他心中恨道，真是痴心妄想！妖魔鬼怪为非作歹，焉能不杀。

刘太监近前奏闻说："万岁，将那小和尚抓到了。"

"好，带过来。"

小和尚被推到朱元璋面前，脖子梗梗着，头高昂着，一副不服气的神态说："你们想怎样？"

朱元璋直言讯问说："这墙上的诗画，是你的杰作？"

"是便又如何？"

"画这布袋和尚，又题此七言诗，是何居心？"

"胡乱涂鸦而已。"

"你是写给谁看的？"

"写给当看之人。"

"何人当看？"

"杀人过多过滥者就当看看，醒悟醒悟。"

"你这是在讽刺朕吗？"

"你口口声声自称为朕，想必就是当今皇上了。"小和尚连珠炮般不断说，"想当年你也曾身为和尚，应知晓人生多磨难。而今位居九五之尊，反倒忘却出家人的慈悲本分，更比屠夫还要残忍。多少功臣被你卸磨杀驴，多少无辜惨死在你的淫威下。须知善恶有报，不要把事做绝。得放手时须放手，得饶人处且饶人，不然九泉之下，那些冤魂是不会放过你的。"

"小小和尚，竟敢教训起朕来，可知这就是死罪。朕自投军以来，杀人无数，哪在乎多几人少几人。告诉你，只要是对我大明江山不利，不论他是何人，不论他有多大功劳，朕都决不姑息。"

朱元璋抽出剑来，直刺过去，"包括你这个找死的小和尚。"

没料到，小和尚底下已经动手了。他趁朱元璋不防备，手心里一柄短匕首直接捅向朱元璋的肚腹。

"嘣"的一声，匕首刺在了朱元璋的腰带上。哪里还容小和尚再有第二刀，朱元璋的剑已插入他的胸膛。

小和尚胸口流血，嘴角也在滴血说："天哪，莫非这是天意，朱元璋的狗命还不该绝。"朱元璋冷笑一声，"就凭你小小短刀，还想坏我性命。"

"朱元璋，我的刀上已经用剧毒浸泡一百多天，只要你破了皮，就难以活命。怎料着刀尖竟然撞到了腰带上。"小和尚此时已经没了气力，"算你捡了一条命。”

“你到底是什么人，为何与朕有如此大的仇恨，非要把朕逼上死路才善罢甘休？”

“我原本是韩国公李善长大人的书童，现在想要为老主子报仇。”书童已经无法再言语，不久就死去了。

朱元璋见他死了，依然不解气连连捅了他三剑，心中说道，这就是斩草不除根的教训。看来以后办事都不能心慈手软。

第四十八章 骁勇将军 赌气收贿赂

公元1395年的早春2月的一天，天空乌云密布，雪花飘落下来，即使是在温暖的江南也有些寒气逼人。在远处的田野里，能够看到淡淡的绿色。宋国公冯胜坐在打麦场的石磙子上，身上都被雪水打湿了，他仿佛一座雕像一般一动不动。两个家丁驱赶着四匹战马拉着四个石磙子，在打麦场上转着圈儿。因为有几百个瓷瓦罐埋在打麦场的地上，所以石磙子压上去的时候，就能听到瓦罐破碎时，发出“咯吱嘎巴”的声响。

这一切，在冯胜听来，犹如回到了他当年金戈铁马与敌厮杀的战场。他闭着双眼，陶醉在对往事的回忆中。是啊，作为一名勇冠三军数十万大军的统帅，他曾是何等辉煌。他最为留恋的，是洪武二十年那次对辽东的远征，那是何等的畅快。听着这石磙子压碎瓦罐的声音，他仿佛又回到了当年的战场。

八年前的正月初二，宋国公冯胜，是为征虏大将军，统领二十万大军，向辽东挺进，要消灭那里的北元残部纳哈出的人马。使冯胜感到无比自豪的是，颖国公傅友德，只是被任命为副将军。另一名副将军蓝玉，是刚刚提拔上来的青年将领。傅友德能征惯战、谋勇兼备战功显赫，而此番仅是他的副将，说明万岁对他的器重和信任。想到此，不禁油然而生万丈豪情。

二月初三，冯胜率军到达通州。他让军马就地驻扎，并派出马探前往庆州哨探军情。果然不出朱元璋行前所料，纳哈出在庆州安排了重兵防守。冯胜将蓝玉召到虎帐之中说：“蓝将军，要给你一件危险而又艰苦的差事。”

“为国效劳，生死不惧，苦何惧哉！”

“本帅给你一万精骑，千里奔袭庆州。”冯胜解释，“大军不能动，这样可以麻痹敌人，使纳哈出以为我大军还远在通州，敌军才没有防备，你才有更大的胜利把握。”

“大将军，俗话说，将在谋而不在勇，兵在精而不在多。”蓝玉表明决心，“一万人马足矣，末将定能占领庆州。”

“还要更正一下你的说法，将在谋亦在勇，此战你一定要猛打猛冲，勇字当先，从气势上先压倒敌人，那么你就有了八分胜算。”

“谨遵大将军教诲。”蓝玉意气风发地离开通州。

时值严冬，数九寒天。辽东大地朔风凛冽，鹅毛大雪，铺天盖地，四望白茫茫一片，辨不出道路和村落。蓝玉的一万铁骑无声地向前疾进，大家都抱着一个信念，那就是建功立业报效国家。

庆州位于辽东腹地，曾为辽国的都城，地理位置重要，原有两万大军驻守，纳哈出还不放心，又派平章果元，再领三万人马增防。果元的人马，从大宁出发，本该上午到达，由于雪天路滑，北元军行进缓慢，直到了傍晚时分，三万人马才到庆州城下。北元的援军与城内的守军，还在乱哄哄的相见之中，果元与守将发生了争执。

守将塔哈说道：“将军，应将人马驻扎在城外，一旦明军来攻，我军可对敌军内外夹击，便有八成胜算。”

“塔哈，你也太不近人情了。”果元心中虽然认为塔哈的话有理，但他要为自己的部下着想，“我这三万大军，顶风冒雪一路吃尽苦头，好不容易赶到庆州，还要我军在城外雪地里扎营，说得过去吗?”

“将军，我已为贵部宰杀一百只羊，热饭热菜全已准备停当。军士饱餐之后，自然寒冷疲劳顿消。”塔哈使用缓兵策略，“大军且先用饭，至于入城与否，待饭后再议。”

果元招呼一声说：“进城用饭去了。”

北元大军乱糟糟争抢着进入庆州，城门处一片混乱。

而蓝玉的一万铁骑，恰在此时赶到。他将战刀高举，一马当先猛冲过去。

北元军哪有防备，被冲得人仰马翻，人们只知明军杀来，也不知明军来了多少，全都只顾争相逃命。

塔哈乖巧，率先离开，上马带亲信便逃。而果元还未及上马，即被蓝玉一刀砍下一条臂膀，做了明军的战俘。

这一战，蓝玉奇袭成功，生擒北元军三万多人，斩杀一万多人，占领庆州，大获而胜。

冯胜闻报，率军从后进发，不日到达庆州。三月初一，大军出松亭关至大宁。

冯胜派出探马搜集军情，综合各方消息查明，敌酋纳哈出就在松花河对岸，与敌人决战的时机就在面前。冯胜作了周密的部署，可以说已是稳操胜券，他建功立业的机会来了。

然而，朱元璋的圣旨到了。圣命要冯胜暂停进攻，随旨还来了一位北元大将乃剌吾，此人本是纳哈出的亲信部将，朱元璋派他前来劝降。

蓝玉急于建功说："大将军，有道是，将在外，君命有所不受。我们眼看就要全歼纳哈出的人马，若听任劝降，岂不是前功尽弃？"

冯胜也很不甘心，转问副将军傅友德说："颍国公，你看当如何对待？"

傅友德深知朱元璋的为人说："大将军，抗旨不遵，便是杀头之罪。俗话说得好，干活不由东，累死也无功。"

蓝玉坚持要打说："这到嘴的鸭子还让它飞了，为武将者，一生能有几次这样的机会？"

"蓝将军的心情可以理解，但皇上的旨意，不可不谓高明。孔子曰，不战而屈人之兵，善之善者也。"傅友德怕皇上怪罪，"劝降如能成功，双方可以少死多少将士，功莫大焉。"

冯胜不敢再过于坚持说："那就叫乃剌吾去走一趟，我军作好劝降不成的准备，一旦失败，就立即进攻。"

蓝玉心不顺，对乃剌吾厉声质问说："北蛮子，你有把握劝降成功吗？要不能奏效，你留在元军大营，我们还多了一个敌人。"

"蓝将军，我会尽力的。我不敢保证劝降必成，但我决不会留在纳哈出的军营，我的家小俱在南京，我不会背叛皇上的。"乃剌吾起誓发愿地表白。

纳哈出在大帐首先给他的部将，而今的大明特使乃剌吾一个下马威，刀枪高举，阵势森严，自己在虎皮椅上高坐，一句问话没有，先传将令说："把这大元的叛贼给我绑了！"

乃剌吾毫无惧色说："怎么，将军真的不想活了？"

"我部下二十万大军，元帅当得好好，谁能把我如何，何言想活不想活之语。"纳哈出相当自负。

"莫要忘记，你的五万大军，守一座庆州，被明军一万人马，就冲得七零八落，主将被擒，全军覆没，难道你的二十万人马，能打得过明军的二十万。"

"尚未交手，胜负难料。"

"就不要自欺欺人了，"乃剌吾细而精地剖析，"明军是得胜之师，大元是强弩之末，难以与之抗衡，败是注定的。只是早败晚败的时间而已，大败惨败的规模而已。元帅何不趁尚有二十万人马的本钱，与明军做个讨价还价的筹码，也能得个较好的封赏。一旦交手，兵败如山倒，二十万人马作鸟兽散，你剩下孤家寡人，投降也无人要了。"

这一番话，说得纳哈出默默无言。少许，他下得座来，亲自解开乃剌吾的绑绳说："若非将军指点迷津，险些自误。"

“元帅既已同意降明，就请亲笔修书一封，由我转交明朝大将军冯胜，然后议定受降细节。”

“那就有劳将军了。”纳哈出立刻写好了情愿投降的信函。

正式受降仪式之前，双方还要讨论细节。

冯胜作为明军的最高将领，暂时不宜出面，而由副将军蓝玉与之商谈。

到了约定之日，蓝玉大营悬灯结彩，喜气扬扬。上午时分，纳哈出乘马带着随从人等来到。

蓝玉的亲信副将常茂，一见纳哈出的阵势便动怒了说：“蓝将军，我们不能接受纳哈出进营谈判。”

蓝玉不解，但他客气地问说：“却是为何？”

常茂是常遇春之子，也就是蓝玉的外甥，二人之间说话比较随便说：“纳哈出不过是来商谈投降的细枝末节，他为何带来大队人马，足足有数百人之多，难道是准备同我们打仗吗？”

“带的人是多，不过也不必过于计较，还是顾全大局吧。二十万敌军投降，我军不战而胜，也是难得的。”

“舅舅，你说话的口气怎么变了，和在大帐中的态度是翻了个儿。”常茂吐露心曲，“我真不愿元酋投降，恨不能亲手宰了他们。”

“别说了，人到了，我们还得去迎接客人。”蓝玉偕常茂快步向前。

纳哈出满面春风奔过来说：“二位将军，劳你们大驾出迎，不胜感激！”蓝玉抱拳施礼说：“大元帅请。”

常茂心中赌气，他是一言不发，既不搭理纳哈出，也不看他一眼，只是跟在身后，眼睛望着天。

关于投降和受降的细节，商谈得颇为顺利，双方几乎没有争论，便顺利达成了协议。

正式议程完成，是蓝玉设宴款待纳哈出一方。

主宴上是蓝玉与常茂，宾客是纳哈出与副元帅。其余随行的元军三百多名兵将，全在另外帐中招待。

宴席极尽奢华，从南京带来的明朝御酒，十多坛俱已开封，散发着诱人的香气。

烤全羊泛着红色的油光，大雁、野兔、野鸡，更是摆满了餐桌。

在座的四位武将，俱是豪饮的魁首，大碗大碗地不停倒入喉咙。

两刻钟后，便都已有了七分醉意。

蓝玉手端着酒碗，眼盯着纳哈出的身上，不错眼珠地看，而且笑个不住说："看你，看你，真是的。"

纳哈出感到奇怪说："我怎么了？"

"你怎就穿这样一件破袍子。"蓝玉还在笑个不住，"好赖不及你也是个领兵元帅。"

"破袍子？这件羊皮袍，陪我已经十多年，都穿出感情来了，它暖和还合身。"

"拉倒吧，说你没有得了，真给武将掉价。"蓝玉说着脱下自己穿的绿色锦袍，"来，穿我这件。"

"不，不要，给了我你穿什么。"

"我再做一件就是了。"蓝玉递过去，"拿着。"

"我说不要就不要。"纳哈出往后闪躲。

"你这人真是，上赶着不是买卖。"蓝玉脸上现出不悦。

常茂在一旁早已看不下去说："纳哈出，你有啥了不起，蓝玉将军主动赠袍，那是看得起你，你还别给脸不要脸。"

"你别出言不逊，说谁不要脸。"纳哈出意在解释，"我是蒙古人，凭啥穿你汉人的衣服？"

"我看你就是狗坐轿子不识抬举。"常茂心中的不满发泄出来，"要依我的主意，一阵冲杀把你们这些蛮子全都咔嚓了，该有多省心。"

"姓常的，你们不是真心接受我们的投降。"

"真也好，假也罢，就看你们的表现怎样，若敢还有二心，我们的刀枪可都不是吃素的。"

"照你这么说，我还真就不降了。我二十万北元大军，与你们二十万明军旗鼓相当，又怕你何来。"

"如此说，你今天是来得走不得了。"

"你还敢对我下手？"

常茂拔出刀来："你还不用叫号，杀你无非是捻死一只蚂蚁。"

纳哈出伸过脖子说："有种，你往这儿砍！"

蓝玉对纳哈出表现出不满说："纳哈出，你还别发火，常茂是世袭国公，握有免死铁券，杀你是白杀。"

纳哈出可不信邪说："姓常的，你在爷爷的脖子上试试呀。"

常茂被激得火气升腾说："便杀了你这狗娘养的，又便如何。"他一刀猛砍过去，刀锋一道银光。

纳哈出没想到常茂真敢下手，一时间怔住了，也不知躲闪。蓝玉一看大事不好，急切间将常茂的手臂一托，那刀偏离了原有的方向，正好砍中了纳哈出的左肩。也是皮开肉绽，鲜血直流。

纳哈出喊了一声说："杀人啦！"

外帐饮宴的北元随从将士，听见喊声，全都扔下杯箸，拾起刀枪，向大帐扑来。明军哪肯让他们得手，随后呼啦啦跟上。大帐的守卫，也都横刀执枪挡住去路。双方剑拔弩张，一场血战已是迫在眉睫。

冯胜闻报，如飞来到现场，大喊一声说："都给我住手！"

大将军一声令下，在场者无不老老实实。少顷，元军有人大声质问说："大将军，我家元帅如果被害，我们决不答应，拼死也要为元帅报仇。"

"胡说，纳哈出元帅是来谈判归降细节，是我军的客人，怎会遇害，你再用这样的言论蛊惑军心，是要被军法惩处的。"

"大将军，我们听到了元帅的呼救声。"

"待本将军入内看个究竟，一定会有个明确的答复。"

元军将士齐声喊叫说："我们要见元帅。"

冯胜进入大帐，但见双方四人正在对峙。各执刀剑在手，但谁也未敢再轻动。他环视一眼说："好好的宴会，为何成了这种结果？"

纳哈出有理，便抢话说："大将军，常茂用刀杀我，若不是我躲得快，早已性命休矣。"

"常将军，此言属实否？"

"他，他不识抬举。"常茂说不出别的理由。

冯胜问蓝玉说："副将军，到底为何？"

"是这样。"蓝玉将经过述说一番，"其实，常将军也不是有意要加害纳哈出元帅，只是一时性起，把握不住，才致误伤。"

冯胜盯住常茂说："蓝将军所说，你是否认同？"

常茂自知理亏，当然要下台阶说："大将军，末将绝不是故意的，元军降顺乃万岁决策，谁敢有违圣上旨意。"

"不是故意导致误伤，也是军纪不许。我命令你，立即向纳哈出元帅赔礼，请求他的宽恕。"

"这，末将。"常茂有些不情愿。

"常将军，如果因为你的鲁莽行为，而使这次受降功亏一篑，你便是千古罪人。万岁是不会饶过你的，本大将军也要严明军纪。"

"末将明白。"常茂意识到了问题的严重性，他向纳哈出深深一躬，"元帅，末将草率行事，致使元帅左臂受伤，情愿让您还上一刀。"

"哼！还你一刀，砍下你的头可否。"纳哈出气仍是很大。

蓝玉也上前一礼说："元帅，适才我也在场，是我没能制止事情的发生，责任在我，向你赔罪。"

"怎么着？打一巴掌再给个甜枣吃，就想把事情化解？这事也太便宜了。"纳哈出还是气呼呼，"我不干。"

冯胜也对他一躬到地说："元帅，常茂是我的部下，刀伤您的左臂，是我平时管教不当，请受我一拜。"

"这！"纳哈出没想到大将军冯胜会亲自赔礼，一时间倒不知如何是好。

而冯胜竟然是躬身不起说："元帅若不能释怨，冯胜就永远躬身下去。"

"大将军，这如何使得。快快请起。"纳哈出慌忙扶起冯胜。

冯胜再致一礼说："多谢元帅以大局为重，免得双方再起刀兵，致将士涂炭。还望元帅出帐与部下见上一面，免得随从人员闹事。"

"遵大将军将令。"纳哈出到了帐外，对随从们挥挥右手，"大家放心，没有发生任何事情。有冯大将军亲临，明日的归降仪式照常。"

北元的将士们见主帅无恙，都乖乖散去了。

一场即将发生的流血冲突，被冯胜化解了，也使得北元二十万人马的投降没有落空。

受降仪式以后，常茂来找冯胜说："大将军，纳哈出的帐内，有一个马皮的箱子，他甚为看重，日夜不离身边，应当把它弄个明白。"

"这，除非是以强硬手段，否则纳哈出是不会让你看的。"冯胜觉得不妥，"人家是投降，也不是你将他战败，战利品可以占有。"

"大将军，他投降了就得听我们的军令。那个箱子的秘密，不能听任他保留，一定要打开。"

冯胜被他说得动心了说："好吧，我去同他商量一下。"

纳哈出的大帐内，他正在饮酒作乐。

明天就要启程去往中原，虽说保得了性命，到了南京明朝皇帝对他如何，还是个未知数。

纳哈出心中没底，在帐中以酒浇愁。冯胜进帐来，倒叫他大吃一惊，"大将军大驾光临，我也未及出迎，真是天大罪过。"

冯胜也是大吃一惊，他根本就没听到纳哈出的话，他的目光全被帐内的二十名舞女所吸引。

本来是在白昼，大帐内还灯火通明，二十名蒙古少女，个顶个地赛过天仙。

一个个穿着暴露，袒着前胸露着后背，看一眼便使人不能自持。

冯胜不由得羡慕地赞道："纳哈出元帅，你真是艳福不浅啊，有这么多美女陪伴，还做什么元帅，你就是神仙。"

"大将军笑谈，我而今不过是阶下之囚，且图一时快乐而已，谁知到了南京命运如何。"纳哈出诚恳地请教，"我将这一队舞女献与万岁，不知能否获得皇上的好感？"

冯胜转转眼珠有了主意说："元帅，你幸亏问我，万岁他早有严令，任何人不得私纳战场上俘获的女人。说明他最讨厌这一行径，向他献美女，弄砸了还不要了你的命。"

"那，这便如何是好。"纳哈出又问，"皇上不爱美女，那黄金总可以让他动心吧？"

"万岁贵有全国，金银珠宝应有尽有，这些小算盘你就别打了。"冯胜拍拍胸膛，"有我大将军为你保奏，你只管放心，保你得封高官，享不尽的荣华富贵。"

"真能如此？"

"本大将军用不着骗你。"冯胜贪婪地看看舞女，"元帅，这些舞女就让我领略一下她们的风情吧。"

"大将军若不嫌弃，尽请领走。"

冯胜看了一眼脚边的皮箱子，边道谢边说，"元帅，不知这箱中是何物啊，能够让元帅如此珍爱，寸步不离。"

"其实也没什么，就是祖先留下的一笔黄金，既然皇上处无用，那么就请将军收下吧。"纳哈出随即把箱子打开，里面是金灿灿的两百锭马蹄金，每锭五十两，整整是一万两。

冯胜从来没见过这么多黄金，眼睛不由得冒火说："元帅盛情，受之有愧，却之不恭，元帅你……"

"将军千万不可与老夫客气，不成敬意，请悉数收下。"

第四十九章 冯胜自裁 帝魂归孝陵

冯胜收了美女以及万两黄金，但是朱元璋很快就知晓了这件事。结果还是全部如数退还了回来。

除此之外，辽东这场大捷的功劳也没有了，真的是赔了夫人又折兵啊！

其实朱元璋已经是手下留情了，仅仅是没收了他的大将军印，让他回到凤阳老家养老，还依旧保留着宋国公的爵位。

但是作为征战沙场多年的将军来讲，冯胜每时每刻都想念着他曾经在战场杀敌的情景，非常想要重回战场。

但是这样的情形只能在梦里见到了。

冯胜无言地坐在村头，天空中飘着大雪，他闭上双眼仿佛眼前又出现了千军万马厮杀的场景。他已经陷入到这个情境中无法自拔，连耳边的说话声也听不见。

“大表兄，我已经喊了你两声了，你怎么听不见，是不是犯傻了。”一位头发花白的老人来到了冯胜的身旁。

冯胜睁开眼睛，一看是自己的表弟樊父：“怎么又是你？”

“我是来给你送瓦罐的呀。”

“我已经说过很多次了，不要你的瓦罐。”冯胜有些烦了，“你现在的日子已经很富裕了，我要用瓦罐，就从那些贫苦的窑户家购买。乡里乡亲的，也算帮帮他们，你就别来瞎掺和了。”

“我说大表兄，你可真奇怪。人家都说肥水不流外人田，你倒好胳膊肘往外拐，钱让我赚，难道不比别人强多了？”

“我今天早上就已经告诉你了，不要就是不要，哪还有那么多话要讲。”

“我都把这些瓦罐拉来了，你不能让我再拉回去吧。”

“那你就拉回去。”

“大表哥，事情不能做得这样绝情，情面总要给我留一点。”

冯胜不耐烦地挥了挥手说：“痛快地就赶紧给我离开。”

“这样吧，”樊父与冯胜商量道，“双方都照顾一下，我拉走一半，剩下的一半你再去买那些穷窑户的。”

冯胜不再理睬樊父，骑上当年的战马，把那柄陪了自己半辈子的金背砍山刀拿上，在打麦场开始舞动起来，一把大刀舞得呼呼生风，真是英雄不减当年。

樊父就这样被晾在了一边。

就在这个时候，穷窑户们将瓦罐给冯胜送了过来，冯胜痛快地将所有的一切都收下了，还当场将银子付清了。

樊父见到这一切，心里感觉分外难过。他看冯胜根本就不理会自己，于是一赌气，就把拉来的瓦罐全部推了下去，摔了个粉碎。

然后，还狠狠地跺脚说："冯胜，你不把我当兄弟，就不要怪我心狠了，此仇不报非君子！"

两天之后，朱元璋收到了来自御史的一封密报。

在这封密报中冯胜的表弟樊父检举，冯胜每天习武，意在图谋不轨。

朱元璋拿着手中的这封密报，口中叨念着冯胜。

突然想起了多天以前自己做的那个奇怪的梦。冯胜冯胜，袋子里缝剩下的魔鬼，现在那些开国大将全都不在了，只剩下一个冯胜，如果我死后，这个冯胜不就是皇太孙的心腹大患吗？

自己的江山可不能让冯胜日后夺了去！

于是，朱元璋传旨，召冯胜进宫。

看着摆在自己面前的那杯美酒，冯胜明白，自己已经看到阎王在向自己招手了。

看看对面的皇帝，心里突然有了一种不知是该恨还是该爱的情绪，于是说道："万岁，想当年，我们几个兄弟一起与圣上征战沙场，也曾立下无数战功。家兄国用早逝，臣有幸被圣上封为宋国公，能活到今天也算是长寿了，真心感谢圣上。"

"冯胜，朕算是对你不薄。辽东大捷，你贪慕财色，本应是死罪，朕不忍心对你多加指责，让你归老还乡，但是你不应该还想着上阵冲杀，朕百年之后，何人能打得过你宋国公，朕实在是不能放心地离去。"

"万岁，不用再说了，臣明白了，我是不会让陛下为难的。"说着，冯胜就毅然端起了酒杯。

"宋国公，你就放心喝吧，你是本朝的功臣，朕是不会下毒害你的。"朱元璋说着举起酒杯一饮而尽。

冯胜心想，你的酒杯里当然没毒，自己的酒杯里可就不一定了，喝下去也算是了了皇上的一桩心愿，已经活这么大岁数了，也没有什么可以留恋的了。

一仰脖，干下去。

朱元璋笑了笑说："朕说过，让你放心喝。宋国公，回家吧，朕希望你能好自为之，希望你的子孙也能继承你国公的爵位。"

冯胜没想到酒中真的没有毒，但是皇上最后的那句话又别有深意。

他走出宫殿，站在宫院中想了半天。

皇上已经说出了对自己不放心之言，假如当年战死在沙场，也算是功成名就了。

但是现在对皇上构成了威胁，虽然没有赐下毒酒，自己也当明智。

还不如死在皇上前面，让自己的后代及家人不受牵连，也免得像傅友德那样，弄个家破人亡，妻女被发配边疆。

想到此，他就拔出了腰间的匕首，刺向了自己的胸口。

顿时心房破裂，鲜血喷涌而出，倒地身亡。

朱元璋很快就知道了冯胜自裁的消息，不由得长出了一口气。

这下子皇太孙的最大隐患也被除去了，他终于可以放心地离开这个世界了。

大概是心中那块石头终于落地了，朱元璋不久就病倒了。

因为身体不适，朱元璋躲进了自己最宠爱的李贤妃宫中，一住就是几个月。

正值端午佳节，吃过午饭的朱元璋与李妃聊起了天，忽然冒出了一句不着边际的话来："贤妃，你看燕王这个人如何。"

"万岁的龙子每个都是将相之才，燕王更胜一筹，他简直就是和万岁一个模子里刻出来的。"

"那朕把燕王过继给你怎么样？""妾妃可无福消受。"

"朕与你说心里话，"朱元璋牵起李妃的手，"皇太孙实在是太善良了，怕是以后很难驾驭江山，朕想着把这皇位传给燕王，贤妃意下如何？"

"传位是皇家大事，妾妃可不敢多嘴。"

"朕就是想听一听你的见解。"

"万岁，妾妃认为皇储不能随便改来改去，皇太孙本性善良，那也是他的长处，绝不是什么坏事啊。"李妃问，"万岁不是已经把所有的一切都安排妥当了吗，朝中的文武怎么敢和皇太孙争位呢！"

"朕现在年岁已大，来日也不多了，现在更加担心百年之后的事情。"朱元璋长叹一声，"如果日后让皇太孙继承皇位，朕一直有一件事放心不下。"

"万岁能把这事告诉臣妾,让臣妾为您分担吗?"

"皇太孙年少,朕不能让吕后和武则天的旧事重新在我朝上演。"

"妾妃知道皇上用心良苦,请万岁放手安排。"

"朕把心声都向你吐露了,在朕归天之日,会下旨让所有嫔妃随葬,只是有些委屈你了。"朱元璋动了真情,眼中已是含泪。

"万岁是打天下创下大业的大英雄,何必为了儿女情长苦恼呢。嫔妃们包括妾妃在内,已经跟随万岁享尽了人间的富贵荣华,能够与万岁一起归天,也是理所当然的。"

"你不怪罪朕?"

"万岁为了大明基业,也是迫不得已而为,臣妾怎么会怪罪圣上呢。"

"爱妃,朕已经在偏殿准备了一席御宴,传旨把你的两个长兄召了过来,他们一个升任为亲军金吾卫指挥,一个升任为锦衣卫指挥,你现在去和他们见上一面,以后恐怕就没有这样的机会了。"

李妃跪倒叩拜说:"妾妃多谢万岁对家兄的关爱,也不枉妾妃陪伴皇上一次,现在且容臣妾退下。"

"好吧,速去速回。"

不一会,刘太监就报告说:"启禀万岁爷,贤妃娘娘在后宫自缢了。"

"啊!"朱元璋突闻噩耗,禁不住落下泪来,"她说不怪罪朕,她是不想让朕伤心,朕对她有愧啊。"

李妃去世之后,朱元璋的病更重了,没几日就卧床不起。朱允炆每天在他的病榻前伺候着,眼看着朱元璋的病每天都在加重。

经过一连两日的昏迷,一天,朱元璋忽然明显好转过来。他抬眼对御医说:"你先退下。"

御医站起说:"遵旨。"临走的时候,他对朱允炆使了个眼色。

朱允炆赶紧跟过去问:"先生有什么要嘱咐的?"

"恕小人直言,只怕这是皇上的回光返照,您要是有什么话要对皇上说,就赶紧说吧,只怕错过了就再也说不成了。"

"明白了。"朱允炆回到了病榻前。

朱元璋抓住他的手说:"孙儿,想来爷爷的大限也到了。"

朱允炆赶紧宽慰道:"皇祖父今日明显转好,孙儿年龄尚小,大明江山不能没有您,还需要您再主政几年,您可不能现在就撇下孙儿啊。"

朱元璋苦笑一下说:"爷爷当然也不想走,但是这也不由着爷爷做主啊。还好爷爷已经为你清除了所有障碍,现在你终于可以稳坐江山了。"

“皇祖父的苦心，孙儿都知道。无论文臣还是武将，现在都没有了造反能力，孙儿会让大明千秋万代。”

“孙儿，当皇帝就是要狠心，不能太过仁慈，你的最大的缺点就是太过善良，你要记住只要是对江山不利的人，不管是谁，都不能留情面，该杀就得杀。”

“皇祖父，那些开国的大臣大将现在都已经不在了，但是，您想过没有，有一个人现在还在威胁着孙儿的江山。”

“居然还有这样的人，到底是谁？趁着朕还有一口气，你赶紧说他是谁。”

“燕王。”

朱元璋顿时沉默不语。

为争帝位，兄弟骨肉之间互相残杀的事例举不胜举。

过去，朱元璋只顾着屠杀开国功臣了，没怎么去考虑自己儿孙之间的关系。

现在，朱允炆提出来了，朱元璋就不能不在心中打起一个问号来：自己死后，自己的儿孙是否也会为争帝位而互相残杀？

诚然，正如朱允炆所言，燕王朱棣是有“资本”争夺帝位的。

朱棣聪慧又果敢，朱元璋忘不了徐达对朱棣的评价：朱棣的为人，就像当年打天下时候的朱元璋一个样。

而且，在分封的诸王之中，朱棣的兵马是最多的。

问题是朱棣虽然有争夺帝位的“资本”，但是否真的如朱允炆所言，还有“想当皇帝的念头”？

见朱元璋沉默不语，朱允炆就轻轻站起来言道：“爷爷，孩儿适才言语之中，若有什么大不敬之处，祈请爷爷宽恕。”

朱元璋定睛地看着朱允炆，末了，朱元璋摆了摆手道：“孩子，你放心，任何不利于你当皇帝的人和事，爷爷都会替你处理的。”

朱允炆心中一喜，忙躬身言道：“如此，孩儿就告辞了！孩儿恭祝爷爷福如东海、寿比南山！”

朱允炆最后的话多少有点虚伪，至多也只能算是客套话。撇开“福如东海”不说，就“寿比南山”四个字，也不会是朱允炆的真心话。

也甭说是“寿比南山”了，就朱元璋再活个五十年，朱允炆恐怕就要急白了头发。

不过，朱元璋说话还是算数的。他说要替朱允炆“处理”事情就马上付诸了行动。很快,一纸圣旨飞抵北平。朱元璋谕令朱棣抓紧时间回南京一趟。

接到朱元璋的圣旨,朱棣和徐氏都大吃一惊。朱元璋只叫朱棣回京,并未说明是什么事。朱元璋此时叫朱棣回京到底会有什么事?

本来,当皇帝的父亲叫当王爷的儿子回京应该是很正常的事情,朱棣和徐氏好像没有必要"大吃一惊"的,更没有必要疑神疑鬼。

然而事实是,朱棣接到圣旨之后,马上就和徐氏一起躲在燕王府的一间密室内嘀嘀咕咕起来。

朱棣和徐氏如此慎重其事,主要的原因,当然是他们自己的心中有鬼。这么多年来,他们已经拥有了一支数十万人的军队,而且战将如云。更主要的,他们的军队因为经常打仗,其战斗力极强。

刚一躲进王府内的密室,朱棣就急急地问徐氏道:"爱妃,父皇不说原委,只说召我进京,你看是凶还是吉?"

徐氏犹犹豫豫地道:"是凶是吉,妾身不敢妄测。妾身担心的是,皇上是否发觉了王爷的意图。"

朱棣言道:"如果父皇发觉了我的意图,那此去必然凶多吉少。反之,就应该没有什么凶事可言了。"

徐氏思忖道:"依妾身看来,皇上不大可能发觉王爷的什么意图。王爷的兵马虽多,但异常地分散,且大都分布在边陲,皇上如何能弄得清楚?还有,王爷身处战略要地,兵马多一些,也是正常的。"

朱棣皱眉道:"爱妃言之有理。不过,父皇这个时候叫我进京,多少有些蹊跷。"

徐氏点头道:"王爷说的是,不怕一万,就怕万一。皇上不会无缘无故地召你进京的。"

朱棣顿了顿,接着问道:"爱妃,既然情况不明,那我就找个借口不遵旨回京,你看如何?"

徐氏摇头道:"妾身以为不可。如果王爷不回京,就是皇上本来没有什么疑心,恐怕也要因此而起疑心了。更主要的,王爷现在还不能同皇上明打明地闹翻。"

朱棣言道:"这是自然。只要父皇还在,我就没有理由举兵南下,即使举兵南下,恐也没有绝对的胜算。"

徐氏道:"既然如此,那王爷就只能遵旨而行。"

朱棣道:"我自然明白这个道理,可我的心中总是有些忐忑。万一我此次进京，一去不回，且为之奈何？”

徐氏回道：“王爷如果真的一去不回的话，那妾身就断无再苟活下去的道理。”

朱棣苦笑道：“爱妃，死有何惧？你的父亲，你的周三叔，还有那么多的盖世英豪，不都一个个地化为了尘埃？我朱棣的性命，又能比你父亲他们高贵几何？”

徐氏幽幽地道：“王爷是不甘心，不甘心这么多年的准备和努力一下子将化为泡影。”

朱棣深深地点了点头道：“知我心者，爱妃一人而已。”

朱棣说完默然。徐氏也默然。突地，徐氏言道：“王爷，你刚才提起妾身的父亲和妾身的周三叔他们，妾身恐怕猜出皇上叫你回京的意图了。”

朱棣赶紧催道：“爱妃快说！”

徐氏却不紧不慢地问道：“王爷，你说，皇上把所有的开国功臣都杀完了，目的何在？”

朱棣回道：“爱妃，这还用问吗？开国功臣都杀完了，大明江山的潜在威胁便都消除了。”

徐氏的话说得很重。“王爷说得对！开国功臣没有了，大明江山的威胁也就随之消除了。但妾身以为，大明江山的威胁虽然消除了，可太子殿下日后登基的威胁，却并没有完全消除。”

朱棣一怔，旋即，两只眼睛张得溜圆：“爱妃，这是你以为的，还是你以为是父皇以为的？”

徐氏这样回道：“妾身一时说不清楚，妾身只知道，对太子殿下日后登基威胁最大的是王爷你。”

朱棣猛然将徐氏搂在了怀里：“爱妃所言极是啊，经爱妃这么一说，我茅塞顿开。我现在敢肯定，父皇召我进京，就是要解除掉允炆日后登基的最大威胁！”

徐氏这时却不由得紧张起来：“王爷，果真如此吗？果真如此的话，你此去岂不真的是凶多吉少？”

朱棣的脸上，倒现出了一缕轻松：“爱妃，果真如此的话，我此去就不会有什么凶险了！”

徐氏有些糊涂：“王爷此话何意？”

朱棣居然笑着言道：“爱妃，只要父皇本来对我没有疑心，那么，他此番召我进京，至多是想作一番试探而已。而且，我估计父皇召我进京，八成是那个允炆出的主意。”

徐氏下意识地点头道：“妾身记得，王爷曾说过，说那个太子殿下是个颇有心计的人。”

朱棣很是自负地言道：“爱妃，允炆再有心计，也不会是我的对手！”

徐氏在朱棣的怀里拱动了一下：“妾身对王爷总是有信心的。不过，无论如何，王爷也不能大意。”

朱棣言道：“爱妃提醒得是，不过，如果父皇这次召我进京，真的是因为此事的话，那我就一定会平平安安地回来！”

徐氏又在朱棣的怀中拱动了一下：“既如此，妾身就在这里预祝王爷逢凶化吉、遇难呈祥了。”

朱棣离开北平的前一晚，徐氏很好地同他亲热了一回，并亲热得有些恋恋不舍又珠泪涟涟的模样。对朱棣的即将南下，她实在是有些不放心。

朱棣离开北平对徐氏所说的最后一句话是：“有爱妃在这里盼望，我一定会平安无事！”

撇开徐氏在北平牵肠挂肚不说，单表朱棣带着一千随从南下。朱棣带的随从不多，而且也不是径直南下。他离开北平之后，先是向西南拐，途经了太原，接又向西南拐，途经了西安，然后才拐向东南，去往南京。

朱棣两次往西南拐，自然耽误了不少时间。但他这样做是有目的的。他在太原停留了一天，见到了他的三哥晋王朱㭎。他在西安也停留了一天，又见到了他的二哥秦王朱樉。

朱棣为何要特地途经太原和西安呢？当然不是因为他想念朱㭎和朱樉了。实际上，朱棣居北平期间，曾屡次派心腹手下到太原和西安走动，有时，给朱㭎送去几个北方的美女，有时，给朱樉捎去一些北方的土产。这当然只是掩饰或手段，不是目的。朱棣派心腹手下去太原和西安的目的，是侦探朱㭎和朱樉二人的治军情况及二人辖区内的治安情况。侦探的结果，当然令朱棣满意。朱㭎荒淫成性，根本不理政事。朱樉暴戾无比，封地内的百姓怨声载道。朱㭎也好，朱樉也罢，二人的军队都很有限，而且军纪涣散，除了会糟踏老百姓之外，毫无战斗力可言。

朱棣侦探朱㭎和朱樉的真正目的，当然是为以后的行动作准备的。要知道，朱棣日后想当皇帝，就必然要发兵攻打南京，而发兵攻打南京，又必然要从朱㭎和朱樉的封地经过。也就是说，朱㭎和朱樉都是朱棣日后潜在的对手。但这样的对手，朱棣现在已经不放在眼里了。他曾在徐氏的面前这样说大话：只要十万兵马，只要一个月的时间，就可以完全踏平朱㭎和朱樉的封地。

这一次，朱棣奉旨回南京而绕道太原和西安，除了再顺便察看一下太原和西安两地的情况外，还有另外一个原因，那就是，朱棣听手下密报，说是朱㭎和朱樉都病了。朱棣是去“探望”朱㭎和朱樉的病情的。当然了，这种“探望”至少也是幸灾乐祸的。对朱棣而言，朱㭎和朱樉要是都病死了那是最好。试想想看，朱标已经死了，如果朱㭎和朱樉再一起死掉，那他朱棣就等于是朱元璋的大儿子了。有了“大儿子”这个名头，他朱棣日后干起事来，也就会方便多了。

朱㭎和朱樉果然都生病了。朱㭎的病轻些，还能自个儿走路，但早已面黄肌瘦、弱不禁风。朱棣仿佛十分关切地对朱㭎言道：“三哥，切莫要整日地泡在女人堆里啊！你没听说过，女人腰下一把刀吗？”

朱棣的话，至少听起来是很得体的。然而朱㭎却回道：“四弟，女人就是我的生命。不泡在女人堆里，我还要性命何用？”

朱㭎说得义正辞严，大有“生命不息，玩女人不止”的英雄气概。朱棣接着笑道：“三哥言之有理。所谓人各有志耳！”

朱樉的病情看起来比较严重。朱棣抵达西安的时候，朱樉都已经卧床不起了。朱棣也很想“劝慰”朱樉几句，但不知是因为什么，朱樉不大理睬朱棣。于是朱棣就独自在西安城内游逛了一天，然后就直奔南京而去。

到达南京之后，朱棣一五一十地将自己的行程向朱元璋汇报了，并说自己之所以要绕道太原和西安，就是因为听说二哥和三哥病了。朱棣如此“诚实”又如此重“兄弟情义”，自然给朱元璋留下了很好的印象。

而朱元璋，似乎也给朱棣留下了很好的印象。朱棣将自己的行程向朱元璋汇报之后，朱元璋曾深有感触地对朱棣言道：“唉，如果樉儿和㭎儿都能像棣儿你一般，那大明江山还有何忧？”

有朱元璋这句话垫底，朱棣此番南京之行，也就了无所虑了。

朱棣和朱允炆的见面是在乾清宫里。刚一照面，朱棣就率先冲着朱允炆屈膝行礼道：“燕王朱棣，参见太子殿下。”

朱允炆赶紧回礼道：“四叔这是何干？允炆应向四叔行大礼才是啊！”

朱棣一本正经地言道：“太子殿下此言差矣！朱棣虽是你的四叔，但你却是大明的太子。论家，你是我的晚辈，可论国，则我当向你行礼。太子殿下，放眼大明江山，是家重还是国重啊？”

朱允炆一时有点语塞：“四叔如此说，允炆实在是诚惶诚恐。”

一旁的朱元璋不禁哈哈大笑道：“棣儿说的没错，家重国更重！但允炆说的也不错，国重家也重。无家何以成国？可无国又何以为家？棣儿、允炆，这大明江山，既是我们的国，也是我们的家啊！”

朱棣和朱允炆一起朝着朱元璋跪下了。朱棣和朱允炆口中称颂的词语如出一辙：“父皇（爷爷）圣明！”

朱元璋笑微微地叫朱棣和朱允炆分别坐在他的两边，还将朱棣和朱允炆的一只手分别握在自己的手中。不难看出，朱元璋叫朱棣回南京的真实意图，是希望朱棣和朱允炆二人能够精诚团结、同心协力地保卫大明江山。对朱元璋的这种意图，当时的朱棣自然是欢喜的，而当时的朱允炆，却未免大失所望。

不过，朱元璋也当着朱允炆的面问过朱棣一些比较敏感的问题。比如，他曾这么问朱棣，如果他“万岁”之后，诸王中有人欲为难允炆，朱棣将何去何从？

朱棣当时慷慨激昂地回答朱元璋道：“儿臣当坚定不渝地站在太子一边！太子继承国统是父皇意愿，父皇意愿就是天意！天意是不可违的。谁为难太子便是违逆天意，便是儿臣不共戴天的敌人！”

朱棣的话，铿锵有力、掷地作声。当然，朱棣也知道，光说几句漂亮话还不够，还得要做出某种行动。所以，朱棣当时曾要求与朱元璋“单独谈谈”，朱元璋同意了。

朱允炆“回避”了之后，朱棣对朱元璋言道：“父皇，儿臣想交出兵权回南京。”

朱元璋多少有些惊讶：“棣儿这是何意？你正当盛年，如何有这等想法？”

朱棣故意用一种吞吞吐吐的语气言道：“父皇，恕儿臣直言，儿臣看得出，有人对儿臣不大放心。既如此，儿臣何不就交出兵权，以免去诸多不必要的猜忌？”

朱元璋微微地皱了皱眉，然后，他又展眉言道：“棣儿，即使有人有所猜忌，那也是很正常的事情，这与你手握兵权无甚干系。”

朱棣又“请求”道：“父皇，你把儿臣调离北平，封到其他任何一个地方都行。儿臣想，只要儿臣所呆的地方无足轻重了，手中也没有多少兵马了，那些猜忌恐怕就会少得多了。”

朱元璋笑着摇了摇头道：“棣儿，北方最为多事，你走了，谁能保大明北疆无事？”

很显然，在朱元璋的心目中，只有朱棣，才能保大明北疆平安。而实际上，这也就是朱元璋之所以如此信任朱棣的重要原因。朱棣敢假心假意地要“交出兵权”又“请求”要调到其他地方，也正是看出了朱元璋的这种心理。不然的话，即使打死他，他也不会心甘情愿地交出手中的兵权。换句话说，如果朱棣和朱元璋的这次谈话算作是一场心理交锋的话，那朱棣无疑是胜利者。看来，朱元璋确实是老了。

有趣的是，朱棣刚一离开南京回北平，朱元璋就把他与朱棣“单独”谈话的内容告诉了朱允炆，还不无责怪地对朱允炆言道：“你是不是有点太多心了？如果你四叔真的有什么不轨之心，又怎么会主动地要交出兵权？”

朱允炆硬硬地回道：“爷爷，孩儿以为，四叔要交出兵权，又要调离北平，全是假装的！”

朱元璋用教训的口吻道：“允炆，有些事情是不能凭主观猜想的！你猜想谁有什么企图，莫非谁就真的有什么企图了吗？”

允炆言道：“爷爷，孩儿不是猜想，孩儿有证据。”

朱元璋一怔：“证据？你有什么证据？”

朱允炆道：“孩儿曾派齐泰和黄子澄秘密前往北平一带侦察，发现许多可疑的迹象。”

齐泰时任兵部侍郎，黄子澄时任太常寺卿，二人都是朱允炆的亲信。从此可以看出，朱允炆的确比乃父有远见：还未登基亲政，就开始培植自己的亲信了。

朱元璋问道：“你发现什么可疑迹象了？”

朱允炆答道：“齐泰和黄子澄发现，孩儿的四叔在不断地扩充兵马。仅北平城外50里内，就有四叔的20万大军。50里之外，到处分布着四叔的兵马，只是这些兵马分布得很散，且大都屯在山中和林间，很难统计出确切的数字来，孩儿也不便妄加推测。”

朱元璋歪了一下嘴：“允炆，你说的这情况，说明了什么？”

朱允炆道：“爷爷，四叔如果仅仅只是想拱卫一个北平城，又何必拥有那么多的兵马？还有，四叔的兵马不仅甚众，且纪律十分严明，武器装备也非常精良。爷爷，在孩儿看来，四叔的军队及军队的战斗力，已经完全可以打一场旷日持久的战争了。”

朱元璋突然笑了：“允炆啊，我看你真的是越来越多心了！你四叔的任务，不仅仅是保卫一个北平城，他保卫的是整个大明朝的北部江山！如果你四叔没有足够的军队或者是军队没有足够的战斗力，那大明朝的北部江山岂会有安宁之日？”

朱允炆赶紧道:“爷爷,孩儿以为,四叔军队的规模,已经远远超出了保疆守边的需要。”

朱元璋言道:“允炆,你四叔不仅仅要保疆守边,他还要不断地拓疆扩边。只有这样,大明朝才会永远地兴旺发达、繁荣昌盛!”

朱允炆还想说什么,朱元璋打断道:“允炆,别再胡思乱想了!你四叔是不会对你怎么样的。相反,如果以后真的会有人对你怎么样,那第一个站出来保卫你的,肯定是你的四叔!”

朱元璋如此信任朱棣,朱允炆还能说什么呢?没办法,朱允炆只能跑去找齐泰、黄子澄等亲信商议计策。而朱元璋,却跟着给诸王发了一道手谕。“手谕”的大致内容是,如果他朱元璋驾崩以后,大明天下有不测之事发生,那诸王可以率领自己的军队开赴南京,谓之“靖难”。朱元璋发这道“手谕”的本意,是希望朱棣日后能做朱允炆的保护神。没曾想,朱元璋的这道手谕,却成了朱棣以后搞政变的一个名正言顺的借口。

把朱棣召回来南京一趟之后,朱元璋便认为他该做的事情都已经做完了。开国功臣们死光了,李淑也死了,大明江山就不存在着改名换姓的危险了。而有一腔忠诚又精明能干的朱棣在,他朱元璋儿孙之间发生自相残杀的可能性便也消除了。既然如此,他朱元璋在剩下的岁月里,又该做些什么呢?

朱元璋以为,在这人生“剩下的岁月”里,应该只争朝夕、争分夺秒地好好享受余生。

一天下午朱元璋在太监、宫女的扶持下,晃晃悠悠地就走进了妃子郭惠的住处。自李淑上吊自尽后,朱元璋把管理后宫的大权交给了郭惠。郭惠即是后宫“总管”,朱元璋自然要抽出时间来看望。本来,朱元璋到郭惠住处,也只是想转上一圈就离开的。可能是因为秋天的缘故吧(当时为洪武二十九年秋天),加上又走了一段路,朱元璋感到身体有些疲乏,于是就在郭惠的伺候下,上了她的床,躺下休息了。

边休息边让宫女捶背。

捶得十分舒服。朱元璋都有些昏昏欲睡了。不过朱元璋睡觉一般都是仰着的。所以他就叫郭惠和那宫女住手。他翻过身来,打算在郭惠的床上好好地睡一觉。

郭惠帮着朱元璋翻过身来之后,那宫女刚刚下床。巧的是,那宫女下床的时候,脸正朝着朱元璋。朱元璋的眼本来都眯缝起来了,可看见那宫女的脸蛋后,他的双眼马上就一下子张大了。

朱元璋问道："你是谁？朕过去在哪见过你？"

那是个小宫女，看模样，不过十四五岁。这么一个小宫女，而且又不是什么"绝色"女子，朱元璋为何"在哪见过"竟然还能记得？原来，朱元璋并没有见过这个小宫女。只是这个小宫女的相貌极似朱元璋过去曾见过的一个女人，而这个女人在朱元璋的脑海里还留下了很深很浓的印象，故而，朱元璋一见到这个小宫女，便有了一种似曾相识的感觉。

这小宫女是谁？这小宫女姓张，是郭惠的生母张氏的一个远房亲戚。

听完郭惠的介绍后，朱元璋的脸上顿时就现出了笑容："哈哈哈，原来你这个小女人，与朕死去的丈母娘是一家人啊！怪不得朕见到你就觉得很面熟啦！"

朱元璋脸上那特殊的笑容，郭惠自然是异常地熟悉。所以，看到那笑容，郭惠就立刻紧张起来，还不自觉地轻叫了一声："皇上……"

皇上已经无心再理睬郭惠了。此时的朱元璋，睡意早无，代之而来的，是一种极其强烈的欲望。

朱元璋冲着那小宫女伸出了一只手："到床上来，到朕的身边来。"

慌得那郭惠"咕咚"一声就跪在了床上："皇上，她比臣妾还要晚两辈啊。"

郭惠是在向朱元璋哀求了。她万没想到，年近七十的朱元璋还如此多情。她知道自己无力改变朱元璋的决定。她只能道出"晚两辈"的事实，企图用人理伦常之道来"感化"朱元璋。朱元璋翻身下床，笑道："爱妃，我正缺个宫女侍候，这个小张氏我带走了。"就这样，在郭惠的泪光中，朱元璋把小张氏带回了乾清宫。

小张氏在乾清宫里一共住了三个多月。三个多月之后，她搬进了朱元璋特地为她辟就的屋子。小张氏之所以离开乾清宫，倒不是因为朱元璋对她生厌了。原因是，朱元璋居然使她怀孕了。第二年夏暮秋初时节，小张氏顺利地分娩出一儿。这便是朱元璋众多子女中最小的子女——宝庆公主。宝庆公主虽是个女儿，但朱元璋却奉若明珠，百般呵护。老来得子嘛，焉有不爱之理？所谓爱屋及乌，同其他妃子相较，小张氏在宫内的生活还是蛮不错的。更主要的，就是因为这个宝庆公主，小张氏后来才得以捡了一条性命。

朱元璋有小张氏作陪，晚年生活就颇不寂寞。朝廷之事，只要不是太重要的，朱元璋都放手让朱允炆去处理。

朱元璋是在洪武三十年（公元 1397 年）的秋天病倒的。这一年，朱元璋整整 70 岁。自病倒之后，朱元璋就放弃了对“死婴案件”的调查，似乎朱元璋也认命了。他一生都在玩弄别的男人的女人，现在，让别的男人玩弄一下自己的女人，好像也是应该的。

这一年（洪武三十年）的冬天，从西安传来消息，朱元璋的二儿子秦王朱樉病死。次年（洪武三十一年）2 月初，从太原传来消息，朱元璋的三儿子晋王朱棡病死。尽管，朱元璋早就知道朱樉和朱棡的身体一直不好，而且朱元璋对朱樉和朱棡生前的所作所为很是不快活，但是，当朱樉和朱棡真的死了的时候，朱元璋的心里也非常不是滋味的。毕竟，他们是他的儿子。毕竟，也属于“白发人送黑发人”之类。尽管，朱樉和朱棡在朱元璋心目中的位置远没有长子朱标的位置重要，但朱樉和朱棡的死，对朱元璋来说，终归是一次不小的打击。

故而，朱樉和朱棡死后，朱元璋的病情不仅明显地加重，而且，朱元璋的头发，也几乎在一夜之间就变得全白了。

5 年前，长子朱标病死，5 年后，二儿子朱樉和三儿子朱棡也相继病死。现在，还剩下四儿子燕王朱棣了。朱棣远在北平，身体很好，看不出有什么疾病的征兆。不像他朱元璋，病歪歪地躺在乾清宫里，似乎只能在等死了。而实际上，朱棣现在就相当于是他朱元璋的大儿子了。待他朱元璋死后，朱棣岂不是想说什么就说什么，想做什么就做什么了吗？太子朱允炆，即使登上皇帝位，又如何约束得了远在北平的朱棣？

朱元璋突然醒悟了过来。他醒悟出徐达曾经对他说的那句话，不纯粹是在夸赞朱棣，而是在给他朱元璋一个暗示。徐达说，朱棣的为人极像当年打天下时候的朱元璋。朱元璋当年打天下的时候心里面在想些什么？想当皇帝。朱元璋想当皇帝了，朱棣的心中岂不也是有这种想法？

朱元璋想起来了，自他生病卧床之后，诸王都纷纷从各地回南京来看望他，可唯独不见朱棣的影子。

朱棣的手下倒是不停地在北平和南京之间穿梭，而朱棣却找了种种借口就是不回南京。

朱棣这么做的目的何在？

显然是在巴望着他朱元璋早日归西。

他朱元璋死了，朱棣就好“政变”了。

很快，朱元璋的这种想法就得到了证实。

晋王朱棡是这一年（洪武三十一年）的 2 月初死的，2 月下旬，太子朱允炆得到密报，说是燕王朱棣的一支数万人的军队，已经悄悄地开进了山西境内,并偷偷地挺进到了五台山一带。

五台山距太原不过二百多里。

朱允炆派人去质问朱棣:为什么要把军队开入山西境内?

朱棣回答:晋王刚死,恐山西境内有乱,故派一支军队进入。

朱棣还向朱允炆保证道:待山西局势安定下来之后,那支军队马上就撤回北平。

朱允炆将此事告诉朱元璋。病榻上的朱元璋有气无力地道:"允炆,你过去说得对,你四叔的确有野心。"

于是,朱元璋就想在临死前替朱允炆把有"野心"的朱棣除掉。

怎么除?

当然不能来硬的。

朱棣已经有了相当强大的势力了,来硬的只能爆发一场大规模的内战,即使朱元璋和朱允炆最终能够战胜朱棣,但朱元璋无论如何也不想看到内战的爆发。

他自己就是趁元朝内乱之机夺得天下的。如果大明再内乱起来,谁敢担保没有别的什么人会趁乱取而代之?

来硬的不行,就来软的。

时年3月,小阳春季节,朱元璋一连下发了十数道圣旨,召四儿子燕王朱棣、五儿子周王朱橚、六儿子楚王朱桢、七儿子齐王朱榑、八儿子潭王朱梓、十儿子鲁王朱檀及十一子蜀王朱椿、十二子湘王朱柏、十三子代王朱桂、十八子岷王朱楩等十多个儿子"火速回京、共商国是"。

朱元璋的意思是,待这十多个儿子回到南京之后,就全部扣留起来,或捕或贬,为朱允炆登基称帝扫除最后的隐患。

当然,最大的隐患还是朱棣。朱元璋之所以叫十多个儿子一同回南京,目的是为了打消朱棣的疑心。

然而,到了3月底、4月初,朱元璋的十多个儿子虽然大多都奉旨回到了南京,但四儿子朱棣却没在南京城里露面。

朱棣只派了一个手下代他朝见朱元璋。

朱棣的解释是:北方起了战事,他暂时不能离开北平。

朱元璋无奈了,只得下令将奉旨回京的十来个儿子全部软禁起来。

朱元璋为什么要这么做?

目的还是要削弱朱棣的势力,朱棣的同母弟弟周王朱橚,封地在开封,朱元璋的十三子代王朱桂,封地在大同。

周王和代王要是与朱棣勾结起来，那中原地区岂不就成了朱棣的势力范围了？

让朱元璋聊感欣慰的是，得知朱橚等十来个王爷被软禁在南京城之后，朱棣的那支数万人的军队就又悄悄地从五台山一带撤回了北平城。

看来，只要朱元璋还在，朱棣就不能不有所顾忌。

只不过，朱元璋已经无力为朱允炆日后登基来扫除所有的隐患了。

他能做的，是把朱允炆、齐泰和黄子澄等人叫到面前，擢兵部侍郎齐泰为兵部尚书，并谕令齐泰和黄子澄二人辅佐朱允炆处理大明朝廷一切事务，齐、黄二人的职责，有点类似于满清初期的"顾命大臣"。

朱元璋还提前颁下了遗诏：待驾崩之后，诸王一律不得聚拢京城，一切都要听从太子的调遣。

朱元璋还想要为朱允炆做更多的事情。但是已经不可以了。从四月中旬的时候开始，他就会时常处于昏迷的状态。即使偶尔醒来，他的神智也不是非常清楚。

这一年的五月初九，黄昏。一直昏睡不醒的朱元璋忽然间睁开了眼睛。睁开眼之后，朱元璋就喊着："允炆，允炆，你在哪里啊？"

守在病榻前的朱允炆赶紧抓住朱元璋的手："爷爷，孩儿在这里，孩儿在这里。"

见到了自己想见的人，朱元璋的脸上露出了一丝欣慰的笑容。"哦，哦，你在这里，这样就好了，这样就好了。"

但是谁又能知道，朱元璋的时间已经不多了。

他的这一次醒来只是回光返照而已。于是朱允炆就含着热泪问道："爷爷，您还有什么事情需要嘱咐孩儿的吗？"

朱元璋也知道自己就要不行了。没有任何人可以挽留住他即将枯竭的生命。他就像一盏油灯，油已耗尽，灯火也就要熄灭了。

朱元璋慢慢地松开了朱允炆的手："孩子，你将无赖拳与龙虎剑再耍一遍，爷爷想要再看一遍。"

都这个时候了，朱元璋还要朱允炆练拳耍剑。

朱允炆点点头，强打起精神，先打了一套"无赖拳"，接着耍了一遍"龙虎剑"。拳也好，剑也好，朱允炆都耍得挺熟，只"无赖拳"中的最后一招"无孔不入"和"龙虎剑"中的最后一式"龙生九子"，朱允炆仍不得要领。

朱元璋叹道："孩子，看来，此拳此剑，你也只能练到这个地步了。"

朱允炆想说什么的，但最终没说出来。看着满头白发、形容枯槁的朱元璋，朱允炆实在不忍再多说些什么。

朱元璋突地剧烈咳嗽起来，直咳得他整个腰身都成了一个弧形。

朱允炆赶紧过去为朱元璋抚背。许久，朱元璋的喘息才略略地有些正常。

这时，一个小女人抱着一个孩子走到了朱元璋的殿前。那小女人就是小张氏。小张氏怀中的孩子就是朱元璋的小女儿宝庆公主。

看到宝庆公主，朱元璋的眼睛放着光芒。

他伸出两条瘦骨嶙峋的胳膊，想要最后再抱一下自己的女儿，但是朱元璋并没有达成愿望，他的两条胳膊，连一丝一毫的力气也没有。

他只是看了宝庆公主一眼，又看了小张氏一眼。朱元璋那种凄凉的眼神，的确让人心寒啊！

洪武三十一年（公元 1398 年）五月初十，大明朝开国皇帝朱元璋驾崩，享年七十一岁。朱元璋驾崩之后，葬于南京城外钟山之下的孝陵，谥号“高皇帝”，庙号“太祖”。